KB122426

조선후기 양전사업과 토지개혁론

The Land Survey and theory of Land Reform
in late Joseon Dynasty

Choi, Yoon-Oh

이 저서는 2011년 대한민국 교육부와 한국학중앙연구원(한국학진흥사업단)의
한국학총서사업(모던코리아 학술총서)의 지원을 받아 수행된 연구임(AKS-2011-DAE-3104)

This work was supported by Korea Studies Series through the Ministry of Education of the Republic
of Korea and Korean Studies Promotion Service of the Academy of Korean Studies (AKS-2011-DAE-3104)

한국 근대의 토지와 농민 총서 1

조선후기 양전사업과 토지개혁론

최 윤 오 지음

혜안

발간사

　한국역사의 사회성격을 규명하는 데 토지와 농민은 가장 핵심적인 주제이다. 전근대사회에서 농업은 가장 중요한 산업이고, 대부분의 인구가 농민이거나 농업과 관련된 일에 종사하고 있었기 때문에 토지와 농민, 그리고 농업 문제는 한국역사의 사회성격을 규명하는 핵심적인 고리였다. 이에 '토지'와 '농민'이라는 키워드를 통하여 한국의 근대를 탐구한 것이 바로 '한국 근대의 토지와 농민'(총5책)이다.

　이 총서는 5명의 연구자들이 각기 저술한 5권의 연구서를 묶은 것으로, 연구에 참여한 5명은 모두 한국역사연구회의 토지대장연구반에서 함께 활동하고 있다. 토지대장연구반 반원들은 조선의 근대 이행기에 농업과 토지소유 제도를 연구함으로써 한국 근대사회의 성격을 규명하고자 노력해왔다.

　한국사에서 역대 왕조의 정부는 체제를 유지하기 위해 세금을 징수하고, 그 부세원을 파악하기 위해서 토지를 조사하고 그 소유와 경작관계를 파악하였다. 양안(量案) 및 토지대장 등의 자료들은 그 결과물로 생산되었다. 정부는 이 장부들을 바탕으로 지세를 징수하고, 토지소유권을 확인해주는 일을 행하였다. 연구반은 국가운영의 기초가 된 양안 장부들을 바탕으로 당시의 사회상을 재구성하기 위하여 연구해왔다. 또한 한국사회가 중세에서 근대로 이행해갈 때 토지의 소유권 및 조세

발간사　5

등의 토지문제와 생산 농민의 사회적 지위를 밝힘으로서 당해 사회의 성격을 규명하고자 노력해왔다.

　지난 30년의 기간 동안 연구반은 여러 공동 연구업적을 제출하였다. 대한제국의 광무양전사업과 광무양안에 대한 최초의 공동 연구 결과물인 『대한제국의 토지조사사업』(민음사, 1995)를 시작으로 『대한제국의 토지제도와 근대』(혜안, 2010), 경자양전을 통하여 조선후기 토지제도를 살핀 『조선후기 경자양전 연구』(혜안, 2008), 자료 발굴을 통하여 창원군 일대를 대상으로 일제의 토지조사사업을 연구한 『일제의 창원군 토지조사와 장부』(선인, 2011)와 『일제의 창원군 토지조사사업』(선인, 2013) 등이 대표적이다. 이로써 연구반의 연구활동은 토지와 농민, 그리고 사회경제적 측면에서 근대성에 대한 학계의 논의에서 항상 중심에 서 있었다. 대한제국기 양전사업의 목적과 평가를 비롯하여 대한제국의 성격에 대한 포괄적인 논쟁을 다루었으며, 동시에 일제의 토지조사사업(1910~1918)에 대한 논쟁에도 '수탈론'이나 '식민지근대화론'에서 제기한 연구 성과를 재검증하는 작업을 수행하기도 하였다. 이처럼 총서는 조선후기-대한제국-일제강점기에 이르는 토지조사와 토지제도에 대한 주제들에 대하여 다양한 자료의 발굴과 연구방법을 통하여 토지와 농민을 중심으로 하는 한국의 근대와 근대성, 그리고 그 대안을 모색하고자 하였다.

　'한국 근대의 토지와 농민 총서'의 각 권은 아래와 같은 문제의식을 가지고 있다.

　최윤오의 『조선후기 양전사업과 토지개혁론』은 조선후기 유자들의 전제개혁론을 복원하여 그 특징을 추적하고, 그것이 체제유지와 개혁에 이르기까지 다양한 층위로 나타나고 있음을 확인하고자 하였다. 특히 1720년 경자양전사업을 전후한 시기의 양전제와 유집일의 방전법, 그리고 유형원의 공전법, 정약용의 정전제-여전제 등을 시기적으로 검토하고 그들을 비교하고자 한다. 특히 조선후기 체제위기 타개책의 특징과 그 역사적 성격이 지향하는 바를 양전법-방전법-정전법의 3계통으로 정리하여 검토하고자 하는 것이다.

왕현종의 『대한제국의 토지조사와 토지법제』에서는 개항 이후 조선사회의 토지문제 해결과 외국인의 토지침탈 대책 속에서 광무양전 관계발급사업이 행해지고 토지법제화가 진행되는 일련의 과정을 살펴보았다. 이는 대한제국의 토지법제에 대한 이론적 배경과 근대 토지제도의 수립 방향을 밝히려는 시도였다. 따라서 19세기말 한국인의 주체적인 토지제도 수립 노력을 검토함으로써 대한제국이 전통에서 근대로의 독자적인 이행의 길을 지향했음을 알 수 있다.

최원규의 『한말일제초기 국유지 조사와 토지조사사업』에서는 일제가 창원군과 김해군 등지의 토지조사사업에서 생산한 자료를 발굴분석하여 사업의 실상과 일제 토지법의 속내를 밝혔다. 특히 공토의 수조권이 국유지의 소유권으로 전환되어가는 모습을 유·무토의 기준과 분쟁사례를 분석하고, 민유지환급론을 해명하였다. 기존 소유권 중심의 분석틀에서 벗어나 중답주, 도지권 등의 물권 등을 함께 분석하여 일제가 조선후기이래 발전해 온 여러 토지권을 어떻게 재편성했는지를 실증적으로 재구성하였다.

이영학의 『근대 전환기의 농업정책과 농정론』에서는 19세기 중엽부터 1920년대까지 정부의 농업정책을 두 단계로 나누어 고찰하였다. 먼저 조선 정부는 농업의 근대화를 위해 어떠한 노력을 기울였는가를 살펴보고, 다음으로 통감부 시기 이후 일본제국주의가 조선의 자주적

근대화의 노력을 좌절시키고 식민지화해 간 과정을 농업정책을 통하여 살펴보고자 하였다.

허원영은 『한국 근대 양반지주가의 경제활동』을 통하여 두 양반지주 가문의 농업경영과 경제생활을 추적하였다. 이 연구는 두 가문에서 생산하여 전해 온 수천 여점의 고문서를 촘촘하게 배치하고 다양하게 분석한 실증적 연구이다. 조선후기로부터 일제강점기에 걸친 근대이행기를 배경으로, 지주라는 경제적 배경을 지닌 전통적 지배엘리트의 경제활동을 재구성하였다.

마지막으로 '한국 근대의 토지와 농민' 총서를 발간할 수 있도록 지원해 준 한국학중앙연구원 한국학진흥사업단에 감사의 말씀을 드린다. 또한 어려운 출판여건 속에서 흔쾌히 본 총서의 발간을 맡아 주신 도서출판 혜안에게 깊은 감사의 마음을 전한다.

이 총서가 한국 근대 역사상의 규명에 조그마한 도움이 되었으면 하는 바람이다. 앞으로도 토지대장 연구반은 공동연구를 통하여 한국 근대 토지제도의 역사상을 규명하는 데 노력할 것이다.

2023년 12월
'한국 근대의 토지와 농민 총서' 필자 일동

목차

들어가는 말

본서는 조선 사회의 '토지소유 양극화'에 관한 문제의식에서 출발했다. 양극화는 사적소유와 공동체적 소유를 둘러싼 욕망과 갈등에서 연유했다고 할 수 있으며, 특히 중세의 신분권력을 매개로 대토지를 집적하는 상황 아래 빈부격차의 심화 양상을 초래하는 원인이 되었다. 이 같은 토지소유의 양극화 현상에 대해 사적소유 보다는 토지의 공공성을 통해 농민을 보호하고 국부를 창출하고자 했던 일련의 개혁론자들을 주목하고 그들을 통해 '소유의 역사성'을 추적하고자 하는 것이 본서의 최종 목표이다.

조선후기 소유권 불균에서 초래된 사적 토지소유의 편중과 무토지 소유의 확대, 그리고 양자 간의 빈부 격차는 농촌사회 위기를 넘어 체제위기로 확대시키고 있었다. 소유의 확대는 신분권력을 매개로 불평등 체제를 심화시키고 있었고, 다른 한편으로는 직접생산자 농민의 몰락과 농촌사회 위기를 가속화시키고 있었다. 이 같은 체제위기에 대한 개혁론 가운데 토지개혁론을 중심으로 살펴보는 것은 토지소유가 농민의 기본적인 생산수단이기 때문이다. 일련의 개혁적 토지개혁론자들은 사적소유의 확대와 빈부 격차의 심화문제를 해결하기 위해 소유의 공개념을 제시했다. 토지의 공개념을 통해 토지의 공공성을 확충하는 방법이 아니면 빈부 문제를 해결할 수 없다는 것이다. 특히 토지소유를 둘러싼 비생산적인 소유와 경영방식을 해결하고자 했다는 점에서 특징적이다.

조선국가의 양전사업은 1/10세를 기반으로 하는 균세론 이념을 택하고 있었다는 점에서 농민의 토지소유권과 관련이 있었다. 대한제국기 양전사업에 이르기까지 1/10세를 기본으로 하는 수취를 통해 해당 토지에 대한 소유권을 인정하는 것이다. 양안 상의 소유자와 납세자는 四標를 통해 표시하되, 해당 토지의 전답주(기주, 시주)를 표시하고 그들을 대상으로 수취하게 된다. 이 같은 조선의 양전사업은 수세에 최우선의 목표가 있었지만, 20년 양전사업의 원칙은 지켜지지 않았고 양안의 역할은 다른 문서에 의해 대체되게 된다. 수시로 변하던 전답주를 파악하기 위해 양안 대신 그것을 등사하여 만든 행심책을 매년 수정하여 해당 토지의 납세자를 파악했던 것이다. 국가 중심의 양안보다는 지방 중심의 행심책을 중심으로 수세 행정이 이루어지게 되면서 행심책과 이를 납세자별로 정리한 깃기가 보다 중요한 역할을 담당하게 되는 것이다.

실학적 지식인들의 토지소유의 양극화에 대한 대안은 양전법의 모순을 해결할 수 있는 방법에서 출발하게 된다. 조선시기 양전사업이 농민의 토지소유권을 보호하지 못하는 상황에서 양극화가 심화되기 때문이다. 조선정부의 양전사업은 농민을 토지에 긴박시켜 균세론적 수취체제를 완성시킨다는 명분을 내세웠지만, 농민의 토지소유를 보호하지 못하는 한 조선정부의 균세론은 무너질 수밖에 없었다. 다산 정약용은 특히 방전법을 통해 조선 19세기의 양전사업의 모순을 해결하려 하였다. 방전법이야말로 양전법의 문제점을 바로잡을 수 있는 방안이었으며, 나아가 다음 단계의 정전법 개혁을 추진할 수 있는 방안이 될 수 있다고 보았기 때문이다. 그 방향은 중세적 토지소유에 대한 근본 대책을 마련하고 나아가 토지 공개념을 제시함으로써 소유불균 문제를 해결하고자 했던 방법이기도 하다. 토지 공개념은 사적 소유의 발달로 인해 초래된 토지겸병을 막고 나아가 정전제, 여전제 방식의 공개념을 통해 농민의 소유권을 보호하고 나아가 토지의 공공성을 확립하려는 것이다. 정전제와 여전제야말로 19세기 조선의 실학적 지식인이 만들어낸 창의적 생산방식의 종합판이라고 할 수 있을 것이다.

조선후기 토지제도 개혁론은 조선 초 田制 개혁론에서 출발하여 조선후기 실학자의 토지개혁론에 이르는 전 과정을 분석할 때 비로소 그 전모가 드러난다. 즉 세종조 공법에서 출발한 양전법과 양전 결부제는 민본주의를 실현하는 田政策의 핵심을 이루지만 '天下之大本'인 농민은 오히려 토지에서 축출되고 대토지소유자들이 그 자리를 차지하게 된다. 이러한 상황에서 시행된 정부지배층의 양전 수세제는 토지소유의 모순을 더욱 심화시키는 정책이 되고 만다.

양전법은 제반 농간을 배경으로 은결과 진전을 양산한 양전사업으로 보여진다. 이 같은 문제를 해결하기 위해 토지개혁론을 생각한 지식인들은 모눈 종이에 해당 지역의 토지를 물고기 비늘처럼 생긴 어린도 형태로 그려 넣음으로써 전체 모두를 파악할 수 있는 방전법을 고안해낸다. 조선국가는 강력한 토지지배를 실현할 수 있고, 권귀의 토지침탈을 차단하는 동시에 소농민을 보호할 방법이라는 것이다. 이 같은 방전법의 시행을 통해서 비로소 정전법이나 여전법 실행이 가능하다는 개혁론까지 나오게 된 것이다. 강제로 토지를 공전으로 환원시키는 것이 아니라 수백 년에 걸쳐 단계적이고 점진적인 방법을 통해 王土, 王田으로 되돌리는 방안으로써 토지의 공공성을 확충하는 것이다.

토지 공개념은 이 같은 3단계, 즉 양전법, 방전법, 정전법(여전법, 공전법)을 거쳐 점진적으로 완성될 수 있다고 할 수 있다. 정부지배층의 양전법 모순을 해결하는 방안으로서 등장한 개혁적 지식인들의 토지 공개념은 토지지배 방식의 모순을 해결하기 위해 제안된 것이라고 할 수 있다. 즉 생산적, 창의적 소유권을 통해 중세적 소유권의 모순을 해결하고자 하였던 것이다. 본고에서는 1, 2, 3부를 통해 토지개혁론의 전개 과정과 그 특징을 살펴보고자 한다.

본 연구에서는 토지조세 개혁론의 역사적 성격을 추출하기 위해 각 지식인들의 개혁안을 세 단계로 설정하고 그것이 갖는 특징을 비교 검토하고자 한다. 즉 토지조세 개혁론이 갖는 역사적 위치를 분명히 하기 위해서는 기존의 집권지배층이 추진했던 量田法과 그것을 극복하려 했던 方田法 그리고 井田法이라는 3단계로 나누어 해당 개혁론을 비교 검토하고자 한다. 또한 각각의 논의가 지닌 역사성을 드러내고 그 특징을 명확히 함으로써 중세말에 등장했던 새로운 토지제도 개혁론을 정리하고자 한다.

특히 貢法·助法·徹法에 대한 논의는 조세개혁을 통해 국가개혁을 구상하는 차원에서 세종 단계의 공법으로 검토되었지만 공조철법에 대한 해석과 실천 방법은 논자에 따라 다르게 해석되었다. 즉 반계 유형원이나 다산 정약용의 경우는 정전제 원리를 복원하는 방안으로 세종 공법과 다른 방식으로 검토하였다. 수취 원리로서 공조철법을 검토했는가 아니면 토지개혁의 원리로서 그것을 검토했는가 하는 점에 따라서 크게 다르다. 이 같은 공조철법에 대한 수용 방식은 본고에서 다루고자 하는 소유권의 발달과 긴밀한 관계가 있다.

첫 번째 계통의 양전법은 조선후기 전제개혁론의 핵심을 이루고 있었다. 양전법은 비록 집권지배층에 의해 균세론적 전정책의 기본 원리로 제시되는 가운데 결부제를 통해 구체화되고 있었지만 근본적인 결함을 지니고 있었다. 세종 공법에 의해 추진된 결부양전제는 비록 원리상 치밀하고 과학적 방법으로 만들어졌지만, 중간 농간을 막을 방법이 없었다. 은결이나 진전 등 양전법의 한계와 모순으로 인해

빈부불균과 토지불균이 심화되었다는 점은 양전법이 해결해야할 당면
과제였다.

두 번째의 방전법은 1700년을 전후로 유집일에 의해 제시된 토지측량
방법의 하나로서 다산 정약용을 거쳐 한말에 이르러 다시 거론된 어린도
를 제작하는 방식의 토지측량 개혁안으로 확대 발전된 개혁안이다.
토지개혁을 목표로 하지 않았지만 그것을 달성하기 위해 필수적으로
거쳐야 했던 측량법이었다. 토지의 정밀한 파악을 전제로 국가재정을
확보할 수 있다는 획기적이고 필수적인 대안으로 제시되었다. 그러나
방전법 역시 대토지소유자들의 반대에 부딪쳐 실패로 돌아가게 되었다.
숙종대 유집일에 의해 제시된 방전법과 다산에 의해 복원된 유집일의
방전법 원리를 다시 주목하는 과정을 통해 방전법이 갖는 역사적 의의를
추적하는 것이다.

세 번째의 정전법 계열은 토지개혁을 추구했던 다산 정약용의 토지개
혁론이다. 반계 유형원의 공전제와 그것을 일층 발전시킨 다산의 정전
제-여전제 구상을 중심으로 양전법의 모순을 해결하고 나아가 방전법을
통해 정전법 원리를 실현시킬 수 있는 방안을 풀어내는 방안이기도
하다.

반계의 개혁론은 17세기 국가의 위기를 타개하기 위한 '國家再造論'으
로서의 방대한 개혁론이었다. 성호 이익과 다산 정약용 등의 근기남인
계열의 개혁론자들에게 커다란 영향을 주었다. 이 같은 계통의 개혁론
은 井田制 계열의 토지제도 개혁론으로서 고대 정전제를 복원하는 것이
아니라 조선과 같은 산악이 많은 풍토에서도 정전제가 실현될 수 있다는
것을 증명하는 것이었다. 이를 해결하기 위해 전제가 되는 것은 물론
토지의 공개념이었다. 공개념이 없다면 사적소유의 편중을 해결할
수 있는 방안을 마련할 수 없었기 때문이다.

본 연구는 위와 같은 방법론을 통해 세 계통의 토지개혁론이 공조철법에서 출발하되, 양전법, 방전법, 정전법 등과 같은 단계적이며 점진적인 토지개혁 논리로 토지개혁을 실천해야 한다는 다산 정약용의 토지개혁론을 주목함으로써 조선정부의 양전법이 갖는 한계와 그에 대한 대안을 제시하고자 하는 것이다. 또한 이 같은 방법은 조선왕조의 지배적인 田政 운영의 논리가 양전법에 기반을 두고 출현했지만 그 모순을 해결하기 위해서는 방전법이나 정전법과 같은 토지개혁론을 시행하지 않으면 해결될 수 없다는 것을 방증하는 것이기도 하다.

이 같은 점에서 양전법과 방전법, 정전법은 계통적으로 조선의 소유권 발달과 이로 인해 발생하는 사회모순을 해결하는 방안을 제시해준다고 할 수 있다. 이를 통해 소유권의 역사를 재검토하는 동시에 소유권을 둘러싼 인간의 욕망과, 또한 소유권을 통제하거나 절제하는 방안을 통해 새로운 사회를 기획하는 방안에 대해 검토하는 것이 본 책의 최종적인 목표가 될 것이다.

이 같은 연구목표는 조선시기 소유론과 그것을 둘러싼 개혁론을 추적하는 방법을 통해 제시될 것이다. 공법과 조법, 철법의 본래 의미로부터 그것이 각 시기 개혁적 지식인에 의해 어떻게 재해석되어 왔는가 하는 점과, 나아가 세 계통의 토지파악 방식이 갖는 역사적 의미를 종합함으로써 소유권의 발달과 사회개혁의 관계를 추적하는 방안을 찾아보는 것이다.

이 같은 연구방법론을 통해 토지소유권 불균과 농민의 몰락을 해결하는 방안으로써 양전법과 방전법, 정전법이 가지는 의미를 제시하고, 나아가 그것을 통해 균세론과 균역론, 균산론 차원의 토지개혁론이 갖는 역사적 성격을 추적해 보고자 한다.

제1부

조선후기 공법개혁과 양전 균세론

제1장 조선초 전제개혁과 공법

세종의 공법은 과연 어떠한 원리에 의해 구상되었을까를 두 가지 측면에서 검토하고자 한다.

공법에 대한 선구적인 연구인 1941년 朴時亨의「李朝田稅制度의 成立過程」[1]에서는 공법에 대해 그 특징을 夏왕조에서 시행된 정액세법을 이상형으로 하여 출발했다고 했다. 그러나 中國 古代의 貢法과는 전혀 다르다고 보았다. 그리하여 1/10에 해당하는 정액세를 貢法의 유일한 모델로 생각했기에 夏나라의 貢法에 대한 연구까지는 불필요하다고 보았다. 그것은 1/10에 해당하는 정액세라는 稅法에만 주목한 결과였다. 그리고 또하나 1/10세를 관철시키고자 田分法과 年分法을 마련하는 과정에서 이론화된 세종의 結負制와 그것이 갖는 朝鮮的 特質을 주목할 필요가 있다. 所出에 대한 정확한 파악과 收租地 확보를 위해 전국의 토지를 田分 6等으로 구분하여 이후 고려의 그것과 다른 조선 結負制의 기틀을 마련했기 때문이다.

정액세라는 원리 외에 또 하나 주목해야 될 것이 있다. 즉 공법을 올바로 이해할 수 있는 두 번째 관건으로서, 맹자는 그것을 '校數歲之中'이라 하여[2] 여러 해의 농업 생산을 비교 종합하여 그 해에 알맞은

---

1) 朴時亨, 1941,「李朝田稅制度의 成立過程」『震檀學報』14.
2) 『孟子集註』 滕文公 章句上.

세액을 결정하는 것이라고 해석했던 점을 주목할 필요가 있다. 이 같은 방식이야말로 바로 豊凶을 고려하면서 그에 맞는 給陳·給損法을 통해 收取制를 완성할 수 있는 관건이었기 때문이었다. 본고에서는 이 같은 의미에서 세종 공법의 20斗 정액세가 결정되게 된 원리를 검토하고 나아가 그것을 보완하기 위해 '校數歲之中'하여 給災하던 원리 두 가지를 통해 세종 공법의 원리와 성격을 검토하고자 한다.

한편 世宗 貢法이 지향한 체제를 이해하기 위해서는 科田法 이래 朝鮮 國家의 集權化 過程에 대한 이해가 필요하다. 그것은 토지생산력 발달에 따른 所有權的 土地支配 방식의 확대라는 역사적 추세를 반영하면서 새롭게 추진된 과정이기도 했다. 고려말·조선초기 이래 收租權的 土地支配 관계가 후퇴하는 이면에 私的所有에 입각한 土地所有와 農業經營이 이전보다 더욱 활발하게 전개되게 되었다는 것을 의미하기도 했다.[3] 國家의 입장에서 收租權者層을 견제하면서 所有權者層을 보호하고 국가 경제 기반을 自營農에 두려는 조치에서 연유한 결과였다. 이러한 상황 아래 대토지소유를 억제하고 소농민보호 정책을 유지하기 위해 農書를 간행하고 農業技術을 보급하는 한편, 陳荒地 開墾 및 徙民 정책 등을 통해 끊임없이 사회 전반의 생산력 수준을 제고시키려는 집권적인 勸農政策이 추진되고 있었다.[4] 또한 국가의 자영농 보호를 위해, 그리고 지주의 농민지배를 보장하고 체제에 순응하는 인간형을 재생산하기 위해 인간관계의 不平等性·階梯性을 수긍시키려는 敎化정책이 병행되고 있다는 점을 전제로,[5] 조선국가가 더욱 완숙한 집권체제를 구축해가고

---

3) 金容燮, 1983.12, 「前近代의 土地制度」『韓國學入門』(學術院) ; 韓永愚, 1983, 「太宗·世宗朝의 對私田施策」『朝鮮前期社會經濟史研究』; 金泰永, 1983, 「朝鮮前期 小農民經營의 추이」『朝鮮前期 土地制度史研究』; 李景植, 1986, 『朝鮮前期土地制度研究』.
4) 金容燮, 1984, 「朝鮮初期 勸農政策」『東方學志』42 ; 李景植, 1991, 「朝鮮初期의 農地開墾과 大農經營」『韓國史研究』61·62.
5) 金駿錫, 1981, 「朝鮮前期의 社會思想-『小學』의 社會的 機能 分析을 중심으로-」『東方學

있다는 점을 이해할 필요가 있다.

이 같은 점을 전제로 世宗은 왜 夏殷周 시대의 貢法에서 그 이상형을 찾았는지를 이해하고자 한다. 나아가 조선 초기의 集權的 사회구조를 명확히 할 수 있는 또 하나의 방법론을 모색하는 계기가 될 수 있을 것이다. 공법은 이미 기존의 연구성과에서 검토되고 정리되었지만,[6] 본고에서는 이를 배경으로 세종의 貢法이 가지는 조선적인 특징을 추출해 내는데 초점을 두고자 한다. 곧 結負制를 중심으로 收稅와 免稅·減免 제도가 어떻게 운영되기 시작했는지를, 田分6等에 기반을 둔 20斗 定額稅法과 年分9等에 기반을 둔 給災法(給陳·給損法)으로 나누어 개괄하는 동시에, 나아가 이후 조선후기에 이르기까지 그러한 양전 결부제가 어떻게 변화하는지를 전망하는 배경으로 삼기로 한다.

1절 世宗 貢法의 原理

1) 孟子 貢法의 원리

『孟子』에 나타난 貢助徹法은 夏殷周 삼대의 기본적인 토지·조세 제도였다. 夏나라에서 시행되었던 貢法과 殷나라의 助法, 그리고 周代에 시행된 徹法은 과연 어떠한 형태의 토지·조세 제도였는지는 아직도 논란이 많다. 다음에서 보는 바와 같이 그 내용도 지극히 간략하여

志』 29.

6) 千寬宇, 1965,「韓國土地制度史」下『韓國文化史大系』Ⅱ; 1979,「科田法의 붕괴-田稅
制를 중심으로-」『近世朝鮮史研究』, 一潮閣; 金泰永, 1982,「朝鮮前期 貢法의 성립과
그 전개」『東洋學』12(『朝鮮前期 土地制度史研究』1983); 李載襲, 1983,「朝鮮初期
田稅制度 研究」『韓國史學』4; 李淑京, 1987,「朝鮮 世宗朝 貢法制定에 대한 贊反論의
검토」『高麗末·朝鮮初 土地制度史의 諸問題』.

전체를 복원하는 데는 많은 어려움이 따른다. 그 대강을 살필 수 있는 자료로서 가장 시기가 앞서는 『孟子』의 다음 구절이 주목된다.

夏后氏五十而貢 殷人七十而助 周人百畝而徹 其實皆什一也[7]

이것은 夏后氏는 50畝로서 貢法이었고, 殷人은 70畝 토지로서 助法이었고, 周人은 100畝로서 徹法이었으니, 그 모두는 1/10이라는 것을 말해주고 있다.[8]

우선 夏殷周 三代의 貢助徹法 가운데 貢法의 구조에 초점을 두어 살펴보기로 하자.

여기에서 나타난 '貢'이 의미하는 것은 무엇일까? 조세수취는 과연 1/10일까? 그리고 貢法 下에서는 어떠한 토지제도가 운영되었을까?

우선 첫 번째로 '貢'은 무엇을 의미하는지를 검토해보기로 하자.

맹자는 徹者徹也 助者藉也[9]라고 했지만 貢에 대해서는 전혀 언급을 하고 있지 않다. 貢을 그 어원을 살펴 功 바치는 것으로 해석하는 경우도 가능하다. 즉 貢, 獻功也[10]라고 했을 때는 貢을 농민들이 통치자에게

---

7) 『孟子集註』 滕文公 章句上.
8) 夏后氏, 殷人, 周人에서 표현방법이 다른 것에 대해 몇 가지 설이 있다. 趙岐는 그것을 禹가 禪讓받았기 때문에 夏后라고 일컬었고, 殷과 周는 인심을 따라 정벌했기 때문에 殷人, 周人이라고 했다고 했다. 그러나 茶山은 『孟子要義』에서 趙岐의 설이 잘못되었다고 하면서 『檀弓箴誤』에서 연유를 밝히고 있는데, 『國語』의 國語에 나오는 글에 근거하여 禹氏로써 國號를 삼았기 때문에 夏后氏라고 한 것이고, 그와 다른 殷周는 殷人, 周人이라고 할 수밖에 없었다는 것이다. 李篪衡, 1994, 『譯註 茶山 孟子要義』, 現代實學社, 147쪽 참고.
9) 助法과 徹法을 각기 藉와 徹로 푼 것은 토지분배와 조세수취 방식과 관련된 것으로 보고 있다. 즉 藉란 公田을 경작하기 위해 私田 농민의 노동력을 빌린다는 뜻이 들어있고, 徹에는 鄕遂에서 貢法이 시행되고 都鄙에서 助法을 사용하여 8家가 井田을 경작할 때 힘을 합쳐 짓는다(通力而作)는 뜻이 포함되어 있다(『孟子集註』 滕文公 章句上).
10) 『說文』.

바치는 현물로 보는 것이다. 이 같은 해석은 최초에는 토지와 농업생산과는 일정한 관련이 없었는데 후대에 들어오면서 대부분의 人民이 정착 농경민으로 변하게 됨에 따라 「貢」으로 바치는 현물이 자연히 농산물을 위주로 바치게 되고, 이에 따라 점차 토지제도에서 사용하는 용어로 변하게 된 것 같다.[11]

한편 또 다른 해석이 가능한데, 그것은 龍子[12)의 貢法에 관한 언급 가운데,

> 龍子曰 … 貢者校數歲之中 以爲常 樂歲粒米狼戾 多取之而不爲虐 則寡取之 凶年糞其田而不足 則必取盈焉[13)

貢을 '校數歲之中'하다고 하여 여러 해의 수확을 헤아려(校하여)[14] 하나의 법식을 만드는 것으로 보았다. 그리하여 풍년이 든 해는 쌀이 여기저기 널려 있으니 많이 받아들여도 가혹하다고 여기지 않는데도 적게 받아들이고, 흉년에는 논밭에 거름을 주었어도 생산하는 것이 적기 때문에 미리 정해진 대로 받아들인다는 것이다. 이러한 貢法을 더 없이 나쁜 제도로 보았으니 助法을 이상적인 제도로 복원하려 했던 孟子의 생각을 읽을 수 있다. 따라서 후자의 해석에서 공법의 원리를 추정할 수 있을 것 같다.

---

11) 趙岡·陳鍾毅, 尹貞粉 譯, 1981, 『中國土地制度史』, 大光文化社.
12) 龍子에 대해 朱子는 『孟子集註』에서 古賢人이라고만 했으나, 茶山은 『孟子要義』에서 戰國時代의 俗儒에 지나지 않았다고 말한다. 이러한 사정으로 추측해 보건대 어쨌든 龍子는 孟子가 살던 시기와 가까운 시기의 인물일 가능성이 크다. 戰國 이전이나 春秋시대의 인물로서 貢法의 폐단이 크게 문제되자 이를 비판한 것이다.
13) 『孟子集註』 滕文公 章句上.
14) 校는 貢과 음이 동일하다. 뿐 아니라 校者敎也에서 보이듯이 敎도 역시 同音이기에 貢校敎 모두 동음이다. 즉 貢校 2자의 관계는 助者藉也(助藉는 동음)의 관계나, 庠者養也, 序者射也 같은 관계와 마찬가지라고 추측된다.(加藤繁, 1916, 「支那古田制 의 硏究」(1952, 『支那經濟史考證』 재수록) 第3節 第1項 참조.

공법의 수취는 어떠한 방식으로 이루어졌을까?

우선 夏나라의 貢法을 살피기 전에 『書經』의 「禹貢」장을 통해 田品과 賦稅 수취 기준이 어떻게 이루어지고 있는가를 보자. 「禹貢」은 禹가 홍수를 다스리고 또 9州를 정하여 天下의 人民을 안정시킨 일이 전해지고 있다. 이때의 9州를 통해 받아들인 조세와 제반 공납물은 각지의 土品에 따라 차등을 두었고 또 각 지방마다 많이 생산되는 특산물을 바치도록 하였다. 그중 토지의 田品과 그에 따른 賦稅를 정리하면 다음과 같다.[15]

<표 1> 『書經』의 「禹貢」에 나타난 9等 田賦

9州	田	賦
기주(冀州)	中中	上上
연주(兗州)	中下	貞
청주(靑州)	上下	中上
서주(徐州)	上中	中中
양주(揚州)	下下	下上
형주(荊州)	下中	上下
예주(豫州)	中上	上中
양주(梁州)	下上	下中
옹주(雍州)	上上	中下

禹가 9州를 정할 때 '敷土'하였다는 것은[16] 곧 홍수를 다스린 후 토지 구획을 분명히 하고 경계를 나눈 것을 보여준다. 여기에서 중국의 田品이 上上에서 下下까지 크게 9등으로 나뉘어 다스려지고 있음을 알 수 있다. 이 같은 토지의 田品 구별을 바탕으로 賦를 수취하고[17] 貢物을 거두어들였는데,[18] 이때에도 '上錯'이니, '三錯'이니 하여 間錯하

---

15) 『書經』 禹貢.

16) 『書經』 禹貢.

17) 賦 역시 9等分하여 거두어들이고 있었는데, 兗州의 경우는 貞이라 하여 9州의 평균치를 거두어들이고 있었으며 下下 구분이 없다는 점을 예외로 하고 있다.

18) 貢物로는 穀物뿐 아니라 手工業 제품으로부터 山林川澤 및 海洋에서 얻을 수 있는 생산물이 대상이 되었다. 예컨대 絲, 麻 등의 織物이나 漆, 怪石, 五色土,

는 방법을 통해 비상시에 조세를 조절하는 경우가 있었던 것이 알려지고 있다.[19] 間錯法은 후대의 給災法과 같은 것으로 추정되며 租稅 減免을 통해 농민이 입은 피해를 보상해주는 방법의 하나로 보인다. 이 같은 9州의 9等分 바탕 위에 비로소 理想政治가 구현되었다고 보고 있다.

이 같은 9等 田品에 대한 수취는 어떻게 행해졌을까.

天下의 中正한 수취율인 1/10稅가 행해졌을 것이라고 전해진다. 맹자 역시 貢助徹法 모두 1/10세율이었다고 하여 앞에서도 보았듯이 이상적인 세율로 여겼다.[20] 여러 해의 수확을 평균하여 거두는 것을 1/10稅로 했고 이것을 이상적인 세율로 여겨왔고 貢法 역시 1/10세였다고 본다. 그것을 맹자는 龍子의 말을 빌려 貢法으로 받아들이는 세율을 천하의 올바른 조세율로 보기 어렵다고 비판하고 있는 것이다. 豊凶을 고려하지 않고 매년 '夏后氏五十而貢'이라는 고정된 조세를 받아들이게 되면 흉년에도 풍년에도 稅高가 일정하여 움직이지 않는다는 점 때문에 농민들은 몰락할 수밖에 없다는 것이다.

그렇지만 이같이 문제가 많은 貢法이 과연 夏后氏에 의해 계속 유지되었을까? 그것은 아마도 무엇인가 貢法을 잘못 이해한 때문이라고 보기도 한다. 즉 맹자의 서술 가운데 '夏后氏五十而貢'으로 貢法을 이해할 경우 殷人, 周人이 각각 70畝, 100畝 단위를 기본으로 하듯이, 貢法은 50畝를 기본으로 하여 매년 1/10에 해당하는 5畝의 수확을 상납한다면 매년 세율이 달라지게 된다. 즉 풍년 때 5畝의 수확과 흉년 때 5畝의 수확은 크게 다를 것이며, 후에 이러한 잘못된 해석을 받아들여 戰國時代 제후들이 貢法을 악용했을 것이라는 것이다.[21] 이 같은 잘못된 貢法

金銀銅, 皮革 및 鹽 등이 그것이다.

19) 『世宗實錄』 卷90, 世宗 22년 7월 癸丑, 4-301.

20) 夏后氏五十而貢 殷人七十而助 周人百畝而徹 其實皆什一也(『孟子集註』滕文公 章句上).

21) 加藤繁, 앞의 글.

이해 때문에 공법이 아주 문제가 많은 것으로 이해했을 것이며 이것이
夏后氏의 공법은 아니라는 것이다.

그러나 실제로 貢法은 이후 여러 해의 수확을 校(또는 較)하여 稅法의
원칙으로 삼고 있었다. 예컨대 漢의 田租는 1/15을 취했고, 文帝 때는
모두 면제했고, 景帝 때는 1/30을 취했고 後漢初 1/10이 후에 1/30으로
바뀌었지만 1개년의 수확을 예산하기 위해서 여러 해의 수확고의 中庸
을 취했다.[22] 세율이야말로 구구하지만 中을 校한다는 점에 이르러서는
貢法과 크게 다른 것은 아니라고 볼 수 있다. 공법은 이같이 풍흉을
포함하는 여러 해의 수확을 참고하여 貢하였다는 점에서 다시 고려해
볼만한 제도였던 것이다.

貢法은 어떠한 토지제도였을까? 井田法으로 운영되었을까?

朱子는 夏나라의 貢法에 대해서는 정확히 고증해내지 못하고 있다.
단 하나라에는 井田法이 없었고, 商나라에 들어와 처음으로 井田의 제도
가 시행되었다고 보았다. 즉,

> 夏時一夫受田五十畝 而每夫計其五畝之入爲貢 商人始爲井田之制 … 周時
> 一夫受田百畝 鄕遂用貢法 十夫有溝 都鄙用助法 八家同井 耕則通力而作
> 收則計畝而分 故爲之徹[23]

夏나라 때는 1夫가 田50畝를 받아 각기 5畝의 수입을 貢으로 바쳤고,
商나라 사람들이 처음으로 井田制를 만들었으며 … 주나라 때는 1夫가
田100畝씩을 받아 鄕遂[24]에서는 貢法을 행하여 10夫마다 溝를 두었고,

---

22) 加藤繁, 앞의 글.

23) 『孟子集註』滕文公 章句上 '夏后氏五十而貢…' 이하 참조.

24) 鄕遂는 國中으로 보는 것이 朱子도 그러하듯이 宋元 이후의 통설이다(加藤繁은
앞글에서 國中을 王城으로 제한하여 해석함). 鄕은 王畿의 郊內에 위치하며 王城에
서 100리까지로서 近郊와 遠郊로 구분된다. 郊內는 6鄕으로 나뉘어졌고 그 나머지

都鄙[25])에는 助法을 사용하여 8家가 井田을 함께하니 경작할 때는 힘을 합쳐 짓고, 거둘 때는 畝를 계산하여 나누었으므로 徹法이라 한다는 것이다. 이와 같이 주자는 夏后씨의 貢法은 井田制와는 상관이 없고 단지 夏나라에서 시행되었으며, 周나라에서는 鄕遂에서 貢法을 시행했다고 보고 있다.

貢法이란 농민이 국가로부터 받은 토지를 경작하고 그 稅를 납부하는 것인데, 납부하는 방식이 1/10세이며 납부하는 세율은 여러 해의 수확을 평균하여 결정하는 것이다. 이때의 토지분배는 井田制였는지 아닌지 알 길이 없다. 井田制 방식으로 운영되었다면 公田을 두고 농민의 노동력을 동원했을 것이기 때문이다. 夏后씨의 貢法에 대해서는 더 명확한 자료가 없기 때문에 井田法이 시행되었는지를 복원할 길은 없다. 그것은 公田이 없는 井田制였을 가능성도 존재한다는 것이다.[26]) 때문에 夏代의 토지관리 방식이 井田制였는지 보다는 '校數歲之中'하는 1/10稅에 초점을 두고 助法에 의한 井田制와 비교하고, 나아가 徹法을 통한 周代의 토지관리 방식과 비교한 것이다.

는 場圃, 宅田, 土田, 賈田, 官田, 牛田, 賞田, 牧田으로 되어 있다. 大司徒가 다스리며 75,000家로 이루어졌다. 1鄕은 12,500家이다. 『周禮』地官 大司徒의 比·閭·族·黨·州·鄕에 나타난 鄕으로 그 규모를 짐작할 수 있다. 그리고 遂는 畿外의 행정구획으로 鄕으로부터 100리 밖의 땅인데 6遂로 나뉘어 있고 그 나머지는 公邑의 田이다. 6遂는 遂人이 다스리는 곳으로 75,000家로 이루어졌으며, 1遂는 12,500家이다. 『周禮』地官 遂人의 '鄰·里·酇·鄙·縣·遂'에 그 규모가 잘 나타나 있다. 이 같은 6鄕과 6遂를 國中으로 보고 200리에서 500리까지 大夫·卿·公의 采邑인 家邑·小都·大都를 野라 한 것은 『周禮』와 『孟子』가 일치한다.

25) 都鄙는 孟子 이래 野로 보는 것이 통설이며 郊의 바깥을 가리킨다. 왕의 자제 및 공경대부의 식읍지로서 200리 밖에서 500리까지의 지역이다. 500리까지가 畿內 지역으로 甸服이며 그 바깥은 각기 侯服, 綏服, 要服, 荒服으로 나누어 다스린다. 『文獻通考』卷260, 封建考 一, 上古之周封建之制 참조.

26) 茶山은 貢法 역시 井田制하에 시행된 제도로 보고 있다. 『孟子要義』(丁若鏞 著, 李篪衡 1994, 『譯註 茶山 孟子要義』, 現代實學社) 滕文公 上 滕文公問爲國夏殷周皆什一章 참조.

2) 世宗 貢法의 原理

세종의 貢法에 대한 구상과 그에 대한 고민이 구체적으로 나타난 것은 세종 9년(1427) 文科 策題에서였다.

세종은 制田하는 法의 원형을 三代의 貢法·助法·徹法에서 찾고, 그것을 오늘날에도 시행할 수 있는가를 물었다.[27] 즉 당시 조선이 안고 있는 답험손실의 폐단을 고치기 위해서는 마땅히 貢法과 助法에서 해답을 구해야 하는데, 助法은 반드시 井田을 행한 후에야 시행되는 것이므로 시행될 수 없다고 보고 貢法을 검토할 수밖에 없는 상황을 역설했다.[28]

여기에서 우선 세종은 助法이란 시행불가능한 것이라고 보고 논의 대상에서 제외하고 있었다. 井田法은 중국에서도 시행되지 않았고, 하물며 우리나라 같이 山川이 험준하고 高原과 濕地가 많은 곳에서는 시험할 수도 없는 것이라고 본 것이다. 세종이 구상한 것은 井方形의 토지구획과 그에 따른 부세수취 방식이 아니라 貢法이었던 것이다. 貢法은 夏書에 나타나 있을 뿐 아니라 周나라에서도 또한 助法과 더불어 鄕遂에서는 貢法이 시행되었던 것으로 보고 그것을 다시 복원하려고 했다. 다만 그것이 '較數歲之中'이라고 하여 여러 해를 평균하여 中正한 수취를 행하던 방법이 제대로 운영되지 못했다는 것을 지적하면서, 이른바 공법의 폐단을 고치려고 한다면 어떻게 해야 하겠는가를 물었다.[29]

세종의 고민은 물론 三代 이후 秦漢, 唐, 明의 제도를 검토한 후였고, 나아가 태조와 태종대의 科田法과 踏驗損實에 나타난 문제점을 해결하면서 仁政을 베풀 수 있는 방법을 찾고 있던 때였다. 때문에 唐代의 租庸調를

---

27) 『世宗實錄』 卷35, 世宗 9년 3월 甲辰, 3-65.
28) 『世宗實錄』 卷35, 世宗 9년 3월 甲辰, 3-65.
29) 『世宗實錄』 卷35, 世宗 9년 3월 甲辰, 3-65.

통해 문제를 해결하자는 견해도 제기되었지만 그것이 아니라고 보았고, 훗날 조용조 제도에 대해 결코 우리나라에서는 시행될 수 없는 것이라고 생각하고 있는 세종을 볼 수 있다.[30] 세종을 중심으로 공법을 주장하는 일군의 개혁관료들이 내세운 古制는 三代의 이상정치를 지향하고 있었다면, 반대로 답험제를 고수하면서 중국의 租庸調法을 古制로 내걸고 공법을 반대한 일군의 관료가 대립되고 있었던 것을 주목할 필요가 있다.[31] 양자의 개혁구상은 공법 하나만 놓고 보더라도 그 원리와 방법이 자못 차이가 있었다.

그렇다면 세종이 구상하는 貢法은 徹法과는 어떠한 관련이 있을까? 세종은 周나라의 徹法을 시행하기 어렵다고 보았다. 우선 野에서는 1/9의 세율을 적용하는 助法이 시행되었고, 國中에는 1/10의 세율을 적용하되 賦를 바치는 제도로 운영하였다는 점 때문에 역시 井田助法 시행이 어렵다는 측면이 하나이고, 두 번째로는 助法과 같이 公田·私田에서 농민과 똑같이 풍흉을 맞게 되며 동시에 農政을 맡은 관원이 들을 순회하면서 農作을 관찰하고 損實에 따라 세금을 減免하던 제도였기에 관리의 공평무사함이 전제되지 않으면 시행되기 어렵다는 점을 생각하고 있었던 것 같다.

周나라 때 시행된 철법은 관리의 공평무사함이 전제된 隨損給損法이기에 그 의미를 높이 평가했다.[32] 선초부터 시행되고 있던 답험손실제의 취지도 그러한 철법의 원리에서 출발했다. 이러한 철법은 원칙대로만 시행된다면 문제가 없을 것이며 또한 폐단이 있더라도 운영상의 문제점만 고친다면 그러한 폐단은 고쳐질 수 있다고 보기도 했다.[33]

30) 『世宗實錄』卷101, 世宗 25년 9월 壬戌, 4-507.
31) 영의정 黃喜·우의정 河演·우찬성 金宗瑞·우참찬 鄭甲孫 등의 관료들이 그들이다. 『世宗實錄』卷112, 世宗 28년 4월 丁卯.
32) 『世宗實錄』卷49, 世宗 12년 8월 戊寅, 3-250.
33) 『世宗實錄』卷49, 世宗 12년 8월 戊寅. 예컨대 답험을 지지하던 의정부 좌의정

그러나 세종은 온갖 농간이 개재할 가능성이 있는 철법은 그러한 미봉적인 대책만으로는 개혁될 수 없다고 보았다.

공법 지지론자들은 철법이 안고 있는 문제점을 계속 거론하고 있었다. 예컨대 답험하여 손실에 따라 세액을 감면하는 踏驗給損法을 운용하기 위해 朝官을 나누어 파견하기도 하고, 감사와 수령에게 위임하기도 하는데, 그 조관과 수령이 다 답사하지 못하기에 또한 委官을 나누어 보내고 있었다. 그런데 이 위관이란 자는 거의가 각 고을의 日守·書員輩로서 배운 것이 없고 아는 것이 없어, 혹은 정실에 흘러 中正을 잃는 예가 많았다는 것이다. 이같이 국가에서 파견하던 敬差官·差使員 등도 여러 곳을 모두 돌아다닐 수가 없기에 국가는 커다란 손실을 입고 백성들 역시 그 폐해만을 받아온 그 유래는 너무나 오랫동안 내려왔다는 것이다.[34] 우선 세종 원년(1419) 私田의 田主踏驗權을 박탈하여 국가로 귀속시켰다는 사실도 그러한 연장선에서 이해된다.[35] 이미 收租權에 입각한 토지지배관계는 그만큼 퇴색해 간 반면에, 私田에 있어서도 국가행정력의 간여가 그만큼 크게 성장하고 있었던 것이다.[36] 이같이 답험 폐지론은 단순한 중간수탈 방지의 차원을 넘어 조선 국가의 집권력 강화의 의지로 나타났으며 중앙집권적인 국가권력에 의해 적극 추진되어 갔다.[37]

결국 이 시기 논의는 踏驗이냐 貢法이냐로 요약될 수 있다. 그러나

黃喜·우의정 孟思誠·찬성 許稠·참찬 吳陞·李孟畇 등의 견해가 대표적이다.

34) 『世宗實錄』卷49, 世宗 12년 8월 戊寅. 전 병조판서 趙末生·전 판목사 黃子厚 등의 견해나 집현전 부제학 朴瑞生·전농 소윤 趙克寬·형조정랑 鄭吉興 등의 주장에서 잘 드러난다.

35) 金泰永, 1981, 「科田法上의 踏驗損實과 收租」『經濟史學』5(『朝鮮前期土地制度史硏究』 제5장 수록).

36) 金泰永, 1982, 「朝鮮前期 貢法의 성립과 그 전개」『東洋學』12(『朝鮮前期土地制度史硏究』 제6장, 267쪽).

37) 金泰永, 위의 책, 343쪽.

그것은 답험에서 공법으로의 단순한 개정 논의에 그친 것이 아니라, 집권화 의지의 반영이었다고 해도 과언이 아니었으며 그것은 표면상 공법에 대한 찬반론에서도 잘 드러나고 있었다.[38] 貢法을 통해 仁政을 실현함으로써 소농민을 보호하고 나아가 강력한 국가를 만들려했던 세종의 의지가 夏殷周를 검토하게 만들었던 것으로 보인다.

2절 世宗 貢法의 性格

1) 朝鮮 結負制와 定額稅法

세종조 공법은 조선적 생산력 수준과 사회구조에 걸맞는 선에서 논의가 거듭되었다. 그러나 그것이 답험 방식을 폐기하고 오로지 찬반 양론 가운데 공법 찬성론의 입장으로 나간 것은 아니었다. 경우에 따라 답험을 절충하며, 또 그것이 정착하기까지 답험을 통해 실정을 파악해야만 했기 때문이다. 아울러 공법을 시행하기 위해서는 선결해야할 과제가 있었고 그것을 통해 공법의 원활한 운행이 보장될 수 있었다.

이 같은 진통의 결과 세종 18년(1436) 貢法詳定所가 설치되어 貢法節目이 마련될 수 있었고 이후 세종 20년(1438) 경상, 전라 양도에 시험적으로 시행되면서 세종 25년(1443)까지 계속하여 몇 가지가 수정 보완되었다. 이렇게 탄생한 세종 25년 11월의 更定貢法은 종래의 결함을 보완한 것으로서 비로소 골격을 갖추게 되었다. 이때의 공법은 頃畝法의 채택과 5等田品制로의 통일 그리고 9等年分制로 특징지어졌다. 세종 26년(1444)

---

38) 金泰永, 위의 글 및 李淑京, 앞의 글 참조.

공법이 완성되면서 結負制로의 복귀와 田分6等, 1결당 20두에 해당하는 同科收租 원칙과 年分9등이라는 절충안이 탄생하기까지 세종의 頃畝法 고수와 반대파들의 저항, 그리고 세종의 재반론에 걸치는 논의 과정은 朝鮮的 結負制와 貢法이 재결합되는 과정을 잘 보여주었다.[39] 田分6등에 의한 결부제 채택과 연분9등제라는 給災방식을 통해 공법을 보완하기까지의 전과정은 理想的인 제도의 수용 의욕에서 출발했지만 現實의 벽에 부딪쳐 절충과 타협안으로 귀결된 공법의 특징을 보여주게 되었다.

공법 시험 과정에서 나타나는 두 가지 원리 가운데 우선 定額稅를 통해 1/20稅에 해당하는 定額이 결정되기까지의 貢法이 지니는 첫 번째 성격을 살펴보자.

貢法에서 추구했던 이상적인 稅 역시 1/10稅였다. 즉 공법·조법·철법 모두 10분의 1이 아닌 것이 없다고 하면서 漢唐 이후 明代에 이르기까지 모두 貢法 1/10세라는 취지를 보건대 모두 그러하다고 하였다.[40] 태조 이래 1결당 30두를 수취한 것 역시 1/10세의 실현이었다. 그러나 世宗은 우리의 경우 토지가 척박한 편이어서 1/10은 과중하다고 보았다.[41] 이같이 천하의 中正한 1/10세를 버리고 1/20세로 결정하게 된 것은 세종 나름대로의 계획이 있었기 때문이다. 그것은 세종 전반기 163만여 결에 해당하는 조선시기 최대의 결수가 확보되었다는 점과 이 같은 結總을 통해 所出 확보를 꾀할 수 있었고 給損法도 준비하고 있던 점에서 그렇다.

이에 1결당 10斗는 너무 가볍고 1결당 20斗 정액으로 하여 同科收租한다면 지나침이 없다고 결정하게 되었다. 물론 이 같은 결정 과정은

---

39) 朴時亨, 앞의 글 및 金泰永, 앞의 글. 공법 논의 과정에서 나타나는 찬반론에 대한 논의는 李淑京의 앞글이 참고된다.

40) 『世宗實錄』 卷49, 世宗 12년 8월 戊寅, 3-250 ; 『世宗實錄』 卷75, 世宗 18년 10월 丁卯, 4-33.

41) 『世宗實錄』 卷78, 世宗 19년 7월 丁酉, 4-87.

물론 당시 結當 生産量을 역으로 환산하여 나온 결과이기도 했다. 즉 세종 26년 11월 田制詳定所는 舊下等田 上上年 1등전 57畝의 소출 80석(米 40석)과 6등전 소출 20석(米10석)을 놓고 1/20을 적용하여 1등전 米30두 에서 6등전 7두5승까지 환산한 후, 그것의 평균치인 20斗로써 同科收租 하기로 했다.[42] 그러나 淸安과 庇仁을 대상으로 한 上上年 40석에서 下下年 10석에 해당하는 토지생산력 산출은 세종 자신도 염려했듯이 전국 토지생산력의 표준이 된 것이 아니라 지나친 산정으로 나타났 다.[43] 그것은 貢法의 적용을 어렵게 만들게 된 계기가 되어 世宗 死後 결국 貢法체계의 변화를 가져온 계기가 되었다.

이 같은 同科收租에 따라 30두를 57무에서 거둔 것을 기준으로 20두를 거둘 때 1등전을 계산하니 38무가 되었다. 이렇게 하여 20두 同科收租의 원칙 아래 6등전이 재탄생하게 된 것이다. 貢法을 통해 재조정된 6등전 은 다음의 표에서 보듯이 고려후기의 상중하 각 1846평에서 4184평에 이르던 면적이 1등전 2753평에서 6등전 11035평으로 전반적으로 감축 시켜 1결당 면적이 축소된 결과로 나타났다.

〈표 2〉同科收租 단위로서의 貢法 6等田 제정

舊3等田·山田	畝當 坪數	貢法 6等田	結當 坪數	비고(結實積 변화와 증감)
上等田 25.4무	(1846)	1등전 38무	2753.1	(舊상등→1,2등) 크게 확대됨
中等田 39.9무	(2897)	2등전 44.7무	3246.7	(舊중등→1,2등) 비슷함
下等田 57.6무	(4184)	3등전 54.2무	3931.9	(舊하등→1,2,3등) 대폭 감축
山下田 115.2무	(8345)	4등전 69무	4723.5	
山腰田 172.8무	(12519)	5등전 95무	6897.3	(山田→4,5,6등) 전반적인 감축
山上田 230.4무	(16692)	6등전 152무	11035.5	

(참조) 공법 6등전 제정 자료 참조(박시형, 김태영)[44]

---

42) 『世宗實錄』卷106, 世宗26년11월 戊子, 4-593.
43) 『世宗實錄』卷105, 世宗26년8월 庚午, 4-582.
44) 박시형, 앞의 글, 99~100, 127, 140~141쪽 ; 김태영, 앞의 책, 310~314쪽.

즉 토지의 절대 다수를 차지하던 下等田이 공법단계에서 1·2·3등전으로 파악되면서, 그리고 넓은 結積의 山田이 상대적으로 축소된 5·6등전으로 편입되어 갔다는 점에서 전체적으로는 1결의 면적이 전반적으로 축소되고 結總은 대폭 증대되었다. 그리고 전세가 30두에서 20두로 견감되었지만 전체적으로는 총결부수가 대거 늘어남으로써 국가의 입장에서는 增稅의 효과를 볼 수 있었다. 이 같은 대폭적인 結摠 증대는 세종대까지의 중앙집권력 확대의 소산이라고 볼 수 있다. 나아가 이를 계기로 收稅 방식의 통일을 기하는 가운데 각 位田 收租地의 혁파와 재조정을 단행하게 되었고 이를 통해 국가재정의 일원적인 운용을 꾀하게 되었다. 이 같은 조치는 分給收租地가 퇴화하고 토지지배관계가 所有權에 입각한 것으로 보편화해 가고 있던 당시의 실정을 반영하여 취해진 조처로서 그것을 반영하여 논의되었던 것이다.[45]

한편 貢法을 시험하는 과정에서 보여준 세종의 頃畝法 구상은 이전의 폐단을 일거에 제거하려는 혁신적인 것이었다. 즉 기존의 田籍을 통해 田品5등을 구분한 후 實積 위주의 조세수취 단위인 頃畝法으로 고쳐 운용하려 했다는 점이 주목된다. 그것은 앞에서 살펴보았던 禹貢의 頃畝法과 9등 수취법의 理想을 실현하려는 세종의 의지를 보여주는 것으로서 주목되지만 현실적으로 해결해야할 문제는 너무 많았다. 경무법 시행은 조세 수취뿐 아니라, 科田·出軍·賦役 등의 대변동을 초래하기 때문에 단순한 토지측량상의 변동에 그치는 문제가 아니었다.[46] 농정상의 대변동을 초래하는 문제였다. 이 같은 변동을 초래하는 경무법으로의 전환은 이루어지지 못했고, 그 절충안으로서 結負法이 정착하게 되었다.[47]

---

45) 金泰永, 앞의 책, 제2장 科田法 체제에서의 收租權的 土地支配關係의 변천.
46) 『世宗實錄』 卷106, 世宗 26년 11월 戊子, 4-594.
47) 周尺의 채택에 의해 객관적 實積이 도입될 수 있었고 나아가 隨等異尺 양전척의

결국 절충안으로서 結負制로 귀결하는 과정은, 頃畝法 시행이 조선 정부의 모든 제도를 바꾸어야만 되었기에 朝鮮的 結負制로의 귀결은 어찌보면 필연적이었다.[48] 이 같은 진통을 겪는 가운데 결부법을 통한 수취제도는 9등 年分으로 보완되는 가운데 완성되었다.[49]

貢法은 완성되었지만 그것을 적용하여 시행된 양전은 世宗의 死後에 나 이루어지게 되었다. 世祖 6년(1461)에 이르러 京畿 量田이 시행되기 시작한 이후 成宗 20년(1489)에 이르는 거의 약 30년에 걸친 전국 차원의 양전을 통해서였다.[50] 공법이 확정된 뒤 45년 만이었다.

2) 年分法과 給損法

공법의 두 번째 원리로서 주목되는 것은 '較數歲之中'하는 방법이다.
비록 1/20세라는 中正한 세액을 정해놓았지만 한 해 농사의 풍흉을 어떻게 측정하고 수세하는가는 더욱 커다란 문제가 될 수밖에 없었다. 세종은 비록 경무법을 시행하는 데는 실패했지만 年分을 통해 그것을

등장과 實積의 정확성은 공법에 의해 마련된 것이라고 볼 수 있기 때문에 결부제 의 의미는 과소평가될 수는 없다(金泰永, 앞의 글 참조).

48) 朝鮮 結負制의 완성은 『遵守冊』(內題 : 田制詳定所 遵守條書)으로부터라는 견해를 주목할 필요가 있다(金容燮, 1999, 「結負制의 展開過程」 『韓國中世農業史研究』). 세종년간 貢法에 의한 量田은 실시되지 못했지만 成宗 연간에 이르기까지 양전에 관한 제반 논의가 이루어지는 가운데 완성되었을 것이라는 점에서이다. 世祖 元年 7月(1455) 田制儀注 제정을 요청한 이후, 정부에서 편찬한 『遵守冊』은 이 요청을 수용하여 실현시킨 것으로서 이는 그간에 있었던 諸事目과 規程을 취사선 택하고 종합 정리함으로써 완성시킨 것이었다. 『遵守冊』의 완성은 대체로 세조 7년(1461) 京畿量田 때로 보인다(李榮薰, 1996, 「『田制詳定所遵守條書』의 制定年度」 『古文書研究』 9·10). 이후 量田尺이 隨等異尺制에서 異等同尺制로 이행하게 되었고, 그러한 점에서 朝鮮 結負制의 특질은 이 『遵守冊』에 그 전모가 담겨있다고 하겠다.

49) 『世宗實錄』 卷102, 世宗 25년 10월 戊申, 4-519.

50) 金泰永, 앞의 책, 321쪽 ; 李載龒, 1988, 「16세기의 量田과 陳田收稅」 『孫寶基博士停年 紀念韓國史學論叢』 참조.

조정할 방법을 찾게 되었다. 夏나라 공법에도 풍흉에 따라 間錯하는 법이 있어 흉년에는 변통을 하여 수취를 조절하는 방법이 있었지만,[51] 우리의 지형은 중국과 달라 더욱 정밀하게 수취방법을 마련하지 않으면 안된다고 보았다. 따라서 田分6등을 통해 공법의 기틀이 잡혔다면 이를 완성시킬 수 있는 것이 '較數歲之中'하는 방법으로서의 年分9等法이었다. 그것은 上上年 20斗로부터 2斗씩 遞減하여 上中年 18斗, 上下年 16斗, 中上年 14斗, 中中年 12斗, 中下年 10斗, 下上年 8斗, 下中年 6斗, 下下年 4斗로 9등분하여 적용되었다. 田分6等은 異積同稅의 방법에 의해 면적이 다르지만 모두 20斗를 내게 되면서 年分法에 따라 각각 上上年은 10分實, 上中年은 9分實, 上下年 8分實 … 下下年 2分實로 收稅하고 1分實은 免稅하게 하였다.[52]

'較數歲之中'하는 年分法은 世宗 공법만의 특징이라고 할 수 있다. 왜냐하면 科田法 단계의 답험손실법을 부정하고 그 대신 마련한 것이었기 때문이다. 이 과정에서 주목되는 것이 損實踏驗法을 근본적으로 차단하고자 하였으며, 앞에서도 지적했듯이 세종 원년(1419) 私田의 田主踏驗權을 박탈하여 국가로 귀속시킨 것은 그 첫 번째 절차였다. 그 다음 踏驗의 폐단으로부터 철저하게 벗어날 수 있는 방법으로써 그 단위를 최대한 面 단위까지 확대하여 한 고을의 邑內와 4面을 단위로 운영된 面等第가 고수되었으며 답험론자들이 주장했던 字等第나 庫員等第를 통한 세밀한 답험손실 방식은 애초부터 채택되지 않았다.[53] 이 같은 과정에서 國家는 토지에 대한 답험권을 收租權者인 田主로부터 환수했을 뿐 아니라, 지방의 書員·色吏들의 농간이 개재하기 쉽던 종래의 답험 방법에서 벗어날 수 있는 방법으로서 面等第法을 강행하게 되었다.

---

51) 『世宗實錄』 卷90, 世宗 22년 7월 癸丑, 4-301.
52) 『世宗實錄』 卷106, 世宗 26년 11월 戊子, 4-593.
53) 『成宗實錄』 卷54, 成宗 6년 4월 辛丑, 9-217.

踏驗으로부터 貢法으로의 이행은 이같이 향촌 단위에서 자의적으로 행해질 수 있었던 답험권을 박탈하여 국가가 장악하는 과정을 보여주며, 그것은 곧 國家의 集權化 의지가 표출된 또 하나의 예라고 할 수 있다.

한편 年分法이 최소 面 단위의 豊凶을 조사하여 국가가 그것을 수괄하여 수세하는 방식이라면, 개별 토지에 대한 減免法은 지방 단위에서 해결해야할 부분이다. 비록 개별 토지에 대한 답험손실법이 폐지되기는 했지만 그것을 보완하는 방법으로서 陳田이나 災傷田, 沈沒田 등에 대한 減免 조치가 마련될 필요가 있었다. 곧 陳田에 대한 給陳 문제와 災傷田에 대한 給損(또는 給災)이야말로 농촌에서 실제로 필요한 減免 조치이고, 그것에 따라 공법의 운명이 좌우될 수 있기 때문이다. 이에 陳田 수세와 給損法에 대한 논의가 전면에 등장하게 된다.

우선 陳田收稅와 給損法에 대한 정확한 이해를 위해 세종대까지의 量田 결과를 주목할 필요가 있다. 왜냐하면 세종대 공법이 논의된 배경에는 세종대 163만여 결이라는 조선시기 최대의 결수가 전제되고 있고 그에 따라 陳田과 災傷田에 대한 減免이 제기될 것이기 때문이다.『世宗實錄』地理志의 各道總論에 나타난 총 墾田은 163만2006결(各邑 통계로는 171만여 결)로서[54] 이를 토대로 공법이 시험되었다는 점을 주목할 필요가 있다.[55] 163만여 결이 확보된 것은 세종 10년(1428)부터 세종 14년(1432)까지의 5년간의 양전 결과였다. 이는 태종 6년(1406) 6道의 96만여 결[56]의 거의 2배에 가까운 숫자이다. 이 같은 墾田의 파악은

---

54) 地理志는 단종 2년(1454)에 완성되었지만 총 墾田數는 世宗 14년(1432)의『八道地理志』墾田數와 거의 일치한다. 李載龒, 앞의 글 참조.

55) 공법 시행을 위해 世宗 死後 양전이 행해졌는데 京畿와 下三道는 세조 7년(1461)에서 세조 9년(1463)까지 마무리되었지만, 나머지는 成宗년대에 들어 成宗 19~20년(1488~1489)까지 완료되니 거의 30여 년만이었다(김태영, 앞의 책, 321쪽). 공법의 원리가 탄생하는 과정과는 상관없지만 공법이 실천되는 과정을 보여준다는 점에서 의미가 있다.

세종 초년의 강력한 중앙집권화 정책의 결과로 보여진다. 각도의 陳田이나 墾田을 막론하고 모두 측량하여 田案에 올렸기 때문이다.

이 가운데 실제 墾田(起耕田)과 陳田의 비율은 어느 정도였는지는 알 길이 없다. 그러나 15세기를 거쳐 16세기에 이르는 시기의 陳田率을 검토함으로서 공법 제정 시기에 조사된 結總의 성격을 추정해 보기로 하자. 고려말 공양왕 3년(1391)의 京畿道와 6道의 총결수 798,127결 가운데 荒遠田이 175,030결로 약 21.9%의 陳田率을 나타내고 있는데[57] 이후 얼마나 증가하는가를 보자.[58] 『世宗實錄地理志』에서는 전결수가 163만여 결이나 기록되어 있다. 이 안에 陳田率이 얼마나 되는지는 알 길이 없다. 즉 墾田이라고 했지만 그것은 陳田도 收稅하는 경우라면 陳田을 포함한 墾田이 될 수 있기 때문이다. 따라서 이 시기 陳田率은 앞에서 조사된 고려말 공양왕 3년(1391)의 京畿와 六道의 21.9% 보다는 높았을 것이며, 후대의 기록을 보더라도 30% 이상 40%까지 육박하지 않았을까 추정된다.[59] 그것을 뒷받침하는 것이 다음과 같은 조선 초기 開墾에 관한 기록과 陳田 문제이다.

---

56) 『太宗實錄』 卷11, 太宗 6년 5월 壬辰, 1-356. 『增補文獻備考』 卷141에 나타난 東·西北面의 전결수는 1만여 결에도 못미치는 숫자이다.

57) 『高麗史』 卷78, 志32 食貨1 田制 祿科田 恭讓王 3年 5月條.

58) 太宗 6년(1406) 東·西北面을 제외한 6道 총 전결수가 약96만 여결이지만 陳田率은 알 수 없다(『太宗實錄』 卷11, 太宗 6년 5월 壬辰, 1-356).

59) 宣祖 연간에 보고된 李恒福의 분석에 따르면 亂後 8도의 전결이 총30여 만결로 축소했음을 한탄하면서 재정수입을 근심하고 있다. 이때 논의된 바에 따르면 국초의 수입은 40萬石에 이르렀으나 임란 직후는 말할 수 없이 축소되었는데, 평시 세입도 겨우 20萬石에 지나지 않았다고 했다(『宣祖實錄』 卷140, 宣祖 34년 8월 戊寅, 24-284). 평시 세입 20萬石을 역으로 환산하면 대개 1결당 下之下 4斗로 田稅를 받았다고 했으니 20萬石(300萬斗)는 田結 약 75만 결에서 거두어들인 셈이다. 實結 75만 결에 각종 免稅田 등을 합쳐 時起結을 최대로 잡는다 해도 100만 결이 안될테니, 세종대 163만 결의 최대 약40%에 해당하는 田結이 진전으로 기록되었을 가능성이 있다. 여기에서 평시란 대체로 貢法 이후 4두로 고정되기 시작한 16세기 어느 시기를 지칭한다고 해도 무방할 것이며, 15세기 세종대 역시 40%에까지 이르지 않았나 추정된다.

조선초기 이래 토지조사 방식을 통해 陳田이 어떻게 田籍에 대대적으로 오를 수 있었는가를 추적해 보자.

우선 守令을 통해 토지를 수괄해 내는 방법을 이용했다. 즉 太祖 3년 이후 수령의 殿最가 田地의 開墾이 많고 적은 것으로써 3등으로 삼아 등용되었으며,[60] 戊寅年(太祖 7년, 1398)의 受敎에 이르러서는 加耕이 많은 자는 守令 殿最 때 上等으로 하고, 加減이 없는 자는 中等, 減해진 자는 下等으로 하여 墾田 수괄에 전력을 다했던 결과였다고 해도 과언이 아니다.[61] 후에 墾田을 많이 보고하여 밭을 개간한 공으로 3資級이 뛰어 올라 '田大夫'로까지 불리던 자도 나오는 실정이었다.[62]

墾田을 파악해내는 방법으로 채택된 토지조사 방식도 또한 특징적이다.

양전할 때 墾田 1卜이고 옆에 9卜의 陳田이 있어도 10卜으로 간주하고, 墾田이 10卜이고 옆에 90복의 陳田이 있더라도 1結로 환산하여, 10여 결에 이르기까지 모두 그러했으니 그 까닭은 백성들로 하여금 모두 개간하게 하려고 했다는 것이다.[63] 결과적으로 墾田을 확보하는 과정에서 陳田을 포함시킨 것은 곧 개간되어야할 대상으로서의 토지 파악 의지를 보여주고 있는 것으로서 묵히고 버려진 토지가 아니었다.[64]

또한 양전사목을 보면 한 사람이 경작하는 田地 가운데 連伏한 것은 나뉘어져 있다 하더라도 원하면 合錄시켜 주었으며,[65] 이러한 합록

---

(60) 『太祖實錄』卷5, 太祖 3년 4월 庚辰, 1-61.

(61) 『端宗實錄』卷9, 端宗 원년 11월 辛巳, 6-650.
　　成宗 5년(1474)의 논의에, 近來에 들어 開墾田의 多少로 수령을 殿最하는 法이 폐지되어 개간에 관심을 기울이지 않는다고 한 것을 보면 15세기 중엽까지만 기능한 것으로 볼 수 있다(『成宗實錄』권38, 成宗 5년 1월 辛亥, 9-85).

(62) 『睿宗實錄』卷4, 睿宗 즉위년 3월 乙未, 8-351.

(63) 『世宗實錄』卷86, 世宗 21년 9월 癸亥, 4-239.

(64) 陳田과 관련하여 다음의 논문이 참고된다.
　　李景植, 1976, 「16世紀 地主層의 動向」『歷史敎育』19 ; 金泰永, 1983, 「朝鮮前期 小農民經營의 추이」『朝鮮前期土地制度史硏究』; 趙仁成, 1987, 「朝鮮初 陳田의 發生」『高麗末·朝鮮初 土地制度史의 諸問題』.

현상은 이미 양전할 때 혹 여러 사람의 땅을 모두 합쳐 양전하기도 하고, 비옥하건 척박하건 비옥도를 따지지 않는다는 지적도 있어 왔다.[66] 이 같은 현상은 양전 때 진전을 포함하는 것은 물론이고 인접한 토지까지 몰아서 合錄했던 것이 아닌가 보여진다. 결과 작성된 田案은 1필지당 1결을 넘어서 대단위 필지를 기록하는 현상이 많았을 것으로 보인다. 물론 1자 5결의 원칙이 지켜지는 선에서의 합록 현상이라고 할 수 있겠다. 공법 전후의 田案은 따라서 陳田을 다수 포함하며 1필지당 1결을 넘는 토지까지 기록하고 있다는 특징을 지니며, 이는 전적으로 개별 소유권자의 소유지를 기록하는 것을 원칙으로 하지만 국가의 收租案으로서의 성격이 우선 전제가 된다고 볼 수 있다.

　田案의 기록 방식을 통해서 추정할 수 있는 것이 필지당 1결을 넘는 경우가 흔하다면 이를 통해 소유규모까지 추정해낼 수 있을 것 같다. 즉 이 시기 일반적인 토지소유 형태를 보면 비교적 대단위이다. 10결 이상은 대개 豪富한 대지주이며, 3~4결 소유자도 적다고 했다.[67] 小民의 경우는 불과 1결에서 2결 정도를 소유한다고 볼 수 있다.[68] 일반 소농민의 경우는 1~2결을 넘기가 어렵다고 볼 수 있을텐데,[69] 그렇다면 이 같은 토지 단위는 적지 않은 규모인데 과연 어떠한 방식으로 경작하였을까? 아마도 이 같은 토지 내에는 일정 부분의 진전이 포함되었을 것이며, 농법상 '食土而代墾'하는 방식으로 경작된 것이 아니겠는가 추정될 뿐이다.[70] 이것이 세종대 확보된 최대 결수의 내용을 보여주는 증거의

---

65) 『世宗實錄』 卷102, 世宗 25년 11월 乙丑, 4-524.

66) 『世宗實錄』 卷48, 世宗 12년 5월 甲寅, 3-237.

67) 『世宗實錄』 卷83, 世宗 20년 11월 庚子, 4-173.

68) 『世宗實錄』 卷112, 世宗 28년 6월 甲寅, 4-680.

69) 金泰永, 앞의 책, 제3장 朝鮮前期 小農民經營의 추이 참조.

70) 金容燮, 1988, 『朝鮮後期 農學史 硏究』 I장 2. 『農事直說』의 編纂과 그 農業技術, 58~59쪽 참조.

하나일 것이다.71) 아울러 농지 개간은72) 막대한 자금이 들어가기 때문에 주로 富豪層이나 國家에 의해 주도되었고 小農이나 貧農은 참가하기가 쉽지 않았다.73) 그렇지만 세종대 확보된 최대의 結數는 고려말 조선초기 이래의 常耕農法으로 급격히 전환되면서 확보된 것으로 보인다.74)

이러한 가운데 나타난 給陳法과 給損法의 법 적용 방식은 초기에는 全陳 또는 全損된 경우에만 국가로부터 면세될 수 있을 정도로 가혹했다고 할 수 있다. 그것은 최대로 확보된 전결에서 최대한으로 개간을 장려하고 이후 給陳과 給損法을 통해 점차 면세하는 방법을 택했기 때문이다.

우선 陳田의 경우를 보자. 우선 田案에 기록된 陳田의 경우 전체가 모두 陳田이 되더라도 면세되지 않았지만 점차 給陳의 혜택을 통해 면세하는 給陳法으로 변화되는 과정을 보면 그러한 의도를 잘 알 수 있다.75) 처음에는 正田 중에는 일부라도 內陳된 것은 물론이거니와 전체가 全陳된 것 역시 모두 면세되지 않고 收稅되었다.76) 게다가 아무 이유없이 2년을 묵힌 자는 다른 사람에게 급여하도록 했다.77) 진황지에

---

71) 流來陳雜頉의 내력은 대부분 세종대 파악된 이 같은 최대의 결수로부터 由來한 것이 아닌가 보여진다. 이는 적어도 15세기 田案에 기록된 陳荒田을 기준으로 할 때 더욱 그러하다.

72) 李景植, 1976, 「16世紀 地主層의 動向」『歷史教育』 19 ; 同, 1991, 「朝鮮初期의 農地開墾과 大農經營」『韓國史研究』 75 ; 李泰鎭, 1993, 「15·6세기 韓國 사회경제의 새로운 동향 : 低地 개간과 인구증가」『震檀學報』 76.

73) 金容燮, 앞의 글.

74) 李春寧, 1964, 『李朝農業技術史』 ; 金相昊, 1969, 「李朝前期의 水田農業研究」 ; 李泰鎭, 1978, 「畦田考」『震檀學報』 10 ; 閔成基, 「東아시아 古農法上의 耬犁考」『省谷論叢』 10 ; 同, 「朝鮮前期의 麥作技術考」『釜大史學』 4 ; 宮嶋博史, 1980, 「朝鮮農業史上에서의 15世紀」『朝鮮史叢』 3 ; 廉定燮, 1995, 「15~16세기 水田農法의 전개」『韓國史論』 31.

75) 『世宗實錄』 卷86, 世宗 21년 7월 丁卯, 4-228.

76) 『世宗實錄』 卷106, 世宗 26년 11월 戊子, 4-594.

77) 『世宗實錄』 卷78, 世宗 19년 7월 丁酉, 4-88.

대해 면세를 허용하기 시작한다면 損實法의 폐단이 재연될까 두려워한 나머지 이 같은 조치를 취한 것이다.[78] 이후 문종 즉위년(1451)에는 全陳에 대한 예외를 두어 면세하는 조항을 만들어 조금 완화시켰는데, 곧 疾病으로 인하여 陳荒케된 경우였다.[79]

한편 이 같은 有主陳田에 관한 강제는 드디어는 『經國大典』에 '過三年陳田 許人告耕'[80]케 하는 규정으로까지 나타나게 되었는데, 이때 타인으로 하여금 경작케 한 것은 영원히 소유권을 급여하는 것이 아니라 본 주인이 돌아올 때까지만으로 제한함으로써 소유권을 보호하는 가운데 개간을 유도하기도 하였다.[81] 이렇듯 진전 개간에 대한 국가적인 강제는 16세기까지 거의 下下로 수세하는 가운데 강행되었으니 이는 넓은 농토를 개간할 수 있는 豪勢家에게 유리한 조항이었고 빈농층에게는 불리할 수밖에 없었다.[82] 이 시기 20년 주기의 양전에 대한 인식은 곧 田案에서 陳田을 없애고 墾田을 기록하는 것이라고 생각할 정도였던 것이다.[83]

게다가 災傷田 역시 마찬가지였다. 한 戶가 경작하는 것이 全損된 후에야 면세하는 給損法에서 출발했다. 10결 가운데 1결만 피해가 없고 9결이 災傷을 입었더라도 면세가 안되었다. 즉 공법을 제정할 때 손실의 폐단을 염려하여 10結이 連伏되어 한 사람의 경작하는 것이 모두 완전히

---

78) 『世宗實錄』 卷49, 世宗 12년 8월 戊寅, 3-250.

79) 『經國大典』 戶典 收稅.

80) 『經國大典』 戶典 田宅.

81) 『受敎輯錄』 戶典 諸田. 有主陳田의 경우 3년간 그 소유권을 인정했지만, 만일 3년이 지난다면 立案을 낸 소유자와 耕作者간의 소유권 분쟁이 확산될 것은 필연적이었다. 위와 같은 1556년 受敎는 1634년 갑술양전 이후 '起耕者爲主'로 바뀌어 『續大典』에 등재되어 입안만으로 소유권을 주장하지 못하게 하고 개간을 강조하였다.

82) 李載龒, 앞의 글.

83) 『成宗實錄』 卷293, 成宗 25년 8월 辛巳, 12-576.

損失된 후에야 免稅하도록 했던 것이다.[84] 이후에는 그 폐단이 너무 크다 하여 5결 이상이면 수령에게 고하여 면세케 되었다.[85] 이 같은 連伏5結 역시 비록 1負, 1結만 수확해도 나머지를 재상전으로 인정한다면 답험과 다를 것이 없었기 때문에 고수한 원칙이었다.[86] 面等第가 貢法이 강행되는 과정에서 계속 고수되었지만 공법의 災傷連伏에 입각한 給損 원칙은 점차 災傷過半田 규정으로 바뀌지 않을 수 없게 되었다. 즉 災傷 過半이 넘는 경우에 대해서는 그 비율에 따라 6~9分 만큼 면세하는 방식으로 완화되게 되었던 것이다.[87] 이리하여 損實踏驗이 폐지된 후 비로소 개별 災傷田에 대한 減免 규정이 마련될 수 있었다.

지금까지 살펴보았듯이 세종대 공법에서 給陳 및 給損을 통해 국가가 개별 토지에 대한 收稅와 免稅·減免까지 장악하려 했던 것만큼 그러한 제도화 과정은 여러 가지 문제를 노출시키게 되었으며, 이후 조선후기에 들어서면서는 年分法 및 陳田 및 災傷田의 給陳·給損法 문제를 해결해야만 했다. 국가의 입장에서는 給陳·給災를 통해 收稅를 마무리하려고 하였고, 양반지주의 입장에서는 陳田과 災傷을 통해 더욱 토지를 확보해 갈 수 있는 계기를 마련할 수 있었으며 나아가 향촌의 吏胥輩와의 결탁을 통해 陳田을 隱結로만 만들 수 있다면 더욱 많은 수입을 확보할 수 있었을 것이다. 나아가 소농민층의 경우에 있어서는 정상적인 給陳·給災를 받을 수 없다면 곧 몰락할 수밖에 없는 상황이 벌어져 매년 농민의 생존을 위협했을 것이다. 따라서 이는 小農民의 몰락과 地主制 발달을 더욱 가속화시키는 계기가 되어 갔다.

---

84) 『世宗實錄』 卷113, 世宗 28년 7월 戊辰, 4-684.
85) 『世宗實錄』 卷112, 世宗 28년 6월 庚子, 4-677 ; 『世宗實錄』 卷112, 世宗 28년 6월 甲寅, 4-679.
86) 『世宗實錄』 卷112, 世宗 28년 6월 甲寅, 4-679.
87) 『文宗實錄』 卷4, 文宗 즉위년 10월 丁丑, 6-295 ; 『經國大典』 戶典 收稅조.

3) 조선 결부제와 양전사업

세종조 공법은 조선의 조세법을 완성시키기 위해 三代의 이상적인 稅法 가운데 하나인 貢法을 원형으로 삼았다. 世宗을 중심으로한 개혁세력들은 貢法이야말로 土地에 대한 철저한 파악을 바탕으로 中正한 수취를 행할 수 있을 뿐 아니라 강력한 集權國家를 건설할 수 있는 방법으로 생각하고 있었다.

우선 세종의 조세개혁 원리가 殷나라의 井田 助法을 실현불가능한 제도로 보고 더 거슬러 올라가 夏나라의 공법을 택했다는 점이 주목된다. 토지제도의 개혁을 통한 사회모순 해결 방법보다는 조세제도의 개혁을 통한 강력한 集權國家를 만드는데 목적이 있었던 만큼, 세종의 개혁은 夏殷周 三代의 이상형을 검토한 후 당시 사회현실에 바탕을 둔 현실적인 개혁방식을 택했던 것이다. 즉 孟子는 조법을 추천했고, 龍子는 공법보다 더 나쁜 법은 없다고 혹평을 했던 것을 고려한다면 세종의 선택은 대단히 현실적이라고 볼 수 있다. 조선초 이래의 답험손실법이 낳은 폐단을 개혁하려면 오직 공법밖에 없다고 생각했던 것 같다. 한편 周나라의 徹法은 매년 답험을 통해 수세를 행한다. 이러한 답험손실법은 물론 한 해 농사의 풍흉을 살펴 수세할 수 있는 가장 이상적인 수취방식이었지만, 공평무사한 관리를 얻지 못한다면 무한한 폐단이 발생할 가능성이 있는 제도였다. 따라서 세종은 철법마져 부정하고 있었다.

그렇다면 세종은 삼대의 이상적인 토지·조세제도였던 助法과 徹法을 완전히 부정했을까?

세종의 貢法에는 분명 助法의 井田法을 시행할 수는 없지만 公田과 私田이 모두 함께 풍흉에 즐거워하거나 슬퍼할 수 있기에 그 취지를 살려야 하며, 동시에 徹法 역시 매년 풍흉을 답험하는 데 따른 폐단을 폐기하고 싶지만, 공법의 운행을 위해서는 경차관을 파견하여 답험하지 않을 수 없었다. 세종의 공법에서는 이같이 조법과 철법의 원리가 채용되지는 못했지만 그 취지를 살리기 위해 노력한 흔적을 볼 수 있다. 그것은 세종 공법의 특징 가운데 잘 드러나 있다.

세종이 택한 공법은 원리상 두 가지 특징을 갖는다. 첫 번째가 정액세라는 점이고, 두 번째가 한 해의 풍흉을 살피기 위해 '較數歲之中'하는 年分法과 給陳·給損 방식을 마련했다는 점이다.

첫 번째로 정액세 20두를 마련하는 과정에서 나타난 世宗의 소농민 안정책과 그것을 바탕으로 한 집권화의 의지이다. 1/10세는 仁政의 표현이었지만, 세종은 그보다 낮은 1/20세에 해당하는 20斗 收稅를 내걸었다. 그것으로도 충분하다고 생각했던 것이다.

세종의 의도는 전국 토지에 대한 명확한 파악에 있었다. 그 방법으로서 우선 선택한 것이 頃畝法이었다. 경무법은 土地를 중심으로 同積異稅의 조세수취 방식을 운용하는 것으로서, 결부법에서 보이는 租稅 수취 중심의 異積同稅 방식에서 연유하는 폐단을 고칠 수 있는 방법으로 알려져 있다.[88] 그렇지만 갑자기 결부법을 경무법으로 고친다면 엄청난 혼란이 뒤따른다는 것은 자명한 사실이었고, 따라서 그것을 보완할 수 있는 방법으로서 結負法으로 문제를 해결한다는 절충안이 등장하게 되었다.

結負制와 田分6等이 마련되는 과정에서 도입된 周尺은 이전의 指尺에 비해 비교적 객관성이 있었으며 절대면적 도입의 분수령이 되었다. 또한 전국의 토지를 頃畝法에 의해서가 아니라 結負法에 의해 파악하기는 했지만, 조선 국가는 원했던 結總을 충분히 확보했을 뿐 아니라, 結 實積에 대해서도 객관적인 기준을 마련함으로써 일목요연하게 토지

---

88) 『磻溪隨錄』 卷1, 田制 上 分田定稅節目.

를 파악할 수 있게 되었다. 이 같은 과정은 高麗시기의 그것과 다른 朝鮮的 結負制를 정착시켰고 나아가 結負制 중심의 토지지배 방식을 완성하는 계기가 되었다.

두 번째 원리로서 한 해의 풍흉과 수취방식을 마련하는 과정에서 조선만의 특징적인 年分法과 給陳·給損法이 준비되었다는 점이 주목된다. 연분9등제는 과전법 단계의 답험손실법을 폐기하고 대신 마련한 제도로서 田主로부터 답험권을 회수했을 뿐 아니라 국가가 收稅나 減免·免稅의 주도권을 가질 수 있다는 점에서 획기적인 계기가 되었다. 年分法이 字等第나 庫員等第가 아니라 面等第를 중심으로 운영되게 됨으로써 국가가 일정 부분까지 간여할 수 있게 되었던 것이다.

한편 年分法이 면단위까지만의 損實을 제도화한 것이라면, 損實法은 개별 토지에 대한 損實 제도로 마련된 것이다. 초기에는 철저하게 年分法을 중심으로 하되 陳田이나 災傷田, 沈沒田 등의 개별 토지의 損實에 대해서는 제한을 두어 운영했다. 陳田이나 災傷田에 대한 損實法까지도 국가가 장악함으로써 개별 토지에 대한 收稅와 免稅·減免까지 관리하고자 했던 것이다. 그런 의도에서 年分法과 損實法이 운용되었기 때문에 여러 가지 문제가 노출되는 것은 당연했다. 陳田에 대한 收稅가 행해지는가 하면 災傷田의 경우도 全損된 경우에만 損實을 인정하는 등의 폐단이 그런 것이었다.

그러한 문제는 강력한 집권국가를 전망했던 세종의 공법 강행에서 필연적으로 나타날 수밖에 없었다. 그것은 조선조 최대의 163만여 결에 이르는 결수를 기반으로 공법을 시험하고 운용하였다는 점과 밀접한 관련이 있다. 163만여 결 안에는 다수의 陳田이 포함되어 있었으며, 그것은 이 시기 常耕農法으로 급격히 전환되는 상황에서 墾田을 최대한 확보하고자 했던 국가의 의도를 보여준다. 전 토지에 대한 명확한 파악과 그에 대한 收稅, 그리고 그것에 대한 免稅·減免權까지 장악하고자 했던 공법은 세종대 과학기술을 배경으로 이론화될 수 있었던 것이다.

　그러나 공법의 폐단은 맹자 이후로 계속 지적되어 왔듯이 취지와 달리 그 운용상의 제반 폐단이 드러나게 되면 걷잡을 수 없이 무너지게 되어 있다. 전분6등에서 추구된 20두 정액세가 조선후기에 永定法 4斗로 바뀌는 과정이나, 연분9등으로 운용되던 給災 방식은 17세기 말까지 답험경차관제에 의해 유지되다가 이후 比摠法으로 대치되는 과정이 그것을 보여준다.[89] 貢法이 제 기능을 발휘하지 못한 데는 세종이 구상했던 경무법 중심의 토지파악이 아니라, 절충안으로 채용된 결부법이 그 역할을 대신하지 못했다는 점도 지적되어야 할 것 같다. 물론 토지제도 전반의 모순구조를 해결하지 않은 채 貢法上의 田稅制度만의 개혁으로 토지문제까지 해결하려했던 세종의 생각이 현실의 벽에 부딪치는 것은 당연했다. 이 시기는 收租權이 소멸하면서 所有權에 입각한 토지지배 방식이 地主層을 중심으로 주도되는 가운데[90] 공법의 본래 기능과 역할이 위축될 가능성이 많은 시기이기 때문이다. 어느 시기에나 그러했던 것처럼 토지겸병과 대토지소유제의 발달은 이상적인 改革論의 하나인 貢法의 성격을 변질시키게 되었던 것이다.

　世宗 貢法은 원리면에서 三代 理想社會의 하나인 夏나라 貢法을 이상적인 모델로 채택했다. 하지만 강력한 集權 國家의 기틀을 마련하고자 했던 世宗은 중국의 그것과 다른 朝鮮的 貢法을 완성시켰다는 점에서 높이 평가될 수 있다. 아울러 그 과정에서 정착한 結負制는 조선 전시기

89) 金玉根, 1984. 『朝鮮王朝 財政史硏究』, 一潮閣 ; 鄭善男, 1990, 「18·19세기 田結稅의 收取制度와 그 運營」『韓國史論』22 ; 朴種守, 1993, 「16·17세기 田稅의 定額化 과정」『韓國史論』30 ; 李哲成, 1993, 「18세기 田稅 比摠制의 實施와 그 성격」『韓國史硏究』81.
90) 金容燮, 1983.12, 「前近代의 土地制度」『韓國學入門』, 학술원 ; 金泰永, 앞의 책 ; 李景植, 1986, 『朝鮮前期 土地制度史 硏究-土地分給制와 農民支配』, 一潮閣.

에 걸쳐 所出을 중심으로 한 토지지배 원리로서 기능하게 되었다는
점에서 주목되며, 田分法과 年分法을 통해 토지지배권을 강화시키는
계기를 마련했다는 점에서 의미가 있다.

[본장은 「世宗朝 貢法의 原理와 그 性格」(『韓國史研究』, 1999)을 수정하
여 전재하였음]

제2장 주자 경계법 수용과 양전 균세론

1절 朱子 經界法과 朝鮮의 經界論

1) 朱子의 經界法

조선후기 儒者들의 토지조세 제도 개혁론의 한 형태로서 井田難行論과 庚子量田으로 귀결된 量田法의 원리를 살펴보기 위해 그들이 추종했던 宋代 朱子의 현실인식 태도를 알아보자. 특히 주자의 井田制 이해 방식과 經界法은 조선의 개혁론자들에게도 큰 영향을 미쳤을 것이라는 점에서 중요한데 여기에서는 경계법을 중심으로 그 내용을 검토해 보자. 경계법의 시대적 의미와 그 성격을 통해 조선후기 經界法과 量田의 관계를 검토해 낼 때 그 성격을 잘 파악할 수 있기 때문이다.

중국에서의 經界法은 南宋 초기의 토지제도 문란을 타개하기 위해 제시된 개혁안이었다.[1]

---

1) 宋代 經界法에 대해서는 다음과 같은 연구가 참고된다.
高樂林, 1978, 「南宋 土地經界法上에 보이는 砧基簿에 대하여」『大邱史學』15·16합집 ; 高樂林, 1979, 「李椿年의 經界法에 대하여」『慶北史學』1 ; 趙東元, 1985, 「朱熹의 社會改革論」『歷史와 인간의 對應 ; 高柄翊先生華甲紀念論叢 中國史編』, 한울 ; 兪垣濬, 1996, 「南宋 經界法에 대하여(1)-李椿年과 朱熹의 經界案을 중심으로」『慶熙史學』20 ; 兪垣濬, 1997, 「南宋 經界法에 대하여(2)」『慶熙史學』21.
이외에도 周藤吉之, 1962, 「南宋鄕都の稅制と土地所有 : 特に經界法との關聯に於いて」

唐末·五代의 變亂을 거치면서 제반 土地 帳籍類가 불타 없어지면서 토지제도 문란은 극에 달하게 되었다. 宋代에 이르러서도 토지제도의 문란과 賦稅의 不均은 해결되지 않고 더욱 심해지게 되면서 이를 해결하기 위한 여러 가지 방도가 강구되었다. 檢田이나 方田·限田·推排 등의 방법과 함께 시도된 經界法도 그 중의 하나였다.[2]

경계법은 南宋에서 시행된 것으로서 經界에 대해서는 『孟子』의 滕文公章句에서 이미 언급되고 있었다.

> 夫仁政 必自經界始 經界不正 井地不均 穀祿不平 是故暴君汚吏 必慢其經界 經界既正 分田制祿 可坐而定也[3]

여기에서의 經界란 朱子集註에 따르면 '謂治之分田 經畫其溝 塗封植之界也'[4]라고 하여, 토지를 나누어 다스리는 것을 말하되 봇도랑의 역할을 하는 溝洫을 經緯처럼 규칙적으로 만들고 길처럼 흙두덕을 쌓아 塗封을 만들어 나무로 지경을 삼도록 하는 것으로 보았다. 이어 이 같은 井地 형태의 經界가 제대로 운영되지 않게 되면서 分田하는 제도가 무너지고 豪強들이 兼幷하게 되며, 결국에는 井地가 균등하지 못하고 賦稅 수취가 법대로 이루어지지 못하게 되었다고 한다.[5] 이처럼 맹자가 언급한

『宋代經濟史研究』, 東京大學出版會；曾我部靜雄, 1974, 『宋代政經史の研究』, 京都(昭和 49)：吉川弘文館, 第11章 南宋の土地經界法；王德毅, 1974, 「李椿年與南宋土地經界」 『宋史研究集』 7, 臺北：國立編譯館 등이 참고된다.

2) 曾我部靜雄, 앞의 책, 第11章 南宋の土地經界法.

3) 『孟子』 滕文公 章句上.

4) '經界 謂治之分田 經畫其溝 塗封植之界也〈雙峯饒氏曰 溝途封植之界 經緯錯綜 直者爲經 橫者爲緯 只擧經者 有緯在其中 溝溝洫之類 途道 途封土堎 植種木爲界〉…'(『孟子』 滕文公 章句上의 朱子集註).

5) '此法不修 則田無定分 而豪強得以兼并 故井地有不均 賦無定法 而貪暴得以多取 故 穀祿有 不平'(『孟子』 滕文公 章句上의 朱子集註).

經界란 井田制에 근거한 토지구획과 부세수취를 균등하게 실현할 수 있는 근거가 되며, 이 같은 경계가 무너지게 되는 것은 토지겸병 때문이라는 것이다. 宋代에 들어서도 토지겸병은 더욱 극심해졌고 이를 바로잡을 수 있는 방법이 여러 가지로 강구되었다. 그것은 맹자가 언급한 農民의 恒産·恒業을 보장하고 더불어 國家가 부강해질 수 있는 방법이어야 했다.

朱子 역시 맹자의 이 같은 경계법을 잘 알고 있었다. 그렇지만 그가 集註한 내용은 맹자가 살던 시기의 그것이기 때문에 자신의 시대에는 맞지 않는다고 생각했다. 그리하여 그가 시험했던 경계법은 남송이 처한 현실을 개혁하고자 했던 방법 중의 하나로서 제시된 것이다. 이렇게 하여 고안된 주자의 경계법은 그가 살던 가장 가까운 시기에 전국적으로 시행된 12세기 중엽 高宗 紹興年間 李椿年의 경계법이었다. 그것을 손질하여 다시 시험한 것이었다.[6]

우선 주희의 경계법의 특징을 알아보기 위해 우선 李椿年의 경계법을 알아보고 그것을 어떠한 방식으로 계승했는지를 검토하기로 하자.[7]

李椿年의 經界法은 토지대장의 일종인 砧基簿를 만들어 운영하였다.[8] 즉 농민들에게 田形, 四至·畝數·地味 등과 토지획득 방법을 기록하여

---

6) 兪垣濬, 앞의 글 ; 曾我部靜雄, 앞의 글.

7) 朱子의 經界法이 李椿年의 經界法으로부터 그 모델을 찾았다는 점은 주자의 문집에도 잘 나타나 있다. 그러나 그 원리나 이념이 北宋代 王安石의 方田均稅法을 그대로 답습한 것이라는 연구도 있다(趙東元, 앞의 글 참조). 그것은 경계법 실시를 계기로 土地調査와 稅役의 均分을 꾀했던 점에서 왕안석의 개혁안이 모태가 된다는 설명이다. 그렇지만 본고에서는 方田均稅法과 經界法의 차이를 전제하고 별개로 다루고자 한다.

8) 이춘년의 경계법에 관해 자료로서 『宋會要稿』 食貨 第六經界, 『宋會要稿』 食貨 第七十 經界雜錄, 李心傳의 『朝野雜記』 甲集 卷五經界法 및 『擊年要錄』 卷百四十七 紹興十二年 十一月 癸巳條, 『玉海』 卷百七十六 紹興經界法, 『文獻通考』 卷五 田賦考 등이 주로 이용되고 있다(曾我部靜雄, 앞의 글 참조).

침기부를 만들도록 했는데 만일 바치지 않는 자가 있으면 官에서 田産을 몰수했다.[9] 침기부는 모두 3부를 만들어 각각 縣, 州와 轉運司에 비치하였는데 주로 縣에서 실질적인 관리를 하였고, 일단 만들어진 후에는 3년마다 새로 만들어 고쳐 운영하였다. 이 같은 침기부는 제반 토지 매매 및 분쟁을 해결하는 기준이 되었으며[10] 따라서 향촌의 토지 賣買나 水利에 관계되는 사항까지 해결할 수 있었다. 특히 별도로 魚鱗圖와 유사한 地形圖를 만들도록 하여 田土의 欺隱이 없도록 하였다. 침기부와 지형도를 통한 토지 파악은 豪强들의 欺隱에 의한 폐단을 막는 데 있어 결정적인 역할을 하였다.

경계법은 田土의 經界가 바르지 않기 때문에 토지겸병이 자행되면서 貧者는 더욱 困窮해지고 富者는 더욱 부유해질 수밖에 없는 상황에서 나타난 개혁안이었다. 經界 不正으로 인한 폐해를 바로잡기 위해 경계법을 실시하지 않을 수 없으며, 그 목적은 부세를 均平히 하여 농민을 보호하는 데 있었다. 즉 경계법을 통해 均稅를 실현하는 것이지 단순히 수입 증대를 통해 增稅를 꾀하는 것은 아니라는 것을 표방하고 시행하였다.

그러나 이춘년의 획기적인 土地 經界法은 수없이 많은 반대에 부딪치게 되었다. 그것은 예상한 바였지만, 그 성과가 충분히 나타나기도 전에 이춘년 자신도 대신들의 탄핵으로 관직에서 물러나게 되었다. 그동안 나타난 폐단의 대부분은 欺隱에 의한 脫稅였기 때문에 반대하는 자들은 분명 경계법을 均稅가 아니라 增稅를 하기 위한 것이라는 모함이

---

9) 李椿年의 經界法은 법규정 적용에 있어 가혹했다. 地籍圖를 제작할 때 서명한 保正長에게도 연대책임을 물리도록 할 뿐 아니라, 사실과 다른 경우에는 해당자에게 300貫의 벌금을 징수시키는 등 嚴刑主義를 택했다는 점에 특징이 있다. 兪垣濬, 앞의 글(2), 184쪽 참조.

10) 砧基簿는 토지소유권의 근거가 되었으며, 토지매매 계약서에만 존재하는 토지는 인정치 않았다. 매매할 때는 砧基簿와 계약서가 구비되어야 소유권을 인정해준다는 규정은 紹興13년 閏4월에 李椿年의 奏請에 의해 새로 추가되었다. 兪垣濬, 앞의 글(1), 주 85 참조.

그렇게 만들었던 것이다. 1143년(紹興 13)부터 시행된 경계법은 1150년 (소흥 19)까지 특수한 지방을 제외한 남송 전역에서 실시되었지만 전 州縣의 반 이상은 경계법이 완전히 시행되지도 못한 상태로 막을 내렸다. 이후 각 지방에 따라 부분적으로 경계법을 다시 채용하여 실시하는 경우가 나타났지만 전국적으로 시행되지는 못했다.

주희의 경계법은 이춘년의 경계법을 재연한 것이었다. 주희가 漳州· 泉州·汀州에서 행한 경계법을 통해 그것을 시행하던 시대배경과 추진 주체, 방법 그리고 목적을 알아보자. 그것을 분석하기 위해서는 「條奏經 界狀」,「曉示經界差甲頭榜」,「經界申諸司狀」 등의 자료를 검토할 필요가 있다.

朱熹가 부임했던 福建路의 漳州·泉州·汀州도 경계법에 대한 반대 때문에 실시되지 못하고 중단된 지방의 하나였다. 1143년 李椿年의 경계법이 시행되기 시작했을 즈음 寇賊 事件이 일어나게 되면서 중지되었던 것이다. 朱熹는 南宋 光宗(1190~1194) 초년 漳州 知事에 임명되면서 그 이전부터 관심을 두고 있던 경계법을 다시 행하고자 하였다. 이때도 역시 경계법에 대한 반대는 수그러들지 않는 상태였다. 1191년(紹熙 2) 중지될 때까지의 주희의 경계법에 대해 검토해 보자.

주희는 경계법이 실시된 군현에는 아직 圖籍이 남아있고 따라서 田稅 역시 알맞게 받아들일 수 있으니 貧富 모두에게 實이 있고 公私 양편이 이로운 것을 보아, 경계법은 민간에게 아주 지대한 이익을 가져다 줄 수 있는 것으로 보아 그 이로움이 한두 가지가 아니라고 보았다.[11] 豪家大姓猾吏姦民들의 경우 모두 불편하다 하여 반대 상소가 끊이지 않는 상황에서도 細民과 官府에게 이롭다는 점을 들어 經界法을

---

11) 朱熹의 經界法에 관한 자료로서 『朱子大全』卷19 條奏經界狀, 卷21 經界申諸司狀, 卷100 曉示經界差甲頭榜, 卷100 勸農文 및 『朱子大全』 續集 卷4 答劉晦伯, 『朱子語類』 卷106 外任의 漳州, 卷108 論治道 등이 상세한 내용을 담고 있다.

강행하게 되었던 것이다. 이춘년과 마찬가지로 嚴刑主義를 택하여 강력하게 추진하고 있었던 점에서 공통된다.[12]

우선 경계법을 시행하고 그것을 관리하는 계통을 명확히 하고자했다. 국가가 앞장서지만 그것을 전담할 관리를 정하는 것이 경계법 성공의 핵심이라고 보았다. 朱子는 우선 「條奏經界狀」 제1조에서 경계법을 추진시키기 위해 국가 차원에서 책임자를 결정하여 맡도록 하였다.[13] 즉 책임자로서 監司 1인을 선발하여 經界의 임무를 전담케 하고, 郡守나 縣令으로 하여금 경계법을 완수할 수 있도록 보좌시켰다. 만일 군수나 현령 가운데 임무를 맡기기에 적당한 자가 없다면 그 아래 令佐를 선발하고 그래도 안되면 다른 지역에서 선발하여 반드시 성공시키도록 하라고 하였다. 또한 「曉示經界差甲頭榜」 제2조에서는 打量의 임무를 완수하기 위해 그 일을 잘 알고 관리할 수 있는 大小 正副甲頭를 특별히 파견해야 한다고 했다.[14] 이들 甲頭들로 하여금 圖帳 만드는 일을 맡겨 완수하도록 하라는 것이다.

또한 경계법을 시행하기 위해서는 圖帳을 제작하는 방법을 강구해야 하는데 그것을 砧基簿와 魚鱗圖를 통해 해결했다. 「條奏經界狀」 제2조와 제3조에서는 이 같은 문제를 언급했다. 즉 토지를 측량하고[15] 圖帳을 제작하는 일은[16] 가장 勞力이 많이 드는 일일 뿐 아니라 紐折算計과

---

12) 예컨대 帳籍을 작성할 때 欺罔행위가 있을 때는 杖100에 해당 田産을 몰수하였고, 그것을 고발한 자에게는 30貫錢을 주었다(『宋會要』食貨 6-40~41). 兪垣濬, 앞의 글(2), 주 119 참조.

13) '一. 推行經界 最急之務 在於推擇官吏 … 朝廷先令監司一員 專主其事 使擇一郡守 臣汰其 昏繆疲輭 力不任事 如臣等者 而使郡守察其屬縣令 或不能則擇於其佐 又不能則擇於他官 一州不足則 取於一路 …'(『朱子大全』卷19, 奏狀 條奏經界狀).

14) '經界之法 當依紹興年例 別差大小正副甲頭 專一打量 每都大略 不過二三十戶…'(『朱子大全』卷100, 公移 曉示經界差甲頭榜).

15) '一. 經界之法 打量一事 最費功力 而紐折算計之法 又人所難曉者…'(『朱子大全』卷19, 奏狀 條奏經界狀).

16) '一. 圖帳之法 始於一保 大則山川道路 小則人戶田宅 必要東西相連 南北相照 以至頃畝之

圖帳을 행하는 과정에서 온갖 폐단이 나올 수 있기 때문이다. 이 같은 打量 과정은 크게는 山川道路, 작게는 人戶田宅에 이르기까지 동서남북을 서로 맞추고 頃畝의 闊狹이나 水土의 高低에 이르기까지 정확히 그려낼 때 비로소 1保의 圖帳이 완성된다. 이후 10保를 합쳐 1都를 완성시키고 諸都를 모아 1縣을 완성하는 방법으로 전국의 圖帳을 마무리하도록 하였다. 이러한 과정을 통해 완성된 침기부와 어린도는 大小 甲頭에게 널리 알려 이후 경계법을 시행하는 데 착오가 없도록 하였다.[17]

그렇다면 이 같은 경계법의 목표는 어디에 둔 것일까?

「條奏經界狀」 제5조를 통해 각 토지마다 다른 세율을 일치시켜야 한다고 했다.[18] 官田, 職田, 學田, 常平租課田 등뿐 아니라 사유지인 産田에 이르기까지 명목도 다양할 뿐 아니라 이들 모두 納稅額이 모두 달랐다. 특히 産田 가운데서도 세액이 모두 다를 뿐 아니라 부담시키기 어려운 경우에는 부근의 人戶에 부담시키는 등의 농간이 奸民猾吏들에 의해 자행되었다. 따라서 현재의 步畝를 모두 측량하여 각종 토지마다 다른 産錢 標準額을 均平하게 하여, 田1畝 마다 상하 9등으로 나누어 그 표준에 따라 各畝의 産錢額을 결정하는 것이다. 이렇게 田分 9等法으로 운영한다면 그동안 벌어지던 농간을 막을 수 있고 州縣의 세액을 정확히 받아들일 수 있다는 것이다.[19] 이로써 보건대 경계법은 農民이 파산하여 흩어지

  闊狹 水土之高低 亦須當衆共定 各得其實 其十保合爲一都…(『朱子大全』 卷19, 奏狀 條奏經界狀).

17) '打量紐算 置立土封 椿標界至 分方造帳 畫魚鱗圖砧基簿 及供報官司文字 應干式樣 見已講究 見得次第 且夕當行鏤板 散下諸縣 庶幾將來經界 大小甲頭等人 各通曉…(『朱子大全』 卷100, 公移 曉示經界差甲頭榜).

18) '一. 本州民間 田有産田有官田有職田有學田有常平租課田 名色不一 而其所納稅租輕重 亦各不同 … 每田一畝 隨九等高下 定計産錢幾文 而總合一州 諸色租稅 錢米之數…(『朱子大全』 卷19, 奏狀 條奏經界狀).

19) 地籍의 기능을 하던 砧基簿와는 별도로 稅籍의 성격을 지닌 二稅簿가 별도로 제작되어 양분되었고 이후 더욱 확대되어 10여 종류에 이르렀다고 한다. 그중 鄕簿에는 田數·步畝·等第를 쓰고 所有主를 注記하며 소유권 이동 상황을 적고,

는 일이 없도록 하며, 官에서는 도망하여 빠지려는 자들을 없앨 수 있으니 모두에게 좋다는 것이다.[20] 경계법이 제대로 시행되면 豪家大姓들은 숨기고 속이려 드는 일이 없을 것이고 貧民下戶들만 苦楚를 겪는 일이 없어질 것이라고 보았다. 그 때문에 姦民猾吏들은 貧民에게만 이익이 되고 자신들에게는 불리하다고 하여 헛된 소문을 퍼뜨리는 상황이 벌어지니 仁政을 베풀려는 뜻이 흐려진다고 하였다.[21]

제4조를 통해 畝數에 따라 均産이 이루어지도록 하는 데 초점을 두었다.[22] 産錢 부과에 일정한 기준이 없기 때문에 城郭이 있는 마을과 窮山僻地의 産錢이 차이가 없는 경우 등의 폐단을 막기 위해 諸鄕 産錢의 표준액을 정하여 徵稅 단위가 클 경우 발생하는 稅額 불균을 막는 방법이 있다는 것이다. 産錢 부과를 종래와 같이 縣 단위로 하는 것이 아니라 더 작은 鄕 단위로 하여 그것을 넘지 않도록 하여 세분화시킨다면 제반 賦稅의 輕重 문제를 해결할 수 있다는 것이다. 이렇게 된다면 均紐한 상태로 부세를 부담하게 되니 부담액이 비교적 균등하여 鄕 간의 輕重이 일치하게 되고 실로 간편하기 이를 데 없게 된다. 게다가 6조에서 보듯이 荒廢한 寺院田을 정리하여 稅賦를 확보한다면 여기에서 생기는 폐단도 막을 수 있다고 하였다.

지금까지 보았듯이 經界法의 궁극적인 목표는 均産을 통해 均賦稅를 실현하는 데 있다.[23] 여기에서의 均産이란 소유한 畝數에 따라 그에

뒷장에는 누구의 田地가 얼마, 産錢이 얼마인지 총계를 적어 稅籍의 기능을 담당했다. 兪垣濬, 앞의 글(2), 187~188쪽 및 195~196쪽 참조.

20) '在民無業去産錢之弊 在官無逃亡倚閣之欠 豪家大姓不容僥倖隱瞞 貧民下戶不至偏受苦楚 至今四五十年 人無智愚 皆知經界之爲利 而不以爲害…'(『朱子大全』 卷100, 公移 曉示 經界差甲頭榜).

21) '姦民猾吏 又皆知其利於貧民 而不利於己 往往互相驚恐妄說 事端欲便 聖祖仁政 實惠不得下流…'(『朱子大全』 卷100, 公移 曉示經界差甲頭榜).

22) '一. 紹興經界打量 旣畢隨畝均産 而其産錢不許過鄕 … 特許産錢過鄕通縣均紐 庶幾百里之內 輕重齊同 實爲利便…'(『朱子大全』 卷19, 奏狀 條奏經界狀).

맞는 産錢을 내도록 하는 것이다. 그것은 각 고을마다 벌어지는 편차를 줄이고 나아가 고을 내에서도 産錢의 편차를 줄여나가는 방법을 통해 실현될 수 있다는 것이다. 현실 토지소유를 바탕으로 한 均賦稅를 통해 貧者들이 일방적인 피해를 받지 않도록 하며 동시에 豪强姦民들이 토지를 숨기고 속이는 일이 없도록 철저하게 관리한다는 것이다. 이를 통해 賦稅不均으로 인한 제반 토지제도 문란을 바로 잡을 수 있다고 보았다.

그렇다면 경계법을 통해 실현하려 했던 주희의 개혁논리는 구체적으로 어떻게 정리될 수 있을까? 주자는 경계법을 시행하는 데 있어 얻는 이익과 폐단을 정리하여 널리 알리면서 자신의 토지개혁 사상을 피력해 내었다. 그와 같은 생각은 조선의 儒者들에게도 자주 인용되어 조선의 토지문제를 해결하는 데 적용되었다.

주자는 「經界申諸司狀」에서 '經界行否之利害'와 '經界詳略之利害'를 피력하면서 반드시 시행할 수 있는 방법 3가지(必可行之術三)와 장차 시행되지 못할 것을 근심하는 1가지(將不得行之慮一)를 밝혀 놓았다.

우선 제1조 '經界行否之利害'에서는 경계법의 시행여부에 따른 이해득실을 서술하고 있다. 경계법이 만일 시행되지 않는다면 版籍이 不正하고 더불어 田稅도 不均하여 公私간에 막대한 피해를 가져오게 되니 公私貧富모두 그 피해를 입는다고 했다.[24] 이 같은 사태는 人戶가 逃亡하면서 그 田土를 둘러싸고 벌어지는 제반 폐해가 鄕吏를 둘러싸고 벌어진데서 연유하기도 하였다. 이 같은 토지가 발생하면 富家巨室이 幷呑하거나 宗親들이 몰래 점거하면서 온갖 폐단이 발생하고 또한 縣 전체에 그와

---

23) 經界法이 均稅를 표방했지만 실제로는 명분에 그쳤고 增稅를 위한 성격이 대단히 강했다는 분석도 있다. 兪垣濬, 앞의 글(2), 201~203쪽 참조.

24) '一,版籍不正 田稅不均 雖若小事 然其悉最爲公私莫大之害 盖貧者無業而有稅 則私家有輸納欠負 追呼監繫之苦 富者有業而無稅 則公家有隱瞞 失陷歲計不足之患 及其久也… 姦欺百出 率不可均 則公私貧富 俱受其弊…'(『朱子大全』卷21, 申請 經界申諸司狀).

같은 경우가 만연하니 經界를 행하느냐 그렇지 않느냐에 따른 이해득실
은 자명해진다는 것이다. 救弊策을 강구하는 것은 시대적 요청에 따른
것으로, 과거 紹興年間에 山賊이 일어나기 전 10에 8, 9 정도 추진되었던
泉州·漳州·汀州의 경계법을 다시 복원하는 것이 하나의 방법이라고 했다.
모름지기 경계법이 시행되지 않을 수 없는 상황을 설명한 조항이다.

제2조 '經界詳略之利害'에서는 版籍이 不正하고 田稅가 不均하게 되면서
나타나는 제반 양상을 언급하고 있다.[25] 즉 敎化가 널리 행해지지 못하
고 풍속은 薄惡하여 모두 私意만을 품으니 이로 인해 온갖 폐단이 쌓여
갑자기 바꿀 수도 없는 지경이 되었다는 것이다. 그런데 이 같은 상황에
서 어찌하여 경계법을 행하지 않는가를 되묻고 있다.

그런데 경계법이 詳細한가 簡略한가에 따라 그 이해가 다를 수 있다는
점을 고려할 필요가 있다고 하였다. 즉 紹興年間에 처음 경계법이 시행됨
에 두려움을 갖고 무서워하지 않음이 없었는 데도 姦猾한 무리들은
오히려 이를 범하는 자가 있었는데, 하물며 오늘에 이르러 이같이
경계법을 간편하게 행하는데 頑愚한 무리들이 망령된 생각을 가질
것은 당연하다고 보았다. 어찌 제대로 시행될 수 있겠는가 하면서도
이 같은 점을 고려하지 않으면 안된다고 하였다. 주자의 이 같은 의견은
당시 풍속이 변하고 세태가 변했다는 점을 고려하여 시행치 않으면
안된다는 것을 의미한다. 강제로 시행한다고 성공할 수 없다는 것을
전제로 경계법을 시행할 수 있는 방법을 찾아야 한다는 생각이다.

제3조에서는 경계법 실시에 있어 반드시 갖추어야할 '必可行之術三'에
대해 서술했다.[26] 그것은 경계법을 책임질 관리를 특별히 선발하여

---

25) '―, 經界利害 如前所陳 則其不可不行審矣 然行之詳略 又有利害者 蓋版籍之所以不正
田稅之所以不均 政緣敎化未明 風俗薄惡 人懷私意 不能自克 是以因循積弊 而至於此…'
(『朱子大全』 卷21, 申請 經界申諸司狀).
26) 『朱子大全』 卷21, 申請 經界申諸司狀 제3조.

맡김으로서 성공을 할 수 있느냐 하는 문제가 경계법 성공의 첫째 요인이라는 점, 그리고 打量 步畝할 때 비용을 나누어 분담하는 방법을 강구하여 민의 부담을 줄이는 문제 역시 중요한 두 번째 방법이며, 圖帳을 만드는 방법이나 비용 부담에 대한 것도 역시 번거로운 비용을 줄이고 雇工을 고용하여 그려내도록 하는 것을 세 번째 중요한 방법으로 거론했다. 이 같은 점들은 紹興年間에 이미 시행되었던 경계법을 그대로 시행하되 당시 미진했던 바를 보완하는 수준에서 거론한 것이었다.[27]

제4조에서는 경계법 시행이 안될 수 있는 요인을 '將不得行之慮一'이라 하여 정리해 냈다.[28] 왜냐하면 貧民下戶들이 비록 아주 기뻐하더라도 豪民猾吏들은 대개 즐거워하지 않기 때문이다. 좋아하는 자는 많으나 單弱困苦한 無能之人이기 때문에 간절한 마음이 있더라도 그 뜻을 능히 펴내지 못하는 대신, 반대하는 자들은 대개 財力辯智한 有餘之人이기에 품은 생각이 비록 私意라 할지라도 말을 꾸며 만들어내다가 더한 경우에 는 盜賊이라는 말을 끌어내어 上下를 협박하기까지 한다는 것이다. 게다가 士大夫 가운데 安靜만을 바라고 紛擾한 것을 꺼려하거나 혹은 그 사정을 정확히 살펴내지 못하고 세상 풍조를 단지 두려워하여 不可行 之說을 일삼는 것이 문제라고 했다.[29]

이 같은 논의는 富家巨室로서 業多稅小한 사람들이 근심하는 것보다 有稅無業之民들이 낭패를 당하고 몰락하는 것을 어떻게 해결해야 하느 냐를 고민해야 한다는 것이다. 곧 경계법을 둘러싼 이해득실을 따지되

---

27) '一, 經界之行否詳略 其利害已悉具於前矣 今欲行之 則紹興已行之法 誠不可易 但當時所行 亦有一二未盡善者…'(『朱子大全』 卷21, 申請 經界申諸司狀).

28) 『朱子大全』 卷21, 申請 經界申諸司狀 제4조.

29) '一, … 蓋此法之行 貧民下戶 雖所沈喜 而豪民猾吏 皆所不樂 喜之者多單弱困苦 無能之人 故雖有誠懇 而不能以言自達 不樂者皆財力辯智 有餘之人 故其所懷 雖實私意 而善爲說詞 以惑群聽 甚者至以盜賊爲詞 恐脅上下 務以必濟其私 而賢士大夫之喜安靜 厭紛擾者 又或 不能深察其情 而望風沮怯 例爲不可行之說 以助其勢…'(『朱子大全』 卷21, 申請 經界申諸 司狀).

라도 有稅無業之民들이 몰락하여 盜賊이 되는 것을 막고 문란한 토지 경계를 해결해야 한다고 하였다. 주자의 논의는 12세기 말엽의 토지 경계 문란을 어떻게 해결하며 나아가 농민을 구제하고 국가를 부강케 하느냐에 초점이 맞추어져 있었다. 富家巨室의 반대는 국가에서 적극적으로 막아 해결해야 한다면서 경계법이 실시되어야 한다는 것을 적극 내세우고 있다. 그러나 주자의 이 같은 경계법도 기득권 상실을 우려한 세력들의 반대에 부딪쳐 막을 내리게 된다.

2) 朝鮮의 經界論

조선의 양전사업이 시작될 때마다, '經界로부터 시작되며 仁政의 출발점'이라는 孟子의 경계론이 등장한다. 그렇다면 여기에서 경계를 확정 짓는다는 것은 무엇을 의미하고 있으며 왜 인정의 출발점이 되었을까. 조선에서 사용된 경계란 용어의 용도를 살핌으로써 경계를 통해 시도한 개혁논리를 보다 분명히 할 필요가 있다.

우선 經界라는 의미를 어떻게 받아들여 사용하고 있을까를 검토해 보기로 하자.

經界란 역대 국왕들의 통치에 있어 모든 정치의 출발이 되고 있다는 점을 숙종대에도 발견할 수 있다. 예컨대 숙종은 양전을 거행하여 經界를 바르게 하라면서 비망기를 내리기를, "『孟子』에 '仁政은 반드시 經界에서 비롯한다' 하였으니, 경계를 바루는 것이 王政의 先務이다"라고 하였다.[30] 인정이란 모름지기 경계에서 출발하니 토지제도와 조세수취를 바로잡을 때 경제적 토대인 토지로부터 파생되는 문제를 해결할 수 있다는 것이다.

---

30) 『肅宗實錄』 권23, 숙종 17년 7월 辛巳, 39-250.

이때의 경계는 다음과 같은 3가지 방법을 통해 해결된다고 보고 있었다. 즉,

Ⅰ. 신이 삼가 살펴보건대 井田法이 폐지된 이후로 富民이 兼幷하는 폐단이 이미 오래 되었습니다. 이때 삼남의 전답을 改量하여 稅를 정하였으니 어찌 장한 일이 아니겠습니까? 그러나 조정에서는 다만 均田의 허울만 되뇔 뿐 균전의 실상은 구하지 못하고 있습니다.[31]
Ⅱ. 여덟 번째는 經界를 바르게 하는 것이니, 우리 나라의 量制는 처음에 매우 소략하였는데, 六等으로 고친 후에 조금 균등하게 되었다가 … 작년 兪集一의 方田法은 … 실로 간사함을 막는 妙法이 될 것이다.[32]
Ⅲ. 賦稅가 균등하지 않는 것은 經界가 바르지 못하기 때문이다.[33]

Ⅰ의 견해는 숙종대 경자양전이 끝난 후 그것을 평가하는 자리에서 나온 견해로서 井田=經界策이라고 할 수 있다. 정전법이 무너진 이후 토지겸병이 심화되고 그에 따라 농민의 恒産은 무너지면서 토지로부터 나오는 세는 모두 지주의 주머니로 들어가는 가운데 국가의 세입은 줄어든다는 것이다. 삼남의 전답을 개량하여 비로소 국가의 재정을 다시 일으킬 수 있었지만[34] 문제는 해결되지 않고 양전의 결과에 대해 농민의 원망이 커지고 있다는 것이다. 즉 均田의 이름만 빌어 농민을 속이고 있고 실제 농민에게는 어떠한 이익도 돌아가지 않는다는 원망이다.

---

31) 『景宗修正實錄』 권1, 경종 즉위년 10월 己亥, 41-337.
32) 『肅宗實錄』 권37, 숙종 28년 8월 庚寅, 39-695.
33) 『肅宗實錄』 권32, 숙종 24년 1월 甲申, 39-482.
34) 경상도·전라도·충청도 3도의 田畓을 改量하여 경상도의 田稅는 총 26만 2천 결이고, 전라도는 24만 5천 5백 결이고, 충청도는 16만 3백 결을 얻었다는 것을 성과로 들고 있다(『景宗實錄』 권2, 즉위년 10월 己亥, 41-138).

정전법이 실행하기 어렵다는 논의는 정부의 정책 입안자들에 있어서는 일반적인 견해였다.[35] 정전법·균전법 등에 관한 논의는 계속되었지만, 정전법을 시행한다는 것은 현실적으로 불가능하다는 결론으로 귀결되기 마련이었다.[36] 세종의 공법 제정 때도 助法 정전론에 관한 논의는 일단 제외시킨 채[37] 貢法에 입각한 田制 개혁이 이루어졌다.[38] 이후 朝鮮朝 田制의 기본틀은 공법에 의해 유지되었고 공법의 전제개혁 개혁 방식은 이후 조선 전시기를 관통하게 되었다. 18세기 후반 정조대에 이르러서도, 토지가 좁고 산과 계곡이 대부분이어서 井田의 經界를 設施하기 어렵다는 것을 전제하면서 그 문란한 이유를 豪右들이 모두 제것으로 만들었다는 데서 찾았다.[39] 그런데 국가는 균전이나 양전 논의를 일체 거론치 않으니 농민을 구제할 길이 없다. 농사지을 땅을 뺏기고 자신의 전토를 소유하고 있지 못하니 힘을 다하려 해도 방법이 없다는 것이다.[40]

위와 같은 정전법 논의에 있어서 경계가 의미하는 것은 방법상 正正方方한 토지구획에 의해 농민에게 恒産을 마련해주는 것이라는 것을 알 수 있다. 그런데 정전법은 우리나라에서 실행키 어려우니 균전이나 양전의 방법을 행해야 함에도 불구하고 제대로 시행되지 못하고 있다는 것이다. 이러한 논의의 배경에는 정전제가 표방한 토지 획정과 분급체제에 대한 理想을 전제한 뒤 그것을 현실화시키지 못하는 상황에서

---

35) 다음 글에서도 알 수 있듯이 조선 전기 이래의 토지개혁 논의에서도 그러한 입장이 잘 드러나 있다. 李景植, 1988.10,「朝鮮前期의 土地改革論議」『韓國史研究』 61·62합집(『朝鮮前期土地制度史研究 Ⅱ』 재수록) ; 金泰永, 1989,「朝鮮前期의 均田·限田論」『國史館論叢』 5.

36) 金容燮, 1990, 앞의 글 ; 1989, 앞의 글.

37)『世宗實錄』 권35, 세종 9년 3월 甲辰, 3-65.

38) 崔潤晤, 1999,「世宗朝 貢法의 原理와 그 性格」『韓國史研究』 106.

39)『正祖實錄』 권5, 정조 2년 6월 壬辰, 45-27.

40)『正祖實錄』 권5, 정조 2년 6월 壬辰, 45-27.

量田이라는 현실적인 방법만이라도 행해져야 한다는 생각이 깔려 있다.

Ⅱ의 견해는 유집일의 방전법을 말하는 것으로서 方田=經界策이라고 할 수 있다. 우의정 申琓이 箚子와 함께 8條의 冊子를 바치면서 전면에 등장하게된 것이다. 여기에서 그는 우선 우리나라의 量制인 양전법이 매우 소략하여 경계를 바르게 하지 못했고, 세종대 田分 6등으로 개혁하여 조금 균등하게 되었지만 여전히 田制가 문란할 수밖에 없는 상황을 말하고 있다. 그가 제시한 방법은 바로 유집일의 방전법을 근거로 한 것이었다.[41] 방전법은 정전법을 시행할 때 가장 어렵다고 한 구획정리, 즉 논두렁, 밭두렁을 새로 만드는 것이 아니라 뚝(墩)을 쌓아 표식을 만들어 토지 파악을 쉽게 하는 것이다. 돈대를 설치하고, 360步 간격으로 표지를 세워 기준을 삼는 방식으로 하여 사방 1里를 1井으로 삼는다. 이런 방식이면 몇 일만에 전 토지를 측량할 수 있을 것이라는 것이다. 이 같은 방전법은 전국의 토지를 손바닥 들여다보듯이 地籍圖로 그려내고 그것을 국가는 관리만 하면 된다는 것이다. 이에 은결이나 누결 등 국가의 수취 대상에서 빠져나가는 토지는 있을 수 없다는 것이다. 이를 八道에 두루 시행한다면, 수백 년 동안 문란해진 경계를 정돈할 수 있을 것이라고 생각한 것이다.

방전법의 목적은 국가의 정확한 토지 파악과 획기적인 토지관리에 있었다. 그러나 이러한 방법은 대토지소유자들의 반대에 부딪쳐 실패로 돌아가고 말았다. 반대 이유는 국가가 농민을 생각하고 均賦稅를 실현하기 위해 경계책을 펼치는 것이 아니라 增結만을 목적으로 하고 있다는 것이다. 방전법이 아니라 기존의 量田法을 통한 문제 해결을 원하고 있는 것이다.

Ⅲ의 견해는 가장 일반적이고 현실적인 견해로 자주 등장하며 양전론

---

41) 崔潤晤, 1992, 「肅宗朝 方田法 시행의 역사적 성격」 『國史館論叢』 38.

을 통해 문제를 해결하려는 양전=경계책이다. 대개의 경계의 뜻은 이러한 내용으로 쓰이고 있으며 전통적으로 경계 문제를 해결하는 방법으로서 이 같은 양전법을 채택하고 있었다.

量田의 역사적 성격을 살피기 위해 조선후기 최대의 양전사업이었던 1634년과 1720년의 갑술·경자양전을 중심으로 살펴보자. 현존하는 조선시기 양안중 가장 많이 남아있는 것은 1720년의 庚子量田이다. 이때 작성된 양안으로 현존하는 것은 전라·경상 양도의 13개 군현에 지나지 않지만,[42] 17·18세기 사회상뿐 아니라 이전과 이후 조선사회의 성격을 보여주는 중요한 자료가 되고 있다. 1634년 갑술양전 이후 1720년 경자양전으로 마무리된 대표적인 양전사업은 양란 이후 철저히 파괴된 사회경제 토대를 다시 일으켜 세우고자 했던 데서 시행된 사업이라는 점에서 주목된다. 이 시기 양전사업의 목적과 그 핵심은 17·18세기 경계와 관련한 여러 가지 논의와 연관이 있다.

그 논의의 중심에는 이른바 균부세의 방법으로서의 양전=경계책이[43] 경계책 가운데 가장 현실적인 방법론이라고 믿고 있었다는 점이 찾아진다. 즉 '定經界 均賦稅'하는 방법을 통해 당면 과제를 해결하려 하고 있었던 것이다. 이 같은 방법은 양안이나 행심책의 내용과 형식에 그대로 반영되어 나타났다. 본고에서도 주로 살피는 양전은 바로 이 같은 내용을 갖는 경계책이다. Ⅲ의 양전론으로의 귀결은 Ⅰ과 Ⅱ 같은 근본적인 대책을 수반하는 방법이 제기되었지만 벽에 부딪친 결과 마련된 것이기도 하다.

이러한 Ⅰ, Ⅱ, Ⅲ의 井田=經界策, 方田=經界策, 量田=經界策이라는 세

---

42) 남해, 비안, 상주, 예천, 용궁, 의성 등 경상도 6개 군현과 고산, 전주, 남원, 능주, 순천, 임실, 화순 등 전라도 7개 군현이다.
43) 이와 같은 양전론의 배경으로서 '均賦稅' 논리는 다음의 글이 참고된다.
   金容燮, 1985, 「朱子의 土地論과 朝鮮後期 儒學」 『延世論叢』 21 ; 1989, 「朝鮮後期 土地改革論의 推移」 『東方學志』 62(이상 『增補版 朝鮮後期農業史硏究 Ⅱ』, 일조각).

가지 방법을 통해 확인할 수 있는 경계의 내용은 다음과 같이 요약될 수 있다. 그것은 인정을 펼치는데 경계가 우선이며, 그것은 정전법이나 방전법에 의한 방법은 문제가 많거나 불가능하다는 것, 그리고 양전법에 의해 부세를 균등히 하는 것에 초점이 모아진다. 방법상으로는 양전법이 채용될 수밖에 없으며, 양전을 통해 달성해야할 목표는 농민에게 토지를 분급해줄 수 있는 방법은 없기 때문에 마지막 방법으로서 현실의 토지소유 관계를 인정한 가운데 경계를 분명히 하는 정도에 둘 수밖에 없었다. 이는 결국 토지를 많이 소유한 자에게는 많은 조세를 부과하고 토지가 적은 농민에게는 적게 부과한다는 균부세의 목표임을 알 수 있다. 이 시기 지배 방식의 특질이 양안에서도 잘 나타나 있는 것이다.

2절 庚子量田에 나타난 양전 균세론

1) 朱子 經界論의 수용과 均稅論

朱子 經界法에 대한 수용 방식은 앞에서 언급한 조선의 3가지 경계법 가운데 어떠한 형태였을까? 조선의 현실에 알맞는 경계법은 당시기 사회구조에 대한 인식태도에서 그 수용방식이 달라질 수 있었다. 실제 그것을 수용하는 방식은 논자마다 다양할 수 있다는 것을 앞에서도 보았다.

朱子의 경계법이 수용되는 과정을 살펴보기 위해 우선 주자의 현실인식 태도를 좀더 구체적으로 살펴볼 필요가 있다. 즉 孟子의 井田論에 대한 수용태도를 통해 朱子의 현실인식 태도를 알아보고 역시 마찬가지로 조선의 儒者들이 孟子 및 朱子를 수용하는 방식을 통해 각각 어떠한 입장을 취했는가를 비교하여 살펴보기로 하자.

① 우선 朱子의 孟子 이해방식을 통해 그가 井田論과 經界法을 어떻게 창안했는지를 살펴보자.

朱子의 孟子 井田制에 대한 인식은 『孟子』에 대한 集註를 통해 그 대강을 살펴볼 수 있지만, 다시 그것을 요약해 보건대 井田制란 맹자 시대에 가능한 것이지 현실에 적용될 수는 없다는 것이다.

주자는 「井田類說」에서 말하기를, 井田制란 地廣民稀하여야 가능하므로 民이 많을 때는 행하기 어렵다고 못박았다. 그리하여 소수(대토지소유자)를 없애고 다수(소토지소유자)를 세우려 하지만, 토지의 대부분이 豪彊에게 들어가 있어 갑자기 이를 규제하려 한다면 怨心이 함께 일어나 紛亂이 생길 것이니 제도를 행하기 어렵다는 것이다.[44] 그리하여 만일 民人이 희소할 때 정전제를 시도했다면 가능성이 있었을 것이며, 이때 마땅히 人口數로 占田을 나누고 賣買를 금지시키며 貧弱들을 돕고 兼幷을 막으면 성공치 않겠느냐고 하였다.[45]

이 같은 정전제는 '經大亂之後'에만 실행 가능하기 때문에 天下에 사람이 적고 모든 田이 국가에 귀속되면 바야흐로 民에게 나누어줄 수 있다는 것이다. 평시에는 정말로 실행키 어렵다고 했다.[46] 주자의 이 같은 '井田 難行論'은 經界法으로 귀결되고 있었다. 앞에서도 살펴보았지만 주자의 경계법은 均賦稅를 실현할 수 있는 가장 현실적인 방법으로서 채택되고 있었던 것이다. 주자가 생각한 이상적인 제도는, 「井田類說」에서 언급했듯이 비록 옛날과 지금의 제도가 다르지만 때에 따라 조금씩

---

44) '… 井田之制 宜於民衆之時 地廣民稀 勿爲可也 然欲廢之於寡 立之於衆 土地旣富列在豪彊 卒而規之 幷起怨心 則生紛亂 制度難行…'(『朱子大全』 권68, 雜著 井田類說).

45) 『朱子大全』 권68, 雜著 井田類說.

46) 『朱子語類』 권98, 張子書 31~32쪽.

더하거나 감한더라도 전체의 紀綱과 大略이 달라지지 않는다면 도달하는 바가 일치할 것이라는 방식이다.[47] 주자의 이 같은 '隨時 變通論'은 정전제를 시행하기 위해 '毆奪富人之田'하지 않더라도 經界法을 통해 三代의 이상을 실현할 수 있다고 보았다는 점에 특징이 있다. 현직 관료로서 실험할 수 있었던 최선의 방책이라고 보았다.

그러나 주자의 경계법은 정전제의 원리와는 커다란 차이가 있었다. 즉 토지분배를 통해 恒産을 마련해주는 방식이 아니라 均賦稅를 통해 차별을 받지 않도록 하는 한편 賑恤을 통해 빈민 구제를 행하는 방식이었기 때문이다.

② 조선의 儒者들이 이 같은 朱子의 현실인식 태도를 받아들이는 방법은 조금씩 차이가 있었다. 예컨대 앞에서 살펴본 兪集一의 方田法이 그 하나의 방식이라면 경자양전을 통해 구체화된 量田法이 또 하나의 방식이다. 이 같은 方田法과 量田法은 결국 현실 타개를 위한 방법이었다는 점에서 검토할 가치가 있다. 방전법과 양전법이야말로 가장 현실적인 방법일 수밖에 없다는 주장이다.

우선 方田法에 나타난 주자 수용방식을 검토해 보자.

유집일은 방전법에 대해 자신이 창안한 것이 아니라 선현들의 그것을 응용하여 오늘에 적용한 것이라고 하였다. 즉,

이른바 方田法은 신이 창안한 바도 아니며, 역시 신기한 법도 아닙니다. 이것은 실로 송나라 학자 張載와 朱熹의 유제인데 우리나라의 양전법에다 方圍 한 가지를 첨가하여 농부로 하여금 스스로 새끼로 얽어 打量하게 하고 監官과 色吏의 농간이 끼어들지 못하게 한 것에 불과할 뿐입니다.[48]

---

47) '… 雖古今異制 損益隨時 然綱紀大略 其致一也…'(『朱子大全』권68, 雜著 井田類說).
48) '… 所謂方田非臣所創 亦非新奇之法 此實宋儒張載朱熹遺制 而不過吾東量法 加方圍一著

라고 하여 장재의 정전법과 주희의 경계법을 연구하여 생각해낸 것이라고 하고 있다. 방전법의 전체 내용이 아직 밝혀지지 못했지만, 황해도에 시행된 방전법의 내용은 국가가 방전법을 통해 전체 토지를 측량하고 또 그것을 직접 관리하여야 한다는 점에서 획기적이다. 그렇지만 현실의 토지지배를 그대로 인정하는 선에서 국가가 그것을 관리한다는 것은 곧 부세 불균으로 인한 제반 폐단이나 이서배들의 중간 농간을 방지하는 방식이다. 소농민을 구제할 수 있는 근본적인 대책은 되지 못했던 것이다. 방전법에 나타난 토지문란에 대한 해결 방식은 철저한 토지관리를 통한 균부세의 실현방식이었다는 점에 특징이 있었다. 주자의 경계법이 砧基簿와 圖帳에 의해 정리되었다면, 방전법에서는 뚝(墩)을 쌓아 돈대를 설치하고, 360步 간격으로 표지를 세워 기준을 삼는 방식으로 方田圖를 만들었다. 經界法과 方田法은 당시기 가장 커다란 문제로 등장하고 있던 隱結이나 陳田을 국가가 모두 파악해 내고 중간 농간을 없앤다는 점에 공통점이 있었다. 때문에 은결이나 진전을 소유하고 있던 豪富層과, 중간 농간을 획책하던 吏胥輩들의 반대에 부딪칠 수밖에 없었다. 경계법도 방전법도 결국 실패로 돌아가고 말았다는 점에서 운명을 같이 했다.

朱子 수용방식의 또 하나의 형태는 量田法이다. 예컨대 1719~1720년에 걸친 己亥·庚子量田의 시행은 주로 이 같은 量田法의 연장선에서 이해할 수 있기 때문이다. 그것은 方田法이 실패로 돌아간 뒤에 나온 가장 현실적인 방안이기 때문이기도 했다.

경자양전을 추진했던 세력들의 중심에는 이론적, 현실적으로 중요한 영향을 미치고 있던 宋時烈이 존재하고 있다는 점을 쉽게 발견할 수 있다. 송시열 즉 尤庵의 주자수용 방식과 현실인식 태도가 곧 17세기

使田夫各自繩量 毋容監色弄奸而已 …’(『牧民心書』卷4, 戶典六條 田政 48면).

사회개혁의 원리 가운데 하나로 자리잡고 있다는 점에서 자세히 검토할 필요가 있다. 그것은 곧 尤庵이 孟子와 朱子를 어떻게 수용하고 있었으며 17세기 현실을 어떠한 방식으로 개혁하려 하고 있었는가를 잘 보여주고 있다.

우선 尤庵 개혁론의 특징 가운데 하나를 꼽는다면 井田制 難行論을 들 수 있다.

崔愼이 先生인 尤庵에게 물었다. 平原 廣野가 아니면 井田法을 시행하기 어려울 텐데 우리나라는 그 때문에 어려운가 하는 물음에 다음과 같이 답했다.

> 기자가 구획한 井字形의 基址가 아직도 평양에 있는데, 어찌 산이 많아서 시행할 수 없다고 하느냐. 토지가 비록 험하더라도 그 畝數를 헤아려 8家에 나누어주고 同力合作하면 井田法은 아마도 可行치 못할 일이 없으리라. 단 후세에 人物이 더욱 번성하고 地少人多하여 井田制를 행하기 어렵다. 그러므로 朱子가 일찍이 兵亂을 거친 후 人物이 鮮少한 연후에야 井田을 시행할 수 있다고 하였을 뿐이다.[49]

우리나라에서 井田制가 시행되기 어려운 것은 토지의 廣狹이 아니라 人口에 비례하여 토지가 좁다는 것이다. 그렇기 때문에 정전제를 시행하기 위해서는 전쟁을 거친 후 인구가 적을 때나 가능하다는 대답이다. 주자의 井田 難行說 역시 이와 유사하다는 것은 앞에서도 본 대로이다.

따라서 尤庵의 仁政은 맹자의 그것과 다른 방식으로 나타난다. 맹자는 인정을 베풀기 위해서는 반드시 經界를 정한 후에 하라고 했다. 우암의 경우는 仁政을 베푸는 방식과 經界를 정하는 방식을 분리해서 생각하고

---

49) 『宋子大全』附錄 권17, 語錄4 崔愼錄 上.

있었던 듯하다.

　우선 仁政을 행하는 방법에 있어 제도와 법식을 가지고 행하는 것이 아니라 仁心을 갖고 행하여야 한다고 했다. 예컨대 1658년(효종 9) 湖西 7읍의 飢民에 대해 湖南 9읍과 마찬가지로 부세를 균등하게 견감하는 문제로 箚子를 올리면서 이때 仁政을 베풀지 않으면 안된다고 하였다. 그리고는 宋 孝宗이 內帑을 풀고 곡식을 옮겨 백성을 구휼한 고사를 인용하면서, 그 당시 朱子가 또다시 緡錢을 지급하여야 한다고 箚子를 올렸지만 승낙받지 못한 것은 백성보다 재물을 중시한 것이 아닌가 반문하였다.[50] 이때의 방법은 재물을 아끼지 않고 어떻게 하면 현재의 飢民을 구휼하는가에 있다고 할 수 있다. 그것은 다른 法制 개혁을 통한 것이 아니라 王者가 자신의 內帑을 열어서라도 진휼하는 방식의 이른바 仁心으로 仁政을 행하는 것이었다. 곧 '若能以仁心 實行仁政'[51]한다고 하여 仁心을 가지면 능히 仁政을 행한다는 것이다. 이렇게 仁心을 가지면 朱子와 같은 마음을 가진 신하가 주변에 모일 것이니 더욱 좋지 않겠는가 하면서, 國用의 虛實에 구애받지 말고 仁心으로써 7읍의 부세를 전부 감면해 주면 농민들이 感泣할 것인데 이를 실천하지 못하는 것이 안타깝다고 하였다.

　仁心의 연장선에서 公私를 구분할 것을 말하고 있다는 점 역시 尤庵이 주장하는 仁政의 두 번째 특징이다. 공사를 엄격히 구분해야 하는 것은 國王으로서 특히 지켜야할 도리라고 하였다. 만일 국왕이 자기만 가지고 있는 私心이 생기게 되면 家人을 가까이 하는 습관을 바로잡지 못하기에 私人이 생기며, 급기야는 私心으로 私人을 기용하게 되니 私費를 없앨 수 없게 된다. 이리하여 私財를 蓄財하게 되고 온갖 폐단이 나오게 되는 이유가 된다는 것이다.[52]

---

50) 『宋子大全』 권8, 疏箚 論事箚(戊戌 12月 10日) 28쪽.
51) 『宋子大全』 권8, 疏箚 論事箚(戊戌 12月 10日) 29쪽.

尤庵은 內需司 혁파 문제를 私心에서 나온 것으로 집요하게 거론하고 있었다. 尤庵을 비롯하여 그를 추종하는 사람들 모두가 '內需司를 혁파해야 한다'고 한 것은[53], 이전부터 그래왔듯이 옛날 선왕들의 大公至正한 법이 아니기 때문에 儒臣들이 모두 혁파하도록 해야 한다는 것이다. 내수사와 관련하여 궁방전을 혁파하는 문제도 커다란 논쟁거리가 되고 있었다. 예컨대 公主의 저택은 왜 그리도 높기만 하며 떼어받는 田庄들은 왜 그리도 많이들 점유하고 있는지를 모르겠다고 尤庵이 아뢰자, 현종은 선왕의 말을 빌어 변명하고 있다. 즉 '여러 신하들은 다 자기 자손을 위하여 계책을 세우고 있는데 나라고 그냥 있을 수가 있는가 싶어 한 것이지, 그 일이 꼭 옳다고 생각되어 한 것은 아니다'[54]라고 하면서 생각해 보겠다고 하였다. 대체로 宮禁에 관한 일에 대해 公私 구분을 하지 못하는 국왕을 비판하는 논리는 곧바로 국왕이 학문을 게을리 한 것과 관련해서 국왕의 반성을 촉구하며 성인군자가 되기 위해서는 私意를 버려야 한다는 식이다. 다시 諸葛亮이 말한 '府中과 宮中이 법을 달리해서는 안된다'는 말을 인용하면서까지 국왕의 각성을 촉구하고 있다.[55]

게다가 국왕이 私心을 갖는다는 것은 나라의 기강이 흔들리는 요인이 되는 것이라는 점에서 다시 한번 修身齊家할 것을 말하고 있다. 즉 국왕이 家人을 바로잡지 않으면 朝廷이 바로 서지 않으며 萬民을 다스릴 방법이 없으니, 우선 修身하지 않으면 齊家할 수 없음을 보건대 마음을 바로잡는 일이 중요하다는 것이다.[56] 이에 내수사 개혁에 관한 疏를 올리려 했던 것이며, 그것도 마음이 바로잡히지 않으면 내수사를 개혁

---

52) 『宋子大全』 권16, 疏箚 請去私意恢公道仍論追錄諸勳箚(辛酉正月).
53) 『孝宗實錄』 권19, 孝宗 8년 8월 丙戌, 36-108.
54) 『顯宗實錄』 권2, 顯宗 즉위년 4월 丙戌, 36-242.
55) 『宋子大全』 권16, 疏箚 請去私意恢公道仍論追錄諸勳箚(辛酉正月).
56) 『宋子大全』 권13, 疏箚 擬疏.

하더라도 철저히 개혁하지 못한다는 내용을 설파했던 것인데 어떤 일인지 국왕에게 바치지는 않았다.

그렇다면 尤庵이 생각하는 仁政의 내용이 위와 같은 방식으로 나타났다면, 經界에 대해서는 어떠한 방식으로 해석하고 있는가가 궁금하지 않을 수 없다. 곧 맹자의 經界를 어떠한 방식으로 수용했을까를 보면서, 朱子의 그것과는 또 어떻게 다른가를 보기로 하자.

尤庵 역시 '나라를 다스리는 방도로서는 經界를 우선으로 삼아야 한다'[57]는 것에 대해서는 잘 알고 있다. 그러나 그 방법은 달랐다. 즉,

> 國典에는 20년 만에 한 번씩 量田하도록 규정되었다. 京畿는 이미 고쳐 양전하였고, 충청도는 바야흐로 양전하고 있으니, 반드시 得人한 연후에 일을 잘할 수 있을 것이다.[58]

經界를 해결하기 위한 量田이 중요한데 그것을 성공하기 위해서는 반드시 得人하는 것이 중요하다고 했다. 經界하는 방법으로서의 量田에 어떠한 構造的 문제가 있는지는 전혀 거론하고 있지 않다. 오직 得人을 통해 제대로 운영하면 모든 문제가 해결될 수 있다는 것이다. 따라서 양전의 성공 여부를 결정하는 것은 量田=經界策을 담당하고 그것에 영향을 미치는 계층에 있다.

그러한 자들은 첫 번째로는 실무 책임을 맡는 監官層이다. 이들이 양전사업을 어떻게 운영하느냐가 중요하다는 것이다. 즉 監官을 모두 士大夫로 差定하되 그 중에서 부지런하고 성실하여 일 잘하는 사람을 재간에 따라 調用하여야 한다고 하면서 그러한 것을 격려하고 권장해야

---

57) 『宋子大全』 附錄 권6, 年譜5 42年 己酉 1월 4일(戊戌).
58) 『宋子大全』 附錄 권6, 年譜5 42年 己酉 1월 4일(戊戌).

한다고 했다.[59] 물론 이 같은 監官이 제대로 활동하는 것과 관련해서 백성을 편안하게 하는 守令 선발이 중요하다[60]는 것을 주목해야 할 것 같다. 왜냐하면 백성을 위로하고 편안하게 하는 책임이 전적으로 수령과 감사에게 있기 때문이라는 것이다.[61] 이때의 수령은 忠恕·剛明·惻怛·慈愛한 사람이어야 성과를 볼 수 있으며 수령된 자는 公事를 게을리 해서는 안되며 더더욱 私慾을 차려서는 안된다고 했다.

두 번째로는 量田 등에서 실무를 맡고 있는 胥吏들이 농간을 부리기 때문에 量田이 제대로 실효를 거두지 못한다고 한다. 府吏나 胥徒는 나라를 좀먹는 좀벌래이며,[62] 胥吏 때문에 나라가 망한다(我國必亡於胥吏)고 하는 점을 매우 강조해서 말하고 있다.[63] 이들 때문에 모든 폐단이 발생한다는 것이다.

세 번째로는 이들 아전들과 결탁하는 자들 때문에 생기는 폐단이다. 즉 아전들의 농간 때문에 뇌물로 免稅받는 자는 모두 豪强과 富民들이고 억울하게 당하는 자는 모두 下戶 殘氓들이라고 하였다. 즉 양전으로 발생되는 제반 문제는 모두 이 같은 胥吏와 결탁하는 高官·豪强·富民 때문이라는 것이다. 그리하여 朱子가 개탄하여 南康縣에서 변통하려다가 끝내는 豪族과 교활한 胥吏에게 낭패를 당하여 성공을 거두지 못한 일을 왕에게 다시 아뢰고 있다.[64]

이같이 量田=經界策을 시행하는 데 있어 맹자를 수용하는 방식이 다른데, 그것은 우선 仁政에 대한 실천 방식이 다르며, 나아가 經界策을 구상하는 방식에 차이가 있다. 우선 仁政에 대해서는 앞에서 살펴보았듯

---

59) 『宋子大全』 附錄 권6, 年譜5 42年 己酉 1월 4일(戊戌).
60) 『宋子大全』 권17, 疏箚 條陳時政箚(癸亥 正月).
61) 『宋子大全』 권14, 疏 三疏(癸亥 10月 23日).
62) 『宋子大全』 권17, 疏箚 條陳時政箚(癸亥 正月).
63) 『宋子大全』 권14, 疏 三疏(辛亥 10月 23日).
64) 『宋子大全』 권5, 封事 己丑封事.

이 仁心을 갖는 것이 중요하며 公私를 구분하는 것에서 모든 것이 출발한다는 것을 강조하고 있다. 또한 仁政의 시작인 經界도 어떠한 사람을 맡겨 행하느냐하는 得人에 모든 것의 성공 여부를 결정하며, 또한 量田法 자체가 중요한 것이 아니라 그것을 운영하는 방법에 成敗가 갈라진다는 것을 말하고 있다. 王은 仁心을 가져야 하며 公私를 명백히 구분하며 國王으로서의 체통을 가져야 하며, 經界法을 시행하는 데 있어서는 실무 책임자인 監官뿐 아니라, 守令이나 監司 등을 선발할 때 올바른 사람을 선택하는 得人이 무엇보다 중요하다는 것이다. 나라를 좀먹는 胥吏層이나 아전들과 결탁하는 豪强·富民層의 농간을 막을 수 있는 것은 道德心으로 무장된 官僚·士大夫層이어야 한다는 것이다.

2) 주자경계론의 수용과 조선 균세론의 특징

尤庵이 주자를 이해하는 방식은 朱子가 현실을 직시하고 그것을 풀어가던 방법과도 차이가 있음을 알 수 있다. 우암은 주자의 經界法마저 받아들이지 않고 현재 시행되고 있는 量田法만으로도 모든 문제를 해결할 수 있다고 보았다. 단지 그것을 감당할 만한 인재를 교육하고 그들을 선발하여 그 일을 맡기는 것이 중요하다고 보았다. 즉 量田法을 통해서 확인할 수 있는 尤庵의 현실 개혁논리는 法制에 두지 않고 君王을 포함한 士大夫 일반을 포함한 治者의 道德性을 강조하는 데 있다고 할 수 있다. 따라서 朱子를 수용할 때도 그의 經界法이 아니라 量田法이라 하더라도 그것을 운용하는 자들의 道德性에 그 성패가 달려 있다는 것이다.

그렇다면 우암의 이 같은 量田=經界策의 논리는 어디에서 연원한 것일까? 아마도 量田法과 관련해서는 중국에서는 朱子로부터 배웠으며, 우리나라에 들어와서는 世宗을 주목한 것 같다.

尤庵의 朱子에 대한 평가는 주자의 학문이 위로는 堯舜과 孔孟을 계승하여 天理를 밝혔기 때문이며, 尤庵이 살던 시기에 朱子보다 더 가까운 분이 없다는 데서 나온 法後王論으로 압축된다.[65] 法後王, 즉 後王을 본받으라고 하는 것은 자신의 세대와 가깝기 때문이며, 가까운 세대의 것을 법으로 삼으면 본받기 쉽다는 것이다.[66]

우리가 처한 상황은 곧 朱子가 당시에 직면했던 상황과 비슷하며 따라서 朱子가 처방한 藥이 딱 들어맞는다는 것이다. 朝鮮의 開國에서부터 그 말류의 폐단에 이르기까지 宋과 거의 비슷하지 않은 것이 없으므로 주자가 말한 것을 받아들여 공부하고 실천한다면 조정이 바로 서고 백성은 편안해질 수 있다고 하였다.[67] 여기에서 尤庵이 본받아야 된다고 한 것은 三代의 성현이 아니라 당시 조선이 처한 현실과 가장 가까운 宋의 朱子였다.

또한 朝鮮에 들어서는 세종을 聖王의 대열에 포함시켜 그의 업적을 높이 평가하고 있다. 堯舜 이하 周敦頤·程顥·張載·朱熹 등의 大賢은 모두 하늘의 큰 책임을 받은 이들이고, 우리나라에는 箕子가 있어 東周처럼 되었으며 조선에 들어서는 成周와 비견될 정도로 制作과 禮樂을 계승할 수 있었으니 世宗 聖王 때문이라는 것이다.[68] 經界法과 관련해서도 역시 세종을 높이 평가하고 있는 것은 세종의 貢法이 지니는 祖宗의 법제라는 의미와 따라서 그것을 다시 회복해야 한다는 생각이 깔려 있음을 알 수 있다.

지금까지 살펴보았듯이 우암의 주자 수용방식은 法後王論에 입각한 것이었으며, 주자를 법통으로 삼고 있었다는 점을 통해 우암의 개혁론이 갖는 성격을 이해할 수 있었다. 그러나 주자를 이해한다고 하더라도

---

65) 『宋子大全』 권18, 疏箚 進朱子封事奏箚箚擬箚(癸亥 6월 28일).
66) 『宋子大全』 권18, 疏箚 進朱子封事奏箚箚擬箚(癸亥 6월 28일).
67) 『宋子大全』 권18, 疏箚 進朱子封事奏箚箚擬箚(癸亥 6월 28일).
68) 『宋子大全』 권17, 疏箚 請以孝宗大王廟爲世室疏(癸亥 2月 21日).

주자의 경계법을 받아들이는 방식이 다르다는 점에서 尤庵의 개혁론은 달리 평가되어야 할 것 같다.

즉 우암 개혁론의 성격에는 보수적이며 현실 타협적인 측면이 깔려 있다. 주자를 받아들일 때 조선의 현실 법제를 개혁하지 않고 그것을 받아들였다는 점에서 그렇다는 것이다. 주자는 南宋의 현실을 經界法을 통해 개혁하려 했으며 무수한 반대에 부딪쳐 실패하기는 했지만 그의 시도는 주자 개혁론의 성격을 잘 보여주고 있었다. 우암은 주자가 내세웠던 경계법을 수용한 것이 아니라 그것과 관계없이 당시기 조선의 양전법을 고수했다. 그것은 세종 공법 단계에서 손질되고 마무리된 그대로였다.

게다가 우암의 현실 개혁 방법은 극히 점진적인 성격을 지닌다. 점진적인 변통을 통해서 현실을 개혁할 때 비로소 그것이 실현 가능하며 그것은 大變이나 急變으로 인해 실패할 것을 漸變의 방법으로 성공할 수 있다는 것이다. 즉 법이 아무리 좋더라도 그 법을 서서히 시행하지 않으면 반드시 실패를 부른다는 것이다.[69] 예컨대 朱子의 社倉法은 王安石의 靑苗法을 모방한 것이나 왕안석은 빨리 성공하려는 亟疾之意로 그것을 행하였고, 주자는 국가에 충성하고 백성을 이롭게 하려는 忠利之心으로 그것을 행하였기에 그 성패의 결과는 매우 달랐다는 것이다.[70] 이 같은 漸變論은 尤庵 개혁론의 근저에 흐르는 방법론이라고 할 수 있다. 때문에 왕안석의 新法에 대한 평가도 刻薄하기 이를 데 없는 것으로 보고 있다.[71] 옛 제도를 각박한 방법으로 변통하려다가 결국 화를 만나게 되었으니, 왕안석은 비록 최고의 인물이었지만 氣量이 偏狹하고 학문이 거칠고 깊이가 없다고 혹평하고 있다.[72] 그렇지만

---

69) '…且夫法雖甚良 而行之無漸 則必致損敗…'(『宋子大全』 권13, 疏箚 擬疏).

70) 『宋子大全』 권13, 疏箚 擬疏.

71) 『宋書拾遺』 권9, 經筵講義 5쪽.

왕안석은 다른 사람들과 달리 개혁을 진척시키고자 하였다는 점만은 평가하기를 주저하지 않았다. 당시 老成한 사람들이 동조해주지 않자 울분을 품고 소인배와 결탁하여 빠르고 신속하게 개혁하려 하였으며 아마도 개혁이 성공한 뒤 군자를 다시 등용하려 했던 것이리라 보고 있다. 왕안석을 통해서도 읽을 수 있는 尤庵의 개혁론은 주자의 經界法을 수용하였다 하더라도 漸變論 차원에서 해결하는 방식이었을 것이라고 쉽게 짐작이 간다.

   尤庵의 부세제도 개혁론은 주자의 균세론을 수용한 것이었지만 그것을 실천하는 방법은 전혀 달랐다고 할 수 있다. 다시 요약해 본다면 得人 한가지로 모든 것을 해결할 수 있다고 보았다. 이때의 득인은 제도나 법제를 고쳐 거기에 맞는 사람을 찾는 방식이 아니라 國王·士大夫가 修身齊家를 이루고 나아가 國政을 맡는다면 모든 문제가 해결될 수 있다는 것이다. 따라서 經世濟民의 원리 또한 均稅를 지향하지만 그에 앞서 국왕으로부터 제반 관료사대부층의 修身이 우선되어야 했다. 따라서 尤庵이 지향하는 사회는 부농 및 지주제적 생산관계를 전제로 한 사회구성이라고 할 수 있다. 貧農은 인력이 모자라 廢農하기 일쑤이기에 그들 몰락농민들을 살릴 수 있는 방법은 오로지 진휼하는 구호책뿐이다.[73] 이러한 사회구조를 전제로 국왕은 仁心을 베풀어 仁政을 실현하며 公平無私할 수 있도록 끊임없이 聖人의 학문을 공부해야 하며 양반사대부들은 그러한 왕을 보좌하며 역시 聖人之學을 닦아야 했다.

---

72) 『宋書拾遺』 권9, 經筵講義 9쪽.
73) 『宋子大全』 권14, 疏 三疏(辛亥 10월 23일).

제2장 주자 경계법 수용과 양전 균세론 79

제2부

조선후기 양전론과 토지소유권의 발달

제3장 1720년 경자양전과 양안의 분화

조선후기 量田事業은 양란 이후 폐허가 되어버린 전국토의 토지를 재조사하는 데 최우선의 목적을 두었다. 그것은 토지에 대한 所有者를 다시 확정하고 그를 통해 納稅者를 확인하는 과정이기도 했다. 양전사업을 통한 王土에 대한 국가의 擬制的 土地支配야말로 私的 土地所有를 전제로 한 조세 수취의 전과정으로 표현되고 있었다. 그리고 그것이 가능하기 위해서는 개별 토지에 대한 사적 토지지배자로서의 起主 파악이 선행되어야 했다.

본고에서는 우선 量田 과정 전반이 經界 확정을 통해 이루어지고 있었다는 점을 주목했다. 경계 확정은 각 토지의 境界를 바로잡는다는 단순한 의미에서 출발하지만 더 나아가서는 각 토지의 권리자를 확정하고 해당 토지의 지배권자에게 조세를 부과하는 과정까지를 포함한다. 곧 토지에 대한 국가의 지배력 행사의 대상을 확정하고 그에 맞는 조세부과 과정 전반을 의미했다. 때문에 '仁政은 반드시 經界로부터 시작된다'는 孟子의 토지관은 동양에 있어 토지·조세 개혁의 원리로 기능하고 있었으며 그 때마다 논의의 중심에 등장하고 있었다. 그렇지만 경계를 말하는 경우 각 논자마다 서로 다른 의미로 사용하고 있었다는 것을 주목할 필요가 있다. 그러한 방법 중 한 가지가 井田法도 方田法도 아닌 量田法을 통한 經界策이었으며 조선국가의 양전사업을 전통적인 방법을 통해 해결하고자 하였다.

두 번째로 이 같은 量田=經界策의 산물인 量案의 기능과 역할을 검토함으로써 토지조사사업의 목적을 보다 분명히 밝혀보고자 한다.

국가적 차원에서 시행된 조선후기의 갑술(1634)·경자(1720)년의 量田事業은 당시기 당면 과제를 어떠한 방법으로 해결하려 했는지를 잘 보여주었다. 이 같은 양전사업의 핵심을 담고 있는 것이 量田事目으로서, 비교적 완형으로 남아 있는 1717년(숙종 43)의 丁酉事目에는 당시 토지조사사업을 어떠한 방법으로 수행하고 있었는지가 잘 드러나 있다. 그 대강은 조선 초부터 전통적으로 실시되어온 量田法의 형식이지만 내용면에서는 당시기 발달된 토지소유 방식을 반영하는 선에서 재정리되고 있었다. 즉 20년마다 시행되는 것으로 규정되어 있는 量田=經界策으로서[1] 매 시기마다 비중있게 논의되던 바로 그것이었다.

한편 양전의 결과 작성된 量案은 문서로서 대단히 중요한 위치를 지닌다. 그럼에도 불구하고 양안의 소유권 대장과 조세대장으로서의 기능과 역할은 완성된 문서 형식을 갖춘 것이 아니었기에 여러 가지 방식으로 보완되었다. 왜냐하면 조선시기의 양전사업이 20년 마다 규칙적으로 시행된 것이 아니었기 때문이며 따라서 매년 변동하는 토지관련 정보를 담을 수 없었기 때문이다. 그렇다면 왜 양전사업이 이같이 변칙적으로 시행되었으며 그러한 양전사업을 통해서도 국가의 토지지배는 가능했을까를 구명해 볼 필요가 있다.

그동안의 양안에 대한 연구는 이 같은 양전사업의 시대적 성격을 밝히는데 중요한 역할을 했다. 우선 양안의 연구를 통해 조선후기 사회변동과 관련하여 토지소유가 발전하고 있었다는 점이 밝혀졌고 이는 곧 조선후기의 내적 발전의 결과물이라는 점이 강조되었다.[2]

---

1) 凡田分六等 每二十年改量成籍 藏於本曹本道本邑(『經國大典』 戶典 量田).

2) 金容燮, 1970, 『朝鮮後期 農業史硏究 I』, 一潮閣 ; 1995, 『증보판 朝鮮後期 農業史硏究

이후 양안의 토지조사 기능에 대해 주목하고 그것을 연구하게 된 것은 대한제국기의 근대적 토지개혁과 관련해서였다.[3] 조선후기의 양안과 지주제의 관련성을 통해 양안의 기능이 지주제에 어떠한 영향을 미치고 있었는지가 밝혀졌고,[4] 또한 제반 토지문서 가운데 토지매매 문기는 양안의 기록과 긴밀한 관계를 갖고 작성되었다는 연구를 통해 양안이 실생활에도 크게 영향을 미치고 있다는 점도 밝혀졌다.[5] 이외에도 公簿로서의 양안이 갖는 한계를 지적한 연구도 있어[6] 양안 연구에 참고된다.

行審冊 분석을 통해 양안의 종합적 기능과 역할이 어떻게 분화되어 나타났는지를 밝히는 작업도 이루어졌는데, 행심책이야말로 양안을 그대로 베껴내 매년 行審·踏驗한 결과를 기재하고 그것을 토대로 깃기(衿記)를 작성하였다는 것이다.[7] 행심책의 존재는 이같이 양안의 토지 소유와 수세행정을 보완하고 있었고 양안을 완성시킬 수 있었던 하나의 보조 장부였던 것이다. 한편 양안의 기능과 역할에 대해 주목한 연구는 아니지만 깃기에 대한 연구가 8結作夫制와 관련하여 이루어짐으로써,[8] 향촌 내 수세행정 전반에 걸친 윤곽이 밝혀졌다. 향후 양안의 조세대장 으로서의 역할이 어떻게 깃기로 분화되었는가에 초점을 맞추어 보완될 필요가 있다.

　　ㅣ」, 지식산업사.
　3) 한국역사연구회 근대사분과 토지대장연구반, 1995,『대한제국의 토지조사사 업』, 민음사.
　4) 김건태, 1999,「갑술·경자양전의 성격-칠곡 석전 광주이씨가 전답안을 중심으로」 『역사와 현실』31.
　5) 吳仁澤, 1996,「朝鮮後期의 量案과 土地文書」『釜大史學』20.
　6) 李榮薰, 1988,「量案의 성격에 관한 재검토」『朝鮮後期社會經濟史』제1부 제1장, 한길사.
　7) 崔潤晤, 2000.6,「朝鮮後期 量案과 行審冊」『역사와 현실』36.
　8) 李榮薰, 1980,「朝鮮後期 八結作夫制에 대한 硏究」『韓國史硏究』29.

이 같은 연구성과를 바탕으로 양안의 기능과 역할이 점차 드러나기 시작했다. 본고에서는 量案의 기능과 역할에 대해 다시 한 번 주목하면서 그것이 세분화되기 이전에는 어떠한 방식으로 존재했는지를 추적하는 방법을 이용하기로 했다. 즉 분화되어 나름대로의 개별 문서로서 기능하기 이전의 양안은 다분히 종합적이며 복합적이라는 점을 통해 시계열적으로 그 문서의 발전상이 정리될 수 있다고 보았다. 그러한 특징을 통해 18세기 시대상을 명확히 읽어낼 수 있는 것은 물론이다. 量案이 17~18세기 현실에서 소유권 대장으로서의 역할과 조세장부로서의 기능과 역할을 동시에 어떻게 수행하고 있었는가를 밝히는 것이 본고의 궁극적인 목적이다.

1절 量案의 작성원리와 특징

양전사업이 경계를 확정하고 제반 토지지배 관계를 명확히 하려는 목적을 달성하기 위해 조사되었다면 그 결과물인 양안에는 이러한 내용과 형식이 담겨 있었을까? 이에 대한 답을 얻기 위해 경자년 양안의 기재양식과 양전사목에 대한 분석을 통해 그 내용을 검토해 보기로 하자.

우선 경자양안의 형식을 통해 경계책과 관련된 내용을 추적해 보기로 하자. 全州府의 「己亥量田(康熙59년, 1719)導行帳」의 형식으로 정리된 양안은9) 다음과 같은 형식으로 기재되었다.10)

---

9) 『全羅右道全州府己亥量田導行帳』(규15035) 全州府 編, 20책.
10) 양안 서식은 세로쓰기 정렬방식으로서 15칸, 즉 15필지가 한 면에 정리되어 있으나 여기에서는 편의상 가로쓰기 정렬방식으로 표를 그렸다.

〈표 3〉全州府의 「己亥量田(康熙59년, 1719)導行帳」

① 康熙五十九年 月 日 全羅右道全州府 己亥量田導行帳			
② 今量合字 伊北面 伊作里 前坪			
③ 第一　　　肆等直田南北長捌拾壹尺 　　　　　東西廣貳拾參尺	拾負貳束	東北金自龍松田南伊西 地界西同人田	起主金潤可
④ 西犯二作肆等梯田南北長柒拾尺 　　　北大頭貳拾肆尺 　　　南小頭捌尺	陸負貳束	西伊西界路東南 同人田北金自龍松田	起主同人

①에서는 양전시행 연월일과 군현명을 적고, ②에서는 1719년 당시 천자문 가운데 '合'이라는 字號로부터 측량한 今量으로서 伊北面 伊作里 앞들녘(前坪)에서 시작했다는 것을 보여준다. ③의 첫 칸은 地番 '第一'의 6등전 가운데 4등 直田의 長廣尺을 표시하여 周尺으로 환산한 넓이를 알게 해준다. 두 번째 칸에는 結負를 적고, 세 번째 칸에서는 동서남북 四標를 표시하여 해당 토지의 상대적 위치를 표시한다. 네 번째 칸에서는 起主를 적는다. ④는 두 번째 지번을 적어야 하나 첫째 지번의 金潤可 토지내 새로 起耕을 했거나 또는 分作하여 2필지로 나눈 경우 새로 지번을 매기지 않고 2작, 3작, 4작의 형식으로 적는 경우이다. 이 토지는 앞의 토지를 기준하여 西犯하니 서쪽으로 犯入했다는 것을 알 수 있다. 나머지는 마찬가지로서 기주는 역시 앞의 김윤가이다. 위와 같은 형식으로 한 面 단위로 책을 만들며 많으면 2책으로 하든가, 적으면 두개 면을 1책으로 만든다. 이 같은 양안의 형식은 道 단위로 차이점을 보이기도 하고, 파견된 均田使나 해당 지역의 監司·守令에 따라 조금씩 다르다.

경자양안 작성의 지침인 양전사목을 통해[11] 양안은 어떠한 기능을

---

11) 『新補受敎輯錄』戶典 量田에는 숙종 43년(丁酉, 1717)의 양전사목 13개 조항과 숙종 46년(庚子, 1720)의 2개 조항, 그리고 영조 31년(乙亥, 1755)의 1개 조항 등 총16조항이 실려 있다. 『典錄通考』戶典 量田에도 新補受敎된 15항목을 포함하여 총 18항목이 실려 있어 『新補受敎輯錄』의 양전사목을 몇가지 순서가 바뀐 그대로를 다시 확인할 수 있다. 『度支志』外篇 권4, 版籍司 田制部2, 量田式에 실려있는

하고 있었는가를 살펴보자. 경자양전을 위한 양전사목은 1717년(숙종 43)의 丁酉事目에 의해 그 대강이 마련되었으며 이후 마련된 私節目까지 포괄하여 양안의 기능과 역할을 담고 있다. 경자양전의 사목은 이미 1700년(숙종 26) 양전 논의 때부터 거론되나 마무리되지 못한 채 1716년 (숙종 42)에 다시 양전 논의가 시작되면서 1717년(숙종 43, 강희 56)에 삼남양전 방침이 재확인되기에 이르렀다. 당시 호판였던 권상유에 의하여 작성된 量田事目이[12] 현재 전하는 康熙丁酉 양전사목이다.[13] 그러나 1717년의 양전 방침은 미증유의 흉작과 전염병으로 1719년(숙종 45)으로 연기되었고 1720년(숙종 46, 경자, 강희 59)에 이르러서야 양전 이 종료되었다. 이 같은 己亥·庚子量田은 1717년 양전사목 마련부터 토지측량과 量案 즉 量田導行帳이 완성된 1719~1720년까지의 짧은 기간 이었지만 그 논의 과정은 오랫동안 계속되어 왔던 것을 알 수 있다.

이때 국가의 입장에서 가장 중요한 것은 양안으로부터 조세 부담자를 확정하기 위해 소유권자를 확정하며 그를 통해 해당 토지의 조세량을 부과하는 일이다. 즉 起主의 성명을 파악해내는 동시에 四標와 田形을 통해 토지의 境界를 명확히 하고 나아가 전국 토지의 비옥도(田品等第)를 조정하여 結負數에 따라 조세를 확정하는 3가지 사항으로 정리해 볼 수 있다. 곧 후대의 토지대장과 지적도, 결수연명부, 공시지가로의 발전 형태이다.[14] 물론 이 같은 기능은 조선후기 양안에 종합적이고

___

숙종 44년 戊戌년의 조항 5개 항과 『量田謄錄』(규장각)의 「庚子慶尙左道均田使量田 私節目」 23개 조항도 참고된다.

12) 『肅宗實錄』 권60, 숙종 43년 9월 계유, 40-677.

13) 『新補受敎輯錄』 量田條 참조.

14) 양안의 3가지 기능은 근대적 토지소유가 성립하는 가운데 분화되어 갔다. 우리나 라의 경우에는 광무년간의 양전지계사업(1899~1904년)을 획기로 일단계 정리되 었고, 일제하 해방후를 거쳐 현재에 이르게 되면서 지금의 완전히 분화된 모습을 갖추게 된다. 현재의 토지 1필지에 대한 가치 평가는 土地臺帳·地籍圖라는 地籍公簿 와 地價 公示를 통해 이루어진다. 즉 양안이 이 같은 토지대장·지적도·공시지가 확정이라는 절차를 통해 3가지 문서로 분화되며, 후술하듯이 土地·建物登記簿를

복합적인 형태로 그 기능과 역할을 다하고 있었지만 여기에서는 3가지 과정을 나누어 하나하나를 개별적으로 살펴보자.

1) 納稅者 확인과 所有權 확정 기능

국가의 공식 문서로서의 量案이 公簿로서 기능할 수 있기 위해서는 조세장부로서의 기능을 보완하고 그 역할을 얼마나 다하고 있었는가를 살필 필요가 있다. 곧 양안의 조세대장으로서의 기능과 역할에 대한 종합적 정리가 필요하다.

양안에는 전답의 비옥도, 즉 토지생산성을 통해 해당 토지에 대한 가치를 평가할 수 있는 田品과 結負·尺數가 기재됨으로써 收稅의 근거자료가 되고 있다. 이 같은 기록을 중심으로 양안은 조세대장으로서의 역할을 수행할 수 있었으며 아래의 도표가 그러한 양상을 잘 보여준다.15)

〈표 4〉量案, 行審冊과 土地臺帳·衿記

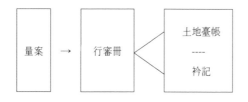

수세 대장으로서의 역할 역시 행심책을 통해 양안이 재생산되면서 토지대장 또는 깃기라는 별도의 田政 문서로 만들어지면서 가능했다. 특히 행심책의 역할은 양안을 거의 그대로 등사해 냄으로써 양안의 기능과 역할을 재생산해 내고 있다는 점에서 중요하다. 게다가 행심책

더하여 4가지 문서로 분화되면서 一物一權的 토지권리를 규정하고 있다. 오늘날의 不動産登記法은 이 같은 양안의 종합적 기능에 대한 내용을 담고 있다.
15) 崔潤晤, 2000.6, 앞의 글.

은 매년 작성됨으로써 양안의 한계를 보완할 수 있었기 때문이다. 특히 깃기라는 수세대장이 만들어지기 위해서는 양안이나 행심책이 필요했다. 양안이 20년마다 만들어지지 못하면서 그 역할을 다한 것은 행심책이었으며, 그것을 바탕으로 양안이 재생산되었을 뿐 아니라 깃기라는 납세자 중심의 조세대장이 만들어질 수 있었던 것이다. 양전사업에 커다란 문제가 없는 한 만들어진 양안은 이 같은 역할을 통해 자신을 재생산하고 있었다.[16]

이 같은 점에서 양안은 그 역할을 다하고 있었으며, 비록 완결된 문서로서의 위치를 지니지는 못했지만 그 順機能을 주목해볼 때 대단히 중요한 문서라는 것을 확인할 수 있었다.

지금까지 살펴본 양안의 기능과 역할은 조선시기의 사회성격을 집약한 종합적이고 복합적인 토지문서라는 것을 잘 보여준다. 즉 ① 납세자와 소유권, ② 양전도, ③ 토지평가라는 3가지 기능이 중첩되어 복합적으로 표현된 것이 양안이라고 할 수 있으며 그것이 조세장부와 소유권장부로서 각각의 역할을 담당하고 있었던 것이 조선시기의 현실이었다. 납세자 파악을 통해 소유권자를 파악하는 동시에 해당 토지에 대한 국가적 관리통제를 양안을 통해 추진하고 있었다. 다음과 같은 도표를 통해 양안의 기능과 역할을 정리해 볼 수 있다.

〈표 5〉 量案과 土地臺帳·地籍圖·公示地價

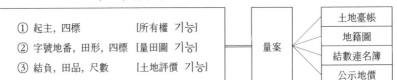

---

16) 崔潤晤, 2000.6, 앞의 글.

〈표 5〉에서 볼 수 있듯이 양안의 기능은 20세기 이후 토지대장과 지적도, 공시지가의 기능으로 분해되어 세분화되었다. 조선시기의 양안이 갖고 있던 기능이 비록 각 분야마다 완전한 역할을 다하지는 못했다 하더라도 당시 제반 문서의 형식은 이미 갖추고 있었다고 할 수 있다. 이 같은 점을 바탕으로 ①의 납세자 확정과 소유권 확인 기능은 그대로 토지대장으로 확대 발전하였으며, ②의 양전도 기능은 지적도로 세밀화되었고, ③의 기능은 공시지가 마련의 근거가 될 수 있었던 것이다. 따라서 양안이라는 하나의 문서가 3가지 기능을 완전히 담당할 수는 없었다 하더라도 그 모태가 되고 있었던 것을 알 수 있다.

양안에서의 田主 파악을 통해 국가가 관리하고 있던 기주(혹은 전주, 답주, 主)의 존재형태를 추적해 보기로 하자. 이들은 조세부담자이며 동시에 소유주로서의 起主에 대한 규정을 통해 양안의 소유권 대장으로서의 성격을 추출해 보자.[17]

I-1. 凡田四標及主名 懸錄於量案 而毋論陳起量滿五結 則用一字號標之(用千字文 而字內以一二三爲次第)[18]

I-2. 陳田並皆懸錄主名 無主處亦以無主懸錄 量後願爲起耕者 呈本曹受立案 然後依法永作己物 無文籍 僞稱己物欲爲懸主於量案 査覈現露 則論以冒占之罪 全家徙邊[19]

I-3. 改量時 久遠田畓之訟 卽決者 趁時處決 定其主客 從實懸量 而有未及詳查 難處於遽決者 姑以時執懸量 而從容査卜 果有本主 則勿以量名爲拘 卽爲推

給 如有不干之人 乘其本主在遠 暗錄己名於他田畓 以爲日後橫占之計者
全家徙邊[20]

I-4. 結負欺隱之弊 多出於土豪 而畏其全家之律 例以奴名爲佃夫 而量田時 主戶
知情欺隱者 則各其主戶 勿論朝官 斷以全家之律[21]

I-1에서는 起主를 양안에 현록하되 四標와 함께 표시하여 경계를 분명
히 하고 있다. I-2에서 확인할 수 있는 것은 진전의 경우에는 陳主라고
하고, 無主地인 경우에는 無主라고 한다. 만일 무주지를 양전후 起耕하려
고 하는 자는 호조에 立案을 제출한 연후 자기의 소유지(永作己物)로
만들 수 있다. 소유권 취득과정에 대해서도 立案을 통한 방법을 명확히
제시해 놓고 있다. 그런데 I-3에서 확인할 수 있는 것은 본 소유주가
먼 곳에 있는 不在地主이기 때문에 田畓訟이 일어나는 경우가 잦았는데
이때는 양안에 時執한 자를 임시로 달아놓고 후에 판결이 나는 대로
바꾸도록 하라는 조항이다. 한편 기주를 모두 소유주로 보기에는 어려
운 경우가 나타나는데, I-4의 조항이 그것을 보여준다. 즉 은결은 대개
지방의 토호로부터 나오는데 은결에 대한 全家徙邊律의 적용을 두려워
한 토호들이 奴名을 佃夫로 하여 代錄하는 경우이다. 이 같은 경우 노명이
기주로 등재되어 있더라도 실제 소유주가 아닌 것은 분명하다.

이러한 경우가 많아지자 기주에 대한 기재방식을 명확히 하고자
1820년 순조년간에는 다음 같은 조항을 추가하여 제반 폐단을 방지하고
자 하였다. 土夫와 양민, 공사천을 기주로 현록하는 방식을 규정한
것으로서 다음과 같다.

I-5a. 曾前田案中 土夫不書名 只書奴名 混而難辨 今則二品守監司以上 書其姓某

20) 『典錄通考』 戶典 量田 ; 『新補受敎輯錄』 戶典 量田.
21) 『典錄通考』 戶典 量田 ; 『新補受敎輯錄』 戶典 量田.

職某奴某 正三品以下 悉書姓名及奴名 良民具姓名 公私賤只書其名[22]爲乎
矣 本主在於遠地 時作者非其奴僕 則別以主某人 時作某人是如懸錄 各樣位
田屯田牧場等處 則各隨其所稱書塡爲齊[23]

I-5b. 量田四標之書以人名者 雖是舊制 而常漢名字 旣多相同 從以賣買 土無常主
則所錄人名 非久變幻 靡所的從 今番段四方犯標 皆以某字第幾田 某字第幾
畓懸錄 以爲永久無變 據一憑五之地爲齊[24]

I-5a에서처럼 단지 노명을 기록하는 폐단을 없애고자 양반의 경우에
는 2품 守監司 이상은 姓과 직역, 노명을 기록하고, 3품 이하는 성명과
노명, 양민은 성명을 모두 쓰고, 공사천은 단지 이름만을 쓰도록 하였다.
그리고 부재지주인 경우 時作이 지주의 노복이 아닌 경우에는 主와
시작을 모두 기록하도록 하였다. 한편 I-5b에서처럼 양민(常漢)인 경우
이름이 같아 토지매매가 이루어지면 주인이 바뀌게 되면서 기록한
인명은 정확치 않게 되니 사방 범표에 자호지번까지 기록하면 영구토록
해당 토지는 바뀜이 없을 것이라는 것이다.

이 같은 과정에서 확인할 수 있는 것은, 起主란 입안을 통해 소유주로
등재된 자인 기주, 진주 또는 무주를 내용으로 하는 자로서 해당 토지에
대해 권리를 행사하는 자라는 점이다. 경상도 지역의 경자양안에서는
양반의 토지소유가 직역과 함께 노명이 기록되고 있어 그러한 국가의
의도가 관철되고 있었다.[25] 국가는 기주에 대해 토지소유권을 보장해

---

22) 『純祖實錄』 권23, 순조 20년 3월 癸未, 48-160 ; 『量田事目』(연세대).

23) 『量田事目』(庚辰 5月, 純祖 20) 更關草.

24) 『量田事目』(庚辰 5月, 純祖 20) 更關草.

25) 전라도 지역의 경자양안에는 어떠한 이유에서인지 명확치 않지만 직역이 생략된
채 기록되어 있는 경우가 많아 신분에 따른 토지소유 분석이 어렵게 되어
있다. 전주부 龜田面 분석이 참고된다(金容燮, 1960, 「量案의 硏究」 ; 1995, 『증보판
朝鮮後期農業史硏究 I』 참조).

주고자 하였다. 그것의 궁극적 목표는 조세 수취에 있다. 납세자와 소유권자를 일치시켜 감으로써 국가는 수세를 원활하게 하고 소유자의 입장에서는 자신의 소유권을 보호받을 수 있도록 하는 것이다. 국가는 그러한 장치로서 입안을 통한 기주의 확정, 그리고 사표 기재를 통한 토지소유자 확정 과정을 마련하고 있었다. 향후 소유권 분쟁이 일어났을 때 양안이 기능하는 것은 이 같은 법규정에 준해서였다.

한편 이러한 국가의 의도와는 달리 향촌에서는 노비를 소유한 양반의 경우 奴婢名이나 戶名으로 代錄하는 관행이 있었으며 나아가 分戶別産하거나 合戶를 통해 자신의 토지를 관리하는 경우도 고려하지 않을 수 없다. 기주와 소유권 관계가 절대적으로 일치하지만은 않는다는 점이다. 그것을 국가 차원에서는 은결과 관련있다는 점에서 어떠한 방법이든 實名을 노출시키고자 하였으나 개인 소유주 차원에서는 달랐다. 왜냐하면 노명이나 호명을 통해 양안에 기재하더라도 소유권을 행사하는 데 아무런 문제가 없다는 점에서 실명을 밝히지 않고 있었다.[26] 이러한 관행은 臺帳에 본명을 노출시키는 것을 천시하는 풍습에서 연유했다고 알려져 있으며, 나아가 자신의 토지를 보호하는 방편으로서 실명을 밝히지 않는 경우도 있다. 나아가 자신의 토지를 관아에 빼앗길 것을 염려하여 노비명으로 숨기는 경우도 있다고 한다.[27] 양안상의

26) 양안의 기주가 양안상에 分戶되거나 合戶 형태로 기록된 경우가 있음은 소유권 추적에 있어 고려될 부분이다(김용섭, 1995, 앞의 책, 102~121쪽). 한편 대록, 분록, 합록된 경우가 많기 때문에 양안은 그대로를 믿을 수 없으며 虛簿에 지나지 않는다는 부정적인 견해도 나와 있다. 예컨대 李榮薰, 1989, 「光武量田의 歷史的 性格-忠淸南道 燕岐郡 光武量案에 관한 事例分析-」『近代朝鮮의 經濟構造』, 比峰出版社 ; 1990, 「光武量田에 있어서 〈時主〉파악의 실상-忠淸南道 燕岐郡 光武量案의 사례분석-」『대한제국기의 토지제도』, 민음사 등이 그것이다.

27) 이러한 농촌관행은 지방마다 다르며 명확치 않다. 「官三雇三校三等に關する事項」(국사편찬위원회)이라는 보고서에 의하면 官衙·雇馬屯·鄕校 등의 土地에 '三'이라는 대표적인 문자를 사용하여 상징적으로 표현하듯이, 토지문기에서 실명 대신 노비명을 사용하는 경우도 유사한 동기에서 나타난다는 것이다. 즉 각지 都書員의

이 같은 관행은 양안이 갖고 있는 시대상을 반영하는 것으로서 이 시기 문서의 특징이기도 하다. 곧 양안 문기의 종합적 성격이라고 할 수 있다.[28]

2) 量田圖의 기능

양안의 두 번째 기능으로 토지의 위치와 경계를 표시하는 量田圖 기능에 대해 살펴보자. 양전도는 토지대장과 함께 소유권을 증명할 수 있는 중요한 地籍의 하나이다.[29] 즉 아래와 같은 양전사목의 규정이 그와 같은 것을 잘 보여준다.

> II-1. 凡田四標及主名 懸錄於量案 而毋論陳起量滿五結 則用一字號標之(用千
>   字文 而字內以一二三爲次第)[30]
> II-2. 各樣田形 打量時 只以人所易知方田直田梯田圭田句股田名色 推類打量

보고를 종합해보면 대체로 양반의 경우 실명 사용을 천시하여 대신 자신의 소유를 상징하는 대상을 설정한다는 것이다. 이외에도 자신의 토지를 보호하기 위한 목적도 있다고 보고하고 있다.

28) 종합적이라는 뜻은 오늘날의 토지대장, 지적도, 공시지가와 토지등기부로 분화 되기 이전 4가지 문서의 역할을 하고 있다는 점을 말한다. 특히 양안의 토지대장 으로서의 기능은 1914년 「土地臺帳規則」(조선총독부령 제45호)으로 분화되면서 토지의 소재, 지번, 지목, 地積, 地價, 소유자의 주소·씨명 또는 명칭, 質權·전당권· 지상권의 내용을 등록하도록 하고 있다. 전면 개정된 「地籍法」(1975.12.31 법률 제2801호)에서는 토지대장의 등록사항을 토지의 소재, 지번, 지목, 면적, 소유자 의 성명 또는 명칭·주소·주민등록번호(국가·지방자치단체·법인 또는 법인 아닌 사단이나 재단 및 외국인은 그 등록번호), 기타 내무부령으로 정하는 사항을 기재하고 있다. 토지대장은 지적도·임야대장·임야도 및 數値地籍簿와 함께 地籍 公簿라 하여 지적법에서 관리되고 있다(地籍法 제2조 용어의 정의 참조).
29) 오늘날의 地籍法에서는 地籍公簿라 하여 토지대장·임야대장을 포함하여 지적도· 임야도 및 數値地籍簿를 지칭하고 있으며 지적대장 및 도면을 통해 해당 토지를 확인할 수 있다(地籍法 제2조 용어의 정의 참조).
30) 『度支志』 外篇 권4, 版籍司 田制部2, 量田式의 肅宗 44년(戊戌).

以爲便易之地 若田形不分明處 以方田直田裁作打量 斜缺處別作田形打量
而只以五名色懸錄打量[31]

Ⅱ-3. 打量時 監官等 以起爲陳 以陳爲起 田形失實 循私落漏 用意妄冒者 每一負
杖一十 至杖一百而止 通計滿一結者全家徙邊 佃夫之符同用奸者 亦爲一體
定罪[32]

Ⅱ-4. 田畓之宛然全庫 用意落漏於田案者 勿論負之多少 任使與佃夫 並刑推後
全家徙邊 田畓仍爲屬公[33]

Ⅱ-5. 各邑成冊末端 必書解負人姓名 更加叩算 果有差着 勿論用情無情 一依事目
內 量田監官落漏妄冒者例 每一負杖一十 至杖一百而止 通計滿一結者 用全
家徙邊之律(康熙丁酉量田事目)(肅宗 43年 丁酉)[34]

Ⅱ-1은 앞에서도 살펴보았듯이 四標로서 해당 토지의 상대적 위치를
표시했다. 동서남북의 주변 토지를 포함하여 해당 지번까지 5개의
토지를 묶어 표시함으로써 그 위치를 알게 한다. 그와 같은 토지의
위치는 다시 字號地番으로 표시됨으로써 마무리되게 된다. 해당 토지의
자호지번과 사표의 결정은 양전 때 이루어지는데, 양전 방향은 대체로
관아 또는 객사를 중심으로 우회하면서 그때마다 犯入하는 방향을
적고 四標를 기록하는 방식이었다. 사표를 기재하는 것은 해당 지번의
토지에 대한 위치 확정과 권리자를 파악하는 데 있다. 국가의 토지관리
방식에 있어 개인 소유권을 확정해주고 그것을 바탕으로 收租했다는
것을 보여준다. 사표를 통해 해당 지번의 토지를 확정하는 것 외에
전답 도형을 양안에 기재했다. 방법은 Ⅱ-2에서 보듯이 숙종 경자양전

---

31) 『度支志』外篇 권4, 版籍司 田制部2, 量田式의 肅宗 44년(戊戌).

32) 『典錄通考』 戶典 量田 ; 『新補受敎輯錄』 戶典 量田.

33) 『典錄通考』 戶典 量田 ; 『新補受敎輯錄』 戶典 量田.

34) 『典錄通考』 戶典 量田 ; 『新補受敎輯錄』 戶典 量田.

단계까지만 하더라도 전답도형을 그려 넣지 않고 단지 기본 5형(方田·直田·梯田·圭田·句股田)을 중심으로 長廣 척수를 기재하는 데 그쳤다. 이후 광무양전 단계에 이르면 전답 도형을 양안에 그려 넣는 방식으로 발전하게 된다.[35] 전답 도형을 통해 境界[36]를 분명히 하고자 하였던 것이다.

양안에서의 사표와 전형은 양전도의 역할을 대신했던 것으로 볼 수 있다. 量田圖로서 魚鱗圖나 地籍圖가 국가의 양전사업에 채용된 경우는 발견되지 않지만 구암 韓百謙(1552~1615)의 箕田圖[37]나 숙종조 1700년 兪集一(1653~1724)의 方田圖,[38] 丁若鏞의 魚鱗圖,[39] 1884년 趙汶의 三政圖,[40] 한말 丘井量圖,[41] 1897년 兪鎭億의 量尺網圖[42]로 제안된 지적도는 모범적인 사례로 그 전형을 이루고 있다. 이 같은 지적도의 특징은 전국 토지를 낱낱이 국가가 파악하고 관리할 수 있다는데 있다. 또한 그것이 나온 배경에는 진전이나 은루결로 인한 제반 폐단을 이정하는 데 있다고도 할 수 있었다.

예컨대 양전사업에 있어 고의로 누락시키는 경우 엄벌에 처하라는 지시가 내려올 정도였다. II-3이나 II-4에서 보듯이 감관 이하 서리나

---

35) 일제하 「課稅地見取圖」나 현재의 「地籍圖」는 전답도형과 사표가 발전한 형태이다. 일정한 축적으로 전국 토지의 지적을 작성하였으며 1918년 조선총독부령 제75호로써 토지대장 규칙을 개정할 때 토지대장 등본의 발행은 물론 지적도 등본도 발행할 수 있도록 규정하고 있다. 해방 후 「地籍法」 제10조의 지적도 및 임야도 등록사항에는 토지의 소재, 지번, 지목, 경계, 기타 내무부령으로 정하는 사항을 기재하고 있으며 地籍圖 확인을 통해 토지대장의 지번을 확인해낼 수 있다.

36) 오늘날에는, 境界라 함은 地籍圖나 林野圖 위에 地籍測量에 의하여 地番別로 劃定하여 登錄한 線 또는 數値地籍簿에 登錄된 座標의 連結을 말한다(地籍法 第2條 용어의 정의).

37) 『久菴遺稿』 上, 箕田遺制說.

38) 崔潤晤, 1992, 앞의 글.

39) 『經世遺表』 제8권, 地官修制 田制 10, 井田議 2.

40) 『三政圖說』(연세대학교 소장본).

41) 『丘井量法事例幷圖說』.

42) 『田案式』 方田條例.

佃夫가 서로 짜고 은결이나 진전을 만들어내는 사례가 많았기 때문이었다. 지적을 완성하는 데 있어 5결마다 1자호로서 字號地番을 완성한다는 원칙 아래 해당 토지를 일목요연하게 관리할 수 있게 되었다. 만일 필지가 나뉘거나[43] 새로 지번을 매기는 경우[44]가 나타난다면 이전의 자호지번은 계승되지 않고 바뀌게 되는데, 물론 이 같은 상황이 계속된다면 혼란을 초래하지 않을 수 없기 때문에 대대적인 양전사업이 행해지기를 기다려 재정리되었고, 그때까지는 단지 지번 아래 一作, 二作 등과 같은 순으로 分作되던 토지를 기재하고 있었다.

이 같은 보완 과정을 거쳐 地籍公簿로의 발전이 도모되었던 것을 알 수 있다. 따라서 18세기 초의 경자양안이 公簿로서 완성되기 위해서는 앞에서 검토했던 양안상의 起主에 대한 권리 확정과정과 양안상의 모든 토지가 은루결 등의 명목으로 누락되지 않고 地籍에 모두 포괄되기를 기다려야 했다. 이 시기 양안이 갖는 지적공부로서의 시대적 성격이라고 할 수 있다.

3) 土地 評價의 기능

양안의 중요한 세 번째 기능으로서 토지의 가치를 평가하는 田品等第에 대해 살펴보자. 그것은 양안상의 田品과 結負, 長廣尺數의 기재를 통해 토지생산성을 측정하는 방법으로 이루어지고 있었다. 그와 같은 기준은 조선 전시기에 걸쳐 토지 평가의 기준이 되었던 結負制를 통해

---

43) 양안의 二作, 三作 등으로 分作되는 경우가 그러하다. 예컨대 舊量에서는 1作이던 것이 나뉘어 2, 3作이 되면 각기 主名이 있을 것이니 이전의 合錄으로 인해 뒤섞여 어지러운 폐단이 있어서는 안된다고 하여, 원래 第次에서 1字를 내려 '二作', '三作'이라고 實數에 따라 차례로 기록하여 구별하도록 하고 있다(『量田謄錄』庚子慶尙左道均田使量田私節目).

44) 加耕田이나 隱漏結을 量案에 入錄시키는 경우가 이에 해당한다.

마련되고 운용되어 왔다.[45] 아래의 양전사목에 그러한 결부제 운용 방식이 잘 나타나 있다.

Ⅲ-1. 凡田分六等 每二十年改量成籍 藏於本曹本道本邑[46]

Ⅲ-2. 諸道田畓 從前累經檢量 等數高下 旣已從實懸錄於量案中 此則前後宜無異同 今番改量時 則量後加起之處 等數高下 一從土品施行 而至於曾前量案所在 田畓等第 勿爲昇降 其中或有不得已釐正者 各邑一從里中公論 抄報監營 自監營別爲摘奸 詳知其實狀 然後始許改正 而同改正庫員字號等第成冊 一件亦爲上送本曹 以前頭摘奸時憑考之地 土豪輩如有夤緣冒僞 有所現露 則都監官以下及佃夫 並繩以 全家之律 該邑守令亦爲從重論罪(依大明律制違杖一百)[47]

Ⅲ-3. 凡田竝用一等尺打量 各等遞降 解負結負 每等一負減一束五把 一等尺實積爲十負 則二等田爲八負五束 至六等田爲二負五束 餘等倣此(肅宗44年 戊戌)[48]

Ⅲ-4. 量田尺數 從遵守冊定式 以一等磨鍊造作 兩端烙印 下送監營 使之依此造作 行用量繩 麻索草索沾濕露水 則交急短縮 必致地小負多之冤 以水濕不縮之物 如竹索杻色之類 造作打量[49]

Ⅲ-1과 Ⅲ-2에서 보듯이 결부제 하의 전품 규정은 세종 貢法 이래 전답의 비옥도를 6등분하여 사용해 왔다. 이때 전품은 되도록이면

---

45) 조선 결부제의 완성에 대해서는 다음의 글이 참조된다.
　　金容燮, 2000, 「結負制의 展開過程」『韓國中世農業史硏究』, 지식산업사 ; 崔潤晤, 1999, 앞의 글 ; 李榮薰, 1996, 「『田制詳定所遵守條畫』의 制定年度」『古文書硏究』.

46) 『經國大典』 量田 戶典.

47) 『典錄通考』 戶典 量田 ; 『新補受敎輯錄』 戶典 量田.

48) 『度支志』 外篇 권4, 版籍司 田制部2, 量田式의 肅宗 44년(戊戌).

49) 『典錄通考』 戶典 量田 ; 『新補受敎輯錄』 戶典 量田.

올리거나 내리지 말도록 규정하고 있다. 만일 함부로 고치는 경우는 엄벌에 처하고 있었다. 이 같은 토지 비옥도는 다시 Ⅲ-3에서처럼 長廣 척수를 곱하여 解負함으로써 면적이 다시 환산되게 된다. Ⅲ-4에서 보듯이 양전척은 일체 遵守冊에 기반하여 一等尺 단위로 量繩을 만들어 측량하였으며 물에 젖더라도 줄어들지 않는 竹索이나 杻索으로 만들도록 하였다.

해당 토지에 대한 평가, 더 정확히는 토지생산성을 평가하는 방법으로서의 결부제는 중세 전시기를 거치면서 발달해 왔다. 전국의 토지를 6등분하여 전분6등제를 운용하는 방법이었다. 물론 국가의 입장에서는 같은 토지라도 풍흉에 따라 토지생산량이 달라진다는 것을 전제로 年分法을 적용하여 수취하였다. 세밀한 계산방식을 통해 결부제를 운용하고 그를 통해 해당 토지에 대한 평가를 할 수 있었으니 양안이야말로 중세국가의 조세대장으로서의 기능을 지속적으로 수행하고 있었다고 할 수 있다. 결부제를 통해 국가는 전국 토지를 일목요연하게 파악할 수 있었고, 당해 년도의 풍흉에 따른 생산량과 수취량을 장악할 수 있었다.

한편 결부제를 통해 해당 토지의 토지생산성을 파악하고 그에 알맞는 조세 부과를 행할 수 있었던 것에 비해, 농촌에서는 어떠한 방식으로 해당 토지에 대한 평가를 행하고 있었는가를 살펴볼 필요가 있다. 농촌에서는 結負制 외에 斗落制를 통해 해당 토지의 생산성을 파악하는 것이 관행이었다. 전품6등에 의한 6등의 비옥도 파악방식과 조세 부과 방식에 비해 두락이라는 전통적인 생산량 평가방식을 여전히 병용하고 있었던 것이다. 결부제가 국가 차원의 공식적인 생산성 파악 방식이었다면, 두락제는 민간 차원의 개별적이고 지역적인 생산성 파악 방식이라고 할 수 있다.

토지매매는 이와 같은 결부제나 두락제 등에 의해 해당 토지에 대한

생산성 평가가 이루어지고 있었고 그에 따라 매매가격이 결정될 수 있었다. 매매 관행은 국가의 공식적인 결부제 외에 실제 농촌의 斗落이라든가 해당 지역의 비옥도 등에 따라 다시 환산되기도 했던 것이다. 이 같은 점 때문에 양안상의 결부는 비록 해당 토지에 대한 전국 차원의 기준에 비추어 6등급으로 나누어지고 있었지만, 민간에서는 그와 같은 기준만으로 매매 가격을 결정하지는 않았다. 토지에 대한 가치 평가에 있어 국가 차원에서 대체적인 윤곽만을 마련한 결부제 방식에다가 민간의 두락제를 결부한 방식이 병용되었던 것이다. 이러한 점은 국가가 마련한 6등분 구분 방식이 세밀하지 못하다는 것을 보여주며 보완될 필요가 있다는 것을 보여준다. 국가가 전국의 토지를 보다 효율적으로 관리하기 위해서는 토지 등급을 더욱 세밀화시킬 필요가 있다.[50]

결부제 방식의 토지 평가는 중세 전시기에 걸쳐 조세 수취의 근거가 되었으며 나아가 토지 매매상의 기준을 마련할 수 있었다. 그러한 예가 매매문기에 기록된 양안의 자호지번과 결부수라고 할 수 있다.[51]

지금까지 양안의 기능에 대해 3가지로 나누어 살펴보았듯이 그 기능과 역할 면에서 종합적이고 복합적이라고 할 수 있다. 즉 ① 소유권, ② 양전도, ③ 토지평가라는 3가지 기능이 중첩되어 복합적으로 표현된 것이 양안이라고 할 수 있으며 그것이 각각의 역할을 담당하던 것이 조선시기의 현실이었다. 다음 〈표 6〉과 같은 圖表를 통해 양안의 기능을 정리해 볼 수 있다.

---

50) 오늘날의 토지 평가는 「地價公示 및 土地등의 評價에 관한 法律」로 규정되어, '土地의 適正價格을 評價·公示하여 地價算定의 基準이 되게 하고, 土地·建物·動産등의 鑑定評價에 관한 사항을 정함으로써 이의 적정한 價格形成을 도모'하고 있어 세분화되어 운영되고 있다.

51) 吳仁澤, 1996, 앞의 글.

위의 도표에서 볼 수 있듯이 양안의 기능은 오늘날의 토지대장과 지적
도, 결수연명부, 공시지가의 기능으로 분해되어 세분화되었다. 물론 토지,
임야, 건물의 등기부등본으로의 분화 역시 양안을 통해 예상을 해야
할 부분이다. 등기부등본으로 분화하는 과정을 거쳐 해당 토지에 대한
소유권의 질적 성격이 결정되기 때문이다. 조선시기의 양안이 갖고
있던 기능이 비록 각 분야마다 완전한 역할을 다하지는 못했다 하더라도
당시 제반 문서의 형식은 이미 복합적인 형태로 양안문서에 종합되어
있었다고 할 수 있다. 이 같은 점을 바탕으로 ①의 소유권 기능은 그대로
토지대장으로 확대 발전하였으며, ②의 양전도 기능은 지적도로 세밀화
되었고, ③의 토지평가 기능은 공시지가 마련의 근거가 될 수 있었던
것이다. 따라서 양안이라는 하나의 문서가 3가지 기능을 완전히 담당할
수는 없었다 하더라도 그 모태가 되고 있었던 것을 알 수 있다.

2절 量案에서 行審冊·깃기로의 분화

1) 量案의 분화

조선후기의 경제적 토대는 중세 전시기에 걸쳐 그래왔던 것처럼
토지와 인민에 대한 긴박정책을 통해 유지되고 있었다. 그 중 토지에
대한 국가의 지배 방식은 사적 토지소유에 대한 조사와 그에 해당하는

조세 부과를 통해 실현되었다. 양전사업을 통해 작성된 量案은 이 같은 내용을 담고 있었으며 行審冊은 양안을 등사해 내어 해당 고을의 기주와 납세액을 확정하는 과정에서 작성되었다. 따라서 양자의 밀접한 관련 하에 양안은 행심책을 통해 재생산되었다고 할 수 있다.

매 20년마다 시행된다고 규정되어 있던 양전사업이지만[52] 그 원칙이 지켜진 적은 없었다. 그렇지만 일단 전국 차원의 양전사업이 진행되면 각 군현별 총액을 다시 확정하고 국가의 수조지를 파악해 냄으로써 중앙과 지방의 재정 운영뿐 아니라 제반 役 부과와 부세 수취의 근거를 다시 기획하였던 데서 그것은 국가 차원의 거대한 토지조사사업이었다고 할 수 있었다. 이때 작성된 양안은 군현별 총액제 운영방식을 재확정할 뿐 아니라 군현 하부의 면리 단위에까지 영향을 미치고 있었다. 양안을 바탕으로 한 향촌 내 수세 행정은 다시 한번 행심책을 통해 기주에 대한 조사와 납세자를 확정하는 작업을 연계시키는 가운데 완성되고 있었다.

우선 양안의 명칭은 일반적으로 양안,[53] 田籍,[54] 田案,[55] 臺帳,[56] 田案 臺帳,[57] 量田導行帳[58] 등으로 불렸다. 군현·면리단위의 양안의 경우에는 邑量案·面量案·面里量冊 등으로 구분했다.[59] 이 같은 양안의 명칭은 양전 의 규모에 따라 달리 불렸는데 조선의 경우에도 시기에 따라서 사용하는 명칭이 조금씩 변화했다.

---

52) 凡田分六等 每二十年改量成籍 藏於本曹本道本邑(『經國大典』 戶典 量田).

53) 茶山研究會, 1979, 『譯註 牧民心書』Ⅱ, 創作과 批評社(原著 丁若鏞, 『牧民心書』), 180쪽. 이하 『譯註 牧民心書』로 함.

54) 『譯註 牧民心書』Ⅱ, 200·266쪽.

55) 『譯註 牧民心書』Ⅱ, 175쪽.

56) 『四政考』 田案 "田案 是爲臺帳 計摠卜日元帳付".

57) 『譯註 牧民心書』Ⅱ, 237쪽.

58) 1720년 庚子量案의 경우 양안을 導行帳이라는 명칭으로 정리하고 있다.

59) 「田政節目」(연세대).

이 같은 양안은 소유권을 확정하고 그것을 파악하고자 하는 과정이 있었고, 나아가 조세대장으로의 기능에 중점을 둔 기능으로 분화되게 된다.

우선 소유권자를 조사하기 위해 국가가 할 수 있는 일은 양안에 四標 및 전답주의 이름을 현록하는 방법으로[60] 地籍을 公簿化시키고 있었다. 국가의 관리가 가능한 형태로 양안을 작성하는 방법이다.

이때 국가는 양안상의 기주를 단순히 납세 대상자로 파악하는 것을 넘어서 토지소유와 경영 주체를 파악하려 했는가의 문제는 양안의 신빙성과 관련이 있었다. 납세자와 소유주를 일치시켜 파악함으로써 국가의 소유지뿐 아니라 개인의 소유지까지 관리하고 지배할 수 있기 때문이다. 이 같은 양전사업은 양안을 통해 계속 시도되고 있었으며 동시에 양안의 소유권을 보완하는 매매문기나 立案 등의 여타 문서를 통해 완결되고 있었다.

우선 양안 작성 때 토지와 기주를 일치시키려는 작업은 量田圖를 통해 파악되고 그것에 대해 입안 또는 매매문기에 기재하게 함으로써 현실화되었다. 즉 첫 번째로는 양전도로서의 지적도를 작성하여 전국의 토지를 일목요연하게 파악해 내는 것이고, 두 번째로는 소유권을 증명할 수 있는 문서를 마련하는 방법이었다.

우선 양전도 제작은 箕田圖,[61] 方田圖,[62] 魚鱗圖,[63] 三政圖,[64] 丘井量圖,[65] 量尺網圖[66] 등의 시도를 통해 經界를 밝히고 구획을 짓는 지적도를

---

60) 『度支志』外篇 권4, 版籍司 田制部2, 量田式의 肅宗 44년(戊戌) "凡田四標及主名 懸錄於 量案 而毋論陳起量滿五結 則用一字號標之(用千字文 而字內以一二三爲次第)".

61) 『久菴遺稿』上, 箕田遺制說.

62) 崔潤晤, 1992, 앞의 논문.

63) 『經世遺表』제8권, 地官修制 田制 10, 井田議 2.

64) 『三政圖說』(연세대학교 소장본).

65) 『丘井量法事例并圖說』.

66) 『田案式』方田條例.

만드는 방식이 구상되어 왔다. 그러나 양안에 채택된 방법은 이 같은 이상적인 형태가 아니었다. 이 같은 시도는 전국의 토지를 세세하게 관리해 낼 수 있었지만 제도로 현실화되지는 못했다. 양안에 채용된 방식은 사표와[67] 전답 도형도[68]이다. 사표로서 주변 토지의 기주를 함께 파악하고 해당 토지의 전답 도형도를 그려 넣음으로써 토지지배자를 명확히 하고자 했다. 그들이 곧 국가가 파악하고자 하던 납세 대상자였던 것은 물론이다. 양자를 일치시켜야만 전정 운영을 원활히 할 수 있었기 때문이다.

두 번째로는 양안을 바탕으로 소유권 증명서를 발급하는 일로서 국가가 소유권을 공증하는 과정이다. 이러한 방법 역시 한말 광무양전 시기의 地契 발급을 통해서 현실화될 때까지는 채택되지 못했다.[69] 다산 정약용은 토지에 대한 권리를 확정하고 보호할 수 있도록 私券·紅契라는 방식을 제안하였다.[70] 사권에는 양안에 게재된 일체의 사항은 물론 稅額 및 매매에 관한 사항을 적어 넣고 縣令·田監·田吏가 서명했다. 매매 때마다 이 같은 문권을 발급받도록 하는데 이를 紅契라 하였다. 이 같은 방식을 통해 토지매도 국가가 직접 관리하는 방식이다.[71]

기존의 입안에서도 양안의 자호지번을 적어 넣음으로써 양안을 매개

---

67) 『量田事目』(庚辰 5月, 純祖 20) 更關草 "量田四標之書以人名者 雖是舊制 而常漢名字 旣多相同 從以賣買 土無常主 則所錄人名 非久變幻 靡所的從 今番段四方犯標 皆以某字第 幾田 某字第幾畓懸錄 以爲永久無變 據一憑五之地爲齊".

68) 『度支志』外篇 권4, 版籍司 田制部2, 量田式의 肅宗 44년(戊戌) "各樣田形 打量時 只以人所易知方田直田梯田圭田句股田名色 推類打量 以爲便易之地 若田形不分明處 以方田直田裁作打量 斜缺處別作田形打量 而只以五名色懸錄打量".

69) 金容燮, 1968, 「光武年間의 量田·地契事業」『亞細亞研究』31 ; 崔元奎, 1994, 「韓末 日帝初期 土地調査와 土地法 硏究」, 延世大學校 史學科 博士論文 ; 崔元奎, 1995, 「대한 제국기 量田과 官契發給事業」『대한제국의 토지조사사업』(한국역사연구회 근대 사분과 토지대장연구반), 제3장.

70) 『丁茶山全書』『經世遺表』田制別考2 魚鱗圖說 下, 169쪽.

71) 『丘井量法事例竝列圖』第5節 魚鱗圖法의 私券式도 그러한 예를 보여준다.

로 한 매매 관행이 존재했는데, 이는 양안의 소유권이 입안에 의해 재확인된 것을 보여준다.72) 입안 전체가 양안에 바탕을 두고 자호지번에 의거했다면 서로간의 단점을 보완했을 것은 틀림없다. 즉 양안은 자호지번을 제공하여 권리의 근거를 제시하고, 입안이나 매매문기는 소유권 변동을 입증할 수 있기 때문이었다. 이 같은 방법은 조선초기 이래의 立案이나 立旨·賣買文記가 비록 양안과의 관련성 아래 운용되고 있었다는 것을 보여준다. 그러나 이 같은 문서체계 역시 양안을 바탕으로 발급된 것이 아니었다는 점 때문에 국가의 토지지배 방식이 완결되지는 못한 것을 보여준다.

2) 行審册으로의 분화

지금까지는 이러한 양안을 행심책과 관련해서 연구하지를 못했다. 때문에 양안에 대한 연구를 바탕으로 양자의 관련성을 다시 한번 검토할 필요가 있다.

우선 양안의 기능은 소유권 대장으로서의 역할과 조세장부로서의 역할 두 가지로 나누어 볼 수 있다. 소유권 대장으로서의 양안은 신분제 변화와 소유권 변동이라는 측면에서 주목되어 왔고, 이를 통해 신분제 붕괴와 중세사회의 해체 양상을 밝혀낼 수 있었다. 이 같은 연구는 조선후기 사회변동의 역동적인 상황을 밝혀줌으로써 양안 연구의 길잡이가 되었다.73) 양안상의 토지소유권 관리 기능이 점차 강화되었던 점을 제반 토지문서에 기재된 양안의 자호지번을 검토해 냄으로써 양안의 중요성을 다시 확인할 수 있었고,74) 地主家 문서를 발굴하여

---

72) 16~17세기에는 30~40% 정도의 비율이었지만, 18세기에 이르면 80% 이상 양안의 자호지번을 적어 넣고 있다(吳仁澤, 1996, 「17·18세기 量田事業 연구」, 199쪽).

73) 金容燮, 1995, 『증보판 朝鮮後期農業史研究 I』, 지식산업사.

갑술·경자양전과의 관련성 및 그 시대적 성격을 검토하는 작업도 검토되는 가운데[75] 양전의 토지소유 및 경영과의 관련성이 밝혀지고 있다.

한편 조세대장으로서의 역할에 초점을 맞춘 일련의 연구도 진행되었는데, 우선 기주에 대한 대록·분록·합록 현상을 검토해 냄으로써 토지소유자로 보기 어렵다는 점을 통해 양안을 조세대장의 일 형태로 보거나,[76] 또한 경자양안을 수조권적 토지지배와 관련하여 개별 토지 대상이 아니라 면단위 대상의 수조대장으로 파악한 연구도 그러한 예로 볼 수 있다.[77]

그러나 조세대장으로서의 양안 역시 매년의 年分에 따른 농업변동 상황에 긴밀하게 대처할 수 없기 때문에 무엇인가 보완책이 필요할 수밖에 없었다. 그것이 곧 행심책과 깃기를 통한 수세 행정과정이었다. 지금까지 연구된 수취제도에 대해서는 養戶[78]·作夫 과정[79] 및 전결세 수세 제도 전반에 걸친 검토가[80] 그러한 연장선에서 이루어진 작업이다.

따라서 양안의 자기 완결성은 다른 보조문서를 통해 이루어질 수밖에 없을 것이라는 점은 쉽게 짐작이 간다. 이 같은 점에서 양안을 보완하던

---

74) 吳仁澤, 1992, 「肅宗代 量田의 推移와 庚子量案의 성격」 『釜大史學』 23 ; 1996, 「朝鮮後期의 量案과 土地文書」 『釜大史學』 20 ; 1996, 『17·18세기 量田事業 硏究』, 釜山大學校 史學科 博士論文.

75) 김건태, 1999, 「갑술·경자양전의 성격-칠곡 석전 광주이씨가 전답안을 중심으로」 『역사와 현실』 31.

76) 李榮薰, 1988, 『朝鮮後期社會經濟史』 제1장 「量案의 성격에 관한 재검토-慶尙道 醴泉郡 庚子量案의 事例分析」, 한길사.

77) 宮嶋博史, 1990, 『朝鮮土地調査事業史の硏究』 「前篇 李朝時代の國家の土地把握」, 東京大學 東洋文化硏究所 報告, 高麗書林.

78) 金甲周, 1980, 「朝鮮後期의 養戶」(上·下) 『歷史學報』 85·86.

79) 李榮薰, 1980, 「朝鮮後期 八結作夫制에 대한 硏究」 『韓國史硏究』 29.

80) 金玉根, 1980, 『朝鮮後期 經濟史硏究』, 瑞文堂 ; 1984, 『朝鮮王朝 財政史硏究』, 一潮閣 ; 鄭善男, 1990, 「18·19세기 田結稅의 收取制度와 그 運營」 『韓國史論』 22 ; 이철성, 1993, 「18세기 田稅 比摠制의 實施와 그 성격」 『韓國史硏究』 81.

제반 田政 관련 문서 가운데 가장 중요하다고 할 수 있는 행심책에 대해 알아보고 그것이 어떠한 기능을 담당하고 있었는가를 검토해 보기로 하자. 행심책의 존재가 양안의 토지소유와 수세행정을 보완해 주는 자료가 되고 있었다는 점이 밝혀진다면 양전사업의 의의 또한 보다 분명해질 수 있을 것이기 때문이다.

나아가 양안의 기능이 행심책을 통해 재생산되고 있었다는 점이 문서의 양식을 통해 확인될 수 있으리라고 생각된다. 곧 양안의 기능과 역할이 행심책을 통해 어떻게 나타나고 있었는지를 18세기 초반의 行審冊으로 추정되는 사례 분석을 통해 확인해 보기로 한다.[81] 행심책에 대한 연구는 양안에 대한 연구와 더불어 조선의 토지지배 방식을 밝힐 수 있는 계기가 될 수 있을 것이라고 본다.

양안의 역할과 기능은 아무리 강조해도 지나치지 않지만, 과연 양전 사업이 20년마다 시행되지 못했는데 어떻게 그 기능을 다할 수 있었을까? 그 역할을 대신 담당할 수 있는 田政 문서가 있었던 것은 아닐까? 행심책이 바로 그러한 역할을 담당한 것이라는 점을 잘 알려져 있었으면서 구체적인 분석이 이루어지지 못한 실정이다.

양안을 그대로 등사한 행심책은 양안의 본래의 기능과 역할을 어떠한 방식으로 계승하고 발전시킨 문서였을까?[82] 양안의 역할을 대신한 장부로서는 앞에서도 살펴보았듯이 그 기능에 따라 여러 가지로 분화되

---

81) 본고와 관련하여 '1720년 庚子量田 事目과 量案의 성격'(假題)이라는 주제를 통해 양안이 지니고 있는 문서로서의 종합적 성격을 분석해 보았지만 지면 관계상 별고로 발표할 예정이다. 여기에서는 문서로서의 행심책에 초점을 두고 양안의 기능을 어떻게 보완하는지를 검토하는 데 그친다.

82) 1910년 土地調査事業에 있어 帳簿體系의 변화를 추적한 '量案から「土地臺帳」へ'(宮嶋博史, 1988,『朝鮮民族運動史研究』5)에서는 量案 → 土地臺帳으로의 계승이 부정되고 衿記 → 結數連名簿 → 土地臺帳으로 정비되었다고 했으나 이는 양안의 조세장부로서의 기능에 대한 일면적인 접근방식에 지나지 않는다. 오히려 양안의 기능상 量案 → 行審冊을 통해 結數連名簿 또는 土地臺帳으로 분화되었다고 볼 수 있다. 본고에서는 이 같은 측면에서 행심책의 기능과 역할을 주목하고자 한다.

고 있었다. 우선 행심책의 역할과 기능을 살피기 위해 우선 전정 관련 문서를 정리해 보자. 전정 문서는 종합적이고 복합적인 기능을 갖는 양안을 바탕으로 여러 가지 문서로 분화되었기 때문이다. 그와 같은 보조문서는 양안의 소유대장으로서의 기능과 조세장부로서의 2가지 기능을 보완하면서 분화되었다.

한편 양안의 조세대장으로서의 기능 역시 수많은 장부로 세분화되어 이용되었다. 이 같은 장부들이 양안을 토대로 하여 양안을 그대로 등사하여 이용하는 것도 있고, 양안을 다시 인명별로 정리한 것도 있다.

이 같은 장부체계의 성립은 收稅 체계의 정착과정과 밀접한 관련을 맺고 있었다. 수세 제도의 변화와[83] 그에 따른 향촌내 조세수취[84] 과정에 대한 접근방식을 통해 양안과 관련하여 조세수취가 어떻게 이루어지는가를 살펴볼 수 있다. 조선후기의 結稅 수취방식은 세종의 貢法이 무너지고 임진왜란을 거치면서 敬差官 답험에 의한 답험정액세 법이 성립하는데,[85] 이 같은 경차관 답험제 역시 17세기말 18세기초에 걸쳐 比摠 정액세법이 성립하면서[86] 바뀌어 갔다. 1720년 경자양전을 전후하여 비총법의 토대가 마련되는 배경이 되었던 것이다.

수세 체계의 변화와 함께 향촌 내에서의 조세 수취도 行審, 給災, 作夫의 세 단계에 변화가 있었지만 큰 골격은 그대로 유지되고 있었다.

---

83) 金玉根, 1984, 『朝鮮王朝 財政史硏究』 제6장 踏驗定額稅制, 제7장 比摠定額稅制 ; 李哲成, 1993, 「18세기 田稅 比摠制의 實施와 그 性格」 『韓國史硏究』 81.

84) 李榮薰, 1980, 「朝鮮後期 八結作夫制에 대한 硏究」 『韓國史硏究』 29 ; 김선경, 1984, 「조선후기의 조세수취와 面里운영」, 延世大 석사논문 ; 鄭善男, 1990, 「18·19세기 田結稅의 收取制度와 그 運營」 『韓國史論』 22.

85) 제도적으로는 仁祖 12년(1634) 永定法 실시를 계기로 정착되었고 영조 36년(1760) 비총법이 법제화될 때까지로 볼 수 있다.

86) 비총제의 성립시기는 숙종 20년(1694)을 전후하여 실시되기 시작하여(정선남, 앞의 논문), 1730년대에는 관행으로 정착하면서(이철성, 앞의 논문) 제도화되는 가운데 1760년 『萬機要覽』(財用編2 年分)에 법제화되었다.

즉 한 해의 田政의 진행은 대개 6월에 각 면의 書員을 분정하고 전결문서를 정돈하여 각면 풍헌에게 내려 주면, 8월 초열흘 이후 각면 풍헌으로 하여금 災實을 답험하고 9월에 농사 형편을 헤아려 계산(打籌)하여 마감하면 10월에 作結하여 제반 부세를 부과하게 된다.[87]

첫 단계로 행심이란 양전에 의해 확정된 時起結과 實結을 매년 8월 초열흘 이후 한 해의 農形을 답험하여 살피고 다시 확정하는 과정이다. 이때 살피는 항목은 주로 災傷田이나 陳田·續田, 加耕田, 還起田이다. 이때 작성되는 행심책은 답험장부의 뜻으로 踏簿,[88] 또는 災頉及新起成冊[89]으로 불리며 馬上記[90]·馬上草[91]라고도 했다. 특히 행심책에 裳紙를 붙이기 때문에 行審裳冊이라고도 했다.

한편 행심책을 田案과 같은 용어로 사용하고 있는 경우가 있다. 이러한 경우 즉 전안 자체를 속칭 행심상책이라고 한 것은[92] 행심책이 어떠한 방식으로 만들어졌는가를 보여준다. 즉 경자양전 진행 과정에서 양안의 草案을 각 관에 남겨두었다가 매년 행심할 때마다 곧 그 裳紙를 고치는 것이 일반적인 관례였다고 하듯이[93] 양안 또는 전안에 帶紙를 裳紙 형태로 붙여 고쳐 사용했다는 것을 보여준다. 양안이 正案의

---

87) 「政要抄」『朝鮮民政資料』, 146쪽.
88) 『譯註 牧民心書』 戸典六條 稅法 上, 219쪽.
89) 「田政節目」.
90) 「經理院前督刷冊子」 21, 黔巖屯新屯踏驗馬上記, 光緖 19年(經理院 編).
91) 마상초는 書員이 看坪한 것을 기록한 문서인데(『譯註 牧民心書』II, 237쪽), 후에는 지방에 따라 깃기의 이명으로도 사용한 것 같다(『土地調査參考書』 3호, 1909년 10월, 103쪽). 즉 1909년의 조사에 의하면, '북한의 몇 지방에 있어서는 각면에 田監이라 칭하는 자가 있어 3년마다 1회에 걸쳐 토지의 實地를 답사하고 지번을 따라 토지를 列記하여 간단한 양안으로도 볼 수 있는 것을 작성하니 이를 마상초라 칭하였다. 깃기는 이것을 보고 작성한다'고 하고 있다(『土地調査參考書』 3호, 1909년 10월, 103쪽).
92) 「政要抄」『朝鮮民政資料』, 146쪽.
93) 『量田謄錄』 庚子 4월 21일, "題辭內 所謂草案 各其官留上 每年行審時 輒改其裳紙者 乃通行之規是去乙".

형태로 완성되기도 전에 이미 행심책이 만들어지는 경우도 있어[94] 초안을 기반으로 하되 양전사업 이후의 행심 답험의 결과를 기록하게 되어 있다. 이러한 과정을 통해 양안이 행심책으로 변하여 그 기능을 그대로 이전하고 있음을 알 수 있다. 때문에 행심책이라고 되어 있는 경우 양안과 거의 다름이 없는 것도 발견된다.

현재까지 남아있는 행심책을 통해 그 특징을 확인해 보자.

특히 『靈巖郡露兒島行審』[95]은 영암군 노아도 소재의 禧嬪房의 행심책으로서 대개 1690년(肅宗 16)의 것으로 추정되는 경자양전 이전 시기의 것으로 주목된다.[96] 희빈방은 1694년(肅宗 20) 廢妃되어 賜死된 禧嬪張氏의 궁방으로서 1689~1694년까지 존속했었다. 양식을 보면 각 필지마다 자호·지번·양전방향·등급·전형·장광척·결부·사표 및 기주와 작인을 기록하고 있어 양안의 형식과 똑같은 것을 알 수 있다. 기주는 모두 희빈방으로 되어 있고, 작인은 대개 이름만 기재하는 방식으로 양안의 형식을 그대로 간직하고 있다.

그렇지만 양안과 다른 것이 기주·작인란 밑에 行審帶紙가 붙어있다는 점이다. 행심대지에는 판독하기 어려운 기호로 행심의 내용을 담고 있는데, 그 내용을 추정할 수 있는 것은 각 자호 끝에 기경 전답 외에 今陳 전답의 결부수가 별도로 집계되고 있다는 점이다. 그리고 필지가 분할되어 작인이 2명으로 늘어나는 경우를 다시 기록하고 있었다. 즉 1690년 이전에 작성된 양안을 바탕으로 진전을 조사하고 작인의 변동을 다시 기록하는 등 행심의 결과를 기재한 행심책의 전형이라는 것을 알 수 있다.

---

94) 『量田謄錄』 庚子 3월 일 "正案一件外 戶曹上及營上件段 固當依朝令安徐是乎矣 行審冊段 趁秋成前不可不成出 …".

95) 『靈巖郡露兒島行審』 규19000, 3冊 筆寫本, 영암군 편.

96) 『奎章閣韓國本圖書解題』 史部2, 460쪽.

그 외의 행심책은 대개 19세기의 것으로서[97] 양안을 등사하고 그 위에 행심대지를 대거나 기주란 아래쪽 빈칸에 행심내용을 기록하고 있다.

행심책 가운데는 양안에서 필요한 사항만 간략히 등사하여 이용하는 경우도 있다. 『永興府憶岐社打量大帳謄書』[98]의 제1책은 「憶岐社二道栗山 里所付正續及加續幷 丙申改打量行審冊謄書」라고 하여 행심의 내용을 담고 있다. 특징은 기주를 위로 올려 양안 중 일부 양식만 등사하여 정리하는 방식을 보여주고 있다. 면리와 자호는 기록하고 있지만 지번은 없고 대신 일련번호를 매겨 표시하고 있다. 그리고 장광척과 사표를 생략해 간략한 등사 방식을 취하고 있다.

기주란에는 납세자를 파악하기 위해 주로 移來移去를 중심으로 기주 의 변동을 추적하고 있는 것이 보인다. 제2책(「永興府憶岐社栗山里 所付 正續及加續幷 丙申打量大帳謄書」)의 기주와 비교해 보면 그것을 잘 알 수 있다. 즉 양안의 기주를 중심으로 이래이거가 행해지는 양상을 볼 수 있으며, 아래쪽에는 행심대지를 대지 않고 경작자의 변동을 기록한 것이 특징이다. 행심의 구체적인 내용은 담고 있지 않은 대신 주로 경작자의 변동에 초점을 맞춘 기록 방식임을 알 수 있으며, 기주를 중심으로 파악함으로써 작부책을 만드는 것을 전제로 한 것임을 알 수 있다.

---

97) 『全羅道長興府所在丙午陸畓行審謄書』(奎 18917. 哲宗 1年, 1850) ;『諸島面加土島行 審』(奎 18999. 珍島府 편, 高宗8年, 1871) ;『釜山面佐自川員田畓行審』(奎 18110의1. 東萊府 編. 高宗7年, 1870) ;『宗親府田畓案』(奎 9752. 표지 : 務安一西面行審·務安二 西面行審·陽川縣屯田畓案』[純祖年間(1800~1834)] ;『(東萊府)沙川面新草梁員田畓行 審』(奎 18110의2. 東萊府 編, 高宗 8年, 1871) :『慶尙左道東萊牧場屯田畓種不種量案』 (奎 18112. 표지 : 辛未九月日改量行審』 高宗8年, 1871) ;『陰竹郡所在龍洞宮屯田畓打 量行審冊』(奎 18296. 光武4年, 1900) ;『行審冊』(奎 26605).

98) 『永興府憶岐社打量大帳謄書』(古大 4258.5-15. 永興府 編, 憲宗 13年, 1847). 표지는 '憶岐社二道栗山里正續行審冊謄書'로 되어있고 내용은 憶岐社二道 栗山里所付 正續及 加續 幷丙申改打量 行審冊謄書이다.

위에서도 보았듯이 양전이 끝나면 이후에는 양안을 등사하여 각 년의 농형을 看審 답험하여 그 결과를 기재해 넣는다. 양안을 그대로 베껴 넣어 행심책을 만들고 그 위에 필지마다 치마 모양의 종이를 裳紙로 대어 경작자의 이름과 변동 상황을 기록했던 것이다. 따라서 행심책은 여기에서 한 걸음 더 나아가 표재와 작부 과정의 기본 장부가 될 수밖에 없었다. 행심과정은 양안의 필지를 기반으로 필지별 농형을 조사하고 그 해의 납세 실결을 결정하였기 때문이다. 따라서 이후 다시 양전사업이 시행되기 전까지 행심책을 통해 양안의 기능과 역할은 재현되고 있다고 해도 과언이 아니다.

3) 깃기로의 분화

행심책이 제작되는 과정은 곧 행심답험이 진행되는 가운데 새로운 조세수취 장부인 깃기 제작으로 연결된다. 이 같은 과정은 물론 한 해의 풍흉에 따른 농형조사의 결과를 반영하여 납세장부를 만드는 과정이기도 하다.

급재 과정은 답험정액세제 단계에서는 행심답험을 통해 수령과 감사 가 執災한 災結·陳結을 바탕으로 敬差官의 覆審 답험으로 진행되는 조세 장부 제작과정의 두 번째 단계를 보여준다. 재결 파악 과정이다. 비총정 액세제 단계에서는 執災·報災·俵災로 급재 과정이 진행되었다. 즉 수령 과 감사에게 보고된 執災 결수를 호조에서 경차관을 파견하지 않고 감사의 농형 보고에 따라 報災하면 그에 상당하는 연도의 수세액을 기준으로 전세액과 급재 결수를 결정하였고, 이에 따라 감사는 각 군현에 재결을 俵災하고 다시 면리 단위로 표재하여 재결을 나누어준 다.[99] 이 같은 집재와 표재 과정은 답험정액세제 단계의 급재 방식이 비총제 방식으로 운영되는 가운데 정착되었다. 이때 災結帳簿 또는

災冊,[100] 査陳成冊[101]도 별도로 작성되어 재결이나 진결을 기록해 두고 매년 참고하였던 것 같다.

한편 세 번째 단계인 作夫(혹 結戶, 束戶, 打戶)[102] 과정은 時起摠數를 재정리하되 토지가 아닌 납세자별 조세 대장을 만들어 개인별로 조세를 부과하는 근거를 만드는 과정이다. 즉 납세자를 중심으로 정리하되 8결 혹은 4결 단위로 應稅 조직을 만들어 공동납의 형태로 납세할 수 있도록 하였다.

작부 방식은 지역명칭과 함께 개인별로 토지가 마치 소매깃처럼 나열하기 때문에 깃기라는 별칭으로 불렸다. 이 같은 작부 과정은 移來移去와 작부(주비짓기 또는 作矣)를 거쳐 대략 8결 단위의 토지를 묶어 주비(注非·註備·主比·主飛·註非 등으로 표기되었으며 묶음이라는 뜻)를 짓게 되는데,[103] 대개 수세가 마무리되는 11월에서 1월[104] 전까지 진행된다. 이래이거란 징수의 편의를 위해 전결에 대한 징세권을 납세자가 있는 곳으로 이동시키는 과정으로서, 납세자의 작부 순서는 일체 家坐冊의 作統 순서에 따른다.[105] 이렇게 작성된 작부 문서는 깃기(衿記 혹은 衿記冊), 籌板 또는 作夫冊이라 하여 토지의 자호지번 순이 아니라 납세자 순으로 정리되는 것이 다르다. 깃기책은 이후 수세를 위한 기본 장부로 중시되었으며[106] 이 같은 깃기책 작성과정에서 향촌의

---

99) 『大典通編』 권2, 戶典 收稅.

100) 『譯註 牧民心書』Ⅱ 戶典六條 稅法 上, 216쪽.

101) 『烏山文牒』 己卯(1759년) 8월일 量田踏驗節目.

102) 「居官大要」田政, 『朝鮮民政資料』, 276쪽.

103) 李榮薰, 1980, 앞의 논문 참조.

104) 각도의 漕稅倉이 수세를 완료하는 기간이 1월까지이며(『經國大典』 戶典 漕轉), 서울로의 세곡 운송은 2월부터 시작하여 각도 별로 다르지만 5월 15일까지 마무리한다(『續大典』 戶典 漕轉).

105) 「田政節目」.

106) 결세장부는 이후 지방마다 다양한 형태로 정리되게 되는데, 地稅臺帳, 地稅徵收簿, 結數板, 募音冊, 作伕簿, 均賦, 考卜作伕, 中草 등으로 불리는 깃기책의 형태가

田政이 제대로 마무리되는가의 여부가 결정된다.

깃기책을 만들 때 참고로 하는 것은 양안이 아니라 행심책이었다. 행심책이 양안을 그대로 베껴 내었기 때문에 양안의 기능은 행심책을 통해 다시 그 기능이 연장될 뿐 아니라 조세 장부로서의 기능으로 분화되고 있음을 알 수 있다. 깃기책도 행심책의 裳紙를 참고하여 같은 사람의 結卜을 모아 납세자별로 재정리하는 것에 지나지 않았다. 束戶할 때는 토지를 갖지 못한 자나 면세전은 작부하지 않고, 반드시 전답을 가진 자(有田畓者)만 戶를 세웠다.[107) 이리하여 깃기판은 災傷을 입은 경우까지 모두 포함하여 時起摠數로 기록한 후 개인별로 '都合已上 幾卜幾束'이라고 납세 총액을 계산하여 기록해 넣는다.[108) 이를 바탕으로 작성되는 戶板式은 衿記板(籌板)과 달리 재상을 입은 토지를 제외한 납세 실결만을 기록하였다.[109) 마지막으로 작성되는 戶首冊은 개인별 납세결수를 확인한 후 8결내지 4결 단위로 작부하고, 그 가운데 한 사람의 납세자를 해당 작부의 납세 대리인인 戶首로 한 책으로서 응세 실결을 바탕으로 하기 때문에 반드시 호판식을 이용하여 작성한다.

행심-급재-작부 과정을 통해 집계된 수세 실결은 양안의 元帳付 전답을 바탕으로 마련된 것이었다. 즉 아래 표에서 볼 수 있듯이 양안의 원장부 전답 결총은 당해 시점에서 파악할 수 있는 결부수 총액이다. 두 번째는 시기결총으로서 원장부전답에서 유래진잡탈·면세전을 제외한 기경전이다. 세 번째의 수세 실결총은 시기결총에서 해당 연도의 재상 전답을 제외한 액수로서 실결총이라고 한다.

그것이다(『土地調査參考書』 2호, 융희 3년, 1909년 10월).

107) 「居官大要」 田政, 『朝鮮民政資料』, 276쪽.

108) 「居官大要」 田政, 『朝鮮民政資料』, 269쪽, "合聚行審帶紙中 同人結卜 毋論入災與否 一從時起摠數 ——列錄後 書都合已上 幾卜幾束 名之曰衿記板 或曰籌板".

109) 「居官大要」 田政, 『朝鮮民政資料』, 270쪽.

<表 7> 大槩狀의 結總 내력과 장부 형식

구분	결총 내력		장부 형식
원장부전답결총	流來陳雜頉·免稅田		量案
시기결총	災傷免稅田		行審冊·籌板
실결총	收稅實結		行審冊·戶板

위의 표에서 볼 수 있듯이 해당 연도의 수세 실결총 파악 과정은 대개장을 통해 감영에 보고되고 다시 중앙으로 올리게 되어 있다.[110] 즉 양안의 원장부 전답은 행심책을 통해 災摠 및 응세실결이 파악되어 감영에 보고되게 되어 있다. 그리고 향촌 내 수세과정은 행심책을 바탕으로 별도로 주판과 호판이 작성되어 농민으로부터 직접 수세하는 과정이 진행되었다. 이 같은 장부 체계는 중앙과 지방을 매개하는 고리로써 행심책이 중심이 되어 움직이고 있었다는 것을 잘 알 수 있다. 양안과 행심책은 이처럼 중앙과 지방의 결부제 운용의 중심에 위치하고 있었으며 그것을 기반으로 하여 제반 수세 장부가 마련되고 있었던 것이다.

지금까지 양전 이후 수세에 이르는 과정에서 작성된 전정문서를 살펴본 것은 양안이 어떠한 방식으로 영향을 주었는가를 보기 위해서였다. 예컨대 경자양안은 1720년 양전이 마무리되면서 작성되었고 이후 삼남의 양안이 한말 광무년간에 이르러 작성되었다 하더라도 그 사이 180여 년간의 양안은 여러 가지 형태의 전정문서로 분화되어 이용되었던 것이 그 전형적 예라고 할 수 있다.

다시 한번 정리하자면 양안의 기능은 행심책이나 입안·매매문기에 의해 재생산되고 있었다. 양안은 토지조사가 행해지던 시점에서나마 농업 사정을 될 수 있는 한 정확하게 파악함으로써 하나의 근거로

---

110) 「居官大要」 田政 大槩狀式, 『朝鮮民政資料』, 270~273쪽.

삼고자 했다. 그것의 정확성과 신뢰성이 의심된다면 그것은 토지에
대한 권리의 근거로 기능할 수 없었다. 따라서 농촌사회 내 현실을
그대로 반영하지 않을 수 없었고 그것이 변동한다면 또한 그것을 수용할
수 있는 방법이 마련되게 되었다. 즉 소유권 차원에서는 양안의 자호지
번이 그대로 기재됨으로써 양안의 역할이 보존되고 있었을 뿐 아니라
행심책에 의해 양안의 기재 내용이 등재되어 매년 재확인됨으로써
양안의 역할과 기능이 보존되었던 것이다. 부분적으로 양안의 소유권
추적 기능이 체계적으로 이루어지지는 못했다고 할지라도 그것은 18세
기 소유권의 존재형식이라고 할 수 있다.

　양전이 마무리된 후의 수세 과정은 나아가 행심책에 의해 재현되는
가운데 급재과정을 거쳐 作夫되기에 이르며 이러한 제반 과정이 대개장
에 정리되어 보고되었던 것이다. 행심책의 장부로서의 역할은 실로
양안을 보존하고 그것을 연장하는 기능까지 담당했다는 점에서 주목되
지 않을 수 없다.

4) 양안과 행심책, 깃기 그리고 토지대장

　양안은 기본적으로 국가경제의 기반인 토지에 대한 정보를 담고
있기 때문에 중시되지 않을 수 없었다. 국가적인 차원에서 양안이
담당했던 기능과 역할은 아무리 강조해도 지나치지 않지만 지방 차원에
서는 양안을 기반으로 구체적인 수세행정을 펼쳐내야 했기 때문에
그것을 보완할 수 있는 절차가 필요했다.

　곧 양안이 갖는 기능과 역할을 완결시킬 수 있는 형태로서의 행심책과
깃기를 통한 수세 실결 확보 과정이다. 이때의 행심책은 양안을 그대로
謄寫하여 매년 行審·踏驗한 결과를 기재하고 그것을 토대로 조세장부인
깃기(衿記)를 작성하는 기초 장부로 기능하고 있었다. 즉 납세자별

조세장부인 깃기를 마련하기 위해서는 각 토지 지목의 풍흉에 따른 農形을 조사해내는 동시에 납세자를 확정하는 과정에서 중요한 자료를 제공하고 있었다. 이 같은 과정이 행심과정이다. 따라서 행심책은 해당 지역의 양전 상황을 그대로 간직하게 되며 나아가 양전 이후의 농형과 농업경영 상황을 그대로 전해주게 된다.

나아가 납세자를 명확히 파악하기 위해 기주뿐 아니라 時作까지 파악하고 있었다는 점이 주목된다. 그것은 곧 양안의 기주를 재조사할 뿐 아니라 실제 경작자까지 파악해 냄으로써 책임 소재를 명확히 하려는 의도였다. 이 같은 과정은 곧 소유권뿐 아니라 전세를 담당했던 경우의 경작자의 권리까지 보호하기 시작했다는 의미가 된다.

양안과 행심책에 대해서는 크게 소유권 대장으로서의 기능과 조세대 장으로서의 측면으로 나누어 검토할 때 그 기능과 역할을 분명히 확인할 수 있었다. 행심책은 양안의 이 같은 기능에 대해 보완적인 방식으로 존재했던 것이다.

즉 소유권 차원에서는 양안의 자호지번이 매매문기 등의 문서에 그대로 기재됨으로써 양안의 역할이 수평적으로 보존되고 있었을 뿐 아니라 행심책에 의해 양안의 기재 내용이 등재되어 매년 확인됨으로써 양안의 역할과 기능이 재생산되었던 것이다. 비록 대록이나 분록 또는 합록 등 부분적으로 양안의 소유권 추적 기능에 정확성이 결여되었다 하더라도 그것은 향촌 관행을 반영하는 과정에서 나온 현상이기 때문에 18세기 소유권의 존재 형식을 반영하는 것이라고 이해할 수 있다.

행심책은 양안을 등사한 것으로 양안의 양식을 그대로 보존하고 있었다. 특히 행심 답험 때는 전답주는 물론 시작인까지 기록해 넣음으로써 양자의 존재를 확인하고 있었다. 이는 물론 국가의 조세수취를 완전하게 하기 위한 것이지만, 동시에 시작인의 조세부담 양상이 보편화되면서 그를 보호하기 위한 조치로 나타난 것이라고 할 수 있다.

또한 개별적으로는 입안과 매매문기, 분재기 등을 통해 자신의 사적소유를 확인하고 있었으며 그것이 행심책을 통해 조사될 수 있었다. 그렇지만 여전히 公簿로서의 양안과 행심책은 입안과 매매문기, 분재기를 통해 그 역할을 다할 수 있었다는 점 때문에 그 기능면에서 완결성을 보이지는 못했다.

또한 양안의 조세장부로서의 기능은 결부수와 장광척수를 통해 수세대장으로 자리하게 되었다. 그러나 이 같은 기능 역시 보조 장부가 필요했다. 역시 매년 변화하는 農形을 반영하기 위해서는 또 다른 수세장부가 필요했으며 이 역시 행심책의 답험 과정을 바탕으로 마련될 수 있었다. 양안의 자호지번 순대로 재조사된 것이 행심책이라면 깃기책으로의 정리 방식은 납세자를 중심으로 재정리함으로써 납세자를 정확히 확정하는 작업이었다. 따라서 깃기책을 정리하기 위해서는 행심책에서의 시기결 및 유래진잡탈·면세전이 조사되어야 했으며, 중앙 정부의 급재를 반영하는 선에서 납세액을 확정하고 있었다.

지금까지 양안과 행심책의 기능과 역할을 통해 확인할 수 있었던 것은 18세기 국가의 토지관리 방식과 수세 행정의 특징이다. 양안의 종합적 기능은 비록 완결성을 갖지는 못했지만 그것을 바탕으로 소유권을 확인해갈 수 있었고 나아가 조세수취를 위한 제반 절차를 마련할 수 있었다. 비록 분화하기 이전의 양안과 행심책의 장부 양식이지만 제반 문서와의 연계성은 상호 보완적인 차원에서 완결되고 있었다.

양안을 통해 기주와 납세자를 일치시키려는 노력은 토지대장으로서, 그리고 조세장부로서의 2가지 역할을 완수하기 위한 필수적인 과정이었다. 따라서 양안은 2가지 역할을 동시에 담아내려 했고 그 결과 행심책과 깃기 등의 몇 가지 장부로 분화되기에 이른다. 곧 행심책을 통해 소유자와 납세자를 파악하고자 했으며 더 나아가 깃기로의 분화 과정을 통해 납세자를 확정하는 과정이다.

그러한 과정은 양안으로부터 시작되어 계기적으로 완성되었다. 즉
① 양안 → 행심책 → 토지대장으로의 소유권 대장의 발전과 ② 양안
→ 행심책 → 깃기 → 결수연명부라는 조세대장으로의 분화가 그것이
다. 이 같은 점에 비추어 양안은 가능한 양전사업 당시의 사실을 정확히
담지 않을 수 없었다. 그래야만 모든 장부의 權原으로서 기능할 수
있었기 때문이다. 토지에 대한 爭訟이 결국 양안을 통해 마무리되는
것을 보더라도 그러하다. 양안은 이 같은 점에서 소유권 대장으로서,
그리고 조세 대장으로서의 기능을 담당하고 있었으며 그것을 가능하게
한 것은 행심책이었다.

양안은 여전히 당시기 최고의 국가 문서로서 제반 토지 지배 방식과
조세 행정에 영향을 미치고 있었으며 토지와 그것에 긴박된 농민을
함께 파악하고자 하였던 것이다. 이와 같은 양안의 기능과 역할은
중세국가 유지에 있어 필수적이었으며 한 번 만들어지고 그 역할을
다하는 것이 아니라, 행심책을 통해 재생산되고 있었던 것이다. 따라서
양안을 통해 조사되던 사항은 모두 행심책에 반영되게 되었으며 반대로
행심책에 조사된 매번의 변동사항은 다시 양안에 반영되고 있었던
것을 알 수 있었다. 단지 양자의 차이는 양안이 국가의 公簿로서 역할을
했다면 행심책은 양안이 존재해야 작성될 수 있었고 매년 다시 고쳐지기
때문에 그 기능과 역할면에서 양안을 보완하였다는 점이 다르다.

따라서 양안이나 행심책을 불완전한 형태만을 주목하여 虛簿로 돌려
버리기보다는 조선국가의 公簿로서 자리할 수 있었던 당시기 문서체계
와 그것이 가능했던 조선의 사회구조를 밝히는 작업이 계속될 필요가
있다.

제4장 1720년 경자양전과 기주

　조선후기 소유권 발달의 역사를 정리하기 위해서는 전 시기 소유권의 역사적 성격을 이해할 필요가 있다. 즉 우리가 정의하고 있는 근대적 소유권의 성격으로서 일물일권적, 배타적 소유권이란 근대에 들어 성립한 것이며 향후 미래 사회에는 더욱 발달할 것이라는 점을 전제할 필요가 있다. 다른 말로 표현하면 근대의 소유권을 기준으로 고대나 중세의 소유권을 재단할 수 없다는 점이다. 17세기 반계의 소유권 개념은 따라서 통시기 소유권 발달과정에서 차지하는 위치를 추적하는 방법을 통해 정의할 필요가 있다.

　첫 번째로는 토지소유권의 일반적 개념이다. 토지소유권이라는 개념은 상당히 보편적으로 그리고 이른 시기부터 존재했지만[1] 역사적 발생형태와 전개방식은 각 지역의 사회구성과 국가 형성과정에 따라 다르며 보편적으로 증명하는 것은 쉽지 않다.[2] 즉 토지소유권은 역사적 개념으로서 고대, 중세, 근대 그리고 미래에서도 사용되는 용어이다.

　기본적으로 정착농경 사회에서는 토지소유권 개념이 이른 시기에

---

1)　김용섭, 1981, 「토지제도의 사적추이」 『한국중세농업사 연구』(1998補·2000, 지식산업사) ; 이우성, 1988, 「초기실학과 성리학과의 관계-磻溪 柳馨遠의 경우」 『동방학지』 58 ; 박병호, 1972, 『전통적 법체계와 법의식』, 서울대학교출판부.
2)　加藤雅信, 김상수 역, 2005, 『「소유권」의 탄생』, 법우사(原著 1979, 『「所有權」の形成』, 岩波書店).

확립되어 갔지만 수렵채집 사회나 유목 사회에서는 발달되지 못했다고 알려져 있다.[3] 인간이 생존하기 위해서는 대지에 대한 지배가 필요하고 그로부터 소유권이 발달하기 시작했기 때문이다. 이 같은 의미에서 소유권은 전 시기를 관통하는 역사적인 개념이며 각 시기 재산제도의 근간이 되어왔다. 토지소유권 역시 통시기를 전제한 역사적 개념으로 이해될 수 있을 것이다.[4] 우리가 현재 누리고 있는 근대적인 소유권은 지금까지의 역사발전 결과물이며 미래에 출현할 소유권의 전단계로서 마지막 완성태는 아니며 과도적 형태이기 때문이다. 이러한 점에서 근대적 소유권은 협의의 소유권이며 그 특징은 사유재산을 물권에 대한 직접적 전면적 지배권에 두고 있다.[5]

17·18세기 소유권의 발달 과정은 전 중세의 역사발전 과정에서 중요한 전환점을 이루는 것으로 평가될 수 있다. 완전히 법제화된 형태로서의 배타적인 사적소유로 등장하기까지는 다시 19세기말 光武量田까지 200여년을 기다려야 했지만,[6] 갑술·경자양전 시기의 토지소유권 규정은 과도적 형태로서 그 단서를 보여주고 있었던 것이다.

조선후기의 토지소유 관계는 收租權과 所有權에 입각한 土地分給 방식이 16세기 중엽 職田法을 계기로 해체되면서[7] 所有權에 입각한 토지지배 방식으로 전환하는 가운데 일층 성숙한 형태로 나타나게 되었다. 이는

---

3) 加藤雅信, 위의 책, 197~200쪽.

4) 鈴木祿弥, 1979, 「所有權」『經濟學 辭典』, 岩波書店, 712~713쪽.

5) 鈴木祿弥, 위의 책, 712~713쪽.

6) 金容燮, 1968, 「光武年間의 量田·地契事業」『亞細亞硏究』31(1984, 『韓國近代農業史硏究』下 재수록) ; 최원규, 1994, 「韓末日帝初期 土地調査와 土地法 硏究」, 연세대 박사학위논문 ; 한국역사연구회, 1995, 『대한제국의 토지조사사업』, 민음사.

7) 金泰永, 1983, 『朝鮮前期 土地制度史 硏究』, 지식산업사 ; 韓永愚, 1983, 『朝鮮前期社會經濟史硏究』 ; 李景植, 1986, 『朝鮮前期 土地制度史硏究-土地分給制와 農民支配-』, 一潮閣 ; 李景植, 1994, 「朝鮮前期 土地의 私的 所有問題」『東方學志』85(1998, 『朝鮮前期土地制度史硏究Ⅱ-農業經營과 地主制, 지식산업사 재수록』).

곧 收租權에 입각한 田主佃客 관계가 해체하고 所有權에 입각한 토지지배 방식의 상징으로서 量案에 起主가 전면화되게 된 것을 의미하며 이는 동시에 私的所有에 대한 권리가 일층 신장된 양상으로 나타났다는 것을 의미했다.

조선후기 토지제도의 모순과 그에 대한 대책으로 제시된 양안상의 起主라는 존재의 대두는 이 같은 私的所有의 발전·강화 과정을 반증하는 근거였으며 나아가 中世的 地主制 解體의 계기로 작용하였던 근거로 보인다. 사적소유의 조선후기적 강화 형태는 집권 양반층의 체제 개편 방식의 하나로 제시된 것이었지만 토지소유 상의 모순을 해결하지 못하고 오히려 심화시키는 결과를 가져왔던 것도 그러한 배경이 되고 있다. 토지소유 자체가 여전히 해체되지 못한 신분계급적 차별 아래 통제되지 못하고 방임되어 버렸기 때문이다.

조선초기에서 후기로의 이행은 두 계통으로 파악될 수 있다. 수조권을 중심으로 한 田主佃客制 아래의 田主層이 起主로 전환하는 과정이고, 또 하나는 실제 소유권자였던 地主로서의 田主와 佃客 및 佃夫·佃戶·田作者가 명실공히 私的 土地所有者로서의 起主로 등장하는 과정이다. 곧 조선초기 田主佃客層이 田案에서 사라지고 17, 18세기 量案上의 起主로 등장하는 과정이기도 하다. 나아가 한말의 時主(田畓主)로의 변화도 그러한 연장선에서 이해될 수 있다.[8] 이 같은 변화는 사적소유의 발전·강화 과정을 보여주고 있으며 나아가 중세사회 해체기 地主的 土地所有와 農民的 土地所有로 분화 발전하는 과도기적 성격을 보여주고 있다.

여기에서는 17세기 이후의 제반 사회변동이 소유권의 발달 과정에 응축되어 있다는 점에 초점을 두고 收租權的 토지지배의 소멸과 所有權的 토지소유의 발달 과정을 검토하는 가운데 1720년 경자양전사업에 있어

---

8) 이영학, 1995, 「대한제국기 토지조사사업의 의의」『대한제국의 토지조사사업』 (한국역사연구회 근대사분과 토지대장연구반), 민음사.

서의 起主 파악과 起主 중심의 소유권 정비 과정을 살펴보고자 한다.

1절 조선후기 소유권 정비와 양전사업

1) 立案과 所有權 법규정

　조선후기 토지소유권의 발달의 시작은 收租權 소멸과 밀접한 관련이 있다. 收租權에 의해 제약되던 15, 16세기의 私的所有가 17, 18세기 이후 所有權的 토지지배 형태로서 역사 전면에 등장하게 되었다는 것은 중세적 토지지배 관계가 해체하면서 새로운 토지소유 관계로 재편되어 갔다는 것을 의미했다. 이 시기 소유권의 발전 양상은 法典뿐 아니라 量案에도 서서히 그 특징을 드러내기 시작했다.

　立案·賣買文記와 量案 상의 起主 규정의 출현 과정은 이 같은 사적소유권의 취득과 권리 실현의 형태를 보여주고 있다. 所有權法 규정은 법전의 조문으로 성문화되기는 했지만 그 내용은 간략하여 포괄적이며 정확치 않다.9) 그러한 소유권법 조문이 세분화되는 가운데 정밀해지는 것은 소유권을 둘러싼 분쟁이 격화되면서부터였다. 특히 토지 개간에 의한 소유권 취득, 또는 매매를 통한 소유권 획득 과정에서 확대되었던 분쟁의 양상은 17~18세기 대대적인 토지조사사업과 함께 전면에 등장하게 되었다.

　소유권법 규정의 정비 과정에서 가장 핵심적인 위치를 차지하는 것이 立案이다. 토지나 노비에 대한 소유권 취득을 위해서는 우선 法規定이 정하는 바에 따라 立案을 발급받게 되어 있었다.

---

　9) 법제사적 연구로는 다음의 글이 참고된다. 朴秉濠, 1960, 『韓國法制史特殊研究-李朝時代의 不動産賣買及擔保法-』(韓國研究叢書4), 한국연구도서관..

『經國大典』에 규정된 법 조문에 따르면 토지에 대한 소유권 취득은 관청으로부터 立案을 발급받음으로써 완료되었다. 즉 田地와 家舍, 奴婢에 관한 賣買는 100일내 官에 신고하고 입안을 받아야 한다고 규정하고 있다.[10]

〈표 8〉 『經國大典』의 입안 발급 규정

① 田地家舍賣買限十五日勿改 幷於百日內告官受立案 奴婢同[11]

〈표 9〉 『經國大典』의 입안 형식

某 年 月 日 某司立案	(입안일자, 입안관청명)
② 右立案爲某事云云合行立案者	(입안사유)
堂上官押 堂下官押	(해당관 서명)

②의 立案式은 관에서 교부했던 입안 형식으로서,[12] 당상·당하관이 함께 서명하며 해당 당하관은 서명한 위에 바로 성명을 썼다.[13] 그러나 이 같은 입안식의 원칙은 100일이라는 기한이 아니더라도 계속 입안을 발급하는 방식으로 바뀌었다. 즉,

凡奴婢買得及 傳得文記 限內告官 則雖在期年後 幷給立案 田宅同[14]

위에서 보는 것처럼 『大典續錄』의 1490년(成宗 21) 受敎에는 田宅·奴婢 買得 및 傳得 문기의 신고에 있어 100일이 지나 期年 후라도 立案을 발급한다는 규정으로 바뀌게 되었다. 곧 매매 당사자와 증인이 출두만

10) 『經國大典』 戶典 賣買限條.
11) 『經國大典』 戶典 賣買限條.
12) 『經國大典』 禮典 立案式.
13) 『經國大典』 禮典 立案式.
14) 『大典續錄』 刑典 私賤條.

하면 심리를 거쳐 立案을 발급한다는 포괄적 형태로 바뀌게 되었다. 이러한 법적용에 따라 실제 입안의 발급 형식은 간략한 절차만으로 그치게 되었다. 매매 당사자와 證筆人이 모두 출두하여 所志를 제출하고 관에 신고하기만 하면 當日에 立案을 성급받을 수 있게 되었다.

토지매매가 이루어지는 경우의 立案 절차 역시 賣買文記만 존재했다면 간단했다. 매입한 토지의 경우 買受人은 田畓主나 證人, 筆執의 날인을 받아 매매문기를 작성하게 되는데, 이 같은 매매문기를 賣渡人이 거주하는 관청에 立案 신청을 하면 해당관의 서명을 받아 입안을 받을 수 있었다.[15] 賣買文記는 매매 때 서로 교환하던 것으로서 立案을 근거로 유통되고 있었다. 매매문기에 기재된 일정한 형식을 통해 자신의 소유를 보호받을 수 있었기 때문이다. 또한 관에서는 100일이 지난 후에도 신청만 하면 입안을 발급해주었기 때문에[16] 점차 입안을 받지 않은 白文 매매도 성행하게 되었다.[17]

이 같은 간단한 입안 절차 때문에 입안을 받지 않고 단지 매매문기 등의 문서만으로 소유권을 주장하는 경우 분쟁시 여러 가지 소송이 발생하고 그에 따라 분쟁이 끊이지 않았다. 대표적인 경우가 1730년(영조 6) 농민이 갖고 있는 토지문서에 立案出給했다는 官斜가 없다는 점 때문에 漢城府에 송사를 했으나 敗訴한 일이다.[18] 사건은 貞明公主房의 免稅田 20結이 섬 속에 있었다가 그 뒤에 공주의 外孫들에게 전해졌는데, 宣祖 때 전체의 섬을 折受했다 핑계하고는 民田 1백60여 결에 대하여 몽땅 收稅하면서 벌어진 사건이다. 그런데 논의 과정에서 관으로부터

---

15) 朴秉濠, 앞의 책, 36~41쪽.

16) 『大典續錄』 刑典 私賤條.

17) 등기제도의 하나인 立案이 소홀해지던 배경에는 土地商品化와 私的所有가 발달해 갈수록 절차가 생략될 가능성도 있다. 事後에 官斜를 받을 수 있다는 점 때문이다. 전근대 등기 제도의 특징이며 한계라고 할 수 있다.

18) 『英祖實錄』 卷28, 英祖 6년 12월 癸亥, 42-242.

입안을 斜給받는 절차를 거치지 않은 농민들이 문제가 되었지만 당시 관행이 京外를 막론하고 노비매매 외에는 官斜를 받는 일이 거의 없었다는 것이 승소할 수 있는 기회를 놓치는 경우가 된다는 것이다.

이같이 입안을 통한 소유권 취득은 소유권 분쟁이 있을 때 강력한 공증력을 갖고 있었지만 입안을 받지 않는 경우가 많았다는 점에 문제가 생기게 되었던 것이다.

그렇지만 개간이 진행되면서 경작하던 농민의 권리와 입안을 낸 소유권자와의 분쟁이 계속되면서 대책을 마련해야 했다. 보통 空閑地는 농민들로 하여금 경작케 하고 그들로부터 수세하는 것이 일반적 관행이었는데, 갑자기 立案을 매개로 私占하는 자가 나타나게 되면서 가난한 농민들을 보호하려는 명분은 벽에 부딪치게 되었다.[19] 국가에서는 농민의 경작권을 보호하려 해도 立案한 자의 법적 소유권을 함부로 박탈할 수도 없었다. 이 같은 일은 입안이 전제된다면 문제가 없겠지만 관행상 자신의 토지로 생각하고 경작하던 농민들에게는 傳得文記나 賣買文記만으로 소유권을 주장하기 일쑤였다. 이 같은 사태는 개간이 진행되던 17세기 전시기에 걸쳐 계속되는데 특히 양전과 관련하여 양안상의 起主와 입안을 낸 所有主와의 분쟁 또한 커다란 문제가 되고 있었다.

이 시기 所有權 취득은 여러 계통을 통해 이루어지고 있었으며 그러한 소유권 역시 신분계급적 위계질서에 따라 제약을 받았다는 점은 이전 시기와 다를 바 없었지만 수조권이 소멸한 가운데 나타난 소유권은 한 단계 발전된 모습으로 나아가는 과정에서 다양한 형태로 발전해 갔다. 입안 형식 역시 전근대적 한계를 보여주는 것이면서 동시에 토지매매가 활발해지고 상품화가 진전되면서 그 역할이 축소되어 갔다.

---

19) 『明宗實錄』 卷9, 明宗 4년 8월 丁巳, 19-660.

量案이라는 또 하나의 형식을 빌어 체계화되는 과정에 돌입했다고 할 수 있다. 다시 말하면 양전사업을 통해 개별 토지소유자를 起主로 확인해 나갔던 17세기의 시대적 특징은 量案을 통해 國家가 개입할 수 있는 여지를 확보했다는 것이다. 이전의 文記나 立案이 개별적인 차원에서 이루어졌다면 量案의 소유권 확인 과정은 전국 차원의 통일적인 양식이었다는 점에서 의의가 있다.

2) 量田事業과 量案

立案을 통해 소유권을 취득해온 것이 관례였다면 17세기 이후에는 量案을 통해 소유권을 취득할 수 있게 되었다는 점이 주목된다. 17세기 조선국가는 開墾을 장려하고 그것을 통해 농업경제를 다시 일으키려 하는 가운데 起耕者를 所有權者로 규정해 가고 있었던 것이다. 만일 양안상의 起主가 소유권자로 인정되기 시작했다면 입안 절차를 거치지 않더라도 국가로부터 소유권을 확인받게 되기 때문이다. 양안상 起主의 소유권은 따라서 전국토에 대해 납세자를 확정하고 소유권자를 확인하는 과정을 동반하며 그것이 소유권을 法認하는 과정이었는가 하는 점이 주목되기 시작했다.[20] 따라서 양안상의 起主에 관한 규정은 法典上의 소유권 규정과 관련하여 아주 중요하다.

국가적인 차원의 양전으로서 1634년의 갑술양전과 1720년의 경자양전은 조선후기 班常의 신분과는 무관하게 토지소유를 행하고 있는 점이 확인되었고,[21] 이를 통해 立案과 賣買文記 외에 소유권 행사에

---

20) 法認이란 사전적인 용어 그대로 17세기 (量田)法이 인정하는 차원에서의 범주이다. 따라서 그것은 광무양전 시기의 官契발급을 통해 국가가 소유권을 확정해주는 절차가 마련되지 않았다는 점에서 과도적 성격을 지닌 法認이었다.

21) 金容燮, 1960, 「量案의 硏究」(1995, 『증보판 朝鮮後期農業史硏究』Ⅰ).

있어 量案이 중요한 역할을 하고 있었던 점이 드러나게 되었다.[22] 양란 후 황폐화된 陳田 개간이나 閑曠地를 배경으로 한 소유권 취득 과정은 이 시기 지주제 확대와 관련하여 자주 거론되고 있었다.[23] 그러한 가운데 17세기 이후 소유권 취득과 분쟁이 빈번해지면서 매매문기와 입안, 그리고 양안의 기재 여부가 소유권 판정의 근거로 대두되게 되었다. 그러한 가운데 전국차원의 토지조사사업인 量田을 통해 起主를 확인하는 과정은 이 같은 법규정에 중요한 영향을 미쳤다.

우선 법규정을 통해 소유권의 성격과 양안과의 관련성을 살펴볼 수 있다.

① 『經國大典』: 過三年陳田 許人告耕[24]

『經國大典註解』: 過三年陳田 許人告耕(雖陳而收稅 或力未盡耕 而有起治處 幷勿許告)[25]

『受教輯錄』: 過三年陳田 許人告耕者 非謂永給 待本主還推間 故許耕食(嘉靖丙辰 承傳)[26]

② 『續大典』: 閑曠處 以起耕者爲主[27]

③ 『大典通編』: 過三年陳田 許人告耕(海澤則限十年)[28]

①의 경우 15세기 말 『經國大典』으로부터 16세기 중엽 『受教輯錄』에 이르는 시기의 법규정을 모아놓은 것이다. 여기에서의 규정은 ①에서처

22) 吳仁澤, 1996, 「17·18세기 量田事業 硏究」, Ⅳ.量田과 土地所有權, 釜山大學校 史學科 博士論文.
23) 李景植, 1973, 「17世紀의 農地開墾과 地主制의 展開」 『韓國史硏究』 9.
24) 『經國大典』 戶典 田宅.
25) 『經國大典註解』 戶典 田宅.
26) 『受教輯錄』 戶典 諸田.
27) 『續大典』 戶典 田宅.
28) 『大典通編』 戶典 田宅.

럼 『經國大典』의 3년이 지난 陳田의 경우의 '許人告耕'의 규정이, 다시 상세히 註解되기를 비록 陳田이지만 田稅를 부담하는 경우나, 혹은 힘으로 미처 경작할 수 없을 정도의 (넓은) 토지를 起耕할 수 있다고 신고하는 경우, (이들을 陳田으로) 이를 허락하지 않는다는 점으로 보충 해석되었다. 『經國大典』 반포 후 명종대에 이루어진 『經國大典註解』(1555년, 명종 10)는 분쟁의 소재를 없애기 위해 이 같은 규정을 추가로 명기했던 것이다. 16세기에도 陳田 수세는 일반적이었고 그러한 有主陳田은 許人 告耕에 해당치 않으며, 또한 능력에 닿지 않는 경우는 인정치 않았던 것을 알 수 있다. 바꾸어 말하면 재력이 있는 지주층의 경우에는 '許人告 耕'할 수도 있다는 것이다. 국가의 陳田 開墾에 대한 의지는 病戸田이라도 陳荒시키지 말라는 규정에서도 잘 나타나 있다. 국가의 생산력 증대를 위해 경작 행위에 대해 제한을 가하고 있던 당시의 법규정의 시대적 성격은 당시기만의 특징이라고 할 수 있다.

'許人告耕'에 따른 분쟁을 막기 위해 어쩔 수 없이 3년 陳田이 되는 경우는 정상을 참작하여 돌려주도록 했다. '告耕'에 관해 해석이 분분한 가운데, '3년을 넘긴 陳田을 모두 고한 자에게 아주 주어버린다면, 모두가 힘 있는 자에게 占奪당하는 바 되어 힘 없는 자는 송곳 꽂을 땅도 없게 될 것이니, 이것이 어찌 兼并을 억제하는 길이겠습니까'[29] 하는 바로 해석되기에 이르렀다. '許人告耕'토록 하는 것은 田野를 전부 개간하게 하여 땅의 實利를 살리자는 뜻이지 兼并을 부추기자는 뜻은 아니라는 것이다. 그리하여 마련된 규정이 『受敎輯錄』의 1556년(명종 11) 受敎로서 타인에게 경작토록 한 것은 소유권 급여가 아니기 때문에 본래의 소유주가 원하면 되돌려 주도록 했다. 이러한 有主陳田에 대한 판결은 陳田 收稅를 하는 과정에서 필연적으로 나올 수밖에 없는 규정이었고,

---

29) 『明宗實錄』 卷20, 明宗 11년 6월 丁未, 20-346.

그만큼 陳田 개간의 의지가 컸다는 것을 읽을 수 있다.

②의 『續大典』 규정은 18세기 중엽까지의 상황을 최종 정리한 것으로서 ③의 18세기 말 『大典通編』과 함께 17세기 상황을 보여주고 있다. 『大典通編』의 '過三年陳田 許人告耕' 규정은 『經國大典』 이래 변치 않는 규정이지만 『續大典』의 '閑曠處 以起耕者爲主'라는 규정을 주목할 필요가 있다.

'起耕者爲主'라는 규정은 法典과 量案을 연결시켜 주는 계기를 마련해 주었다. 양전사업과 관련하여 起主로 기재되던 존재가 法典에서는 '起耕者爲主'로 등장하게 되는 배경이 된다고 할 수 있다. 이러한 起主의 등장이야말로 17~18세기 소유권의 성격을 명확히 보여주고 있다.

이때의 '主' 규정은 두 가지 측면에서 주목된다. 하나는 수조권·소유권과 관련된 문제로서, 조선초기의 '佃夫'와 구분되며 이는 역사적으로 토지의 소유권 제도, 권리의 표시방식이 한층 더 발달하고 있는 것을 보여주었다.[30] 곧 조선초기 및 『遵守冊』에서는 수조권자(科田主·私田主)와 所有主 모두를 표현하기 위해 佃夫로 표기하고 있었다.[31]

또 다른 의미로서는 起主의 등장이 조선초기의 양안과 구분되는 후기의 양안 형식에서 연유했다고 할 수 있다. 조선초기의 양안 형식에 대해서는 자세하지는 않으나, 佃夫라는 범주로 대표되는 토지소유자의 실체는 조선후기의 起主와는 크게 달랐다는 것을 알 수 있었다.

조선후기의 다음과 같은 量田에 관련된 규정들을 통해 起主에 관한 내용이 나타나는 과정을 더 자세히 살펴볼 수 있다.

① 舊量一作 今分爲二三作 各有主名 則不可仍前合錄 致有混淆之弊 元第次下

---

30) 金容燮, 1998, 「結負制의 展開過程」 『韓國中世農業史硏究』(2000, 지식산업사 수록), 260~261쪽.
31) 『遵守冊』 等第田品 打量田地.

降一字 以二作三作 從其實數列錄 以爲區別之地爲齊[32]

② 改量時 久遠田畓之訟 卽決者 趁時處決 定其主客 從實懸量 而有未及詳查
難處於遽決者 姑以時執懸量 而從容查卜 果有本主 則勿以量名爲拘 卽爲推
給 如有不干之人 乘其本主在遠 暗錄己名於他田畓 以爲日後橫占之計者
全家徙邊…(康熙庚子 1720, 숙종 46)[33]

③ 凡田四標及主名 懸錄於量案 而毋論陳起量滿五結 則用一字號標之[34]

④ 凡田四標及主名 懸錄於量案(相訟田地已決者 以決得人懸主 未決訟者 姑以
時執懸主 而推後查卜 勿以量名爲拘 ○ 陳田亦皆懸主 無主處 以無主懸錄
無文籍僞稱己物懸主者 杖一百遠地定配 ○不干之人 乘其本主在遠 暗錄己
名於他人田地者 杖一百流三千里)[35]

⑤ 陳田並皆懸錄主名 無主處亦以無主懸錄 量後願爲起耕者 呈本曹受立案 然
後依法永作己物 無文籍 僞稱己物欲爲懸主於量案 查嚴現露 則論以冒占之
罪 全家徙邊 [36]

①-⑤의 규정은 '主'에 관한 규정들로서 양전사목이 남아있는 1720년
경자양전 이후의 내용이다. 이러한 '主'는 『續大典』의 '起耕者爲主'의 내용
으로 귀결되어 법조문으로 남게 되었다.

①의 경우는 경자양전 당시의 事目 가운데 1필지라도 分作되는 경우가
있다면 각각의 主名을 모두 기록하여 분명히 하고 이전에 하던대로
合錄해서는 안된다는 것을 밝혔다. 이러한 상황은 조선초기의 기록방식
과는 분명 차이가 있다. 각각의 起主를 명확히 밝히고자 했다는 점은
국가의 起主에 대한 인식이 바뀌고 있다는 것을 보여주었다.

---

32) 『量田謄錄』「庚子慶尙左道均田使量田私節目」.

33) 『典錄通考』 戶典 量田 ; 『新補受敎輯錄』 戶典 量田.

34) 『度支志』 外篇 권4, 版籍司 田制部2, 量田式의 肅宗 44년(戊戌 1718) 항목.

35) 『續大典』 戶典 量田.

36) 『新補受敎輯錄』 戶典 量田 ; 『典錄通考』 戶典 量田.

②의 久遠 전답의 경우에도 분명 主客이 있을 것이니 이를 분명히 하여 本主를 찾아 起主로 기록함으로써 분쟁을 막고자 하였다.

③과 ④의 四標 및 主名에 대한 언급은 起主의 실체를 분명히 하고 납세의 책임을 분명히 하자는 데 있다. 이리하여 ⑤의『續大典』단계에서는 陳田의 경우 소유주의 유무에 따라 陳主를 달거나 아니면 無主라고 기록하라고 하고 있다. 이 같은 과정을 거쳐 量案에 陳田이 모두 포괄되게 되고, 나아가 소유를 원하는 자는 立案을 내어 영원히 자기의 소유로 만들 수 있었고, 또 그렇게 하기를 권장하고 있다.

그렇다면 이 같은 과정을 거쳐 정착하게 된 起主는 어느 시기부터 나오는가를 주목할 필요가 있다. '告耕'이 논쟁거리가 되던 시기는 1556년(명종 11)이었으며, '起耕者爲主'가 처음으로 등장하게 된 것은 起耕이 강조되던 임진왜란 후 어느 시기일 것이다. 다음의 언급이 그러한 상황을 짐작케 했다.

> 監司兪橄馳啓言 量案雖以無主見錄 而其時事目 有無主陳田 起耕者爲主之文…[37]

위의 언급은 대대적인 양전이 행해진 시점을 기준으로 볼 때 1603년(선조 36) 癸卯量田이거나 아마도 1634년(인조 12) 갑술양전 때의 사목으로 보인다. 1645년(인조 23)의 토지침탈 사건을 논의하던 시점에서의 경상도 지방 양전을 언급하고 있다면 현실적으로 1634년의 量田事目일 가능성이 높다. 김해 지방의 농민들이 孝明翁主의 궁방 때문에 民田을 빼앗기게 되자 소유권 분쟁이 확산되기 시작했다. 그러나 왕의 판단은 사목에 비록 '起耕者爲主'라고 하였더라도, 量案에 이름이 올라가 있는가

---

37) 『仁祖實錄』卷46, 仁祖 23년 10월 丁未, 35-247.

를 기준으로 결정해야 한다고 하면서, 농민들이 개간해서 세금까지 냈더라도 인정할 수 없다고 하였다. 量案의 起主를 기준으로 판결을 내려야 한다고 함으로써 1634년 갑술양전 이후 無主陳田을 개간한 농민들이 토지를 빼앗기게 된 것이다. 無主陳田을 개간하게 되면 立案을 받았을 때 비로소 완전한 농민의 소유가 될 수 있다는 것이다. 아니면 양전이 시행되어 양안상에 起主의 이름이 올라간다면 문제는 간단했을 것이다.

이 같은 판단은 量案의 중요성을 말해주는 중요한 사례가 된다. 無主地인 陳田이나 閑曠地 개간에 따른 소유권 취득은 17세기 농업생산력 발달을 배경으로 자주 등장하고 있었다. 소유권 행사에 있어 문제가 되고 있었던 것은 크게 세 가지 경우이다. 본래 양안에 소유주가 존재하던 有主陳田과 소유주가 없던 無主陳田, 그리고 양안에 파악되지 않았던 閑曠地인 新墾田이 그것이다.[38] 여기에서는 두 번째와 세 번째의 경우가 소유권 분쟁의 주요인이 되고 있었다. 국가는 전국적인 양전을 통해 稅源을 확정하고 나아가 개인 소유지를 파악하는 과정에서 量主를 명확히 할 필요가 있었다. 나아가 소유권의 연원을 분명히 하기 위해, '陳田은 모두 陳主名을 기록하고, 無主이면 역시 無主라고 懸錄했다. 양전 후 만일 경작하기를 원하는 자가 있으면 本曹에서 입안을 받은 연후 법에 정한대로 자기의 소유(永作己物)로 한다'[39]고 하여 양안에 소유주로 명백히 기록되어 있는 量主와 같이 陳主, 無主를 기록하여 소유권 행사에 있어 분쟁의 소지를 없애고자 하였다.[40] 陳田, 無主田은 입안을 받아 경작할 때 자기의 소유지(永作己物)로 할 수 있었던 것이다.

그러나 양전은 현실적으로 20년마다 시행한다는 원칙이 지켜진 적이

---

38) 李景植, 1973, 앞의 글 참조.
39) 『新補受敎輯錄』 戶典 量田.
40) 『續大典』 戶典 量田. '凡田四標及主名 懸錄量案 …'.

없었고, 따라서 양안 상의 起主를 중심으로 소유주를 판단하는 것은 분쟁을 확산시킬 가능성이 높았다. 이에 따라 立案이 판결의 관건으로 등장하게 되었고, 양반 세력가들이 입안만을 통해 토지를 탈점하려는 행위가 나타나기 시작했다. 그것은 단지 입안을 통해 자신의 소유지로 만들어 놓음으로써 개간 경작하던 농민으로부터 모든 것을 빼앗는 행위에 지나지 않았다.[41]

이 같은 量案과 立案의 괴리가 所有權 分爭을 확대시키게 되면서 국가에서는 소농보호책의 일환으로 우선 입안 하나만으로 개간 농민의 토지를 빼앗는 행위를 견제하기 시작했다. 그리고 起耕者爲主의 규정을 다시 한번 재확인하면서 그러한 규정을 서서히 정착시켜 갔다.

한 장의 문서만으로 경작자로부터 토지를 탈취하려 하거나 매매해 버리는 것을 국가는 원치 않고 있었던 것이다. 따라서 분쟁이 있을 때는 양안에 어떻게 기록하고 있는가를 근거로 판정하게 되었다. 양전 사업은 전국가적 행위로서 입안보다 상위의 법규정으로 자리하기 시작했다는 것을 의미했다. 입안은 비록 국가로부터의 法認 과정이기는 하지만 국가 대 개별 차원의 법규정에 지나지 않았다. 그에 비해 양안은 전 토지와 그에 부속된 인민과의 관련성 때문에 보다 중시될 필요가 있기 때문이다.

양안에 등재되지 않았던 海澤地나 閑曠地의 경우도 '立案者'보다 '起耕者爲主'로 개간을 유도하기 시작했다. 1671년(현종 12) 京鄕人이 田地를 占得하고 미리 立案을 내고 기경하지 않다가, 他人이 力費를 들여 起墾한 뒤에 입안을 근거로 그것을 탈취하거나 相互賣買하므로서 干涉하는 것을 금하는 受敎가 나왔다.[42] 또한 1688년(숙종 14) 受敎로서, 海澤과

---

41) 『新補受敎輯錄』 戶典 量田. '京鄕人占得田地 預出立案 而他人費力起墾之後 只以一張踏印 之紙奪取 而又以立案私相賣買 實涉無據 申明禁斷'.

42) 『受敎輯錄』 刑典 聽理.

山野의 陳荒處에 입안을 하고도 3년 내 개간 경작을 하지 않은 경우, 3년 후 起耕한 者가 있으면 立案을 받은 자는 쟁송을 하지 못한다고 하는 규정도 起耕者爲主의 규정을 보완하는 조치로 보인다.[43] 이 같은 규정이 『續大典』에 성문화되어 등장하게 되었으니, '閑曠地는 起耕者를 所有主로 하며 미리 입안만 내놓고 경작하지는 않으면서 경작자의 토지를 뺏으려는 자 및 입안을 근거로 매매해 버리려는 자는 侵田田宅律로 논한다'고 법으로 규정되기에 이르렀다.[44]

起耕者爲主의 규정은 17세기 개간의 산물이다. 단지 '告耕'하던 상태에서 한걸음 더 나아가 '起耕'에 우선을 두고 그에게 권리를 인정하는 방식의 법조문이 나타나기 시작한 것이다. 이 같은 起耕者爲主가 量案의 起主로 등재되기에 이르니 그것이야말로 조선후기 수준의 法認化 과정일 따름이다. 『續大典』의 '閑曠處 起耕者爲主'는 이러한 전 과정을 표현하고 있다. 또한 국가의 입장에서는 양안상의 起主를 근거로 전 토지의 사적 소유를 인정하지만, 양안이 매20년 마다 작성되지 못한 현실 아래 그것을 보완할 수 있는 官斜 규정을 만들기에 이르렀다. 양안상의 無主陳田을 기경한 자는 官에서 立案을 斜給받은 연후에 '依法永作己物'한다고 한 것이 그것이다.[45]

起主와 時作을 구분하기 시작한 것을 보면 起主의 소유권자로서의 권리가 더욱 명확히 드러나는 것을 알 수 있다. 즉,

① 諸宮家免稅處時執者 各有世傳文券是去等 以時執人名懸錄 而下書宮家免稅四字 以爲收租時區別之地爲齊.[46]

---

43) 『新補受教輯錄』 戶典 諸田.
44) 『續大典』 戶典 田宅.
45) 『新補受教輯錄』 戶典 量田 ; 『典錄通考』 戶典 量田.
46) 『量田謄錄』 「庚子慶尙左道均田使量田私節目」(庚子, 1720).

② 改量時 久遠田畓之訟 卽決者 趁時處決 定其主客 從實懸量 而有未及詳查
難處於遽決者 姑以時執懸量 而從容查卞 果有本主 則勿以量名爲拘 卽爲推
給 如有不干之人 乘其本主在遠 暗錄己名於他田畓 以爲日後橫占之計者
全家徙邊…(康熙庚子 1720, 숙종 46)[47]

③ 曾前田案中 士夫不書名 只書奴名 混而難辨 今則二品守監司以上 書其姓某
職某奴某 正三品以下 悉書姓名及奴名 良民具姓名 公私賤只書其名[48]爲乎
矣 本主在於遠地 時作者非其奴僕 則別以主某人 時作某人是如懸錄 各樣位
田屯田牧場等處 則各隨其所稱書塡爲齊[49]

庚子量田 당시 "諸宮家免稅處의 時執者들이 각기 世傳文券을 가졌거든
時執人名을 懸錄하되 밑에 宮家免稅 4자를 써서 收租할 때 구별하도록
한다"는 ①의 규정은 비록 '時執'이라는 가변적인 내용을 담더라도 소유
권의 행방을 분명히 하고 있다. 궁방전 가운데 無土는 民有地에 수조권이
주어진 경우로서 국가에 납부하던 세를 궁방에 납부하는 경우이다.
이러한 경우 단지 '時'라고 기록되어 있더라도 時作이 아니라 時主로서의
자격이 인정되는 것이다.

1720년의 ②의 기록이나 1820년의 ③의 기록은 100년 차이가 나지만
담고 있는 내용이 세밀해졌을 뿐이지 그 내용은 所有權者를 분명히
하고자 하는 뜻을 담고 있다. ②는 久遠田畓의 경우 본래 소유권자가
토지 부근에 거주하지 않기 때문에 벌어지는 분쟁에 대해, 主客을 분명
히 가려 本主와 時執인 간의 소유권을 판별하라는 내용이다. ③의 경우는
主客을 가리되 '主'와 '時作'을 분명히 기록하도록 하고 있다. 양반이라도
奴名만을 기록하여 소유주 판결이 어려운 경우가 있음을 지적하면서,

---

47) 『典錄通考』 戶典 量田 ; 『新補受敎輯錄』 戶典 量田.
48) 『純祖實錄』 卷23, 純祖 20년 3월 癸未, 48-160 ; 『量田事目』(연세대).
49) 『量田事目』(庚辰 5月, 純祖 20) 更關草.

본래의 노비소유와 구분하기 위해 二品 守監司 以上은 '姓某 職某 奴某'라고 기록하고 正三品 以下는 姓名 및 奴名을 모두 기록하며, 良民은 姓名을 갖추어 쓰고 公私賤은 단지 이름(奴名)만을 쓴다고 규정하고 있다. 19세기 초의 순조대 양전사목에서는 양반과 상민, 천민의 소유를 명확히 구별할 뿐 아니라 時作의 존재도 명확히 하기 시작했던 것이다. 時作을 量案에 올리는 것은 대체로 田稅를 作人에게 전가하던 시기와 일치했다. 따라서 時作을 파악했다고 하는 것은 起主와 별개로 時作을 통해 조세부과를 하기 시작했음을 보여주었다.[50]

이같이 양안상의 起主 파악은 時作까지 구분하면서 갈수록 세밀화되고 있었지만 다른 한편으로는 이 같은 상황에도 불구하고 양안이 갖고 있는 한계가 지적될 필요가 있다. 양안이 지니고 있는 문서상의 한계와 법적용 기준으로서의 문제점이다. 이에 대해서는 이미 앞에서도 살펴보았지만 양안의 자료적 성격상 복합적인 양상을 띠기 때문이기는 하지만 그 성격을 분명히 해둘 필요가 있다.

양안 연구의 한계는 이미 전제된 상태로 진행되어 왔다. 즉 양안이 지닌 지역적 국한성과 자료의 한계성으로 농민층의 토지소유와 그 존재형태를 정확히 추적하기가 어렵다는 점이 그것이다.[51] 또한 토지소유 농민을 대상으로 하였으므로 無田之民은 제외되었다는 점 때문에 전체 농가경제를 복원한다는 것이 불가능하다는 것이다. 無田之民을 3/10까지 보기도 했던 당시인들의 논법이 문제가 된다 하더라도 그들 농민의 존재를 염두에 두어야 할 것이다. 또한 양안 자체가 지니는 田結 파악을 위한 조세대장으로서의 성격이 강하다는 점 때문에 개별

50) 이 같은 田稅의 作人納付 관행은 대체로 18세기 중엽부터 서서히 자리잡기 시작했다. 그것이 양안에 時作으로 반영되기 시작한 것은 민전의 경우 19세기 후반에 이르러서야 나타나지만, 궁방전이나 둔전의 경우에는 이미 '時'라는 기록을 통해 그것을 구분하기 시작했다. 납세자 기준의 파악방식이다.
51) 金容燮, 1960, 「量案의 研究」(1995, 『증보판 朝鮮後期農業史研究』Ⅰ 재수록).

농민의 농지소유를 중심으로 하고 있지 못하다는 점이 문제이다. 개별 농민의 정밀한 소유지 파악은 불가능하다는 점이다. 또한 양전 기재상의 공정성 문제도 있다. 게다가 20년 양전 원칙이 지켜지기 어려운 상황에서 양안이 당시의 상황을 매번 정확히 반영할 수는 없었다. 그러한 결과 양안에 등장하는 인물과 호적에 등장하는 인물이 차이가 나고 두 자료를 이용하더라도 정확한 실상을 밝혀내기가 어렵게 되어 있었다. 양안 뿐 아니라 호적 자체도 기록의 원칙이 존재했고,[52] 그 두 자료를 동시에 수평적으로 비교한다는 것은 문제를 더욱 복잡하게 만든다.

그럼에도 불구하고 다음과 같은 표는 양안의 등장인물 분석이 어떻게 이루어질 수 있는가를 보여주고 있다.[53]

〈표 10〉 量案의 起主와 戶籍의 戶口와의 관련성

구분 面	量案 起主	戶籍 戶(口)	비율 戶/起主	비고 起主/戶	기주수	인원
租岩面	774	191(794)	24.7%	4.1배	租岩面	271
					주변面民	247
					他지역	277
龜山面	772	256(775)	33.2%	3.0배		
葳田面	1341	656(1583)	48.9%	2.0배		

표에서 알 수 있듯이 조암면의 경우 양안에 등장하는 起主 774명이 戶籍상의 戶數의 4.1배에 달하며, 그 구성을 보면 조암면민이 271명으로

---

52) 戶籍 자체의 불철저성, 예컨대 漏戶·漏丁·漏籍 등이나 增減年歲, 虛戶, 冒錄에 대한 경우도 많았으며, 호적상 하나의 戶에서 分戶別産하는 경우도 광범위하게 나타나고 있었다. 이러한 측면을 당시 戶口 파악이나 田結 파악이 擔稅者 중심으로 파악되고 운영되었음을 알게 해주었다.

53) 金容燮, 1993,「朝鮮後期 身分構成의 變動과 農地所有」『東方學志』82(『증보판 朝鮮後期 農業史研究』I, 539쪽에서 재인용).

34.1%에 지나지 않았다. 나머지는 모두 주변 面民 247명(31.1%), 기타 277명(34.8%)으로 드러났다. 이 같은 起主의 구성비율이 일반적이지는 않겠지만 양안상의 등장인물이 어떠한 구성을 보이는가를 보여준 최초의 사례로 주목된다.

그러나 이러한 문제점에도 불구하고 그것이 결코 虛簿이거나 의미가 없는 帳簿는 아니다.[54] 전국적으로 대대적인 토지조사사업을 행하고 그것을 기준으로 제반 조세행정이라든지 농민의 소유지 현황을 파악하고자 했던 당시 집권층의 의도는 그 효과를 충분히 보고 있었고, 향후 농촌경제 대책을 마련하는 근거가 되었기 때문이다.

지금까지 살펴본 대로 量案은 國家 對 全土地·人民의 차원이고 立案은 國家 對 個別 土地·人民의 차원이다. 양안을 통해 일정 시점에서의 사적소유와 그것에 대한 국가의 토지지배 방식을 정착시키려 했고, 그것이 현실적으로 충분하고 또 향후 지속적인 권리로 표출하기 위해서는 입안을 통해 보완할 것을 규정해 놓은 것이다. 입안 외에도 매매문기 등을 근거로 자신의 소유권을 행사하게 됨으로써 사적소유는 하나의 권리로 자리하기 시작했다. 나아가 이 같은 양안상의 소유권을 배경으로 지주제 발달은 더 한층 자유로울 수 있었으며 구래의 지주제와는 다른 방식으로 발달할 수 있게 되었다.

그러한 전 과정은 물론 농업생산력 발달에 따른 토지 집적의 욕구와 농업생산물의 상품화가 활발해지기 시작한 단계에 더욱 발전하게 될 것이고, 17~18세기 토지 개간과 유통경제 발달과 맞물려 토지 자체를 상품화시키는 계기가 되었다.

---

54) 量案의 신빙성에 대해 비판적 시각에서 연구한 李榮薰 교수의 경우 양안의 제반 기록이 代錄·分錄·合錄 등 때문에 국가의 公簿로서 너무 커다란 한계를 지니고 있고 따라서 虛簿로 돌리고 있다. 양안의 부정적 측면이 부각되어 그 시대적 성격에 대한 의미가 평가절하되었다.

2절 量案의 기능과 역할

1) 양안의 기주

양안은 조선후기 사회경제적 위기에서 마련된 量田=經界策의 결과물이다. 이것은 方田法이나 井田法을 통한 經界策이 실현 불가능하다는 것을 배경으로 마련된 방법으로서 조선의 전통적인 토지조사사업이기도 하다. 양전사업의 목적은 토지분배를 통해 농민에게 恒産을 마련해 주는 데까지는 미치지 못했으나 '定經界 均賦稅'하는 균세론적 방법을 통해 사회경제적 토대를 마련하고 있었다는 것을 알 수 있다.

이 같은 양전사업은 양전 시점에서나마 농업 현실을 명확히 파악함으로써 토지지배 방식의 근거를 만들어 놓고자 했다. 그것의 정확성과 신뢰성이 의심된다면 양안은 토지에 대한 권원으로 기능할 수 없었기 때문이다. 따라서 농촌사회 내 사정을 정확히 반영하지 않을 수 없었고 그것의 변동을 수용해 내기 위해 제반 문서가 동시에 가동하고 있었다. 따라서 양안에는 당시기 토지소유의 사적지배 형태가 명확히 파악되어 있었고 그것을 결부제를 통해 개별 토지와 기주를 연결시켜 수취해내고 있었던 것이다.

양안의 종합적 기능과 역할은 오늘날 여러 가지로 분화된 문서양식을 통해 확인이 가능하다. 그러한 양안은 크게 소유권 대장으로서의 측면과 조세대장으로서의 측면으로 나누어 검토할 때 그 기능과 역할이 분명히 드러난다. 그것은 양전사목에서도 잘 나타나듯이 소유권 보존과 확정 기능, 양전도의 기능, 그리고 토지 평가의 기능 3가지를 통해 잘 드러나며, 이 같은 기능을 바탕으로 완전하지는 못하지만 2가지 역할을 맡고 있었던 것이다. 소유권 대장으로서의 역할과 조세대장으로서의 역할이 그것이다.

전자의 소유권 대장으로서의 역할은 기주에 대한 기록 방식과 자호지번, 사표, 전형을 통해 확인되고 있었다. 특히 기주에 대한 파악은 단순히 조세부담자로서의 기주가 아니라 토지소유권자로서의 기주를 확인함으로써 국가의 소농민보호책을 마련할 수 있는 토대를 마련하고자 했다. 이 같은 노력은 기주의 토지를 중심으로 주변 사방의 사표를 확인하고 전형을 그려 넣는 형태로 발전했고 이는 비록 양전도로 발전하지는 못했지만 국가적 토지지배 방식의 18세기적 형태라고 이해할 수 있다. 이것은 나중에 토지대장과 지적도로 발전하였으며 이를 통해 公簿로서의 위치를 완결시키게 된다.

제반 문서와 관련해서는 양안 상의 자호지번이 매매문기 등의 문서에 그대로 기재됨으로써 양안의 역할이 수평적으로 보존되고 있었을 뿐 아니라 행심책에 의해 양안의 기재 내용이 등재되어 매년 확인됨으로써 양안의 역할과 기능이 재생산되었던 것이다. 행심책은 양안을 등사한 것으로 양안의 양식을 그대로 보존하고 있었다. 특히 행심 답험 때는 전답주는 물론 時作人까지 기록해 넣음으로써 소유권자는 물론이고 경작자까지도 파악하려는 시도가 나타났다. 이러한 시도는 문서로서의 완결성을 기하기 위한 것으로서 비록 개별적으로는 입안과 매매문기, 분재기 등을 통해 자신의 사적소유가 확인되더라도 양안이나 행심책을 통해 그것을 면밀히 파악하려는 국가의 의지가 엿보인다. 그러면서도 동시에 公簿로서의 양안과 행심책은 입안과 매매문기, 분재기를 통해 그 역할을 다할 수 있었다는 점 때문에 그 기능면에서 종합적이지만 완결성을 보이지는 못했다.

후자의 조세 장부로서의 역할은 결부수와 장광척수를 통해 근거가 마련되고 있었던 점에서부터 시작되었다. 그러나 이 같은 기능 역시 보조 장부가 필요했다. 매년 변화하는 農形을 반영하기 위해서는 또 다른 수세 장부가 필요했으며 이 역시 행심책의 답험 과정을 바탕으로 마련될 수 있었다. 특히 행심 답험 때 전답주 및 시작인 양자를 모두 파악함으로써 국가의 조세수취에 만전을 기하고 있었던 것은 시작인의 조세부담 양상이 보편화되면서 나타난 파악방식으로 볼 수 있다. 양안의 자호지번 순대로 재조사된 것이 행심책이라면, 깃기책으로의 정리 방식은 납세자를 중심으로 재정리함으로써 납세자를 정확히 확정하는 작업이었다. 따라서 깃기책을 정리하기 위해서는 행심책에서의 시기결 및 유래진잡탈·면세전이 조사되어야 했으며, 중앙 정부의 급재를 반영하는 선에서 납세액을 확정하고 있었다.

양안의 기능을 바탕으로 양안이 어떠한 역할을 맡고 있었는가를 살펴보자. 곧 양안의 기능이 토지에 대한 소유권 대장으로서의 역할과 조세대장으로서의 역할로 어떻게 분화 발전되고 있었는가에 대한 분석이다.

첫 번째로 양안의 소유권 대장으로서의 역할을 이해하기 위해 양안의 소유권 보존과 확정 기능이 어떻게 표현되고 있었는가를 살펴보자.

양안의 公簿로서의 기능과 역할은 국가가 개인의 소유권을 어떠한 방식으로 보호해줄 수 있는가와 관련이 있다. 그것은 사적 소유권자의 입장에서는 개별 토지에 대한 지배권의 성격을 보여주는 것이며 그것을 어떻게 보존할 수 있는가의 문제와 관련이 있다. 곧 개인의 토지소유권 획득과정과 그에 대한 권리 실현 방법은 국가의 보호를 받을 수 있었는 가와 밀접한 관련이 있다.

우선 기주의 기재방식에 대한 논의는 앞에서 살펴보았기 때문에 여기에서는 기주의 권리 부분에 초점을 맞추어 살피기로 한다. 곧 기주의 권리가 얼마나 행사될 수 있는가의 문제로서 그것이 소유권이라 면 국가로부터 어떻게 보호받을 수 있었을까?

토지의 권리를 확정하는 데 있어 우선되는 것은 기주이기 때문에 기주에 대한 규정을 주목해 보자. 앞의 자료 I-1에서 I-5까지 살펴보면 기주의 표현 방식이 다양한 것을 발견할 수 있다. I-1의 '主', I-2의 '陳主'·'無主', I-3의 '時執'·'本主'·'量名', I-4의 佃夫가 그것이다.[55] 여기에서 주, 진주, 무주, 본주는 분명 양안상의 기주이며 이들은 I-2에서 볼 수 있듯이 호조에 입안을 내어 자신의 소유지(永作己物)로 만든 경우이다. 한편 I-3의 時執은 양전이 행해지던 시점에서 파악된 양명을 당분간 기주로 올리는 경우로서 양전 이후 소유권 판결이 나면 확정을 하는 경우이다. I-4의 佃夫는 主戶인 토호들이 자신의 토지를 숨기기 위해 奴名을 기주로 올리는 경우로서, 자신의 姓과 직역을 함께 기재했다면 별 문제가 없겠지만 노명만 올렸다면 이때의 기주를 소유자로 보기 어렵다. I-3이나 I-4의 규정은 기주를 판단하기 어렵거나 기주가 아닌 경우에 대한 처벌을 논하고 있다. 양전이 20년마다 행해지기 어려운데다가 입안을 통해 소유권을 획득할 수 있었고, 또한 이 같은 소유권도 매매를 통해 계속 바뀌는 현실에서 되도록이면 소유권자를 기주로 파악해 두는 것이 국가의 公簿로서의 기능을 극대화시킬 수 있었기 때문이다. 비록 기주를 소유주로 파악해내지 못하는 경우가 있더라도 양안은 소유권을 정당화할 수 있는 법률상의 근거를 제공하는 權原으로 만들어가고자 했던 지배층의 의지를 읽을 수 있다.

양안상 기주의 소유권 획득은 일반적으로 매매, 상속, 증여, 개간 등의 방법에 의한 것이었는데 17세기 이후 '起耕者爲主'라는 법규정을[56]

---

55) 양안상의 主 규정에 대해, 본고와는 논지가 다르지만 세세한 부분에까지 자세히 검토한 李榮薰 敎授의 다음과 같은 연구가 참조된다. 李榮薰, 1997, 「量案 上의 主 規定과 主名 記載方式의 推移」『조선토지조사사업의 연구』제1장 ; 1994, 「朝鮮佃戶考」『歷史學報』142 ; 1994, 「朝鮮前期 名字 考察-16세기 土地賣買明文으로부터-」『古文書研究』6 ; 1990, 「光武量田에 있어서 〈時主〉파악의 실상-忠淸南道 燕岐郡 光武量案의 사례분석」『대한제국기의 토지제도』(金鴻植 외), 민음사 ; 1992, 「光武量田에 있어서 〈時主〉파악의 실상(II)-京畿道·忠淸南道 光武量案 事例分析」『省谷論叢』23.

56) 閑曠處 以起耕者爲主(『續大典』戶典 田宅).

통해 볼 수 있듯이 개간으로 소유권을 획득해가는 경우가 많았던 것을 볼 수 있다.[57) 그러나 입안만 제출해 놓고 경작하지 않는 경우나 심지어는 그러한 입안을 매매하는 행위에 대해서는 '侵占田宅律'로 처벌하고 있다.[58) '立案者爲主'에 대해서는 제한을 가하고 있는 것을 볼 수 있다. 조선초기 이래 墾田을 중시하던 것처럼 이 시기에도 起耕田을 확보하려는 국가의 의지를 엿볼 수 있다.

경자양안에 나타난 기주의 기재 방식도 이 같은 양상을 잘 보여준다. 즉 아래의 표에서 볼 수 있듯이 陳主·無主 또는 垈主로 표시되며 이들의 소유권 연혁을 추적할 수 있도록 舊主와 今主를 표시함으로써 陳主라 할지라도 舊陳主와 今陳主[59)를 모두 파악하고 있었다. 매매, 상속 등의 사유로 인해 구주와 금주가 모두 연결되지는 않는 경우가 있다 하더라도 소유권자를 연속적으로 파악하고자 했던 국가의 의지를 읽을 수 있다.

그러나 이 같은 국가의 의지가 실효를 거두기 위해서는 양안이 20년마다 작성될 필요가 있었고 그때마다 소유주가 추적될 필요가 있었다. 실제는 그렇지 못한 것이 양전의 실상이었다. 때문에 양안상의 소유권에 대한 연속적인 파악은 이루어질 수 없었다. 그 역할은 개인이 소유하고 있는 토지매매 문기라든가 입안을 통해 권리 확인이 가능했고 이것으로도 확인이 안될 때는 소송이 확대될 수밖에 없었다. 경우에 따라 다르겠지만 입안을 중심으로 판결이 나지 않을 경우에는 결국 결국

---

57) 李景植, 1973, 「17世紀의 農地開墾과 地主制의 展開」『韓國史研究』 9.

58) '侵占他人田宅者'의 경우 田地1畝, 家屋1간 이하는 笞50에 처하고 每田地 5畝 家屋3간에 罪 1등을 가중하되 杖80 徒2년에서 그친다고 규정하고 있다(『大明律直解』 戶律 田宅 盜賣田宅).

59) 舊陳이란 양전사업 이전부터의 陳田이었지만, 今陳이란 時起田 가운데 査陳이라하여 陳田으로 인정되지 못한 채 '白地應稅'하는 경우이다.('量舊陳 則如前懸錄爲旀 時起中陳處 入於査陳者 査陳是如懸錄爲旀 未及於査陳 而卽今白地應稅者 今陳是如懸錄爲乎矣 …'「量田踏驗節目」『烏山文牒』 己卯 8月日 傳令).

토지 권리의 출발점인 양안 상의 소유권 확인으로까지 이어지게 되는 경우도 나타나게 된다.[60]

<표 11> 庚子量案에서의 起陳구분과 起主 표시

		起陳 구분	舊今 구분
경상도	南海縣	起主·陳主	없음
	比安縣	起主	起主의 舊主·今主
	尙州牧	起主·陳主	起主의 舊主·今主
	醴泉郡	起主·陳主	起主·陳主의 舊主·今主
	龍宮縣	起主·陳主·垈主	起主의 舊主·今主
	義城縣	起主·陳主·垈主	起主·陳主의 舊主·今主
전라도	高山縣	起續陳	起主·陳主의 舊主·今主
	南原縣	起陳	陳主의 舊主·今主
	綾州牧·順天府	起續陳	陳主의 舊主·今主
	任實·全州·和順	起陳	陳主의 舊主·今主

결국 양전사업이 행해지던 시점에서의 소유권자를 파악하고 그에 대해 그 권리를 인정해줄 수는 있었지만 그러한 기능을 계속할 수는 없었다. 소유권을 확정하고 보존해주는 기능면에서 양안이 가질 수밖에 없던 한계라고 할 수 있다. 그 역할은 따라서 입안이나 입지, 문기 등의 제반 토지문서에 넘길 수밖에 없었다.

그러기 위해서는 立案이나 立旨, 또는 文券·文記·文契 등의 보조 문서가 별도로 기능하고 있었다는 점을 동시에 살펴볼 필요가 있다. 이들 문서에 대한 정확한 관계 설정을 통해 양안의 역할을 정확히 살필 수 있다. 아래 도표는 소유권을 취득하는 과정에서 양안과 제반 문서가 어떠한 관련을 맺고 있는가를 잘 보여준다.

---

60) 吳仁澤, 1996, 앞의 글.

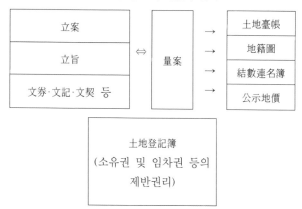

〈표 12〉 양안의 역할과 분화

立案		→	土地臺帳
立旨	⇔ 量案	→	地籍圖
		→	結數連名簿
文券·文記·文契 등		→	公示地價

土地登記簿
(소유권 및 임차권 등의
제반권리)

위에서 살펴보았듯이 양안의 소유권 보존 기능은 제반 문서에 의해 보완되고 있었으며 그것이 오늘날 세분화되면서 토지대장·지적도·결수연명부·공시지가 및 토지등기부로 발전하였다고 할 수 있다. 제반 토지문서는 이 같은 양안상의 起主나 자호지번, 전품, 결부를 등사하여 권리의 근거로 삼고 있었다. 그것이 가능했던 것은 양안에 소유권 보존의 기능과 양전도로서의 기능, 그리고 토지평가의 기준이 마련되고 있었기 때문에 가능했으며, 그러한 것은 公簿로서의 위치를 높여줄 수 있었다. 한편 양안이 오래되어 기능을 다하지 못할 때는 立案이나 매매문기의 기록 내용이 보완되고 있었던 점에서 쌍방간의 관계는 상호 보완적이기까지 하다.

立案은 관에서 발급하는 문서 형식으로서[61] 개인의 토지·가옥·노비 등의 매매 양도의 사유가 발생했을 때 이를 공증해주는 문서이다.[62]

---

[61]　○田地家舍賣買限十五日勿改 并於百日內告官受立案 奴婢同(『經國大典』 戶典 賣買限條)
　　○自壬辰五月以後 戊戌十二月以前賣買文記 雖未及斜出 證參明白者 皆許施行(萬曆 己亥 1599年 承傳 ;『受敎輯錄』 戶典 賣買)
　　○田畓賣買 依法文 官斜立案(順治 庚子1660年 承傳 ;『受敎輯錄』 戶典 賣買)
　　○田地家舍奴婢賣買 納請用作紙(相見刑典)後 立案成給(『續大典』 戶典 賣買限)

임란 때 文券이 많이 유실되자 1601년(宣祖 34, 辛丑) 王命으로 立案을 다시 내주도록 조치를 취하기도 했다.[63] 입안이 강력한 공증력을 가지며 지속적으로 효력을 발생하던 것에 비해 立旨는 일시적인 효력을 갖는 문서였다. 입지는 흔히 토지나 노비문기를 다시 만들기 위해 관에 所志를 내면 所志의 하단에 판결의 결과를 쓰고 立旨를 성급한다는 題音을 쳐서 官印을 찍어 발급해 주던 문서 형식이었다. 입지를 받으면 입안에 대신하는 결정적인 증거자료로 사용될 수 있었다.[64] 이외에도 文券·文記·文契 등 토지나 노비 등의 재산과 권리에 관계되는 문서 역시 소유권을 증빙하던 문서로 통행되고 있었다. 賣買文記나 和會文記 등이 대표적인 문서형식으로서 개인간의 토지나 노비매매 또는 상속·증여 때 작성되었다.

이와 같이 20년 양전 원칙이 지켜지지 못하게 되자 양안의 기능과 역할은 국가 차원의 公簿로써 기능하기 위해 그 역할을 여타 문서에 위임하고 있었다. 소유권 보존과 확정 기능은 양안 외의 입안이나 개별 차원의 문서를 통해 상호 보완되고 있었던 것이다. 그러한 역할을 바탕으로 후대 土地臺帳과 地籍圖, 結數連名簿, 公示地價 原簿가 작성될 수 있었고, 이들 삼자는 별도로 역할을 맡기 보다는 상호 보완적인 형태로 기능하고 있다. 곧 양안이라는 하나의 양식이 담당하고 있던 것을 바야흐로 3가지 양식이 동시에 담당함으로써 완결되게 된다.

한편 이들 3가지 양식과 더불어 해당 토지에 대한 상세한 권리를 표현한 것이 오늘날의 土地登記簿이다.[65] 이것은 양안 상에서도 이미

---

62) 『經國大典』 禮典 立案式에 의하면 입안 절차는, 당사자인 買受人이 賣渡人의 所在官에 立案을 申請하면 堂上官·堂下官의 서명과 財主·證人·筆執을 檢覈하여 官에서 입안을 발급해 주었다.

63) 『受敎輯錄』 刑典 文記.

64) 朴秉濠, 1960, 『韓國法制史特殊研究』, 韓國研究圖書館, 57~79쪽.

65) 「不動産登記法」 第2條의 登記할 事項에 따르면, 登記는 所有權, 地上權, 地役權,

그 맹아형태가 보이고 있다.

곧 所有權 및 耕作權·賭地權 등이 그것으로써 경자양안에서는 民田의 경우에는 기주만이 표시되고 있어 이 모든 것을 살필 수 없다. 단 宮房田의 경우 收租權을 중심으로 권리상의 중첩된 양상이 표현되고 있어 다소 복잡하지만 소유권과 경작권을 중심으로 한 제반 권리를 확인할 수 있다. 1종 有土인 경우와 2종 有土, 無土의 경우가 소유권과 경작권을 중심으로 2중, 3중으로 얽혀있다.[66] 이 시기 양안에 기록된 권리 표현방식의 특징이라고 할 수 있다.[67]

耕作權에 대해서는 국가의 공적 영역이 아니라 사적 영역이기 때문에 개인적 차원의 문제로 돌리고 있었다. 즉 양안상의 民田의 경우 作人을 별도로 파악하고 있지 않았기에 개별적인 지주제 경영은 확인될 수 없다. 때문에 耕作權에 관한 기록을 보기 위해서는 별도의 개인적 추수기나 지주 경영 문서를 통해서만 확인이 가능하다. 기주에 대한 소유권을 중심으로 양전사업을 진행시켰고 국가의 입장에서는 그만큼 기주 곧, '起耕者爲主'를 중심으로 한 진전 개간 정책을 고수했던 결과였다.

그러나 궁방전은 收租權을 매개로 성립한 경우이기 때문에 경작권자

傳貫權, 抵當權, 權利質權, 賃借權 등의 제반 권리의 設定, 保存, 移轉, 變更, 處分의 制限 또는 消滅에 대하여 이를 한다고 규정하고 있다. 따라서 등기부에는 이 같은 제반 권리가 표시되어 언제라도 추적이 가능하다.

66) 1종 유토의 경우 토지소유권이 宮房에 있으며 宮房-作人의 방식으로 구조화되고 있으며, 2종 유토의 경우 民有地이지만 開墾·折受나 投託에 의해 사실상의 소유권이 궁방으로 넘어가면서 宮房-中畓主-作人으로 구조화되었다. 또한 無土의 경우는 民有地로서 3~4년(정조대 이후 10년)마다 번갈아 가면서 조세를 궁방에 납부하던 토지였다.

67) 광무년간의 양안에 이르러서야 이 같은 권리가 표시되기 시작했다. 時主와 時作이 동시에 기재되고 있을 뿐 아니라, 양전사업에 있어 地契 발행을 통해 토지소유권을 인정해주는 절차는 징세대장으로서의 기능, 즉 토지소유권부의 기능을 보다 확대하였던 것이다. 이 같은 기능을 登記簿의 소유권 보호 방식으로 볼 수 있다(金容燮, 1968,「光武年間의 量田地契事業」『韓國近代農業史研究 下』, 一潮閣, 336쪽; 崔元奎, 1995,「大韓帝國期 양전과 官契發給事業」『대한제국의 토지조사사업』, 한국역사연구회 근대사분과 토지대장연구반).

를 파악하고 있었다. 궁방전이나 둔전 등의 경우 중답주 형태의 지주가
존재하며 이에 대한 표시방식은 일반 민전의 양안과 달랐다.[68] 양자를
동시에 표시하되, '主'와 '作'을 통해 기주와 시작을 파악하였던 것이다.
경우에 따라서는 2중, 3중 내지 4중의 권리가 중첩된 경우까지 발전해
갔다.[69] 곧 절수권을 통해 해당 토지를 지배하였던 국가기관과, 실제의
사적 토지소유자인 기주, 그리고 경작자인 시작을 동시에 포괄함으로써
조세수취권과 토지소유권 그리고 경작권에 대한 권리를 동시에 표현하
고자 했던 것이다. 기주의 권리가 그대로 상존하는 가운데 절수된
경우에 대한 국가의 파악방식이라고 할 수 있다. 이 같은 방식은 광무양
전에 이르면 일반 민전에도 적용되어 田畓主와 함께 時作을 동시에
파악하게 된다. 경우에 따라 結戶를 별도로 파악하여 조세부담자를
함께 표시하는 경우로까지 발전하기에 이르렀다.[70]

　　이 같은 제반 권리의 표현은 곧 소유권에 대한 권리 외에 여타
권리가 분화하던 것을 국가가 파악하고 나아가 보호할 수 있는
방법을 강구하게 되는 과정이라고 할 수 있으나 조선후기의 양안에는
보이지 않는다. 국가가 토지소유권을 法認하고 그것에 대해 소유권
증서를 발행한 것은 대한제국 시기에 이르러서였다. 이 시기 개인의

68) 金容燮, 1965, 「司宮庄土에서의 時作農民의 經濟와 그 成長-載寧餘勿坪庄土를 中心으
　　로」『亞細亞研究』19(1995, 『증보판 朝鮮後期農業史研究 I』재수록) ; 朴廣成, 1970,
　　「宮房田의 研究」『인천교대논문집』5 ; 朴準成, 1984, 「17·18세기 宮房田의 확대와
　　所有形態의 변화」『韓國史論』11, 서울대 국사학과 ; 李榮薰, 1988, 『朝鮮後期 社會經
　　濟史』, 한길사 ; 都珍淳, 1985, 「19세기 宮庄土에서의 中畓主와 抗租」『韓國史論』
　　13 ; 李政炯, 1996, 「17·18세기 궁방의 민전 침탈」『釜大史學』20.
69) 愼鏞厦, 1967, 「李朝末期의 「賭地權」과 日帝下의 「永小作」의 關係-小作農賭地權으로
　　의 成長과 沒落에 대하여」『經濟論集』VI의 1 ; 金容燮, 1978, 「韓末에 있어서의
　　中畓主와 驛屯土地主制」『東方學志』20 ; 裵英淳, 1979, 「韓末驛屯土調査에 있어서의
　　所有權 紛爭」『韓國史研究』25.
70) 최윤오·이세영, 「光武量案과 時主의 실상-충청남도 온양군 양안을 중심으로-」
　　『대한제국의 토지조사사업』제4장 ; 최원규, 「대한제국가 量田과 官契發給事業」
　　『대한제국의 토지조사사업』제3장.

소유권은 국가적 차원에서 법인되고 그러한 선상에서 권리를 인정받은 것은 아니었다.

이같이 해당 토지에 대한 소유권의 상세한 규정은 마련되지 않았고 또한 그것에 대한 등기 역시 이루어지지 않고 있었으니[71] 곧 소유권 행사에 있어 국가 차원의 확인 과정이 준비되지 않았던 것을 알 수 있다. 이 때문에 입안이나 입지, 매매문기 등을 통해 권리를 보존하고 확인하는 과정이 별도로 존재하였던 것이다. 만일 입안이나 매매문기가 소유권 분쟁을 해결하는 근거가 되지 못하면 최종적으로는 양안의 소유권에까지 소급하여 그 연원을 추적하여 해결하고 있었던 것은 물론이다. 그러한 점에서 양안은 제반 토지문서와 밀접한 관련성을 맺는 한편, 토지에 대한 권리를 확인하고 추적할 수 있는 근거를 마련하고 있었다는 점에서 그 역할의 중요성이 드러난다.[72]

두 번째로 조선국가의 量案이 公簿로서 기능을 맡고 있었는가 하는 점은 조세대장으로서의 역할을 통해 잘 드러난다. 곧 양안의 개별 납세액을 실결 총수로 확인하여 파악하는 과정이야말로 양전사업의 궁극적인 목적이다. 이 같은 양전사업이야말로 각 군현 면리의 납세 총액을 바탕으로 국가 재정을 운영하는 중요한 사업이라고 할 수 있다.

개별 납세자를 파악하고 해당 토지의 비옥도, 즉 토지생산성을 조사하는 것은 결부제를 통해 국가의 전세 수입을 확정하기 위한 출발점이다. 따라서 해당 토지의 田品과 結負 尺數를 정확히 기재하여 파악해내는 것은 양전사업의 핵심 사업이라고 할 수 있다. 이를 바탕으로 해당 토지의 납세자와 수세를 위한 근거자료를 작성하는 것이다.

이 같은 양안 기록이야말로 국가의 조세대장으로서의 역할을 수행하

---

71) 부동산등기에 관한 법규정으로서 1912년 제령 제9호로 제정된 「朝鮮不動産登記令」 은 폐지되고 「不動産登記法」(1960년 1월 1일 법률 제536호)으로 바뀐다.

72) 吳仁澤, 1996, 앞의 글.

는 기본자료라고 할 수 있으며 아래의 도표가 이같은 양안 기록의
특징과 그것의 역사적 분화 양상을 잘 보여준다.[73)]

〈표 13〉 양안, 행심책, 토지대장, 깃기

2) 행심책의 기주

한편 행심책으로서의『동중행심』은 양안을 기반으로 어떠한 내용을
담고 있는지를 살펴보자. 아래의 자료는 18세기 초엽 행심책의 일반적
인 내용을 그대로 전달해 주고 있다. 우선 양안의 형식에서 보이는
자호지번과 범표, 전품, 전형, 장광척수, 결부수까지는 그대로이고 사표
와 기주란 위에 (사표와 기주는 그대로 확인이 가능하도록) 10필지마다
1장의 상지를 덧대어 행심 답험의 조사 내용을 기재하고 있다. ①에서
보듯이 양전 내용이 그대로 등사된 것은 사표와 기주를 확인할 수
있다는 점 때문이다. 그 위에 卜興이란 자가 경작하는 59번 답의 행심
표시가 ②에 '卜興 行'이라고 되어 있다. 나머지는 모두 이 같은 상지의
표시가 행심의 내용을 전달해 주고 있다.[74)]

73) 崔潤晤, 2000.6, 앞의 글.
74) 앞부분 '慈' 1~37번 필지와 끝 부분 '退' 174~179에는 상지가 원래 없었는지
떨어져 나갔다. 보존 과정에서 탈락했는지 아니면 본래 행심을 행하지 않았는지
알 수 없다.

<표 14> 행심책(『동중행심』)의 기재형식

①	第五十九西犯五等圭畓長玖拾貳尺 活拾捌尺	參負參束	東有生田西戊還畓 南路北水今田	起主儒學元泰昌 奴孝吉
②	第五十九西犯五等圭畓長玖拾貳尺 活拾捌尺	參負參束	卜興 行	

　행심 답험하는 과정은 '與量田無異'하다고 하여[75] 실제 양전과 다름이 없다는 인식을 하고 있던 상황에서 행심책은 양안의 기능을 보조하고 있었다고 볼 수 있다. 양안과 행심책에서 우선 파악하고자 했던 것은 해당 토지와 그것에 대한 권리를 갖고 있는 자를 파악하여 확정하는 일이었다. 그것은 행심-급재-작부 과정을 통해 마무리되고 있었으며 행심책의 田主, 時作 파악이 중요하다는 것을 말해주고 있다.

　기주와 作人에 대한 파악은 결수 확보와 함께 전정의 출발점이라고 할 수 있었으며, 행심책에서는 양자를 모두 파악하고자 했다는데 특징이 있었다. 양안에서의 기주는 앞에서도 살펴보았지만 직역과 성명, 그리고 노명을 모두 기록하는 방식이었다. 그렇지만 행심책에서 기록한 경작자의 경우는 성씨는 생략하고 이름만 기록한 名字가 대부분이다.[76] 위에서도 볼 수 있듯이 '卜興'이란 기록 방식이 그러한 예이다.

　여기에서의 '卜興'은 어떠한 존재였을까?

　우선 이들의 존재가 시작인일 가능성이 있다는 점이 18~19세기 답험에 관한 지침에 나타나고 있다.

　　踏驗時　毋論田畓懸起實下　田畓主名時作人名　雙書於裳紙[77]

---

75) 『烏山文牒』 己卯 8월일 量田踏驗節目.
76) 행심답험에 동원된 時作은 총247명으로서 성명이 모두 기록된 자는 8명에 지나지 않았다.
77) 『居官大要』 田畓踏驗規式(奎古 5122-7).

즉 매번 전답의 起實을 적어놓은 아래쪽에 田畓主名과 時作人名을 나란히 상지에 기록하라는 기록을 보면, 전답주 외에도 작인명을 파악하려고 하였던 것을 알 수 있다. 실제 충청도 예산 지방의 기묘년(1759, 영조 35) 8월에 내린 「量田踏驗節目」에 관한 전령에서도 田主뿐 아니라 時作名을 함께 파악하도록 하고 있다.[78]

시작명을 파악하고자 한 것은 경작 관행과 관련이 있다. 파종하는 種子를 누가 부담하고 結稅는 누가 부담하는지에 따라 전답주에 책임이 있는지 시작에게 책임이 있는지가 가려질 뿐 아니라 농간을 방지할 수 있었기 때문이다. 답의 경우 災實이 섞여 구별하기 힘들면 소출을 따져 種稅를 댈 수 있는 곳은 實로 돌리고 그렇지 못하면 災로 돌리게 되는데 이때 主作人名을 함께 기록하게 하고 있다.[79] 뿐만 아니라 전의 경우 파종한 穀名을 기록하게 하였다.[80] 이 같은 관행은 전세를 탕감받는데 있어, 賭地가 실시되는 경우에는 전세를 부담하는 작인이 혜택을 받고, 竝作이 행해지던 수전의 경우에는 전세를 전주가 부담했기에 전주가 혜택을 받게 된다.[81] 이 같은 농업관행에서 시작을 파악하고 관리하는 것은 중요하다. 전세 부담자를 확정하는 일이고 이는 행심책이나 작부책 제조 과정에서 필수적인 일로 자리잡게 되었던 것이다.

作夫할 때 賭地를 맡은 作者에게 紙牌를 지급하여 근거로 삼도록 하는 경우는 시작의 표기에 대한 중요성을 보여주는 전형적인 사례이다.[82]

---

78) 『烏山文牒』己卯 8월일 量田踏驗節目
　　"一. 田主勿爲出他 預爲待令 …
　　一. 勿論田畓 ——逐庫踏驗 … 時作名 幷以明白懸錄於帶紙 …"

79) 『居官大要』「田畓踏驗規式」"十卜庫全皆付種 一穗之粒 或成或不成 災實相雜 難於區別是去等 卽其地打作所出之穀數 董當種稅有餘斗數 則歸實是遣 … 先書十卜內 後雙書災實卜數 及主作人名是遣 …"(奎古 5122-7).

80) 『烏山文牒』己卯 8월일 量田踏驗節目 "一. 勿論田畓 ——逐庫踏驗 … 時作名 幷以明白懸錄於帶紙 田則所播穀名 亦爲區別懸錄爲齊".

81) 金容燮, 「續 量案의 研究」『증보판 朝鮮後期農業史研究 I』, 359쪽.

해당 토지에 대한 정보(字號第次, 田形, 長廣尺數, 等負, 主名, 陳起, 四方犯標)를 기록한 지패는 매매 때 이용될 수 있었고 또한 수세를 행하는 데 있어 긴요하게 쓰일 수 있었기 때문이며,[83] 잃어버렸을 때는 관에 立旨를 올려 다시 발급받도록 하였던 것이다. 농업관행이 도지법이 행해지는 곳에서는 따라서 시작명 파악이 전답주 파악만큼 중요했다고 할 수 있다.

이러한 관행 때문에 자리잡게 된 행심책의 시작명 기재 방식은 앞에서 보았듯이 '卜興'이라는 戶名으로 나타나고 있었다. 조세 부담자로 볼 수 있다. 이 같은 호명은 각 동리의 사정을 잘 아는 地審인에 의해 파악되어 기록되게 되며 名字만 기록함으로써 명확치 않지만 향촌의 수세 행정에 있어서는 문제될 것이 없었다. 정확히 하려면 전주와 佃夫의 이름을 모두 밝히더라도 호명을 함께 기록해야 했지만,[84] 간편하게 호명만 기록하는 경우가 많았던 것이다. 호명만 기록하는 것은 시작인의 존재가 고정된 자가 아니고 계속 바뀌기 때문에 實名 대신에 기록한다는 것이다.[85] 이렇게 虛名이지만 향촌내 조세 징수를 행하는 데 있어서는 별 문제가 없었던 것이다. 양안이나 호적과 같은 국가의 조사사업에는 사대부의 이름이라도 명백히 적어야 하지만, 조세 징수를 행하는 문서라면 戶奴名을 기록하는 것을 아무렇지도 않게 여겼던 것이다.[86]

행심의 파악 대상으로는 지금까지 살펴본 전답주와 시작명 외에

---

82) 「田政節目」 "… 若許人賭地 則爲明文 傳給紙牌於作者 以爲作夫時 考準之地是乎矣 如有闕失之事是去等 呈官立旨 更爲 成出是齊".

83) 「田政節目」 "有主田畓段 毋論陳起 逐庫爲紙牌 書字號第次田形 長廣尺數等負 主名陳起 四方犯標 踏印以置是如可 賣買之際 傳與傳受是旀 …".

84) 『譯註 牧民心書』II, 338쪽 "未移之簿 其式曰 … 田主李得春 佃夫金尙東 戶名福丹…".

85) 『譯註 牧民心書』, 210~211쪽.

86) 『磻溪隨錄』 田制 上, 36쪽 "曰 田籍如戶籍 國之大事 且爲後日考驗之地 不可不明白也 若各年行用排總文書 則依今例 只書戶奴名可也".

農形을 파악하는 것이 중요했다. 다음은 행심답험의 기재 내용 중 그러한 예를 보여주는 몇 가지 예이다.

〈표 15〉 행심책의 행심답험 사례

a	第五十八西犯五等句田長伍拾陸尺 　　　　　　　活貳拾陸尺	貳負玖束	三每　豆		
b	第六十西犯六等圭畓長柒拾柒尺 　　　　　　　活貳拾參尺	捌負捌束	一卜五　卜興　行 二卜五　海今　行 二卜　　五金　行 二卜八　同人　行		

a는 전의 경우이고, b는 답의 경우로서 첫 번째 자호 '慈' 가운데서 뽑은 것이다. 우선 전의 경우는 파종한 穀名을 모두 기록하게 되어있다.[87] 『동중행심』에 기재된 것을 나열하면 '各穀, 古豆, 豆, 木, 黍, 粟, 元斗, 太, 反太, 花, 反花' 등이다. 여기에 보이는 곡명 가운데 '反'을 붙인 경우는 아마도 '번답(反畓)'의 경우처럼 바꾸어 파종한 것을 기록한 것 같다. 답의 경우에는 卜興, 海今, 五金, 同人[88] 4명이 8부8속을 나누어 짓고 있는 것을 모두 표시하고 그것에 대한 답험의 결과로서 '行'이라고 하고 있다. 그런데 '反行'이라는 기록이 곳곳에 보이는데 명확히 무엇을 표시하는지 알 길이 없다. 아마도 행심의 결과를 번복하여 다시 행심한 경우를 표시한 것이 아닌가 여겨진다. 이외에도 '秋' 또는 '秋行', '出' 또는 '出行'이라고 하여 행심의 표시가 있는데 정확히 알 길이 없다.

행심하는 방법은 지방마다 다른데, 크게는 두 가지 방식에 의한다. 첫 번째는 『동중행심』에 보이는 것처럼 행심책을 뜯어 나누어 가지고

---

87) 『鳥山文牒』己卯 8월일 量田踏驗節目 "一. 勿論田畓 ――逐庫踏驗 … 時作名 幷以明白懸錄於帶紙 田則所播穀名 亦爲區別懸錄爲齊".

88) '同人'이라 함은 앞의 인물을 가리킨다.

답험하되 직접 기록하는 방법이 있고, 두 번째는 田夫로부터 田結單子나 災結單子를 받아들여 행심책을 고치는 방법이다. 어떠한 방법이건 서원의 농간을 막기 위해 別有司를 뽑도록 하고 있으며,[89] 서원 대신 面任을 엄선하기도 한다. 행심과정에서의 서원과 奸民輩들의 작당을 막을 방법을 강구하는 데 전정의 효과가 있다고 믿고 있었기 때문이었다.

행심답험의 방법 가운데 가장 일반적인 경우는 田主로 하여금 재탈단자를 바치게 하여 그것으로 행심책을 고치고 또한 그것을 바탕으로 깃기책 및 작부책을 만드는 것이다.[90] 재탈단자는 今頉單子(陳災나 新覆沙 등의 當年災와 그 해의 成川浦落 등의 永災)와 舊頉還起單子(舊川, 舊浦, 舊沙 등과 還起 파악)를 엄히 조사하여 바치게 한다. '舊陳, 今陳,[91] 仍陳,[92] 垈陳' 등이나 防川·成川으로 인한 '川反浦落·泥生浦落', 또는 씨앗을 뿌리지 않거나 제초를 하지 않은 곳(初不付種·初不除草), 제반 災傷田(水災, 旱災, 風災, 霜災, 蟲損災), 이앙을 안했거나 늦게 한 경우(未移秧, 晚移秧) 등도 당년 재결로 파악하여 기록한 경우이다. 당년재가 아닌 永災(仍川이나 舊川 등)도 세세하게 파악하고 있다. 이들 재탈단자는 지방에

---

89) 「政要」 二, 『朝鮮民政資料』 55쪽 "各邑田政之法 不一其規 或送書員而踏驗 或捧自單而磨勘 然書員則幻弄偸結 罔有紀極 … 各面各里 必擇中庶中稍解事理 及家計稍實者 名之爲別有司 …".

90) 田政의 방법 가운데 가장 체계적인 방법은 모든 사항을 單子에 기록하게 하여 받아들이는 방법이다. 陳災·雜頉뿐 아니라 實結 및 作名까지 기록하게 하며, 나아가 移來移去까지 조사해 넘으로써, 단자를 기반으로 행심책을 만들고 작부책까지 한 번에 마무리하는 방법이다. 처음 농간이 있으면 고치기 힘들다. 이외에 당년의 재탈이 적을 경우에는 新還起만을 간단히 조사하여 마감하는 방법도 있다(「政要」 三, 田政. 『朝鮮民政資料』, 83~90쪽).

91) 『烏山文牒』 己卯 8月日 量田踏驗節目 傳令 "一. 量舊陳 則如前懸錄爲旀 時起中陳處 入於査陳者 査陳是如懸錄爲旀 未及於査陳 而卽今白地應稅者 今陳是如懸錄爲乎矣 白地徵稅之處段 字號卜數作者 幷以――區別 別件成冊修補 以爲憑考之地爲齊".

92) 『量田謄錄』 『庚子慶尙左道均田使量田私節目」 "川反浦落, 成川覆沙 등 永頉處로서 금번에 査正하여 이미 사실대로 되돌린 것 외에, 비록 還起하지 못하고 田形이 갖춰져 있더라도 나중에 起耕하는 것이랑 다른 元田과 함께 打量하여 그 밑에 '仍陳'이라 懸錄하며 …".

따라 災頉成冊으로 만들어 후일의 근거로 삼고 있었다.

행심책을 이용하여 적간하고 은루결을 색출하는 방법도 제시되고 있었는데 이는 수령이 반드시 알아두어야 할 것 중의 하나였다. 기경한 加耕田이나 還起田을 파악하는 것은 기본이지만 은루결을 색출하라는 중앙의 지시에 따를 수도 없고 따르지 않을 수도 없는 현실이었다. 다음과 같은 은루결 색출 방법을 통해 그러한 사정을 살펴보기로 하자.

누결을 査括하는 첫째 방법은 하루를 잡아 서원의 算板冊과 行審冊을 거두어 비교하는 것이다. 行審 상지에는 '災'로 기록되었는데 산판에 실결로 들어가 있는 것은 모두 漏結이다. 두 번째로 각면 서원의 算板 및 行審冊을 모두 거두어들인 다음 新舊 상지를 모두 제거하고 다시 답험하여 비교하는 방법이다. 각면에서 별도로 兩班都監 및 중인 가운데 일을 잘 알고 문필이 있는 자 각 1인을 택하여 각 해당 면에 행심책을 내보내어 다짐을 받고 災實을 답험케 하여 일일이 상지에 기록하게 한 후에 이전의 상지와 비교해 보게 한다. 세 번째로는 舊量陳을 今陳頉로 만든 것을 적발하는 방법이다. 무조건 금진탈을 만들어 災摠을 많이 잡아두는 폐단이 흔하다. 답험하고 들어온 후 元帳冊과 비교하여 다시 상지를 살펴 중간에 還起한 것이 아니면 이는 舊量陳이다.[93]

위의 3가지는 서원의 농간을 밝혀내는 편법으로서 정법은 아니라고 한다. 그러면서도 문제가 되는 것은 은여결을 일일이 적발하더라도 처리하기가 심히 곤란하다는 점이다. 즉 전처럼 '알지도 못하고 듣지도 않는 것이 좋다'고 하는 것보다 못한 것이 바로 이를 가리킨다. 바야흐로 수령이라는 자가 전연 모르거나 권위를 보이지 못할까 해서 기록해둘 뿐이지 은루결은 알고서도 파악치 않는다는 뜻이다. 이 같은 사항은 각 지방의 수령이 알아서 판단해야할 문제로서 지방 운영에 있어 필수적

---

93) 「先覺追錄」 『朝鮮民政資料』, 219~220쪽.

인 것이기도 했기 때문이다.

　행심책의 역할은 이같이 양안의 기능을 보조할 뿐 아니라 지방 재정운영의 필수적인 장부였다. 행심책은 양안을 그대로 등사하여 상지를 덧대어 사용했고 그것을 바탕으로 작부책과 호판책이 만들어질 수 있었다. 농민들로부터 전결단자나 재결단자를 받아 행심책과 비교하고, 그것을 바탕으로 깃기책을 만드는 경우도 있었지만 그 역시 행심책을 바탕으로 운영되고 있었다.

　행심책의 기능을 좀더 확장해 보면 양안의 역할을 연장시키고 있었다고 할 수 있다. 예컨대 양안에 기재해 넣어야할 사항은 성책으로 만들어 바치고 있었는데 그것은 행심책을 기반으로 조사된 내용으로서, 成川浦落으로 전답의 형태가 바뀐 곳이나 강변에 진흙이 모여 새로 만들어진 전답, 또는 새로 洑梁을 열어 밭이 논이 된 곳 등이다.[94] 이런 곳에 대해서는,

　　年年爲成冊三件 一件上戶曹 一件上營門 一件留置本官 所在量冊中 這這付
　　黃籤 釐正是乎矣 本官必須親審打量 營門亦必須別遣裨將 另爲摘奸 然後付
　　籤量案是齊[95]

　매년 3건을 성책하여 1건은 호조에, 1건은 영문에, 1건은 본관에 두고 量冊에 대강 黃籤을 붙여 釐正하고 그것을 바탕으로 양안에 첨부토록 하고 있다. 행심책은 매년 변동되는 사항을 파악하여 기록함으로써 양안을 갱신할 수 있는 자료가 되고 있었던 것이다.

---

94) 「田政節目」.
95) 「田政節目」.

3) 양전과 양안의 성격

量案은 각 시기 사회경제적 위기에서 마련된 국가차원의 토지조사사업의 결과물, 즉 量田=經界策의 결과물이라고 할 수 있다. 이것은 각 시기 집권지배층의 토지파악 방식의 특징을 잘 보여주며 조선시기 역시 전통적인 토지조사사업으로서 시행된 양전사업의 결과물이었다. 양전사업의 목적은 토지분배를 통해 농민에게 恒産을 마련해 주는 데까지는 미치지 못했으나 '定經界 均賦稅'하는 방법을 통해 사회경제적 토대를 마련하고 있었다는 것을 알 수 있다.

17세기 이후의 私的所有 관계의 변동은 당시기 생산력 발달과 그에 따른 토지제도의 모순에 의해 확산되고 있었다. 이 같은 私的所有는 동시에 土地所有 관계를 통해 중세 해체기적 성격을 드러내지만, 그 시대적 성격은 각 시기 마다의 정치적·사회적 불평등과 지배예속 관계에 따라 달리 표현되기 마련이었다. 그러한 점에서 土地의 所有·非所有를 통해 구조화된 地主制의 단계적 발전은 사적소유를 배경으로 한 경제적 영역과, 다시 그러한 경제적 토대 위에 구축된 정치적·사회적·법제적 영역으로 구분하여 살펴볼 때 그 정확한 실상이 밝혀질 수 있을 것이다. 전자의 所有·非所有 관계, 즉 地主佃戶 관계는 후자의 정치적·사회적·법적 요인에 의해 시기마다 차이를 보였으며, 조선초기의 田主佃客 관계와 그 해체 과정은 이 시기의 소유관계를 단적으로 표현해주고 있다. 조선후기에 이르러서는 田主佃客 관계가 해체되는 가운데 地主制가 전면적으로 발달하게 되고 收租權을 통해 지배하던 정치적·사회적·법적 외피를 서서히 벗어 던지게 되었다. 이는 중세 전시기에 있어 가장 커다란 변화였으며 나아가 중세 토지제도의 신분적 특질은 사라지는 가운데 봉건적 지주제는 해체되어 갔다.

조선시기에 들어 토지조사와 그에 대한 국가의 조세납세자와 소유권자에 대한 파악은 양안의 기재를 통해 잘 드러나고 있었다. 17세기 단계의 사회적 생산력은 이전의 소유관계의 협소한 틀로 수용할 수 없을 정도로 발전되어 가면서, 양자 간의 모순이 더욱 심화되었기 때문이다. 바야흐로 이 같은 모순을 해결하기 위해 1720년을 전후한 시기의 정부지배층은 직접생산자로서의 起主를 적극 보호하고 관리하는 방법을 통해 전국의 토지를 中央集權的 차원에서 관리하고 나아가 그것을 結負法的 量田制를 통해 租稅로 흡수하는 과정을 강화시켜 가고 있었다.

이러한 양전사업의 결과 탄생한 양안은 18세기 국가의 토지관리 방식과 수세 행정의 특징상, 양안이 갖는 종합적 기능과 역할을 잘 보여주고 있었다. 양안은 당시기 토지소유권을 확인해갈 수 있었고 나아가 조세수취를 위한 제반 절차를 마련하고 있었다는 점이다. 또한 분화하기 이전의 양안은 한 번 만들어지고 그 기능을 다하는 것이 아니라 행심책을 통해 계속 재생산되고 있었다. 즉 양안을 통해 조사되던 사항은 모두 행심책에 반영되게 되었으며 반대로 행심책에 조사된 매번의 변동사항은 다시 양안에 반영되고 있었기에 그것이 가능했다.

따라서 양안의 기능과 역할은 행심책을 통해 토지대장으로서의 소유권 장부로 분화 발전하거나, 행심책의 기록 내용을 바탕으로 납세자별 깃기로 분화되어 조세대장으로서의 역할을 담당하는 두 가지였다고 할 수 있다. 양안이 비록 스스로는 완결되지 못했다 하더라도 여타 보조 문서로 분화됨으로써 조선국가의 公簿로서 자리할 수 있었다. 이는 당시기 문서체계와 그것이 가능했던 조선의 사회구조의 특징을 반영하는 것이다. 양안은 여전히 당시기 최고의 국가 문서로서 제반 소유권 및 조세 행정에 영향을 미치고 있었으며 그 역할은 아무리 강조해도 지나치지 않을 것이다.

제5장 토지소유권의 발달과 사전 혁파론

1절 반계 유형원의 공전·사전론과 공전제 계보

본 연구는 磻溪 柳馨遠(1622~1673)의 공전제 토지제도 개혁론에 나타난 公田·私田의 개념을 근거로 공전론의 역사적 성격을 밝히고자 한다. 반계는 17세기 토지제도의 모순을 오랜 시기에 걸친 '私有'의 발달과 토지겸병의 결과 나타난 병작 관행 때문이라고 보았고 그 결과 대다수의 농민은 병작 농민으로 전락하고 말았다는 점에서 찾았다. 반계의 공전제는 국가법제 전반에 걸친 개혁안으로 나타났다.

일반적으로 토지소유권의 개념은 근대의 배타적, 일물일권적 소유권을 기준으로 하여 전근대 일반의 소유권 개념을 정의해 왔다. 이 같은 이분법적 개념정의로는 전근대 토지소유권의 성격을 설명해 내기 어렵기 때문에 토지소유권의 보편적 기준을 확인하고 그것을 통해 전근대와 근대의 토지소유권 개념을 정리해 보는 방법을 찾을 필요가 있다.[1] 지금까지의 소유권 개념은 근대적 소유권을 기준으로 전근대의 토지소유권을 설명하거나 그 차이와 미숙성을 설명하는 데 그쳤다. 이러한

---

1) 본고에서 사용하는 소유권 개념은 통시기에 걸쳐 발달되어온 개념이며 향후에 나타날 소유권 개념까지 포함한다. 따라서 그것은 고대의 토지소유권, 중세의 토지소유권, 근대의 토지소유권처럼 사용할 수 있다는 것을 의미한다. 나아가 반계의 공전제 아래 실현될 소유권 역시 '공전적 소유권'으로 사용할 것이다.

접근방식은 전근대 토지소유권의 성격을 충분히 설명해 내지 못한다. 토지사유의 모순을 해결하기 위해 공전제를 다시 세워야 한다는 반계의 논리는 전근대 사적소유의 발달과 그 특징을 잘 보여준다. 반계의 공전제 토지소유권 개념을 통해 시대를 뛰어넘을 수 있는 단서를 찾아볼 필요가 있다. 일제하 식민사관론자들의 근대적 배타적 소유권의 잣대로 전근대 소유권을 재단하는 방식을 넘어서는 방식일 것이다.[2]

반계 유형원은 17세기 조선의 토지소유권의 모순을 해결하기 위해 공전과 사전을 주목했다. 그것에 대한 비판적 대안으로 제시한 것이 반계의 공전제이다. 이 같은 공전제 개념은 후대에 들어서도 공전 논쟁으로까지 확대될 정도로 논자마다 이해 방식이 달랐다. 우선 공전의 개념을 토지소유권 발달과 관련하여 두 계통으로 정리해 보기로 하자. 이 같은 비교연구를 통해 반계의 소유권 개혁이 차지하는 역사적 특징을 살펴보기로 한다.

공전제에 관한 연구는 사유제의 발달과 전개과정을 정리한 연구와 국유제의 입장에서 토지지배관계를 정리한 연구로 크게 나누어 살펴볼 수 있다. 전자의 입장은 주로 조선후기의 토지제도의 사적 추이와 토지개혁론 연구를 통해 농민의 토지소유권을 명확히 하고자 했다.[3] 후자는 공전제 연구와 민전의 경작권 연구를 통해 토지국유론의 역사적 전개과정을 강조했다.[4] 이 같은 사유론과 국유론의 사이에는 여러

---

2) 본 연구는 최윤오, 2013.3, 「반계 유형원의 봉건·군현론과 공전제」『동방학지』 161의 배경 연구로 함께 진행되었으나 별고로 발표하게 되었다. 반계의 공전적 토지소유권 개념을 추적하기 위해 봉건·군현론을 분석하게 되었고, 그 과정에서 반계의 공전제와 소유권(공전,사전) 개념의 역사적 추이를 확인할 수 있었다. 반계 유형원의 공전제는 식민사관론자들처럼 정체론적 국유론 형태가 아니었다.

3) 김용섭 교수의 아래와 같은 연구가 그러한 경향을 잘 보여주고 있다. 김용섭, 1981, 「토지제도의 사적추이」『한국중세농업사 연구』((1998補·2000, 지식산업사 재수록) ; 1983, 「전근대 토지제도」『한국학입문』, 학술원 ; 1984, 「한말 고종기의 토지개혁론」『동방학지』 41 ; 1989, 「조선후기 토지개혁론의 추이」『동방학지』 62(2007, 『신정증보판 조선후기농업사연구Ⅱ』 재수록).

가지 연구방법론이 존재하지만[5] 반계의 소유권 개념을 명확히 하는 선에서 논의를 압축하고자 한다. 사유론과 국유론의 연구방법론을 비교검토하는 과정에서 반계의 소유권 개혁과 그 지향점을 명확히 할 수 있기 때문이다.

양자의 연구방법론에서 확인되듯이 공전제 계보의 핵심은 농민의 입장에서 보는가, 국가의 입장에서 보는가? 또는 농민의 소유와 생산관계를 전제한 소유권으로 보는가, 아니면 국가와 법제도 차원의 접근방식을 갖는가에 따라 다르다는 점이 지적되어 왔고 그것을 확인할 수 있다. 따라서 전자의 경우는 주로 농민적 입장의 토지지배와 토지소유권 행사를 강조하는 한편, 후자는 국가적 입장의 토지지배와 형식적 법제화 논리를 강조한다. 전자는 주로 사유제의 현실을 연구하여 왔다면, 후자는 국유제라는 시각을 견지하고 있다.

본고에서는 반계 유형원의 17세기 토지소유권 인식과 공전제를 확인할 수 있는 대척점에 국유제 계통의 공전제 논리를 세워 양자를 비교하는 방법을 통해 그 성격을 분명히 하고자 한다. 반계의 17세기 토지소유권 이해 방식이 철저하게 '사유'에 기반하고 있기 때문이다. 또한 그의 지향은 사유를 개혁하고 공전적 소유권 개념을 창출하려고 했다는 점에서 기존의 공전제와 차이가 있었다.

첫 번째 방법론은 17세기 체제모순을 토지소유의 모순에서 연유하는 것으로 보았다는 점과 그것을 공전제 건설을 통해 해결하려고 하였다는

---

4) 김옥근 교수의 아래와 같은 연구는 일제시기로부터 진행되어온 공전 논쟁을 국유론 차원에서 정리해 내고 있다. 김옥근, 1977.7, 「공전 논쟁(1)」『移山趙璣濬博士華甲紀念論文集』; 1977, 「이조 민전 연구-민전의 소유관계를 중심으로-」『學術院論文集-인문사회과학편-』16.

5) 이영호, 「조선시기 토지소유관계 연구현황」; 이세영, 「조선후기 토지소유형태와 농업경영 연구현황」; 이영학, 「조선시기 농업생산력 연구현황」(이상 1987, 『韓國中世史會 解體期의 諸問題』, 한울 참조); 김건태, 1995, 「토지소유관계와 지주제」『한국역사입문 ②중세편』.

점이다. 반계가 목도한 현실은 사유의 발달과 토지편중의 심화로 병작제 방식의 지주제가 확대되고 그것이 농민의 몰락을 가속화시키고 있다는 것이다.

이에 반계는 농민층에게 受田權을 보장해 줌으로써 恒産을 마련해 주고자 공전제를 제안했다. 이 같은 반계의 현실인식은 모든 개혁론의 원동력이 되고 있었다. 반계의 구상은 당시의 토지지배관계 일체를 재편하여, 농민을 천하의 근본으로 삼고 사류층및 관료공신층, 궁방을 길러내는 방식으로 재편하고자 했다. 공전제 국가를 중심으로 농민, 사류층 3자 간의 토지지배 관계로 재정리하고자 했다는 점이다.6)

두 번째로는 반계의 사전과 공전 개념에서 나타난 소유권의 17세기적 특징이 무엇인가를 밝혀내는 것이다. 소유권의 개념을 통시기 소유권 개념 중 중세의 토지소유권 개념으로 비정하고 그것을 분석하고자 한다. 특히 17세기 토지소유권의 특징과 성격을 밝혀내는 것이다.

즉 반계가 개혁대상으로 삼았던 '사유'라는 개념과 '공전'으로의 환원이 갖는 역사적 성격을 재확인함으로써 17세기 사적소유의 발달과 그것에 대한 부정을 통해 공전제(소유권)를 창출하고자 했던 의도를 밝히는 것이다.

세 번째로는 『반계수록』에 나타난 17세기 '私有' 개념을 정밀하게 검토해 내기 위해 소유권의 발달과 그것이 지니는 통시기적 개념을 추적하고자 한다. 이 같은 방법론은 1910년 조선토지조사사업 진행과정에서 도입된 '근대적 소유권' 개념을 비교하고 그것에 대한 비판적 검토를 통해 반계의 공전적 소유권 개념을 명확히 하고자 하는 것이다. 반계는 17세기까지 발달한 사적소유를 해체하고 오히려 공전적 소유로 환원하고자 했기 때문이다.

---

6) 최윤오, 2013.4, 「반계 유형원의 공전제국가론」『반계 유형원 연구』, 실시학사 ; 최윤오, 2013.3, 「반계 유형원의 봉건·군현론과 공전제」『동방학지』 161.

근대적 소유권은 근대국가의 문명론에 입각하여 만들어진 기준이며 또한 그것은 역사적으로 완성된 토지소유권 개념이 아니다. 반계는 이미 그것을 17세기에 알고 있었는지도 모른다. 근대적 소유권은 고대로부터 중세를 거쳐 이룩해낸 협의의 소유권에 불과하며 미래의 소유권은 현재의 소유권을 바탕으로 출현할 것이기 때문이다. 근대소유권을 절대적 기준으로 두어서는 안 된다는 의미이기도 하다.

반계의 공전적 소유권의 보편적 특징을 추출하기 위해서는 17세기의 중세적 소유권의 성격을 보다 명확히 설명하는 방법이 필요하며 이는 통시기 토지소유권의 발달 중 17세기를 설명하는 방식을 찾아야 한다는 것을 의미한다. 반계는 농민의 受田權을 국가가 보장해야 한다는 점을 강조했다. 또한 농민의 수전권은 매매를 할 수 없지만 사용권과 수익권을 보장하는 한편 公券 지급을 통해 대대로 상속받을 수 있게 하였다. 미래에 출현할 공전적 소유권 개념이라고 할 수 있다.

네 번째로는 위와 같은 점을 명확히 점검하기 위해 정반대의 입장에 선 두 계통의 공전론을 비교하는 것이다. 즉 사전과 공전의 개념을 추출하고 공전제의 명확한 성격을 분석하는 방법론으로써 공전제를 주장한 연구를 두 계보로 비교검토 하고자 한다. 즉, 통시기를 체계적으로 검토한 연구는 극히 드물다. 그 중 17세기 토지소유권을 공전제로 분석하고 문제점을 제시한 반계 유형원의 공전제는 독보적이다. 반계의 공전제를 명확히 하기 위해 和田一郎의 공전제를 비교하고자 한다. 전자의 경우는 17세기 조선의 소유권을 '私有'로 보았고, 후자의 경우는 17세기의 지배적 소유권을 '國有'로 보았다.

양자의 현실인식과 지향은 모두 공전제 이해를 전제로 나타났다는 점에서 공통점을 갖고 있다.[7] 전자는 공전제 국가를 건설하는 방식으로

---

7) 17세기 반계 유형원과 20세기 和田一郎을 비교하는 것은 17세기 조선의 토지소유권의 모순을 공전제 방법론을 통해 해결하려 했다는 점이다. 반계 유형원과

이상적인 공전으로 이해하고 있고, 후자는 일본 제국주의의 조선지배와 식민지 근대화 건설을 위해 정체론적 공전을 해체시켜야 한다는 점에서 극단적으로 대비된다. 공전을 이해하는 방식에 따라 정 반대의 역사의 식과 세계관이 출현할 수 있다는 점을 잘 보여주는 사례이다.

공전제의 두 계보를 검토하는 데 있어 그것을 사유론과 국유론으로 나누어 비교하기로 한다. 물론 이 같은 방법은 기존의 다양한 연구를 도식화시킬 위험이 존재한다. 그러나 그와 같은 도식성의 위험성을 감수하는 이유는『磻溪隨錄』만큼 전 시기에 걸쳐 토지문제를 언급한 연구를 찾아볼 수 없기 때문이다. 1910년 토지조사사업에 크게 영향을 미쳤던 和田一郎(이하 和田)의 연구인『朝鮮土地地稅制度調査報告書』도 그와 버금갈 정도로 전시기 토지제도를 정리했다는 점에서 다시 주목될 필요가 있다.[8] 두 연구서의 공통점은 17세기 토지관계를 사전과 공전으로 설명하고 있다는 점이다. 전자는 사유를 해체하고 공전제 국가론을 건설하는 방식이었으며, 후자는 식민지 조선의 토지조사사업을 통해 공전(국유)을 해체하고 배타적 소유권 개념을 창출한다는 명분을 세웠고 결과적으로 그것을 통해 식민지배를 합리화시켰다.[9]

본고는 반계가 던진 사적소유의 부정과 그를 통해 건설하고자 했던 공전제 국가의 역사적 성격을 확인하는 자리가 될 것이다. 또한 반계의 공전적 소유를 통해 제시하고자 했던 소유권의 성격이 무엇인지를

대비될 만한 인물을 송나라 주희(주자)나 조선의 율곡 이이, 우암 송시열 등을 비교하는 방법도 있으나 공전제를 공통점으로 하고 있지 않다. 김용섭, 교수의 「주자의 토지론과 조선후기 유자-지주제와 소농경제의 문제」(1985,『연세논총』 21 ; 2007,『신정증보판 조선후기농업사연구Ⅱ』재수록)에서는 조선후기 유자들 의 견해를 주자와 반주자의 논리로 검토하였기에 참고된다.

8) 和田一郎, 1920,『朝鮮土地地稅制度調査報告書』, 東京 : 宗高書房(昭和42, 1967 재간).

9) 물론 본고의 목표는 반계 유형원의 공전제 소유권 분석에 두지만, 만일 식민지 관학자들의 공전제 이해와 식민지 근대를 비판적으로 검토할 수 있는 기회가 된다면 향후 더 보완하여 검토할 예정이다. 식민사관의 입장에 섰던 국유론자들 의 근대적 소유권 창출 과정은 조선 침략과 지배에 그 목표가 있었기 때문이다.

재확인하는 자리가 될 것이다. 그런 점에서 반계의 실학적 발상을 다시 한 번 확인할 수 있는 기회가 되었으면 한다.

2절 사전 개념과 사유론의 두 계통

1) 국유론자의 私有 부정

和田一郎의 공전제는 공전을 국유로 보고 사전 가운데 미약하게나마 사유의 발달을 인정한다. 그러나 전체적으로는 사유의 발달에 대해 부정하거나 조선후기에 들어 미약하게 발달한 것으로 이해하고 있다. 이러한 이해방식은 반계 유형원의 사유론과 정반대의 입장에 서 있다. 반계는 사유제를 혁파하고 공전제를 지향하는 방식을 통해 17세기를 이해하기 때문이다.[10] 공전제에 대한 차이는 곧 두 사람의 역사인식에 대한 차이를 보여준다.[11]

전자의 공전제는 17세기(뿐 아니라 前근대) 사회의 사적소유의 미발달을 전제로 하고 있지만, 후자는 사적소유의 지나친 발달로 인해 농민이 몰락하며 그것을 해결하기 위해 공전제 혹은 정전제로의 개혁론을 제시하고 있다. 어느 쪽이 조선시기 토지소유권의 현실을 정확히 이해하고 있을까에 대해서는 이미 정해져 있는 사실일지도 모른다.

---

10) 공전제의 계보를 반계와 和田一郎 양자의 국유론과 사유론으로 비교하는 데는 몇 가지 부적절한 점이 존재한다. 이에 따른 논지의 비약이나 양자의 비교에 대한 부적절성에 대해서는 되도록 공통점을 중심으로만 검토하기로 한다.
11) 17세기의 반계와 같은 수준의 학자를 찾는 일은 어렵다. 게다가 공전제를 중심으로 체계적인 국가론을 정리한 학자를 찾아서 비교하기 어렵기 때문에, 정반대의 입장에서 공전제를 주장한 일제하 관학자들을 선택하게 된 것이다. 그 중에서도 和田一郎의 연구는 전 시기를 아우르고 있고 특히 17세기 토지소유권에 대해서도 반대의 입장에 서 있기 때문에 비교대상으로 선정하게 되었다.

당시의 농촌현실을 목도했던 반계의 사유제 혁파 논리는 17세기 현실을 정확히 인식한 데서 나온 것이며, 和田과 같은 식민사관론자들이 목표로 했던 것은 소위 근대적 토지소유권을 창출한다는 명분 아래 前근대 소유권을 공전제, 즉 토지국유제로 왜곡하고 있었던 데서 나온 것이었다.

　和田은 토지사유의 연혁에 대해 그러한 사유 관념이 고려말기에 싹텄으며 조선중엽에 이르러 규정상 공증을 필요로 하는 제도를 열어 광무년간 이후 불완전한 증명제도를 거쳐 토지조사의 종료와 함께 일반적으로 등기제도를 시행함으로써 완결된다고 하였다.[12] 그러한 부동산 물권의 매매, 증여 등의 근거를 완문, 절목, 입안, 입지 등의 문기에서 찾을 수 있지만 어느 것이나 발생 근거를 찾을 수 없을 뿐 아니라 계통적으로 기재된 저술도 없다는 것이다.[13]

　和田이 생각하는 토지에 대한 공증은 등기 또는 증명규칙 등을 통한 것이 아니면 제3자에 의해 대항할 수 없다는 것이다. 제3자에 대한 대항은 결국 토지조사사업의 토지소유권과 경계 사정을 거쳐 1912년 3월 조선민사령 제정과 함께 제정된 조선부동산등기령과 조선부동산 증명령에 따라 등기제도가 시행되고 토지대장이 완성된 지역부터 시행할 수 있다는 것이다.[14] 和田과 같은 식민정책론자의 입장에서는 토지소유권에 대한 국가적 통제를 목적으로 등기제도를 도입함으로써 근대적 토지소유권 제도를 정착시키는 것이 주요한 목적이었다. 때문에 이전의 토지매매, 상속, 증여는 근거가 박약한 거래였으며 토지 거래를 복잡하게 만들었다는 것이다.

　또한 和田은 조선시기에 들어 고려의 공전제를 답습하였지만 공전과

---

12) 和田一郎, 1920, 앞의 책, 第3編 第1章 總說, 188쪽.
13) 和田一郎, 1920, 앞의 책, 第3編 第1章 總說, 189쪽.
14) 和田一郎, 1920, 앞의 책, 第3編 第1章 總說, 187~188쪽.

사전의 구별은 사실상 고려와는 달리 무세지를 공전, 유세지를 사전이라고 하면서 사전을 민전으로 이해하고 있다.[15] 이러한 가운데 국유와 민유의 개념을 사용하고 있다. 특히 국유지 분쟁을 주목하여 그 원인을 왕실유와 국유의 불분명, 역둔토 및 궁장토의 문란, 세제의 결함, 미간지의 冒耕 등에 대한 법제 정비가 이루어지지 않는 점에서 찾고 있다.[16] 국유지 절수 과정에서 무토면세지와 유토면세지의 구분 역시 주요인으로 거론하고 있다.[17] 이 같은 면세지 가운데도 왕실유, 즉 墓·殿·宮·祠·壇의 부속 토지 역시 국유인지 왕실유인지를 구분하기 어렵다고 이해하고 있다.[18]

식민지 정책수립자의 입장에서 본 전근대 한국의 사적소유권은 이와 같은 공전제, 국유론을 통해 이해되고 있었다. 따라서 그 토지소유권은 불완전하게 존재하고 있을 뿐 아니라 사유제도의 발생과 그 계통을 확인할 수 없다는 것이다. 和田은 공전제, 즉 국유론의 입장에서 사적소유의 발생 양상을 정리하였고 토지를 둘러싼 인간관계와 직접생산자 농민의 존재형태에 대해서는 관심이 없었다. 和田과 같은 법학자의 치명적인 오류라고 할 수 있다.

지금까지의 논지를 정리하면 和田의 공전론은 토지국유론을 바탕으로 소유권을 이해하고 있다는 점이다. 즉 개인에게는 토지소유권이 없고 다만 관료층의 수조권과 농민층의 경작권만이 존재할 뿐 소유권은 수조권을 분급하는 국가가 가지고 있다고 보고 있다. 이러한 논리는 공유제도를 공전제도로 제도화시키는 가운데 그 토지를 받은 자는 수조권[직전·사전·구분전·녹전] 혹은 경작권[丁田]만을 갖는다는 것이

---

15) 和田一郎, 1920, 앞의 책, 第1編 第4章 第4節 土地私有 / 起因, 103쪽.
16) 旗田巍, 1964, 「朝鮮土地制度史の研究文獻」 『朝鮮研究』 38(1972, 『朝鮮中世史會史の研究』, 法政大學出版局 재수록) 一. 本書の成立事情, 298쪽.
17) 和田一郎, 1920, 앞의 책, 第2編 第1章 總說, 129쪽.
18) 和田一郎, 1920, 앞의 책, 第7編 第1章 總說, 466~471쪽.

다.[19] 조선시기를 거치는 동안의 사적소유는 겸병이나 투탁, 매매 등으로 존재했지만 제도 문란으로 야기된 불법적이며 예외적인 현상이라고 보았다.[20] 공전제는 곧 토지국유라는 차원에서 국가의 관리처분권을 가장 상위의 개념으로 설정하고, 수조권이나 경작권을 지급하는 주체로 설정하고 있다. 실제 소유주체로서의 농민층은 배제된 것이다. 이같이 和田은 공전제 지배 아래 사적소유를 경작권으로서만 위치시키고 그것을 토대로 1910년 이후의 토지조사사업을 통해 근대적 토지제도 창출의 근거로 삼았던 것이다.

이후 周藤吉之, 深谷敏鐵은 비록 사적소유의 발생이나 근세사회로의 전환을 말하기는 했지만 토지지배에 대한 국가의 규정성을 가장 기본적인 위치에 설정한 것은 변함이 없었다. 이들의 견해는 대체로 조선시기에 들어서더라도 근대적 소유권(로마권적 토지소유권)을 잣대로 전근대 소유권의 정체성을 논하고 있다.

周藤吉之의 경우는 근대적 로마권적 토지소유권은 성립하지 않았으며 소유권을 구성하는 토지지배의 권리를 관리처분권, 수조권, 경작권의 삼권이 질적으로 분할되고 동일한 토지에 실현되었다고 본다. 삼권은 질적으로 분할된 토지소유이기 때문에 상호 보완적이며 서로 제한하는 성질을 갖고 있다는 것이다. 그 중 관리처분권이 수조권과 경작권에 우선하며 그것을 규제하고 모두 국가에 속한다고 했다. 토지공유제 차원에서 국가가 수조권을 귀족관료에게 지급하고 이것을 사전이라 하며, 국가기관에 준 것을 공전(협의의 공전)이라 하여 공전 사전의 경작권은 佃客에게 지급된다는 것이다.[21]

---

19) 和田一郎, 1920, 앞의 책, 第1編 第2章 3節 新羅の制度.

20) 旗田巍, 1972, 앞의 책, 四. 學說史上の本書の位置, 305~308쪽.

21) 周藤吉之, 1940, 「高麗朝より李朝初期に至る田制の改革-特に私田の變革過程とその封建制との關聯に就いて」『東亞學』3.

深谷敏鐵은 토지소유의 내용을 처분권을 중심으로 수익권, 경작권의 세 가지로 파악하되 국가와 관료, 지주, 농민의 삼자에 의해 분할되는 권리로서 토지소유의 성격을 설명하고 있다. 이때 공전은 국가가 처분하고 수익을 차지하며 사전의 경우는 국가가 처분하는 힘을 가진 관료 등과 수익을 나누어 가짐으로써 국가 지배권이 우위에 서고 있다는 점을 강조하고 있다. 또한 사전 역시 국가가 처분할 수 있는 힘이 있지만 관료의 수익권이 병존하고 있다는 점을 들어 경작권은 제한적이라는 점을 강조하고 있다.[22] 즉 공전과 사전 모두에 대한 국가의 지배권을 가장 우위에 두기 때문에 농민적 토지소유는 성장할 수 없었고 예외적인 형태로서의 지주제가 나타나기는 하지만 정상적인 형태는 아니라는 것이다. 국가적 관리처분권을 강조했다는 점에서 큰 차이가 없다.

지금까지 살펴본 공전론(=국유론)의 토지소유권에 대한 이해는 아래와 같이 정리될 수 있다. 즉 첫 번째로는 기존의 연구가 수조권 중심의 소유론에 머물고 농민의 경영을 다루지 않고 있다는 점, 두 번째로는 국가의 입장에서 토지제도를 연구한 법제사 중심의 연구에 머물렀고 농민의 입장을 반영하지 않은 점, 그리고 세 번째로는 공전제를 국유론으로 치환했다는 점이다.

특히 세 번째의 논지는 중세국가의 '公田'에 대한 해석 방식을 '국유'로 곧바로 대치하고 있다는 점에서 농민의 사적소유를 전혀 인정하지 않고 있다. 소유주체를 국가 혹은 공동체의 소유라고 하는 점은 전근대 토지소유의 실체를 설명하지 못하고 있다는 점에서 근본적인 문제가

---

22) 深谷敏鐵의 연구(1940,「科田法から職田法へ」『史學雜誌』51-9·10 ; 1944,「朝鮮における近世的土地所有の成立過程-高麗朝の私田から李朝の民田」『史學雜誌』 55－2·3 ; 1941,「朝鮮の土地貫行 '並作半收試論」『社會經濟史學』11-9 ; 1939,「鮮初の土地制度 一斑一いわゆる科田法を中心として一」『史學雜誌』50-5·6, 東京大史學會)가 대표적이다.

있다. 즉 국가나 공동체는 노동[개간] 주체가 될 수 없기 때문이다. 다만 국가 성립 이후 국가기관 등에 대해 토지지배권을 분급하는 것은 가능하며 그것을 국유지라고 부를 수는 있다.

和田의 공전제는 식민지 조선에 대한 토지조사와 그것을 합리화시키기 위한 국유제 논리에서 출발했다. 和田은 고대국가 성립과정에서 성립한 공전제의 유제가 중세 말까지 존재하였으며 그것을 국유론 차원에서 파악하였고 일본의 토지조사사업이야말로 근대적 토지제도로 발전시키는 계기가 되었다고 주장했다. 이들의 주장은 근대지상주의의 입장에 서서 조선을 근대화시켰다는 논리에 머물 뿐 그들의 미래는 조선병합이었다.

이와 달리 반계는 정전제 붕괴 이후 公田제도는 무너졌고 점차 私田을 중심으로 사적소유의 편중과 대토지소유가 발달하게 되면서 공전제가 무너지게 되었다고 보았다. 공전론을 바탕으로 다시 새로운 사회를 건설해야 한다는 것이다.

2) 반계의 私田 이해와 사유론

和田과 반계의 세계관은 현실인식과 목표의 차이에서 차이가 있으며 소유권에 관한 이해방식도 다르다는 것은 당연한 것이기도 하다. 和田은 일본 국가의 제국주의적 입장에서 토지제도를 정리하고 있었고, 반계는 농민의 입장에서 새로운 공전제 사회를 구상하고 있었기 때문이다.

반계의 출발점은 농민의 항산과 전체 사회구성원간의 생산관계를 재정리해 내는 것이다. 기존의 공전제 논쟁에서도 언급되었듯이 소유와 더불어 농업경영까지 고려한 시각이 필요하다.[23] 앞에서 살펴본

---

23) 旗田巍, 1972, 앞의 책, むすび, 308~309쪽 ; 1971, 有井智德, 앞의 글.

일제 관학자들의 정체론적 공전론은 공통적으로 전제국가의 토지지배권을 수조권 중심으로 이해하였고 농민의 사적소유는 경작권 수준으로 이해하였다.

반계의 경우는 사적소유의 발달을 정전제 붕괴 이후 사전 확대가 진행되면서 토지소유 문란이 가속화되는 가운데 나타난 것으로 이해하고 있다. 반계가 생각한 봉건적 토지소유에 대한 개혁은 이 같은 사적소유를 공전제 국가가 통제하여 다스리는 방법밖에 없다고 생각했다. 17세기 체제위기를 해결할 수 있는 방법은 사적소유를 혁파하는 방법 외에는 없다고 보았다. 공전제를 통해서만 이 같은 토지모순을 해결할 수 있다고 보았다.

반계는 토지제도의 문란과 사유 개념이 발달하게 된 과정을 네 단계에 걸쳐 말하고 있다. 아래의 네 단계는 모두 하나의 문장이지만 그 역사적 전개과정을 잘 보여준다.

① 옛 (정전) 제도가 이미 폐지된 뒤 토지는 公에서 民으로 넘어가게 되었다. 부자들은 阡陌을 넘어서고 가난한 자는 송곳을 세울만한 땅도 없게 되니 부유한 자는 점점 더 부유해지고 가난한 자는 점점 더 가난해졌다.[24]

② 오랜 시기가 지나면서 모리배들이 모든 토지를 다 차지하게 되고 양민들은 모두 떠돌아다니면서 고용살이를 하게 되니 그 해독은 이루 다 말할 수 없게 되었다.[25]

③ 그리하여 지금의 모든 토지는 다 私有가 되어서 사람들은 모두 당연히

---

24) 『磻溪隨錄』 卷2, 田制下 田制雜議附, '或日古制旣廢之後 田不在公而在民 富者連絡阡陌 貧者無立錐之地 是以富者漸益富 貧者漸益貧'.

25) 위의 책, '及其久也則牟利之輩 盡有土地 而良民相率流移 爲其傭作之人 其害所至 不可勝言'.

대대로 전해온 재산으로 알게 되었다.[26]

④ (위와 같으니) 일거에 모두 바꾸는 것은 심히 어렵다.[27]

첫 번째 자료는 정전제의 붕괴를 통해 공전의 붕괴와 사유의 발달을 말하고 있다. 阡陌을 넘어섰다고 했을 때의 천맥이란 정전제 때의 경작지 사이의 도로로서, 남북으로 놓인 阡 사이의 면적은 대강 10만 묘, 동서로 놓인 陌 사이의 면적은 1만 묘로 보고 있다.[28] 정확한 면적은 남북으로 10만 묘라면 농가호 1호당 100묘로 환산했을 때 1,000호에 해당하며, 동서로 1만 묘라면 농가호 100호에 해당하는 면적이다. 이같은 천맥 사이의 도로를 넘어서는 대토지소유자의 등장은 정전제의 붕괴를 말하며 천맥이라는 면적은 이후 하나의 관용어처럼 쓰이게 되었다는 것이다. 이때의 천맥은 물론 중간의 遂, 溝, 洫, 澮라는 냇물 흐르는 도랑을 포함하는 경계가 되니 이 모두를 포함하여 옛 정전법의 구획법의 정밀함과 그것이 무너졌음을 보여주고 있다.

두 번째 자료는 정전법 폐지 이후 모리배들이 모든 토지를 차지하게 되면서 농민들은 몰락하고 겨우 고용살이를 통해 연명을 하게 된 상황을 말해 준다. 이러한 상황에서 제시된 각 시기의 토지제도가 균전법이나 한전법 등이었을 것이며 그 모두 정전법의 이상적 토지제도를 근거로 시행되었던 것이라는 것은 『반계수록』 가운데 잘 정리되어 있다. 그러면서도 이러한 상황이 해결되지 못한 것은 정전법의 원리를 정확히 알지 못하기 때문이라고 말하고 있다.

세 번째 자료와 네 번째 자료는 공전, 사전의 붕괴와 그것은 私有로

---

26) 위의 책, '然今率土皆爲私有*人各視爲世傳之物'.
27) 위의 책, '則一朝更變 亦甚難行'.
28) 위의 책, '蓋陌之言百也 遂洫從而徑涂亦從 則遂間百畝 洫間百夫 而徑涂爲陌矣 阡之言千也 溝澮橫而畛道亦橫 則溝間千畝 澮間千夫 而畛道爲阡矣 阡陌之名由此而得'.

바뀐 것을 잘 보여준다. '率土'가 모두 사유지로 변하여 모두 당연히 자신의 매매, 상속 대상으로 삼게 되었다는 것이다. 여기에서의 '率土'는 왕토[공유] 또는 공전[국유]의 두 가지 뜻을 내포하며 반계의 공전론과 밀접한 관련이 있다. 여기에서는 우선 사유의 발생을 정전제의 붕괴 이후 확대된 것으로 17세기에 들어 일거에 그것을 공전과 사전으로 다시 환수한다는 것은 심히 어렵다고 보고 있다.

반계의 私田 이해와 사유론은 이 같은 정전제의 붕괴와 밀접한 관련이 있다. 우선 사전의 개념과 사유론의 발생에 대해 검토할 필요가 있다. 반계가 이해한 17세기 조선의 토지소유권 개념은 공전제가 무너지고 사전이 지나치게 확대되어 토지문란을 심화시키고 있었던 현실과 대토지소유를 막고 농민의 소유권을 보장할 수 있는 공전제를 시행해야 한다는 이상론에서 출발했다. 이때 반계가 이해한 私田은 중세적 토지소유의 핵심으로서의 사적소유라고 할 수 있다. 고대 夏殷周 사회가 무너진 이후 공전과 사전이라는 정전제 토지제도는 현실적으로 사라졌고 그것을 되살리려는 시도는 사전을 어떻게 통제하여 농민에게 항산을 부여하고 국가의 부강을 이루어 낼 수 있는가 하는 점에서 출발하고 있었다.

반계는 사적소유의 발달을 사전의 발달로부터 이해하고 있다. 고대 사회의 정전제 붕괴와 해체를 통해 사적소유의 발달을 이해하고 있는 것이다. 이 같은 이해방식은 사적소유의 발생사를 이해하는 데 있어 중요한 단서를 제시한다고 할 수 있다.

여기에서는 사유의 기원과 발달, 그리고 소유주체의 형성이라는 세 가지 논점으로부터 사적소유의 발달사를 검토하기로 한다. 이러한 소유권의 역사적 성격을 이해하는 데는 전제가 필요하다. 즉 우리가 정의하고 있는 근대적 소유권의 성격으로서 일물일권적, 배타적 소유권 이란 근대에 들어 성립한 것이며 향후 미래 사회에는 더욱 발달할 것이라는 점이다. 다른 말로 표현하면 근대의 소유권을 기준으로 고대나 중세의 소유권을 재단할 수 없다는 점이다. 17세기 반계의 소유권 개념은 따라서 통시기 소유권 발달과정에서 차지하는 위치를 추적하는 방법을 통해 정의될 필요가 있다.

첫 번째로는 토지소유권의 일반적 개념이다. 토지소유권이라는 개념은 상당히 보편적으로 그리고 이른 시기부터 존재했지만[29] 역사적 발생형태와 전개방식은 각 지역의 사회구성과 국가 형성과정에 따라 다르며 보편적으로 증명하는 것은 쉽지 않다.[30] 즉 토지소유권은 역사적 개념으로서 고대, 중세, 근대, 그리고 미래에서도 사용되는 용어이다.

기본적으로 정착농경 사회에서는 토지소유권 개념이 이른 시기에 확립되어 갔지만 수렵채집 사회나 유목 사회에서는 발달되지 못했다고 알려져 있다.[31] 인간이 생존하기 위해서는 대지에 대한 지배가 필요하고 그로부터 소유권이 발달하기 시작했기 때문이다. 이 같은 의미에서 소유권은 전 시기를 관통하는 역사적인 개념이며 각 시기 재산제도의 근간이 되어왔다. 토지소유권 역시 통시기를 전제한 역사적 개념으로 이해될 수 있을 것이다.[32] 우리가 현재 누리고 있는 근대적인 소유권은 지금까지의 역사발전 결과물이며 미래에 출현할 소유권의 전단계로서 마지막 완성태는 아니며 과도적 형태이기 때문이다. 이러한 점에서 근대적 소유권은 협의의 소유권이며 그 특징은 사유재산을 물권에 대한 직접적 전면적 지배권에 두고 있다.[33]

---

29) 김용섭, 1981, 「토지제도의 사적추이」『한국중세농업사 연구』(1998補·2000, 지식산업사 수록) ; 이우성, 1988, 「초기실학과 성리학과의 관계-磻溪 柳馨遠의 경우」『동방학지』 58 ; 박병호, 1972, 『전통적 법체계와 법의식』, 서울대학교출판부.

30) 加藤雅信, 김상수 역, 2005, 『「소유권」의 탄생』, 법우사(原著 1979, 『「所有權」の形成』, 岩波書店).

31) 加藤雅信, 위의 책, 197~200쪽.

32) 鈴木祿弥, 1979, 「所有權」『經濟學 辭典』, 岩波書店, 712~713쪽.

그렇다면 우리나라의 토지소유권의 발생과 발달에 대해서도 역시 각 시기, 지역, 국가의 성립사정에 따라 달리 이해될 수밖에 없는 것처럼 일반화시켜 말하기는 어려울 것이다. 반계의 경우에는 정전제와 관련하여 이해하고 있다. 반계 역시 최초의 소유권 발생과 국가의 토지지배 관계를 이해하기 위해서는 정전제[箕子井田] 이해 방식을 통해 체계화시키려 하고 있다. 정전제의 공전과 사전은 제도화된 정전제와 결합된 소유권의 형태라고 할 수 있다.

즉 반계는 토지와 인간의 관계를 물과 물고기의 관계로 비유하고 있다. '사람이 토지를 경작하여 사는 것은 물고기들이 물에서 사는 것과 마찬가지인데 고기가 많아서 물이 모자란다는 이야기는 듣지 못하였다'고 하였다.[34] 인간은 대지를 개간하는 가운데 사회집단을 이루고 살면서 자신의 토지에 대한 소유권을 확보해 왔던 것은 역사적 사실이다. 국가 성립과 함께 이 같은 토지소유에 대한 갈등은 증폭하게 된다. 예컨대 땅이 부족했을 때 우려가 되는 것은 1인이 토지를 겸병하고 대다수 농민이 토지를 잃게 되는 것이 걱정이라는 것이다. 농민들에게 토지를 均分한 후 혹시 부족할까를 걱정해야 하는 것이 문제는 아니라는 것이다.[35] 반계의 생각은 토지겸병이야말로 농민에게 균분할 수 없게 만드는 요인이라고 보고 있던 것이다. 농민에게 소유권을 보장하는 방법이 무엇인지를 찾고 있는 것이다.

반계는 사전이야말로 공전에 대비되는 토지로 보고 있다. 즉 공전이야말로 公的이며 均分을 이룰 수 있는 토지라고 보고 있으며, 그에 대해 사전은 私的이며 통제가 어렵기 때문에 토지의 편중을 가져올

---

33) 鈴木榮弥, 위의 책, 712~713쪽.

34) 『磻溪隨錄』 卷2, 田制 下 田制雜議附, '人生於地 有如魚生於水 未聞魚多而水不勝也 果使地少也'.

35) 위의 책, '今之一人兼幷而衆人無田 爲不足憂 而兆人均分之後 或有餘人之爲可憂耶'.

것이라고 해석한다.[36)]

두 번째로는 생산력 발달에 따른 소유권의 발전 양상에 대한 문제이다. 농경정착사회는 수렵채집사회나 유목사회에 비해 토지소유권이 이른 시기에 발달했다고 알려져 있다.[37)] 농경정착사회와 수렵채집사회, 유목사회 등의 토지소유권은 각각의 사회구성과 국가발달의 차이만큼 서로 다르다는 것이다.[38)] 이 같은 점에서 같은 농경사회라고 할지라도 생산력 수준에 따라 소유권의 발달 양상은 다를 것이라는 예측이 충분히 가능하다.

예컨대 유럽의 생산력 수준과 한국의 그것을 비교하여 소유권 개념에 대한 발전 정도를 비교할 수 있다. 17, 18세기 한국의 파종량 대 생산량 비율은 유럽의 1.5~3배에 달한다.[39)] 생산력 수준을 바탕으로 소유권의 성격 역시 달라질 수 있다는 점을 고려한다면 서양보다 동양의 소유권이 더 발달할 가능성이 있었다고 할 수 있다.[40)] 토지소유권은 이같이

---

36) 위의 책, '大抵無論公田與私田 俱是一般此地此人 元非別基局 只公田則公而均 私田則私而偏'.

37) 加藤雅信, 김상수 역, 2005, 앞의 책, 197~200쪽.

38) 유럽과 동양의 생산력 수준에 대해서는 수평적으로 비교하기는 힘들겠지만, 단위면적당 유럽의 경우 1두락당 5두 전후의 생산성을 보인다면, 한국의 1두락당 생산량은 15~20두를 보인다. 18세기 유럽의 농업혁명(인구증가, 개량 삼포식농법, 상업적농업 등)으로 3배에서 2배 정도로 차이는 줄었지만 여전히 격차는 크다. 이 같은 토지생산성의 차이 때문에 소유권 역시 유럽의 영주제 아래 상급, 하급소유권 개념을 동양에 적용시켜서는 안될 것이다.

39) 배영수, 1987, 『서양사연구』, 한울에서는 12~13세기에 이르면 파종량 대 생산량의 비율이 1 : 2.5 정도에서 1 : 4로 크게 향상되었고(79~82쪽), 17세기 후반 이후 영국은 다른 지역의 1 : 7보다 높은 1 : 9~10정도의 수준으로 급격히 증가했다고 한다(253~260쪽). 단위면적 생산량과 소유권의 발달은 밀접한 관련성을 가진다고 할 수 있다. 즉 유럽의 1 : 7(~1 : 10) 수준에 비해 조선후기의 1 : 15(~1 : 20수준) 생산량은 약 1.5~3배 정도에 달하기 때문에 한국의 생산력은 유럽에 그만큼 앞선다고 할 수 있을 것이다. 향후 이와 같은 차원에서 토지생산력과 소유권, 그리고 사회전반의 정치경제적 발달양상에 관한 재검토가 필요할 것 같다.

40) 加藤雅信, 김상수 역, 2005, 앞의 책, 191~200쪽.

초역사적 개념으로 이해할 수 있으며 서양과 동양의 그것이 다르듯이 사회구성과 국가발달의 양상을 통해 다양하게 발달해 왔다.[41]

반계는 17세기 1호당 1경(100묘)을 지급하는 것은 주나라 때의 1경보다 훨씬 토지생산력이 발전했음을 전제로 하고 있다. 때문에 같은 면적의 토지를 나누어주더라도 생산성은 훨씬 발달했기에 생산력은 더욱 증대할 것이다.[42] 노동생산력 증대에 대해서도 말하고 있다. 「王制」편을 인용하면서 1경(100묘)을 경작하는 농부를 5~9명의 경우를 상정하여 5등분으로 규정하고 있다. 근농하는 上農夫는 아홉 식구를 먹이며 이하 다섯 식구를 먹일 수 있는 경영형태까지가 그것이다.[43] 16세 이상의 경우 25묘를 추가로 지급받기 때문에 농업생산력은 더 증대될 것이다. 상농은 하농보다 더 많은 생산을 보장받을 수 있었고 장시를 이용한다면 잉여생산물은 더욱 늘어날 것이다. 근면한 농민의 경우 농업경영을 확대시킬 수 있는 기회가 더욱 많았을 것이며 이는 농민 자신의 토지소유권을 바탕으로 가능한 것이었다.

세 번째로는 소유주체에 관한 관점이다. 즉 토지소유권 발달에 대한 이해의 또 하나의 관건은 계급사회 내 소유에 대한 주체의식이 어떠한 방식으로 발전되어 왔는가 하는 것이다. 즉 토지소유에 대한 권리가 어떠한 방식으로 존재하는가를 말한다. 해당 토지나 재산에 대한 권리를 주장할 수 있는 근거를 국가가 보장해주고 있는가 하는 문제와 관련이 있다. 그와 같은 토지소유권에 대한 주체의식은[44] 법적근거를

---

41) 鈴木祿弥, 1979,「所有權」『經濟學 辭典』, 岩波書店, 712~713쪽.

42) 송나라 11세기 인물인 程子의 말에 의하면, '옛날에는 100步가 1畝였으니 그 100묘는 지금의 41묘에 해당한다. 그것으로 여덟 식구를 먹였다…'고 한 것을 보면 단위면적당 생산력의 증가 형태를 짐작할 수 있다(『磻溪隨錄』卷5, 田制攷說 上 經傳所論井田之制 참조).

43)『磻溪隨錄』卷5, 田制攷說 上 經傳所論井田之制, '王制曰制農田百畝 石畝之分 去聲上農夫 食九人 其次食八人 其次食七人 其次食六人 其次食五人'.

44) 박병호, 1972,「소유의 주체의식과 존중의식」『전통적 법체계와 법의식』, 서울대

통해 정당화될 수 있다. 중세에는 그러한 권리를 타인이 소유권을 존중해 준다는 기대와 존중되고 있다는 신뢰감, 그리고 그 권리가 침해된 경우에는 관청에 소송을 제기하여 재판을 통해 구제받을 수 있는 기회가 법에 의해 보장되고 있다고 의식하고 있음을 뜻한다.[45] 그러나 봉건사회의 소유권에 대한 관념성은 근대적 소유권에서와 같이 철저히 관철되어 있지 못하다. 따라서 중세사회의 토지분쟁은 해당 토지에 대한 權原의 형태에 따라 토지권을 획득할 수 있기에 불완전할 수 있다.

반계는 이 같은 문제를 公券 발급을 통해 해결하려 하고 있다. 공전제 건설을 위해 농민들에게 1경씩의 토지를 분급하되 해당 토지에 대해서는 국가가 공권을 통해 보장하며 해당 受田主의 권리를 박탈할 수 없다. 사류및 관료, 공신, 왕실층에게도 2경~12경에 해당하는 토지를 지급하며 각기 수전주로 등록하도록 한다.[46] 이 같은 과정을 거쳐 성립한 토지소유권은 해당 수전주에게 사용권과 수익권이 보장된다. 단 처분권은 국가의 통제를 따르도록 되어 있다.

중세의 토지에 대한 사적소유권은 누구에게나 인정되고 있었다. 토지의 소유주체는 개인일 수도 있고, 기관일 수도 있으며, 또한 국가일 수도 있었다.[47] 사전과 공전은 중세의 국가성립 과정과 국가 내 신분계급의 존재형태에 따라 다양한 형태로 세분화되었다. 그리고 사적소유지에 대한 매매, 상속, 증여의 권리는 해당 토지주체의 권리행사에 달려 있다. 다만 그것에 대한 분쟁이 일어났을 때 해당 토지에 대한 토지주체의 권리가 온전히 행사될 수 있는가 하는 점에 대해 양안,

학교 출판부, 99~124쪽.

45) 박병호, 위의 책, 125~128쪽.

46) 최윤오, 2013, 「반계 유형원의 공전제국가론」 『실시학사 실학총서 반계』.

47) 김용섭, 1981, 앞의 글(1998補·2000, 『한국중세농업사 연구』, 지식산업사, 16~36쪽).

매매문기, 입안, 상속문서 등의 문서가 제시되어야 한다. 근대사회처럼 해당토지에 대한 등기제도가 마련된 것이 아니었다.

반계의 공전제 하에서의 소유주체는 농민이며 사류층이다. 이때의 농민층은 직접경작자이며 사류층은 농민의 고용노동에 의해 자신의 토지지배를 실현한다. 그리고 농민들의 소유권은 사용권과 수익권이 국가에 의해 보장되고 있다. 관리처분권이 국가에 의해 장악되었다고 해서 농민의 소유권이 제한되는 것은 아니다. 이 같은 점에서 농민의 소유권은 '公田적 소유권'이다. 달리 말하면 공전제 아래에서는 국가도 왕정도 토지를 소유할 수 없다. 國有도 아니며 王有도 아니며, 私有도 부정되고 있다. 공전제 국가는 公有 개념을 통해 토지를 관리할 수 있지만, 그것은 다음 근대국가가 출현할 때까지다. 그러한 의미에서 국유제는 아니다. 토지는 公物이기 때문이다.

3절 공전 개념과 공전론의 두 계보

1) 국유론자의 井田 부정과 공전론

토지국유론자의 공전론 규정은 일본의 대한제국에 대한 식민지배와 토지조사사업 과정에서 이론적 토대를 제공했다고 해도 과언이 아니다. 때문에 토지국유론에 입각한 공전론은 조선에 대한 정체론적 이해의 출발점으로 볼 수 있다.[48] 대표적인 국유론자인 和田의『朝鮮土地地稅制

---

48) 和田一郎의 연구는 일제 관학자(福田德三, 黑田巖, 四方博 등)의 정체론적 식민사관 론과는 구분되어 왔다. 관학자들의 경우는 봉건제결여론 등을 바탕으로 침략을 합리화시켰기 때문이다(이만열,「일제 관학자들의 식민사관」『한국의 역사인 식』하). 和田의 경우는 법제사 차원에서 토지소유의 근대적 성격을 제도화시키려 했고, 실증적 입장에서 전근대 신라, 고려, 조선의 토지소유를 공전, 즉 국유라고

度調査報告書』(이하『보고서』)는 이러한 과정 일체를 담고 있다.[49] 그는 이 책으로 1906년 동경제국대학 법학박사 학위를 받았으며 주 전공분야는 재정 및 조세, 예산이며 1910년 11월 朝鮮總督府 臨時土地調査局 書記官 겸 朝鮮總督府 書記官, 總務課長 등을 역임하면서 朝鮮의 토지조사사업을 완성하였다.[50]

그의 논지는 공전론을 통해 조선시기까지의 토지소유 관계를 공전제, 즉 토지국유론으로 서술하고 있는 부분에 잘 나타나 있다. 조선총독부의 국유지 창출과정은 대다수 조선농민이 경작지를 잃고 식민지 지주제가 뿌리를 내리는 계기가 되었다. 和田의 목표는 식민지 조선의 근대적 토지소유권 확립과 지세제도 정리에 목표를 두고 전근대 조선의 토지제도를 공전제(토지국유제)로 정리해 내었던 것이다. 이렇듯 한국 전체의 토지·조세제도를 통시기적으로 정리한 업적은 지금도 높이 평가될 만하다.

和田은 토지조사사업의 업무를 담당하면서 임시토지조사국 총무과장, 분쟁지 심사위원장 등을 지내면서 그의 개별 논문을 하나의 저서로 묶어 토지국유론을 정리했다. 일본의 대표적인 사회경제 사학자 旗田巍는 한 마디로 和田의 저서를 총독부의 입장, 즉 조선의 식민지를 위해 조선농민으로부터 토지를 수탈하는 입장에 선 연구라고 단언하고 있다.[51] 그 중 우선 주목되는 부분이 제11편「국유지 분규」와 제1편

파악했다는 점에서 다르다. 다만 근대의 일물일권적 배타적 소유권을 설정하고 그것을 전근대 토지소유와 비교하여 그 성격을 사유의 미발달(국유 중심)로 규정했다는 점에서 정체론적 국유론자로 다루고자 한다.

49) 旗田巍, 1964,「朝鮮土地制度史の研究文獻」『朝鮮研究』38(1972,『朝鮮中世史會史の研究』, 法政大學出版局 재수록) ; 有井智德, 1971,「土地所有關係-公田論批判」『旗田巍 編, 朝鮮史入門』, 太平出版社 ; 權寧旭, 1967,「朝鮮에 있어서의 封建的 土地所有에 대한 약간의 理論的 問題」『歷史學硏究』321 ; 이영호, 1987,「조선시기 토지소유관계 연구현황」『한국중세사회 해체기의 제문제』, 한울, 61~62쪽.

50) 朝鮮功勞者銘鑑刊行會 編, 昭和11(1936),『朝鮮功勞者銘鑑』, 京城 : 民衆時論社 ; 朝鮮中央經濟會 編纂, 大正10(1921),『京城市民名鑑』, 京城.

「조선토지제도요론」이라고 한다. 제11편은 가장 먼저 집필된 부분으로서 분쟁지심사위원장을 맡는 가운데 국유지 귀속 문제를 정리한 것이고, 11편 이후의 다른 여러 논문을 나누어 집필하게 되었다. 和田의 조선토지제도사의 골격은 제1편 「조선토지제도요론」으로 정리되었고 전체를 관통하는 토지국유론의 논리가 뿌리를 내리게 되었다.

　和田의 조선토지제도사 견해는 공전론, 즉 토지국유론으로 요약된다. 근거로 드는 것이 삼국시기까지 공산제 사회의 유제가 남아 있으며 신라통일 이후 당의 제도를 받아들여 공산제를 공전제로 개편하였다는 것이다.[52] 이러한 공전제 성립은 국가의 발전과 밀접한 관련이 있으며 통일신라 이후의 토지는 모두 국가의 공유=국유였다는 것이다.[53] 관료들에게 지급한 職田, 賜田 등은 수조권을 받은 것에 불과하며, 농민이 받은 丁田, 口分田 역시 수조권만 준 것이지 사유지는 아니며 경작권에 불과하다는 것이다. 和田의 관심은 국유지에 대한 분쟁이 특히 많았다는 점이다. 분쟁은 대부분 소유권 분쟁이었고, 전체 조사필지 중 0.52%가 분쟁지로 나타났다.[54] 분쟁지 가운데 국유지 분쟁이 64,449필지(65%)를 차지하였고, 민유지 분쟁은 34,689필지(35%)에 지나지 않았다.

　和田의 공전론에 나타난 국유론의 오류는 학설사적으로 충분히 검토되었지만[55] 현재도 그와 유사한 국유론이 계속 재생산되고 있다.[56]

---

51) 旗田巍, 1972, 앞의 글, はしがき 및 一. 本書の成立事情, 289~292쪽.

52) 和田一郎, 1920, 앞의 책, 第1編 第2章 第3節 新羅ノ制度, 19~22쪽.

53) 和田一郎, 1920, 앞의 책, 第1編 第2章 第3節 新羅ノ制度, 19~22쪽.

54) 토지조사국의 토지조사 총필지는 19,175,020였고 분쟁지는 99,445필지(0.52%)에 해당했다.

55) 이에 대해서는 이영호, 1987, 「조선시기 토지소유관계 연구현황」 『한국중세사회 해체기의 제문제』, 한울, 61~62쪽 ; 旗田巍, 1967, 「李朝初期の公田」 『朝鮮史研究會論文集』 3(1972, 앞의 책 재수록, 251~288쪽).

56) 旗田巍, 1972, 앞의 책, むすび, 308~309쪽 ; 이영호, 2007, 앞의 글, 95~98쪽 ; 有井智德, 1971, 앞의 글.

그중 가장 핵심적인 내용은 다음 세 가지에서 연유한다. 공전을 국유지로 대치시키고 있다는 것, 그리고 토지국유의 원리 아래 수조권과 경작권만이 존재하며 사적소유는 발달하지 못했다는 점, 지대=조세 일치론이다. 중세국가의 專制的 성격뿐 아니라 그로부터 연유한 국가의 토지지배권을 강조하는 방식이다.

和田은 국가가 소유권을 가지며 수조권과 경작권조차 국가가 분급한 것이라고 이해하였다면, 周藤은 관리처분권, 수조권, 경작권 등 삼권을 행사하는 토지지배 형태를 국유, 즉 국가의 토지지배 형태로 정의하였으며, 深谷은 처분권, 수익권, 경작권 가운데 국가의 관리처분권과 수익권이 결합되어 나타나기 때문에 국유론의 성격이 강했다고 보고 있다. 이들의 공통점은 국가의 관리처분권이 농민의 경작권 개념보다 강했다고 보고 있으며 국가의 역할을 다른 두 가지 권리보다 지배적이고 우월적인 형태로 강조하는 것이다. 和田은 국가를 유일한 소유권자로 강조하지만, 周藤은 3권이 결합된 형태로 국가의 소유론이 행사되고 있었으며, 深谷은 수익을 국가와 관료층이 나누어 가지며 농민을 함께 지배하는 형태의 국유론으로 본다는 점에서 차이가 있다. 이러한 국유론은 후에 有井智德의 고려시기 균전제[57] 연구를 통해 한층 강화되었다.[58]

여기에서 발견되는 것은 和田의 공전론=토지국유론이 다수의 한국 학자에 의해서도 주장되고 있다는 점이다. 그들의 특징은 일본의 조선 지배를 비판하면서도 학문적 방법으로는 마르크스의 동양사회의 사적 소유 결여와 국유론을 전제로 한다는 점이다. 물론 이것은 단지 和田의 영향 때문만은 아니다. 마르크스의 저작 중에 '아시아적'이라고 하는 것은 '아시아적 봉건제'로 이해하고 '지대와 조세의 일치', '봉건적 토지

---

57) 有井智德, 1958, 「高麗初期 公田制-特に均田を中心として」 『朝鮮學報』 13.

58) 旗田巍, 1972, 앞의 책, 4. 學說史上の本書の位置, 307~308쪽.

국유론'이라는 생각을 한국 역사에 적용하는 것이다.[59] 이 같은 논리는 동양의 전제군주가 지배하는 국가의 역할을 과대평가하고 있는 데서 출발한다. 즉 국가의 토지나 농민에 대한 지배권을 강력한 전제국가를 중심으로 이해하고 있으며,[60] 농민의 존재나 상호간의 생산관계에 대해서는 전혀 언급하고 있지 못하고 있다.

이러한 공전제에 입각한 토지국유론은 신라, 고려 및 조선시기 연구자들에 의해 이론적, 실증적으로 비판이 이루어지고 있지만, 여전히 아시아적 생산양식론의 입장이나 동양의 전제국가의 지배적 성격을 특질론으로 강조하는 연구로 재생산되고 있다. 예컨대 제4의 아시아적 생산양식론,[61] 혹은 국가적 토지소유론을[62] 통해 국가의 토지지배권을 강조한 연구들로서,[63] 서구 중심주의 역사를 강조하여 공업화가 진행되지 못한 동양의 근대는 정체성을 잘 보여준다는 연구 등으로 나타나고 있으며 또한 동양적 특질을 소농사회론으로 설명하기도 한다. 공전을 국유지로 인식하는 방식은 아시아국가 및 생산방식에 대한 관점에서 출발한 데서 출발하고 있으며 나아가 그 기준이 근대의 소유권을 유일한

59) 백남운(1933, 『조선사회경제사』 ; 1937, 『조선봉건사회경제사』), 이청원(1936, 『조선사회사독본』), 김석형(1957, 「조선중세의 봉건적 토지소유관계」 『조선봉건시대 농민의 계급구성』), 박시형(1960·1961, 『조선토지제도사』) 등의 경우 유물사관의 입장에서 조선사의 보편적 역사발전 논리를 규명하고 있다는 점에서 식민사관론자들의 국유론과는 다르다.

60) 아시아적 생산양식론자들의 국가체제론에 대한 비판적 정리로서 김무진 교수(1988, 「조선전기 정치권력구조에 관한 연구동향과 국사교과서의 서술」 『역사교육』 43)의 글이 참고된다. 또한 토지소유와 국가체제와의 관련성을 연구한 글을 통해 이러한 논점을 잘 보여주고 있다(김무진, 1997, 「조선초기 국가권력과 양반」 『김용섭교수정년기념 한국사논총』).

61) 宮嶋博史(1984, 「朝鮮史研究와 所有論」 『人文學報』 167, 東京道立大學)의 경우 '1~3차적 아시아적 생산양식'의 형태와 제4의 형태로 나누어 설명하고 있다.

62) 국가적 토지소유론의 입장에서 중세국가의 역할을 강조한 이영훈(1988, 『朝鮮後期 社會經濟史』, 한길사) 교수의 견해도 그러한 계열에 속한다고 할 수 있다(이영호, 1987, 앞의 글, (5)국가적(아시아적) 토지소유론, 89~95쪽 참조).

63) 旗田巍, 1972, 앞의 책, むすび, 308~309쪽 ; 이영호, 1987, 앞의 글 참조.

기준으로 재단해 버린 결과이기도 하다. 이 같은 과정을 통해 식민지 근대화는 법제사적 차원에서 정당화되게 된다.

한편 국가의 역할에 관한 부분 중 왕토사상을 통해 중세국가의 성격을 관념적 차원으로만 이해해야 한다는 견해가 있다. 즉 왕토사상의 사례에서도 보이듯이 그것은 관념의 소산이지 실제 왕토, 왕민처럼 국왕의 토지와 인민에 대한 지배가 나타날 수 없다는 것이다. 왕토사상을 국가의 공전론 또는 국유론으로 대치하는 연구는 당연히 당시 현실을 잘못 이해한 데서 출발했다는 것이다.[64]

왕토사상의 핵심은 『시경』의 '普天之下 率土之濱 莫非王土 莫非王臣'에 집약적으로 표현되어 있다. 왕의 天下 지배가 왕토, 왕신에 이르지 않는 곳이 없다는 것이다. 그러나 이 같은 관념적인 왕토사상은 국왕의 농경의례나 제천의례를 통해서도 흔히 나타나기에 착각하기 쉽다. 국왕과 제반 신하들이 사직단이나 선농단에 모여 농민을 대신하여 제천행사를 진행한다. 하늘의 농업신이나 풍운뇌우를 관장하는 신들에게 수확을 거둘 수 있도록 의례를 행하는 것이다. 이 같은 차원에서 공전이 지니는 의미는 중요하다. 공전은 왕토관념의 상징으로 인식되었고 나아가 토지와 인민에 대한 全一的인 지배의 근거로 삼는 경우가 많기 때문이다. 또한 공전 가운데는 하늘에 제사하는 비용이 포함되어 있으며 이 같은 부분이야말로 천자(국왕)가 천명을 받아 천하(국가)를 다스릴 수 있는 물적 기반이 되어왔다는 근거로 삼는다.

그러나 이 같은 왕토사상을 곧바로 국유제 또는 왕유제 등으로 연결시키는 것은 현실적 토지소유관계를 제대로 이해하지 못하게 할 뿐 아니라, 토지소유권의 발달을 제대로 설명하지 못하게 된다. 예컨대 공전의 존재 역시 그 일환으로 國田 또는 王田으로 이해하는 것도 그러한 사례중

---

64) 이우성, 1965, 「新羅時代의 王土思想과 公田-大崇福寺碑와 鳳巖寺 智證碑의 一考」 『曉城趙明基博士華甲紀念 佛教史學論叢』(1991, 『韓國中世社會硏究』, 一潮閣 재수록).

의 하나가 될 것이다. 그것은 의례적인 언사이며 제도의 형태를 띠지만 실제로는 관념적 개념에 불과한 의제적 사상에 불과하기 때문이다. 실제 토지소유의 주체는 해당 토지를 경작하는 농민이지 왕토는 아니기 때문이다.

왕토사상이나 왕민사상은 이러한 농경의례나 제천의례를 행할 때 가끔 등장한다. 그것이 법제적으로 적용된 적은 없다. 따라서 국가의 역할을 공전제 운영과 분리시킨다면 공전제를 곧바로 국가의 토지지배 권으로 대치시킬 수는 없을 것이다. 또한 국가의 관리처분권이 상존하는 것이 아니라 전시과나 과전법 제정 때 관료층에게 수조권을 나누어줄 뿐 농민의 경작권을 보호해 주지는 못하고 있다는 것이다. 따라서 국가의 관리처분권은 수조권에 한정하여 작동하고, 농민의 경작권을 보호해 주지는 못하는 것이다.

반계가 고민하던 문제는 바로 이와 같은 왕조국가의 수조권을 해체하고 공전제 국가를 건설함으로써 농민의 토지 受田權을 보호하는 데 있었다.[65]

和田은 반계 유형원과 다산 정약용의 글을 읽었지만 자신에게 필요한 논리로만 이해하였다. 그에게 필요한 것은 정책적으로 조선총독부가 법제화시켜야 할 것에 초점을 두었고, 농민의 사적소유나 생산관계에 관심을 둔 것이 아니었다. 근대적소유권이라는 잣대로 전근대 봉건적 토지소유를 공전제로 이해하고 새로운 식민지근대의 소유권을 창출해 낸다는 목적에 충실했던 것이다. 1910년 이후 조선총독부에 의해 재편된 토지소유권은 그 이전의 모든 소유권을 불완전한 사적소유권으로 정리하고 사유재산을 물권에 대한 직접적 전면적 지배권으로 정리하였다고 믿게 되었다.

---

65) 최윤오, 앞의 글(2013.3 및 2013.4) 참조.

반계를 중심으로 조선의 사적소유권이 어떻게 이해되었는지를 살펴본다면 和田의 토지소유권 이해방식이 어떻게 식민지 근대화를 유일한 기준으로 조선합병을 추진해 갔는지를 알 수 있을 것 같다.

2) 반계의 공전론과 공전제 국가

和田의 소유권 개념은 식민지 근대화를 추진하기 위해 만들어진 것이며 근대적 소유권 개념을 유일한 잣대로 전근대 조선의 소유권을 토지국유제로 규정했던 데서 출발했다. 그렇지만 반계는 이와 반대로 사적소유의 발달로 문란해진 17세기 토지제도 및 국가체제를 개혁하기 위해 사전을 혁파하고 공전제 개혁을 추진하지 않으면 안 된다고 주장하였다. 반계의 사유론은 국유론자들의 토지소유권 이해와 극단적인 차이점을 보이고 있었다.

반계의 공전론은 정전제로부터 발상하였고 그러한 유제를 평양의 기자정전에서 찾았다.[66] 반대로 和田은 기자정전에 대한 존재 자체를 부정하였다. 반계는 정전제 유적을 통해 17세기 공전제를 복원해 내고자 하였다. 고대사회의 정전제를 단순 복원하는 것이 아니라 17세기 조선에 맞게 풀어내고자 하였다. 그 차이는 정전제를 조선의 풍토와 현실에 맞도록 창안해 내려고 하였을 뿐 아니라 사라져 버린 이상국가의 정전제를 공전제로 복원하려고 했다는 점이라고 할 수 있다.[67]

반계의 공전과 사전에 대한 이해는 동양의 이상적 토지제도였던 중국 하은주 3대의 정전제 검토로부터 시작하여 고려와 조선의 것을 체계적으로 검토하는 가운데 체계화되고 있었다. 반계는 지금까지의

---

66) 최윤오, 2001, 앞의 글 ; 정호훈, 2005, 「17세기 체제 개혁론의 전개와 『周禮』」 『한국 중세의 정치사상과 周禮』, 혜안.
67) 최윤오, 2013.4, 「반계 유형원의 실학과 『반계수록』 독법」 『지역과 역사』 32.

토지제도 문란을 일거에 해결할 수 있는 방안이 공전제라고 확신했던 것 같다. 그것은 정전제를 깊이 연구한 결과이기도 하다.[68]

반계의 공전제 발상은 정전제 하의 공전과 사전제도가 무너지면서 모든 토지가 사유화되었다는 점에서 출발했다는 점은 앞에서도 살펴보았다. 이 때문에 '率土'가 모두 사유화되었다는 것을 비판적으로 검토한 후 그것을 다시 공전화시킨다는 발상을 하였다.[69] 정전제 하의 공전이 무너진 다음 率土는 모두 私有로 변했고 그것을 개혁하는 방법은 다시 공전으로 돌리는 것이었다. 다만 그러한 공전제는 과거의 정전제 하의 공전제는 아니었다.[70] 17세기 현실에 존재하던 군현제 하의 토지개혁을 통해 정전제 원리를 독창적으로 적용시키고자 했던 것이다.

여기에서의 솔토는 두 가지 의미를 지닌다. 하나는 천하의 모든 토지를 왕토(솔토)로 본다는 천하관의 잔재이고, 또 다른 하나는 정전제 내의 한 구획인 공전을 의미한다. 왕토와 공전은 일치할 수 있지만, 전자가 관념적 공간으로서의 천하를 의미한다면 후자는 구체적 공간으로서의 정전제 공간을 의미한다. 그리고 정전제 아래 시행되었던 봉건적 천하관을 다시 세울 수는 없으며, 그가 선택한 것은 구체적 역사공간으로서의 공전이었다. 그는 중국과는 풍토가 다르기 때문에 조선만의 정전제를 창안했고, 나아가 그 원리를 정전제 법제를 통해 해결하려 했던 것이다.[71]

---

68) 주희(주자)의 정전난행설과 반대의 입장에 섰던 실학자들의 정전설을 중심으로 대별하여 각각의 역사이해 방식을 검토할 필요가 있다. 이에 대해서는 주자의 토지론과 부세론을 검토한 다음 글이 참고된다. 김용섭, 1985, 「주자의 토지론과 조선후기 유자-지주제와 소농경제의 문제」, 『연세논총』 21(2006, 『신정증보판 조선후기농업사연구2』, 지식산업사) ; 최윤오, 2001, 「조선후기 양전균세론」, 『조선시대사학보』 19.

69) 『磻溪隨錄』 卷2, 田制下 田制雜議附, '然今率土皆爲私有 人各視爲世傳之物'.

70) 최윤오, 2013.3, 「반계 유형원의 봉건·군현론과 공전제」 참조.

71) 최윤오, 2013.4, 「반계 유형원의 실학과 『반계수록』독법」 참조.

반계는 따라서 공전이야말로 천리[실리]를 실현할 수 있는 구체적인 방법론으로 삼았다. 즉 공전이야말로 사전과 대비되는 토지로 보았다. 공전은 公的이며 均分을 이룰 수 있는 토지로 보았으며, 사전은 私的이며 국가의 관리통제를 벗어나 겸병의 대상이 되어 토지의 편중을 가져올 것이라고 해석했다.[72] 따라서 반계가 생각한 공전제는 공익을 위해 존재하는 개념이며 사유의 부정으로부터 창출된다. 물론 이러한 공전제는 운영주체에 따라 國有가 될 수도 있고 王有가 될 수도 있지만 반계는 국유도 왕유도 말하지 않고 공전제(국가)를 건설하는 데 집중했다. 단지 그것을 만드는 추진주체는 국왕이었으며, 사류층도 거기에 동참하도록 유도하고 있다. 그들은 實理로 무장한 전문지식인 집단으로서 공전제 국가를 실현하는 주체세력이었으며 농민의 토지소유권을 보장해주는 존재이기도 했다.

반계가 제시한 공전제는 지주제 혁파와 토지매매 금지, 그리고 농민에게 토지를 분급하기 위해 국가의 토지지급과 환수에 대한 제도화로 압축된다. 사류층에 대해서는 농민의 1경보다 많은 2~12경에 이르는 토지분급을 통해 우대하고 있다는 점도 반계 공전제의 특징이다. 사류층들은 농민을 지배할 수 없었으며 토지매수를 금지하되 해당 토지를 상속대상으로 하여 자손들이 경작할 수도 있었다.

반계의 공전제 창안 가운데 가장 주목되는 부분이 토지의 分田權이다. 즉 사유제의 발달로 인한 토지제도의 문란을 공전제 복원을 통해 해결하려 했으며 토지 분전권을 공전제 국가가 장악하여 그것을 농민과 사류층에게 분급함으로써 토지모순을 해결하면 된다는 발상이었다.

이를 좀더 역사적으로 이해하기 위해서는 국가의 존재와 사적소유의 관계를 밝힐 필요가 있다. 국가의 존재는 이들 농민층의 해당 토지에

---

72) 『磻溪隨錄』卷2, 田制 下 田制雜議附, '大抵無論公田與私田 俱是一般此地此人 元非別基局 只公田則公而均 私田則私而偏'.

대한 투자(노동과 자본투자) 등을 통해 최대의 생산력을 끌어내야 한다. 토지가 만일 자신의 소유지가 아니라면 최대의 노동과 자본을 투자하지 않을 것이기 때문이다. 따라서 토지소유권이 이른 시기에 발달한 농경사회에서는 해당 토지에 대한 사적소유권을 전제로 공동체와 국가가 조기에 성립할 수 있게 되는 것이다. 그와 동시에 토지의 생산력이 주요한 사회생산력을 차지하던 사회에서는 당연히 해당 사회구성원이 갖는 토지소유권이 존중되며, 낮은 생산력이 나타나던 유목, 수렵채집 사회에서는 당연히 토지소유권 개념이 거의 나타나지 않게 된다.[73]

또한 이른 시기에 성립한 농경사회에서의 국가성립은 관료지배층에게 수조권을 분급하는 방식으로 토지지배권을 지급하게 된다. 이때의 중세국가의 토지분급은 국유론 차원의 토지지급이 아니라 수조권 분급에 지나지 않는다는 점이 밝혀지면서 중세국가의 토지지배 원리가 드러나기 시작했다. 해당 국가의 토지관리권과 관료층에 대한 수조권, 그리고 농민의 사적소유지(경작지)에 대한 세 가지 권리가 상호 결합되어 있다는 것이다. 이 같은 입장에서 중세의 토지소유관계는 농민의 사적소유권의 발달에 대한 연구를 중심으로 지배관료층의 수조권을 통해 집권적 중세국가가 성립하기 시작했다는 연구로 발전하기 시작했다. 즉 사적소유의 존재를 전제로 소유권의 발달을 검토하는 가운데 지배관료층의 토지지배 관계는 새로운 국가의 탄생과정, 고려시기에서 조선초기에 걸치면서 전시과, 과전법, 혹은 직전법 등을 통해 수조권을 지급받는 형태로 구체화된다는 것이다.[74]

---

73) 加藤雅信, 2005, 앞의 책, 제5장 「권리」의 탄생, 191~206쪽.

74) 백남운, 1937, 『조선봉건사회경제사 상』; 강진철. 1980(개정 1991), 『개정 고려 토지제도사연구』, 일조각 ; 旗田巍, 1972, 『조선중세사회사의 연구』; 민현구, 1972, 「고려의 녹과전」 『역사학보』 53·54 ; 이우성, 1965, 「고려의 영업전」 『역사학보』 28 ; 이성무, 1990, 「양반과 토지소유」 『조선초기 양반연구』, 일조각 등의 기초연구이후 이경식 교수에 의해 1986, 『조선전기 토지제도연구-토지분급제와 농민지배』, 지식산업사 ; 1998, 『조선전기토지제도연구 Ⅱ』, 지식산업사 ; 2006,

국가와 지배관료층에게 토지를 지급한다는 것은 수조권을 지급하며, 이들 간의 권리관계는 봉건국가가 문무관료·향리·군인·공음자 등 봉건 지배층에게 전시과·녹과전·과전법이라고 하는 수조권을 분급하게 되면서 수조권자인 전주와 납세자 농민인 전객 사이에 전주전객제가 성립한다. 이러한 수조권 중심의 집권적 봉건국가의 토지지배관계는 농민의 소유권을 제약하는 원인이 되었다. 이것이야말로 봉건적 토지소유권의 불완전성을 만드는 계기가 되며 농민의 사적소유가 갖는 한계이기도 하다.[75]

수조권을 지급하는 이제도는 이제 집권적 봉건국가의 경제제도로서 한층 완비되고 있는 셈이었다. 그러므로 농민들은 토지를 소유한 자영농일 경우에도 그 토지의 소유권은 이 같은 지배층의 수조권(전주)에 의해서 제약을 받는 불완전한 것으로 되어 있었다. 바로 이점이 중세적 토지소유권으로서의 한계이고 특징이기도 하였다. 물론 수조권이 소멸되면 사적 소유권의 발달은 가속화될 것이다. 직전법 이래 수조권적 토지지배가 소멸하고 소유권적 토지지배가 발전하는 것이 그러한 양상을 잘 보여준다.[76] 이 같은 점에서 수조권을 매개로 한 전주전객제가 소멸하는 한편, 소유권을 전제로 지주전호제가 더욱 발달하게 된다는 것이다.

반계는 농민의 소유권을 보호하는 장치로서 사류층이나 궁방, 관료에게 토지를 2~12경까지 지급하고 또한 실직에 근무하거나 공신, 궁방에

『한국중세 토지제도사-조선전기』, 서울대학교 출판부 ; 2005, 『한국 고대·중세 초기 토지제도사』, 서울대출판부 ; 2011, 『한국중세 토지제도사-고려』, 서울대학교 출판문화원 ; 2012, 『고려시대 토지제도 연구』, 지식산업사 등의 연구로 확대되었다.

75) 김용섭, 1981, 앞의 글(1981·1998補·2000, 『한국중세농업사 연구』, 지식산업사, 27~29쪽).
76) 이경식, 1986, 앞의 책 ; 1998, 앞의 책 ; 2006, 앞의 책.

대해서는 추가로 賜稅田을 토지나 녹봉으로 지급했다.[77] 그러나 반계가 철저히 금했던 것은 수조권이다. 수조권 때문에 농민의 소유권이 박탈되고 몰락하게 되었다는 것이다. 반계의 대안은 수조권이 지급되는 경우에는 모두 국가가 장악하며 관수관급하는 방식을 제도화하는 것이었다. 사류층이 받은 토지는 사류전이라고 하지만 수조권의 형태로 국가가 지급한 것은 사세전이라 하여 국가가 조세를 받아 내려주는 형태이다.

따라서 勞心者인 사류층과 勞身者인 농민층은 상호 지배-피지배 관계가 될 수 없었다. 농민은 자영농민이었으며, 사류층 등은 농민의 노동력을 고용하여 이용할 수 있을 뿐이었다. 공전제 경영의 가장 큰 핵심은 사류층의 토지는 고용노동을 통해 代耕시키도록 하였다는 점이다.[78] 노비노동이나 병작제는 과도적으로 존재할 뿐 모두 자경하거나 고용노동을 통해 경작하도록 하고 있다. 공전제 국가가 시행된 후에는 노비세습제가 폐지되고 누구나 고용대가를 지불하고 노동력을 이용하는 농업경영 방식이 자리를 잡게 되기 때문이다.

반계가 생각하고 있던 공전제 국가는 이와 같이 농민의 항산을 보장하되 전문지식인으로서의 사류층을 보호하되 사류층의 농민지배는 금하는 것이다. 17세기 토지모순을 해결할 수 있는 방법은 이 같은 농민의 토지소유권과 사류층의 농업경영 방식을 이용한 것 외에는 없다고 생각했던 것이다.

사적소유의 발달과정에서 또 하나의 관건은 국가의 토지에 대한 지배권이다. 公田이 존재하고 있던 시기의 토지소유권을 국가가 장악하고 있었는가에 대한 문제라고 할 수 있다. 공전제를 비판하는 방법론이기도 하지만 역사적으로 경작의 주체이며 개간의 주체는 농민이었다.

---

77) 『磻溪隨錄』 卷1, 田制 上, 分田定稅節目 참조.
78) 최윤오, 2013.3 및 2013.4, 앞의 글 참조.

농민을 중심으로 토지소유관계를 재해석해야 한다는 점에서 공전제의 국유론이 갖는 한계는 잘 드러난다고 할 수 있을 것이다. 이전의 공전제 논리는 국가를 중심으로 법제사적 접근방법만으로 해석했기 때문에 농민의 존재형태나 그들이 토지에 대해 행사하던 소유권과 경영방식에 대해서는 제대로 해석을 해내지 못했다. 오직 국가의 지배방식만이 관심의 대상이었다.

반계의 공전제 국가론에서 제시된 국가의 개념은 지금까지 존재하지 않던 이상국가의 형태이다. 우선 국가의 주요 지배층은 왕실을 포함하여 구래의 사족층과 다른 공전제 하의 사류층이다. 그들은 신분적 혈연성이 아니라 전문지식을 갖춘 관료층으로서 존재하며 농민에 대해서도 지배하는 존재가 아니라 농민과 고용계약 관계를 맺는 관계이다. 지주계급은 사라졌기 때문에 오직 수전권과 사세권을 통해 농민과 연결되고 있었으며 그 관계는 철저하게 농민의 고용노동 관계로 이루어지고 있었다. 이 같은 공전적 소유권의 발달을 위해서는 공전제 국가의 이념을 관철시킬 수 있는 공전제 관료가 필요했으며 그들은 實理를 바탕으로 무장한 사류층이다. 그들은 또한 농민의 공전적 소유권을 보장해주는 동시에 공전제 국가의 발달을 추진하는 세력이기도 하다.

반계의 공전제는 이런 공전제 국가에 의해 완성되며 '公的이며 均分을 이룰 수 있는 토지제도'라는 점에서 주목된다.[79] 따라서 공전제 하의 토지소유는 공전제 국가를 중심으로 출발하지만 그것은 공공의 이익을 위한 국유이지 국가의 목적을 달성하기 위한 것이 아니라 할 수 있다.

---

79) 반계의 공전제는 단순히 국유론으로 치환될 수 없다. 기존의 국유론이 국가의 목적에 최우선을 둔다면, 반계의 공전제는 농민적 토지소유로부터 출발하며 그것을 보호할 수 있는 국가라야 했다. 이 같은 점을 전제한다면 반계의 공전제는 국유론으로 분류할 수 없다.

4절 반계의 공전제와 토지소유권 개혁

　『磻溪隨錄』을 통해 확인할 수 있었던 점은 반계의 공전제 국가 건설이
비록 이상에 그쳤다고 하더라도 체제모순을 토지소유의 불균등에서
찾고 있었다는 점이다. 또한 공전제를 통해 토지소유의 모순을 해결하
려 했다는 점이 주목된다. 반계의 냉철한 현실인식과 그에 대한 대안적
사고를 확인할 수 있는 계기가 되었다.

　반계의 사유 개념을 통해 확인할 수 있었던 것은 17세기 소유권
발달이 중세적 봉건적 토지소유 개념과 밀접한 관련성을 갖는다는
것이다. 정전제 붕괴 이후의 토지소유는 사적소유의 발달로 나타났고
그 결과는 토지소유의 격차가 심화되어 농민의 몰락을 가속화시켰다는
것이다. 이러한 폐단을 해결하고 공공의 이익을 실현할 수 있는 대안으
로 제시한 것이 공전제이다. 반계가 실현하고자 했던 공전적 소유권
개념은 근대의 일물일권적 소유권도 아니며 국유를 전제한 국가중심주
의 토지소유권도 아니다. 공유에 가깝다고 할 수 있다.

　반계의 공전제는 私有(私的所有)의 발달로 인해 문란해진 토지제도와
농민의 삶, 그리고 국가체제를 다시 세우기 위해 구상된 것이다. 17세기
사유제의 모순을 해결하기 위해 기획된 반계의 공전론은 정체론적
국유론 차원의 공전론과 정 반대의 입장에 서 있다. 반계의 공전론은
이상적인 새로운 공전제 국가를 건설하는 데 있었다면, 식민사관론자들
의 공전론은 식민지 조선지배를 합리화하는 명분으로 이용하였기 때문
이다.

　반계의 사유론에 입각한 공전론을 살펴보기 위해 소유권의 탄생과
발달에 대한 연구를 검토한 결과 계급사회 분화 이후 국가의 성립
과정에서 해당 국가의 토지소유권의 성격이 드러나기 시작하며 생산력
수준에 따라 소유권의 성격 역시 달라지고 있다는 점을 확인할 수

있었다. 수렵채집사회나 유목사회보다 정착농경사회는 토지소유권이 훨씬 발달했으며, 통시대적 개념으로서의 토지소유권은 고대, 중세 이후 근대사회에 이르면서 꽃을 피웠지만 마지막 형태는 아니라는 점을 전제할 필요가 있다. 즉 토지소유권의 존재형태는 각 시기 사회성격과 생산력 수준에 걸맞게 발달하고 있었으며 17세기 조선의 토지소유권의 성격을 '사유'의 극단화로 인해 출현된 것이라고 할 수 있다. 즉 반계의 공전론 역시 17세기 사유권의 지나친 문란으로 인해 전개된 토지겸병의 모순을 해결하는 데서 출발했다.

반계의 공전론 계보는 일제 관학자, 특히 토지조사사업에서 지대한 공헌을 했던 和田—郎의 공전론 계보와는 대척점에 서있다고 할 수 있다. 반계의 그것은 당시 조선국가의 토지모순을 해결하고자 제시되었던 개혁적 공전론이라면, 和田의 국유론은 식민지 근대화를 전제로 식민지배를 합리화시키려는 정체적 공전론이었다. 전자의 반계 공전론은 17세기 당시의 토지소유권의 현실을 검토하고 그것을 개혁하고자 농민의 입장에서 제시한 공전제 국가론이었다면 후자의 경우는 일본국가의 대한제국 지배를 위한 국가론적 시각에서 제안된 이론이다. 양자의 이론 중 17세기 조선의 현실을 목도한 반계의 인식방식에 문제가 없다면 후자의 공전론은 잘못된 이론이라고 할 수 있다. 국유론적, 정체론적 공전론의 주장은 허구이다.

반계의 공전론은 과거의 공전제와 크게 다르다. 토지분전권을 매개로 농민에게 受田權을 지급하며, 관료지배층에게는 수전·사세권을 지급하는 방법이다. 국가와 농민, 그리고 관료지배층의 토지지배 관계는 공전제를 중심으로 결합되어 있다. 또한 관료지배층은 농민의 수전권을 뺏거나 지배할 수 없게 만들었다.

和田의 공전론은 17세기 조선의 토지소유권을 수조권적 지배의 우월성과 사적소유의 미발달로 정리했다. 기존의 정체론적 국유론과 크게 다르지 않다. 그의 공전제(국유론)는 이후의 식민사관론자들에게 중요한 영향을 미쳤다. 국가의 관리처분권, 관료지주층의 수조권, 농민의 경작권 등 3자간의 관계를 국가를 중심으로 강조하거나, 3자가 서로 분리된 형태의 불완전한 토지소유권으로 이해하는 기형적 방식으로 나타났던 것이다. 따라서 이들은 농민의 소유권을 제대로 이해하지 못했을 뿐 아니라 농민의 경영형태에 대해서도 실증적인 분석을 행하지 못했다는 비판을 받고 있다.

반계의 기자정전에 근거한 조선적 공전제 구상은 사적소유를 공전제로 수렴시키려 했다는 점에서 독창적이다. 공전제를 공전제 국가 건설 방법론으로 제시했으며 봉건제의 원리를 통해 군현제의 현실을 개혁하는 바탕으로 삼았다. 반계의 지향은 봉건제로 돌아갈 수 없으며, 군현제의 모순을 해결하는 방안으로 공전제 국가를 건설하는 데 있었다. 다만 그가 봉건원리에서 주목한 것은 정전제의 구현과 농민에게 사전 100묘를 보장할 수 있다는 공전제 소유권이다. 그 중 핵심을 이루는 것은 하은주 시기의 공조철법에 대한 검토를 통해 만들어낸 농민의 受田權 개념이다. 또한 집권적 공전제 국가를 만들기 위해 관료지배층의 수조권을 박탈하되 그들[士類, 관료, 궁방 등]에게도 토지를 지급하여 전문관료인으로 길러내려 하였다. 농민과 사류층의 토지지배는 국가가 公券으로 보장하며, 사류층들은 농민의 토지소유를 침해할 수 없었다. 이렇게 성립한 국가의 토지분전권과 농민의 수전권, 그리고 사류(士), 관료지배층의 수전·사세권은 공전제를 지탱하고 발전시킬 수 있는 근거가 되었다.

반계의 지향은 농민의 항산에 있었고, 그것을 실현하기 위해 국왕의 결단이 필요하다고 보았다. 그때 비로소 공전제 국가가 완성될 수 있다고 했다. 관료나 지주층의 불만을 통제하기 위해서는 '天理'를 통해 설득하되 천리가 있는 곳이면 베어 버리고 쳐내더라도(誅殛討伐) 감행해야 한다고 하고 있다. 또한 반계의 모델은 세종이 이룩한 업적과 방법을 통해 '重民勤國'하는 데서 찾아졌다. 물론 세종의 그것을 더욱 발전시켜 농민의 항산과 새로운 공전제 국가를 건설하는 것을 목표로 하였다. 반계는 관료지배층의 수조권을 박탈하는 데 최우선을 두었다. 이 같은 발상은 물론 봉건제의 폐단을 고려한 데서 나온 것이며 17세기 단계에서는 양민과 양사를 통해 공전제 국가를 운영하는 방식으로 바꾸었다.

반계의 토지소유 개혁이 오늘날에도 다시 주목될 수 있는 것은 농민의 토지소유, 즉 수전권을 중심으로 새로운 공전제 사회와 공전제 국가를 만들려 했다는 점에 있다. 공전제를 전제로 한 공전적 토지소유는 당시의 현실에서는 실현되지 않았지만 중세의 체제모순을 토지모순에서 찾고 있었으며 대안까지 제시하고 있다는 점에서 획기적이며 독창적이다.

우리가 알고 있는 근대의 소유권은 인류가 만들어낸 토지소유권의 마지막 형태가 아니다. 향후 새로운 차원의 소유권으로 발전할 가능성도 많기 때문이다. 이 같은 점에서 근대적 소유권은 근현대 역사가 만들어낸 협의의 소유권에 지나지 않는다. 반계의 공전론은 17세기 당시에는 실현되지 못했지만 언제든 시공간을 넘어 다시 주목될 수 있는 발상이라고 할 수 있다.

[본장은 「반계 유형원의 공전·사전론과 공전제 계보」(『이화사학연구』, 2013.6)을 수정하여 전재하였음]

제3부

조선후기 토지개혁론의 계보

제6장 柳馨遠의 公田制와 井田論

　　17세기에 들어 朝鮮國家의 체제정비는 여러 가지 방향에서 모색되었다. 그중 戰亂으로 황폐화된 국가 생산력 기반을 회복시키는 것이야말로 가장 시급한 과제로 등장하게 되었다. 이 같은 시기에 국가 경영 전반에 걸쳐 개혁론을 제시한 저술 가운데 磻溪 柳馨遠(1622~1673)의 『磻溪隨錄』은 가장 체계적인 것으로 주목되어 왔으며 당시기뿐 아니라 현재까지도 17세기의 사회구조와 변화를 일관되게 정리한 연구서로 자리하고 있다.

　　『磻溪隨錄』을 통해 확인해 보고자 하는 그의 田制論은 井田制를 이론적 원리로 公田制로 주장되었으며, 이를 바탕으로 조선 국가체제 전반을 再造하는 것이라는 점이다. 磻溪의 개혁론은 지금까지 實學이라는 범주를 통해 분석되는 가운데 정통 주자학자와 관인층의 체제 유지방식과 다르다는 것이 밝혀졌으며, 이를 바탕으로 반계의 독특한 國家再造論이 확인되고 있다.[1] 磻溪의 개혁 구상은 주자학 이데올로기뿐 아니라 정치제도 및 사회경제 전반에 걸친 것으로서 방대하기 이를 데 없는 것이다.[2]

---

1) 金容燮, 1985, 「朱子의 土地論과 朝鮮後期 儒者」『延世論叢』21 ; 金駿錫, 1996, 「柳馨遠의 公田制 理念과 流通經濟 育成論」『人文科學(延世大)』74집.
2) 金駿錫, 1992, 「柳馨遠의 變法論과 實理論」『東方學志』75 ; 金駿錫, 1993, 「柳馨遠의 政治·國防體制 改革論」『東方學志』77·78·79 합집.

磻溪를 통해 확인된 17세기 田制와 稅法에 관한 내용에 대해서는 이미 정리된 바가 있지만[3] 그 원리면에서 아직 정리되지 않았다고 생각한다. 즉 田制와 稅法에 대해 磻溪가 고민한 것은 왜 世宗代 貢法의 원리가 정착되지 못한 채 붕괴했을까 하는 점이었다. 世宗의 貢法이야말로 고금을 통틀어 가장 완벽한 田制를 마련하겠다는 의지의 발현이었으나[4] 貢法 자체의 완결성은 현실의 벽에 부딪치는 가운데 무너져 갔으며, 다른 한편으로는 그것을 뒷받침할 만한 제도 개혁이 보완되지 못한 채 유명무실해졌던 것이다.

磻溪는 이러한 상황에서 조선 왕조의 전통적인 田制와 稅法이 안고있는 문제를 일거에 해결할 수 있는 방법을 제시하게 되었다. 즉 전통적인 田制와 稅法을 세밀히 고찰한 다음 그것이 안고 있는 결함의 중심에 結負制가 놓여있음을 확인하고 結負制의 혁파와 頃畝法으로의 개혁, 그리고 그것을 통해 國家를 튼튼히 하고 農民의 恒産을 보장해줄 수 있는 토지제도로서 公田制를 내걸게 되었던 것이다.

磻溪의 公田制는 東洋社會의 가장 이상적인 田制로 거론되었던 井田制를 모델로 한 田制였다. 井田制가 붕괴되면서 私田을 중심으로 한 토지집적이 이루어지는 가운데 井田을 통해 유지해왔던 이상적인 농업사회의 모델은 현실에서 사라지게 되었고, 이후 각 시기마다 그 유제로서 다양한 田制가 실험되기에 이르렀다. 그러한 제도는 대개 土地와 人民을 어떻게 지배하는가와 관련하여 마련되었으며 조선시기에 들어서도 租庸調法을 중심으로 한 수취제도가 중심을 이루어왔다. 世宗이 마련한

---

3) 磻溪의 田制에 대한 연구로는 다음의 글이 참고된다.
千寬宇, 1952, 「磻溪 柳馨遠 研究」上, 『歷史學報』 2 ; 宋柱永, 1963, 「磻溪 柳馨遠의 經濟思想」 『西江大學論文集』 1 ; 鄭昌烈, 1966, 「柳馨遠의 田制論」 『청맥』 3-8 ; 鄭求福, 1970, 「磻溪 柳馨遠의 社會改革思想」 『歷史學報』 45 ; 李載龒, 1981, 「重農的 制度改編論의 擡頭」 『한국사』 14, 국사편찬위원회.
4) 崔潤晤, 1999, 「世宗朝 貢法의 原理와 그 性格」 『韓國史硏究』 106.

貢法 역시 租庸調法 자체가 안고 있는 모순을 해결하고자 租庸調 제도 개선을 통한 위기 타개를 부르짖던 논자를 물리치고 貢助徹法을 통해 田制를 일으키고자 한 데서 마련된 것이었다. 磻溪 역시 世宗의 그와 같은 염원을 보다 체계적으로 이론화시키게 되었으며 그것은 세종의 貢法이 해결하지 못했던 것까지 일거에 개혁해낼 수 있는 公田制였다.

　磻溪의 公田制가 나올 수 있었던 貢助徹法의 원리는 어떠한 것이었으며, 반계는 17세기 조선의 현실에서 어떠한 방식으로 貢助徹法과 井田制를 결합시켰는지를 살피고 나아가 현실화되지는 못했지만 반계가 제시한 田制와 稅法은 어떠한 형태로 제시되었는지를 정리해 보기로 하자.

1절 공전제 토지개혁론과 分數論

1) 井田制 시행방법론의 제시

　磻溪는 『磻溪隨錄』 卷1, 田制 上의 첫머리에서부터 井田法의 지극한 이치를 강조하고 있다. 井田法에 의해 經界가 바로 서면 萬事가 해결된다고 보아 民은 恒業을 갖게 되고 兵을 별도로 搜括하는 폐단도 없어지며, 貴賤과 上下 모두 본분에 맞게 '各得其職'할 수 있다고 보았다. 이러한 가운데 分數가 절로 정해지면서 각자의 사회적 지위와 신분이 정해질 수 있게 된다고 보았다.[5] 이 같은 井田法이 무너지게 된 것은 후대

---

5) 分數라는 용어는 『磻溪隨錄』의 여러 곳에서 발견이 되는데, 그 뜻은 대개 두 가지로 사용되고 있다. 우선 公田制 아래 各得其職하여 恒産을 이룰 수 있도록 하고 나아가 지위와 신분에 맞도록 하는 방안을 分數로 표현한다고 보는 경우이다 (金駿錫, 1996. 앞의 글, 227쪽). 이 같은 政治 制度상의 術策을 본래의 뜻으로 하면서, 거기에서 파생된 용법으로서 구체적인 기술과 방법을 실현하는 것을 分數를 정한다고 하고 있다. 예컨대 稅法에 있어 1/10으로 分數하는 방법이라든가 田分을 9等으로 分數하고, 年分 또는 給災法을 제대로 운용하기 위해 分數하는

대토지사유제의 발달에 따라 田制가 무너지고 私占이 횡행하면서부터
였다.[6]

井田法을 다시 시행하려면 여러 가지 어려움이 따르지만 방법이 없는
것은 아니라고 보았다. 우선 산과 계곡 때문에 正正方方한 井田의 경계를
만들기 어렵고 나아가 公田과 采地를 分給 역시 이루어지기 어렵다는
것이 첫째의 어려움이다. 그러나 우선 토지가 평탄치 못하고 산과
계곡으로 싸여 좁은 곳에 1井이 만들어지기 어렵다는 점에 대해 반계는
古制를 연구하지 않고 하는 말이라고 반박하면서 반드시 田마다 井을
구획하는 것이 오히려 불편한 점이 많을 것이라고 보았다. 두 번째로
助法이 8家에서 힘을 합해 公田을 경작하고 官에서 公田의 수확을 거두어
들이는데, 이때 정직한 사람을 얻지 못한다면 농간이 없을 수 없다.
옛날에는 믿을만하고 상세한 법이 있었을 것이나 알 길이 없다. 이에
대해서는 구체적인 언급이 없다. 또 하나 大夫에게는 采地를 지급하고
벼슬에 나가면 世祿이 있어 모두 公稅만을 받아먹게 하였으나 후대에
사라지게 되었다. 이 같은 제도를 마련치 않으면 안되므로 오늘날
井田을 행하기 위해서는 封建제도를 함께 시행해야 한다고 하였다.[7]

磻溪의 井田制가 갖는 독특한 성격을 추출하기 위해서는 역시 지금까
지 살펴본 대로 貢法·助法·徹法을 검토하지 않을 수 없다. 특히 磻溪는
殷나라의 助法 井田과 周나라의 徹法을 주목했는데, 전자에 대해서는
久菴 韓百謙의 箕田說을 통해 그 실체를 살필 수 있고, 후자에 대해서는
孟子의 徹法을 중심으로 그 원형을 검토해 내고 있었다.

우선 助法의 실체를 검토하기 위해 箕田說에 대해 간단히 검토해
보자.

방법을 마련하는 것 등이 그것이다.
6) 『磻溪隨錄』 卷1, 田制 上 1가.
7) 『磻溪隨錄』 卷1, 田制 上 2가.

久菴의 箕田에 대한 이해는 磻溪에게 적잖은 영향을 주었다고 볼수 있다. 久菴 韓百謙의 箕田說에 대해서는 특히 자세히 인용하면서 자료가 없어 朱子조차 고증을 못하고 있는[8] 殷나라 助法의 遺蹟이 平壤에 남아 있음을 소개하고 있다.

久菴이 확인한 平壤의 箕田은 井字形이 아닌 田字形이었다. 이 같은 점을 통해 殷나라 助法은 箕子에 의해 平壤에 복원된 그대로였을 것이라고 추론하였다.[9] 따라서 맹자가 말했듯이 중간에 公田이 있고 8家가 私田 100畝씩 가진다는 제도와는 이미 거리가 먼 것이다. 즉 비록 野의 토지를 受田하였으나 廬舍는 반드시 토지 옆에 있지 않았고 모름지기 村落이나 城邑의 가운데 있었을 것이라고 하였다. 또한 公田도 모두 한 군데 모아져 있었지 私田 가운데 있지 아니하였을 것이라는 것이다.[10] 이후 周나라가 天下를 차지하고 사회가 발전함에 따라 100畝로 井田法을 만들고 8家가 한 井에 모여 농사하고 가운데 公田을 경작하게 되었으며, 春令에 따라 봄에는 들판 가운데 廬로 나갔고, 겨울에는 冬令에 따라 城宅에 들어가 살게 된 것이다. 이 같은 井田制는 실로 周나라로부터 비롯되었다는 것이다.

磻溪는 久菴의 箕田說에 대해 평가하기를, "唐나라 李靖과 杜佑는 모두 井田制度가 黃帝[11] 때 비롯하였다고 했으나 이는 모두 經書에 근거함이 없는 말이다. 오직 箕子田은 지금까지 經界가 宛然하여 孟子가 논한 殷人 70畝라는 것과 서로 符合되니 殷나라 田制를 이에 의거하여 검토해

---

8) 『孟子集註』 滕文公 章句上 '夏后氏五十而貢…' 이하 참조.

9) 『磻溪隨錄』 권5, 田制攷說 上, 秦漢以後井田議論, 36가~37나.

10) 『磻溪隨錄』 권5, 田制攷說 上, 秦漢以後井田議論, 36가.

11) 中國 文明의 開祖로 칭송되는 神話傳說상의 帝王. 국가를 열고 문물제도를 세웠다는 여러 가지 신화가 만들어졌고 모든 것이 그에게 의탁되는 경우가 많았으니, 井田制 역시 그러한 借托의 한 형태라는 뜻이다. 姓은 公孫으로 軒轅 지방에서 났으므로 軒轅氏(또는 有熊氏)라고 한다. 蚩尤를 격파하고 神農氏에 이어 天子에 올라 태평성대를 열었다고 전해진다.

낼 수 있고 井田은 周나라에서 비롯되었음을 알 수 있겠다"고 하였다.

이 같은 구절을 통해 磻溪가 구상한 井田制 모델이 殷의 助法이 아니라 周나라 徹法이라는 것을 알 수 있다. 물론 殷나라의 井田制 자체를 부정한 것이 아니라 箕子田에서 드러났듯이 殷의 助法 井田은 田字形 토지구획이 분명하다는 久菴의 견해를 수용하고 있다는 점에 특징이 있다. 따라서 磻溪가 복원하려는 井田制는 夏殷周 시기를 거치면서 완성된 周나라 井田制였던 것이다.

그렇다면 磻溪가 검토해낸 周나라 井田制는 어떠한 것이었을까?

앞에서도 살펴보았듯이 周나라 井田制는 貢法과 助法을 겸행한 徹法이 었다. 이때 貢이라는 것은 농민이 받은 土地를 경작하고 그 稅를 곡식으로 납부하는 것으로,[12] 『周禮』「載師」職과 『司馬法』에 의해 볼 때, 周나라 는 畿內에서 夏의 貢法을 써서 농부에게서 세를 거두었고 公田은 없었 다.[13] 그러나 助는 백성들의 노동력을 빌려서 公田을 경작하게 하고 그 수확물을 거두어들이는 것으로서,[14] 『詩』, 『春秋』, 『論語』, 『孟子』에 의하면 周나라는 邦國에서 殷의 助法을 써서 公田을 정하고 별도의 稅는 받지 않았다고 한다.[15]

이처럼 畿內에서 公田이 설치되지 않은 貢法을 채택한 것은 鄕·遂와 公邑의 관리가 朝夕으로 민간의 농사를 독려하여 公田 경작만을 재촉함 으로써 농민들이 그들의 私田을 돌볼 수 없게 한 것을 방지하기 위함이 고, 邦國에서 公田이 설치된 助法을 채택한 것은 諸侯들이 一國의 정치를

---

12) 張子에 의하면 貢法은 수년간의 평균 수확량을 조사하여 일정한 세를 결정하는 법이라고 하였다(『磻溪隨錄』卷5,「田制攷說」上 秦漢以後井田論議 27가 - 27나).

13) 『磻溪隨錄』卷5,「田制攷說」上 經傳所論井田之制, 6-가.

14) 張子는 助法을 一井의 토지에 8家를 묶은 후 8家 모두 각각 百畝씩 私田을 경작하는 한편 公田 100畝를 공동 경작하고 그 수입을 나라에 바치는 法이라고 보았다(『磻溪 隨錄』卷5,「田制攷說」上 秦漢以後井田論議, 27가~27나).

15) 『磻溪隨錄』卷5,「田制攷說」上 經傳所論井田之制, 6가.

專行하기를 貪暴하게 하여 백성들에게서 稅를 한도없이 받기 때문에 더 거둘 수 없도록 助法 井田制를 시행한 것이었다.[16] 그리하여 周나라가 畿內에서는 稅에 輕重의 구별이 있고, 諸侯에게는 徹法을 시행하게 한 것은 그 세율을 모두 10분의 1로 수렴시켜 통일하고자 한 결과였다. 孟子는 그것을, "野에서는 9분의 1세를 받게 하고, 國中에서는 10분의 1세를 받게 하라"고 하여 邦國에서도 역시 內外의 법을 다르게 한 이유를 설명하고 있다.[17]

지금까지 살펴보았듯이 箕田과 徹法은 磻溪의 井田制 구상에 커다란 영향을 주었다. 즉 磻溪의 井田制 구상이 구체화될 수 있었던 것은 『詩經』, 『孟子』, 『朱子語類』, 『春秋左氏傳』, 『春秋公羊經典解詁』 등에 나타난 井田論을 세밀하게 살피고, 나아가 秦漢 이후 後魏北齊隋唐의 田制로부터 우리나라 高麗의 전제를 통해 朝鮮에 이르기까지 모든 것을 망라한 후였기 때문이다.[18] 이후 磻溪는 井田制의 이념을 계승하면서 그것을 당대에 시행할 수 있는 방법으로서, 첫 번째로는 지형이 넓지 않더라도 井田制를 시행할 수 있다고 믿었고, 두 번째로는 公田을 두지 않더라도 1/10세를 시행할 수 있으며, 세 번째로는 采地를 꼭 두지 않더라도 관리를 부양할 수 있다는 것이다.[19] 즉 井字 형태로 구획하지 않더라도

---

16) 그러나 徹法을 이와 같이 貢法과 助法이 결합된 것으로 이해하여 公田이 설치되고 그것을 공동경작한 것으로 보는 전통적인 견해에 반대해서, 『詩』의 '度其隰原 徹田爲糧'을 인용하여 '徹'은 田賦를 징수한다는 뜻으로서 이는 8家가 公田을 공동경작하는 것이 아니라 각 농가를 한 단위로 하여 개별적으로 토지를 분급받는 受田農夫에게 10분의 1의 세율로서 田賦를 징수하였다는 견해도 있다(趙岡·陳鍾毅, 『中國土地制度史』). 그리고 세 번째로는 徹法이란 公田을 두지 않고, 한해의 추수를 기다려 한결같이 1/10의 稅를 100畝의 私田에서 받아들이는 법이라고 하는 張子의 견해도 있다(『磻溪隨錄』 卷5, 「田制攷說」 上 秦漢以後井田論議, 27가~27나). 이 같은 세 견해의 차이는 公田을 공동 경작시켰느냐, 아니면 公田에 해당하는 1/10세를 부담시켰느냐, 그리고 공전을 설치하지 않고 1/10稅를 받아들였는가의 차이이다. 磻溪는 孟子가 설명한 것처럼 公田을 공동경작한 것으로 보고 있다.
17) 『磻溪隨錄』 卷5, 「田制攷說」 上 經傳所論井田之制, 6-가.
18) 『磻溪隨錄』 권5~권6.

井田의 實20)이 모두 그 안에 갖추어지게 할 수 있다는 것이다.

礒溪가 井田制 원리를 추적해 내고 그것을 강조하는 이유는 조선시기의 토지조세 제도의 모순을 개혁해 내기 위해서였다. 즉 17세기 조선의 토지조세 제도의 모순은 井田制的인 원리를 채택하지 못함에 따라 나타난 결과라는 것이다. 다시 말하면 井田制的인 원리를 규명해내지 못하고 후대의 均田制的인 원리를 채용한 데서 나타난 제반 모순이라는 것이다.

井田制는 '以地爲本'으로 원리를 삼고, 均田制는 '以人爲本'으로 원리를 삼는데서 차이가 있다.21) 우선 井田制의 以地爲本 원리는 土地로써 기본을 삼고 그 경계를 바로 잡아 사람의 자격에 따라서 農地를 받게 하고 이로써 均租稅하게 出兵役하는 제도로서, 비록 井田의 古制는 아니라 할지라도 실은 井田制의 本意를 체득한 것이니 이 제도가 한 번 정해지면 百世를 가도 아무런 폐해가 없을 것이라는 것이다. 그리고 均田制의 以人爲本 원리는 人丁을 기준으로 하여 壯丁을 搜括해서 兵役을 정하고 口數를 계산하여 農地를 나누어주기 때문에, 그 증감을 일정하게 유지하기 어렵고 경지의 경계를 바로 잡지 못하여 비록 일시적 성과는 있을지라도 이내 폐지됨을 면치 못할 것이니, 隋唐의 均田制가 바로 이런 것이라는 것이다. 이상 두 가지가 명목은 비록 근사하지마는 그 是非得失의 귀결은 천양지차로 될 것이니, 나라를 맡아서 정치하는 자(體國行政者)는 마땅히 깊이 생각해야 할 점이라고 하였다.22) 후세에 혹 土地私有制를 그냥 인정하고 그 매매까지도 허용하면서 한편 限田制를 제정하려

---

19) 『礒溪隨錄』 卷1, 田制 上 1나.
20) 實理論은 柳馨遠의 認識論理를 특징짓는 개념으로서, 朱子學의 性理說에 대치할 수 있는 논리로서 體用(=道器)·修己治人·天理人欲·三代古法 등 주자학 체계를 이루는 주요 개념들을 재해석함으로써 자신이 제기하는 變法·改革論의 이론 근거를 마련해가는 과정을 보여준다. 이에 대해서는 金駿錫 교수의 「柳馨遠의 變法觀과 實理論」(『東方學志』 75, 1992)이 참고된다.
21) 『礒溪隨錄』 卷5, 「田制攷說」 上 秦漢以後井田論議, 22나~23가.
22) 『礒溪隨錄』 卷5, 「田制攷說」 上 秦漢以後井田論議, 22나~23가.

는 이가 있으나 그것은 행해질 리 없다는 것이다.

磻溪의 井田制를 통해 확인할 수 있는 것은 井田制는 실행 가능한 제도이며, 平壤의 箕田을 보아서도 그렇다는 것이다. 箕田에서 확인할 수 있었던 것은 井字形이 아니라 田字形이며 公田을 공동경영하는 것이 아니었다. 그러나 周나라 徹法에서 확인할 수 있었던 것은 夏나라의 貢法과 殷나라의 助法이 결합된 형태로 井田制가 시행되었고, 夏殷周 모두 1/10세를 이상적인 세율로 삼고 있었다는 점이다. 이러한 井田制의 운영원리는 '以地爲本'으로서 '以人爲本'하는 均田制의 제반 모순을 일거에 타개할 수 있다는 것이다.

2) 均田論 비판과 公田制 지향

磻溪는 井田制를 현실화하는 방법으로써 公田制를 주장했다. 그는 분명 周나라 井田制를 하나의 이상형태로 보고 있었고 그것이 실현 가능하다는 것을 平壤의 箕田 遺蹟을 통해 확인하고 있었다. 그가 중시한 것은 國朝田制를 고찰하는 가운데 祖宗이 표방한 '重民勤國 均賦薄斂'[23]하는 제도이기도 했다. 그런데 祖宗立制의 結負가 어지러워지고 賦稅가 不均하자 土地를 國家가 관리함으로써 제반 문제를 일시에 해결하려는 방법을 생각하게 되었다. 곧 그와 같은 井田制가 17세기 朝鮮에 실현되기 위해서는 개인의 土地私有를 제한하고 國家가 토지를 관리해야 한다. 이 같은 개혁론은 公田制를 통해 井田制를 현실화시킬 수 있는 방법론이었다.

磻溪의 公田制 원리는 지금까지 밝혀진 대로 公田이 설치되지 않은

---

23) 『磻溪隨錄』 卷6, 田制攷說 下 國朝田制附, 18나~19나.
　 '謹按 祖宗立制 其條理詳密如此 重民勤國 均賦薄斂之意 至矣 苟以是意行之 雖千萬世無弊 可也而式至于今 結負無紀 賦稅不均者 何也 …'.

형태의 井田制 운영원리이다.[24] 즉 井田制라면 助法이나 徹法에서 살펴 보았듯이 公田 100畝를 私田農民이 공동경작하는 형태였는데, 磻溪는 그러한 중국 고대의 井田制 방식을 다시 복원하기는 어렵다고 보았다. 따라서 그가 생각한 朝鮮的 井田制는 현실에 적용할 수 있는 방법이어야 했다.

公田制의 첫 번째 특징은 公田의 성격에서 찾을 수 있다. 公田이란 私的 所有地로서의 私田에 반대되는 개념으로서, 公有地 또는 國有地라고 불리는 國家的 所有地를 의미한다. 따라서 公田制는 개인의 私的所有를 제한함으로써 모든 토지를 國家的所有로 환원하려는 것이다.

私田을 혁파하는 것은 곧 土地世襲制를 혁파한다는 뜻으로서[25] 私田이 세습되면서 나타나는 土地兼倂과 농민몰락을 막을 수 있으니, 그러한 방법은 곧 公田制를 통해 土地를 國有化하는 것뿐이라는 것이다.[26] 대개 公田이나 私田은 별개가 아니라 모두 이 땅에 함께 설치된 것이지만 단지 公田은 公平하고 均等하며 私田은 私私롭고 偏僻된 것이라는 점에 차이가 있다고 한다.[27] 따라서 私田 대신 公田을 통해 제반 제도를 개혁할 수 있다고 한다. 즉 公田이라야 백성의 産業이 恒久하고 人心이 안정되며 敎化를 이룰 수 있고 풍속을 넉넉하게 할 수 있어서 만사가 각기 그 分數를 얻게 되지만, 私田은 일체 이와 반대로 아무 것도 얻을 수 없다.[28]

이때 대토지소유자의 토지를 公田으로 만드는 것은 官에서 人田을

---

24) 金駿錫,1996,「柳馨遠의 公田制理念과 流通經濟育成論」『人文科學(연세대 인문과학 연구소)』74.

25) 鄭求福, 1970, 「磻溪 柳馨遠의 社會改革思想」『歷史學報』45.

26) 金駿錫, 1996,「柳馨遠의 公田制理念과 流通經濟育成論」『人文科學(연세대 인문과학 연구소)』74.

27) 『磻溪隨錄』卷2, 田制 下 田制雜議附, 12가~나.

28) 『磻溪隨錄』卷2, 田制 下 田制雜議附, 12가~나.

탈취하는 것이 아니라 民의 노동력을 헤아려 각자 받기를 희망하는 토지를 분급받는 것으로 볼 수 있다. 이때 富人들이 받은 토지를 스스로 子弟·奴僕들에게 나누어 주는 것은 戶를 세워 兵을 내게 하는 방법이라고 할 수 있다. 결국 分給받은 토지가 설사 줄어들었다 하더라도 千金之家는 예전부터 가난했던 사람들보다는 반드시 나을 것이라고 보았다.[29] 또한 이러한 富人들에게는 納粟을 허용하여 지금의 僉正·察訪과 같은 影職을 주며 이를 實職의 例에 의거하여 다시 토지를 분급해주고 軍役을 면제해 주는 혜택을 준다. 이렇게 하면 원망이 적을 것이며 처음에만 그렇게 하면 자연히 바로잡히게 된다는 것이다.[30]

한편 竝作의 관행을 막을 수 없음을 알고 제도화하고자 했다. 兼幷의 폐단은 옛부터 識者들이라면 모두 통렬히 금하고자 하였으나 매번 古制를 회복하기가 어려웠음을 거론하면서, 모든 토지에 있어 스스로 경작하지 않고 他人에게 맡겨 竝作하게 하는 법령을 정하지 않을 수 없음을 말하고 있다. 이는 土大夫 같이 귀한 자가 갑자기 농사일을 할 수는 없고 孟子가 말한 것처럼 勞心者는 勞力者에게 耕作시키지 않을 수 없는 상황을 제도화시키는 것으로서, 兼併을 일삼는 謀利輩를 미워하여 君子와 野人을 구별하는 뜻까지 없앨 수는 없다는 것이다. 이때 耕作者는 5분의 4를 취하게 하고 田主는 5분의 1만을 취하게 하며[31] 이를 위반한 자는 官에 告하게 하여 분급함에 법대로 한다. 그리하여 田主의 몫인 5분의 1도 모두 몰수하여 나누어준다면, 力農者는 그 노력만큼 취하게 될 것이며 스스로 경작하지 않는 자도 남는 땅에 이익이 없어 비록 세세히 방지하지 않는다 하더라도 兼幷의 폐단은 스스로 없어질 것이라고 했다.[32] 그러면서 이 같은 병작 관행을 제어하기

---

29) 『磻溪隨錄』 卷2, 田制 下 田制雜議附, 12나~13가.

30) 『磻溪隨錄』 卷2, 田制 下 田制雜議附, 12나~13가.

31) 租稅는 지금처럼 田主가 내게 한다(『磻溪隨錄』 卷2, 田制 下 田制雜議附, 14나).

위해서는 그 토지를 限定하되 모름지기 公田을 통해 제도화할 때 본래의 기능을 살릴 수 있을 것이라고 하였다.

이같이 私有를 허락하지 않고 公田을 통해 토지를 국가가 관리하면 農民의 소유로 돌아간 토지를 公으로 환원시킬 수 있을 것이며, 또한 井田制 이후 兼幷之弊가 극성하게 되면서 '富者連絡阡陌 貧者無立錐之地'[33] 하게 된 상황을 바로잡아 무너진 田制를 바로잡을 수 있을 것이라고 했다.

두 번째 특징은 100畝(1頃) 단위의 토지분배 방식에 있다. 100畝는 周나라 100畝를 모방한 것이 아니라 民力을 헤아리고 産業을 계획하며 地利와 人事를 참작하여 정한 것이다.[34] 100畝(1頃) 정도면 약 40斗落의 넓이로서[35] 부족한 감이 있지만 養生送死할 수 있고 公賦에 응하면서 家計를 꾸릴 수 있는 정도이다.[36] 이는 夏·殷·周 때의 50畝·70畝·100畝는 각 1夫가 資活할 수 있는 면적이지만 점차 부족하기 때문에 50畝에서 100畝까지 늘어나게 된 것이라는 것이다.

일반 庶民에게는 良人, 奴婢를 가리지 않고 동등하게 1夫마다 1頃 씩의 토지를 지급하는 것을 내용으로 하지만[37] 官僚가 되는 자는 2~12頃 의 토지를 주어 우대하여,[38] 각 職役마다 토지를 차등 지급하고 맡은

---

32) 『磻溪隨錄』 卷2, 田制 下 田制雜議附, 14나~15가.

33) 『磻溪隨錄』 卷2, 田制 下 田制雜議附, 13나.

34) 『磻溪隨錄』 卷1, 田制 上 分田定稅節目, 5가.

35) 1頃 100畝는 水田으로는 약 40斗落에 해당하며, 旱田으로는 4日耕이다. 旱田의 경우 京畿·嶺南 지방은 소 1마리로 경작하기 때문에 4일갈이를 하며, 소 2마리가 끄는 全羅·忠淸은 3일갈이가 된다. 遼東 지방은 1畝마다 3畝이 있기에 시간이 걸려 6일갈이가 된다(『磻溪隨錄』 卷1, 田制 上 分田定稅節目, 5가).

36) 『磻溪隨錄』 卷1, 田制 上 分田定稅節目, 4가.

37) 1夫란 食口 5~8口에 해당하는 農家를 말하며, 父母와 妻子를 거느린 것을 기준으로 하여 1頃을 지급하며, 만약 男子가 많으면 16세가 된 자로부터 餘田을 주었다가 그가 成年이 되어 결혼한 후 1頃을 주는 것이 옛날의 제도였다(『磻溪隨錄』 卷1, 田制 上 分田定稅節目, 20가). 그러나 16세 이상이 된 자가 全頃을 모두 지급해 달라는 청이 있으면 들어 주었다(『磻溪隨錄』 卷1, 田制 上 分田定稅節目, 19나).

바 직책을 담당토록 하였다. 모든 백성은 20세 이상이면 受田하고,[39] 사망하면 田地를 반납해야 했다. 大夫와 士는 3년 뒤에 반납하고 軍民은 100일 후에 반납한다. 그 자손이 傳受하는 곳은 자기의 규정에 해당하는 면적만을 받고, 그 외에는 곧 다른 사람이 受田하는 것을 허락한다.[40]

士大夫들의 경우에는 封建制度 아래 食邑·采地를 받아 食稅를 했지만 이제는 田地를 지급받고 公稅를 받아먹게 함으로써 封建의 이념을 살리고자 했다. 그렇지만 봉건제도를 열지 않고 이 같은 제도를 운영하기 위해서는 보완조치가 필요했고 限田法을 통해 井田의 實益을 구할 수 있게 하였다. 限田法을 통해 일반 농가보다 受田을 더해주는 이유는 선비와 君子는 道를 배워 관직에 나아가기 때문으로서 이는 通儀이며 古意라는 것이다.[41] 限田法은 오늘날의 형편에서 나온 제도이기는 하지만 정연하여 문란하지 않고 백가지 일이 순리처럼 돌아가게 되니 井田의 實益이 모두 그 가운데 있어 三王之治를 이룰 수 있다고 한다.[42]

한편 王室에 대한 예우를 보면 大君과 君, 公主와 翁主에게는 모두 田地 12頃을 준다. 이는 占受田으로서 公稅로 수세하여 이급하며, 해당

---

38) 『磻溪隨錄』 卷1, 田制 上 分田定稅節目, 3가~나.
　　士로서 처음 入學한 사람은 2頃, 內舍에 들어가면 4頃을 주고 병역은 면제한다. 職官 9品 이상으로부터 7品에 이르기까지는 6頃을 주고 그 이상은 遞加하되 정2品에 이르면 12頃을 주며 병역은 함께 면제한다. 벼슬하는 자는 祿俸을 받고, 벼슬을 그만둔 자 역시 그 田地로써 생활 근거를 삼을 수 있다. 吏胥·僕隷 등 官에 使役당하는 자로서 서울에서는 祿俸을 넉넉하게 주어서 그의 늙은 부모와 어린 자녀를 양육하기에 넉넉하도록 하고, 지방에서는 祿俸과 田地를 참작 결정하여 2人當 1頃을 주며 병역은 역시 면제한다.

39) 民은 20세 이상이면 受田하지만, 士는 입학하면 受田하며 吏隷는 入役한 뒤에 受田한다(『磻溪隨錄』 卷1, 田制 上 分田定稅節目, 19나~20가).

40) 『磻溪隨錄』 卷1, 田制 上 分田定稅節目, 20나~21가.

41) 『磻溪隨錄』 卷1, 田制 上 分田定稅節目, 7가.
　　大槪治田 而出稅供上者 野人之事也 學道而修職食稅者 士君子之事也 此乃通儀 亦是古意

42) 『磻溪隨錄』 卷1, 田制 上 分田定稅節目, 7가.
　　大槪治田 而出稅供上者 野人之事也 學道而修職食稅者 士君子之事也 此乃通儀 亦是古意

田地의 경작자에게는 兵役을 면제시킨다.[43] 宗室田 역시 品科에 따라 받되 文武官의 예에 따르도록 한다. 또한 占受田 외에 賜稅田이라고 하여 大君은 500斛地,[44] 君은 420斛地, 公主는 340斛地, 翁主는 260斛地를 民田에 劃定시켜 납세토록 하여 公稅를 移給하고[45] 出兵시키도록 하되[46] 嫡長에게만 전하도록 한다. 占受田 12頃에 비해 賜稅田을 넉넉히 지급하는 것 역시 受田을 적게 하며 賜稅를 넉넉히 하여 겸병의 폐단이 일어날 것을 미리 막고자 하는 뜻이 담겨있다. 封建의 뜻을 복원하되 모두 國家에서 납세하여 公稅를 이급하는 방식 모두 그러한 의미가 있다. 선비와 군자가 농사짓지 않고 관직에 나아가 食稅하듯이, 王家도 농사를 짓지 않기 때문에 王子에게도 역시 토지를 정하지만 國家로부터 公稅를 받는다는 점에 특징이 있으며, 왕실의 토지 역시 국가가 관리하고 있다는 점을 주목할 필요가 있다.

　　세 번째 특징은 方形구획과 開方法으로서 井字 형태로 구획하지 않더라도 井田法이 모두 그 안에 시행되게 하였다. 그리고 4頃을 1佃[47]으로 삼고, 4頃마다 한 명의 兵丁을 내보낸다.[48]

　　4頃을 단위로 하여 兵丁을 냈다는 것은 箕田說의 田字形 遺蹟과 연관성

---

43) 『磻溪隨錄』 卷1, 田制 上 分田定稅節目, 9나.

44) 斛(=石)은 한 섬의 세금으로서 1등전으로는 50頃(이하 체감하여 9등전으로는 250頃에 해당). 따라서 1등전 1斛地는 4두락(이하 체감하여 9등전 1斛地는 20斗落에 해당함). 1등전 1斛地=1/10頃, 2등전=1/9頃, 3등전=1/8경, 4등전=1/7頃, … 9등전 1斛地=1/2頃. 『磻溪隨錄』 卷1, 田制 上 分田定稅節目, 9가 참조.

45) 『磻溪隨錄』 卷1, 田制 上 分田定稅節目, 9나~10가.

46) 出兵시켜 大君 등의 伴倘(호위병)으로 삼게 하는 것이 어떤가 하는 견해도 있지만, 과거에 采邑을 받아 그 안의 人民도 주관하는 방식을 탈피하여 지금은 출병을 면제하는 일이 없게 한다(『磻溪隨錄』 卷1, 田制 上 分田定稅節目, 9나).

47) 田字는 본래 象形 글자로서 마땅히 이름을 田으로 하여야 할 것이지만 田字는 이미 通用되는 글자이므로 佃字를 쓴 것이며 혹은 町字도 또한 좋다. ○頃 사이마다 小界를 두고 佃 사이에는 大界를 두어 두둑을 쌓고 물을 통하게 하였다(『磻溪隨錄』 卷1, 田制 上 分田定稅節目, 3가).

48) 『磻溪隨錄』 卷1, 田制 上 分田定稅節目, 3가.

이 보인다.49) 이러한 토지구획 방식은 井字形이 아니더라도 井田制의
이념을 복원할 수 있다는 것을 보여주기 위한 것은 물론이다. 四頃으로
經界를 삼는 이유에 대해서는 우리나라가 땅이 협소하기 때문이라고
하면서 중국이라 하더라도 땅이 협소한 곳이 있으면 이와 같이 할
것이라고 했다. 이를 4頃이라도 이를 제도화하여 지키면 될 것이니
곧 그 본뜻은 經界를 바르게 하여 백성들을 고르게 하고 人數를 명확히
하여 役을 고르게 함으로써 백성들에게 恒産이 있게 하고 각기 그 분수를
얻게 하는 것이 중요하지 않느냐고 하였다.50) 이때 모든 田地는 다
方形으로 구획하여 頃을 만든다.51) 다만 傍山臨水하여 지형이 尖仄하여
방형으로 구획할 수 없는 곳은 지형에 따라 開方法으로써 折長補短하여
頃을 만든다. 그러고도 頃을 이룰 수 없는 수십 畝, 혹은 1, 2畝는 餘田으로
한다.52) 이와 같이 公田制 아래서는 井田 區劃이 이루어졌는가는 중요치
않다.

　이 같은 公田制 원리를 통해 만들고자 했던 井田制는 결국 土地에
대한 國家管理를 통해 '重民勤國 均賦薄斂'하는 데 목적이 있었다. 公田이
라야 백성의 産業이 恒久하고 人心이 안정되어 萬事가 分數를 얻을 수
있다고 보았다.53) 이렇듯 公田은 私田에 비해 公平無私하고 重民할 수
있는 근거가 되었다. 重民하기 위해 100畝씩 지급하여 恒産을 갖도록

---

49) 金容燮, 1990, 「朱子의 土地論과 朝鮮後期 儒者」 『朝鮮後期農業史研究Ⅱ(增補版)』 ;
　　1990, 「朝鮮後期 土地改革論의 推移」 『朝鮮後期農業史研究Ⅱ(增補版)』 ; 金駿錫, 1996,
　　「柳馨遠의 公田制理念과 流通經濟育成論」 『人文科學(연세대 인문과학연구소)』74.
50) 『磻溪隨錄』 卷2, 田制 下 田制雜議附, 18가~나.
51) 原陸지대에서는 비록 높고 낮음이 있더라도 無妨하니, 다만 그 高低에 따라서
　　모두 方形으로 구획할 수 있다. 비록 山谷間일지라도 몹시 좁은 곳이 아니면
　　또한 반드시 이와 같이 한다(『磻溪隨錄』 卷1, 田制 上 分田定稅節目, 15나~16가).
52) 모든 佃을 이루지 못하는 곳에서는 그 지형에 따라서 3, 2, 1頃을 만들고, 1頃을
　　이루지 못하는 곳은 그 畝數에 따라서 餘田으로 한다(『磻溪隨錄』 卷1, 田制 上
　　分田定稅節目, 15나~16가).
53) 『磻溪隨錄』 卷2, 田制 下 田制雜議附 12가~나.

했으며, 나아가 勤國하는 방법으로써 4頃마다 出兵토록 함으로써 農兵一致를 제도화시켰다. 이렇게 經界를 바로하고 出兵을 명확히 하는 것은 公田制가 아니면 이루어질 수 없다고 하였다.[54] 그렇지만 만일 私有制가 되살아난다면 公田制는 무너질 수밖에 없다고 하여 토지세습제의 폐지를 고수하고 있다.

磻溪는 三代를 理想으로 하기는 하였지만 고대사회로 환원시키는 것이 아니고 당시 조선의 현실에 맞는 제도를 강구해낸 것이기에 그의 사상은 복고적이라고 단정할 수 없다.[55] 즉 반계는 三代의 古法을 원용하여 現實에 대한 비판 기준으로 삼으면서, 당시의 현실사회에 적합하다고 생각한 법제를 새롭게 구상하였다고 할 수 있다. 따라서 반계의 구상은 보다 진보적이었다는 적극적인 평가가 가능하다.

2절 公田制의 收取方式과 均民論

1) 結負法 혁파와 頃畝法

磻溪는 公田을 행하려면 結負法을 고쳐 頃畝法으로 해야 한다고 단언하고 있다.[56] 우리나라의 結負에 관한 규정은 本을 놓아두고 末을 취한 법이라는 것이다. 만약 公田制를 시행하려고 한다면 더욱 이 結負法을 고쳐서 頃畝法을 써야 한다고 보았다. 이러한 가운데 均賦均稅를 통한 均民이 실현될 수 있을 것이라는 생각이었다. 均民할 수 있는 방법은 公田制를 통한 分數論의 실현이 전제되는 것은 물론이다. 그리고 均民

---

54) 『磻溪隨錄』 卷2, 田制 下 田制雜議附, 14나~15가.
55) 鄭求福, 1970, 「磻溪 柳馨遠의 社會改革思想」 『歷史學報』 45.
56) 『磻溪隨錄』 卷1, 田制 上 分田定稅節目, 11나.

역시 여러 가지 제도적 보완조치가 뒤따를 때 비로소 가능해지는 것은 이를 필요가 없다.

磻溪는 왜 結負法을 버려야할 것으로 보고 頃畝法을 높이 평가했을까?

結法(結負法)은 각 등급의 세액은 같으나 등급에 따라 토지 넓이의 廣狹이 다르니, 이는 稅를 爲主로 하여 結負를 파악하는 異積同稅法으로서 결부법의 복잡함 때문에 온갖 폐단이 일어난다는 것이다. 오로지 토지의 소유주나 넓이에 관심을 두기보다는 조세를 누가 부담하는가에만 초점을 둔 제도라는 것이다. 국가는 일단 파악된 토지에서 누구로부터든 간에 租稅만 거두면 된다는 것이다. 결국 稅數는 쉽게 드러나지만 각 등급의 田地 면적이 서로 달라서 그 漏脫은 살피기 어렵기 때문에 결부제는 토지등급이나 면적을 측량하는 데서 오는 온갖 폐단을 막지 못하게 된다.[57] 또한 田地에서는 세금만 받고, 이와 별도로 兵丁은 장정을 搜括하여 쓴다. 따라서 토지를 소유한 자가 꼭 병역을 지는 것도 아니고, 병역을 지는 자가 반드시 토지를 소유한 것도 아니므로 토지와 사람이 이원적[田人二途]이다.[58] 이 같은 실정이니 오히려 頃畝法으로 고칠 수 없고 고치려면 제도 전반에 걸쳐 개혁을 단행해야 하니 결국에는 어쩔 수 없이 結負法을 고수하게 된다는 것이다.

이에 비해 頃法(頃畝法)은 각 등급의 땅의 넓이는 모두 같게 하고 稅에 차등을 두는 同積異稅의 방식에 따른 것이니 이는 地를 本으로

---

57) 結法에도 田地의 尺數가 없는 것은 아니다. 그러나 그것은 한갓 장부와 문서에 기재할 뿐이고 田地의 실제 면적은 整齊되지 아니한다. 長短이 多端하여 乘除加減의 법을 담당 관리도 다 살필 수 없는데 하물며 田氓이랴. 관리도 다 살필 수 없고 농민도 모두 알 수 없으니, 胥吏가 농간을 부리기가 쉽다. 살피기 어렵게 되어 있는데 여러 서리들의 농간을 다스린다는 것은 事勢上 불가능한 일이다. 이 때문에 뇌물과 청탁이 횡행하고 누락되고 기만하는 폐단이 없는 곳이 없어서, 필경에는 賦稅 역시 不均하게 된다(『磻溪隨錄』卷1, 田制 上 分田定稅節目, 13가~13나).

58) 『磻溪隨錄』卷1, 田制 上 分田定稅節目, 11나.

한 것으로서, 옛날 노동력을 헤아려 田地의 면적을 100畝로 정한 데서 유래하였다.[59] 따라서 사람에게 田地를 균등하게 주고, 그 田地의 면적을 헤아려서 出兵하게 하니, 土地를 소유한 자는 반드시 兵役을 지고 兵役을 지는 자는 반드시 토지를 소유하므로 토지와 사람이 合一[田人合一]되어 있다.[60]

結負法을 頃畝法으로 고치는 것은 결코 不可能하지 않으며 실현 可能하다.[61] 왜냐하면 結負制란 高麗 文宗 때 정해진 것이지 이전에는 頃畝法을 썼기 때문이다. 즉 高麗 太祖가 말하기를 "泰封의 君主가 백성을 대상으로 욕심을 채우려고 1頃의 토지에서 租稅 6석을 받았다"고 하였고, 또 朴英規傳에 이르기를 "태조가 神劍을 평정하고, 英規에게 田 1,000頃을 하사하였다"고 한 것을 보면 結負之名은 그 後에 나온 것을 알 수 있다는 것이다. 따라서 頃畝法이 본래부터 존재하지 않던 법이라는 것은 잘못된 생각이며 結負法을 頃畝法으로 고칠 수 있다는 것이라고 하였다. 이같이 頃法은 體이고 本이며, 結法은 用이고 末이다. 田制로서는 頃法보다 좋은 것이 없고, 結法보다 나쁜 것은 없으니 설사 公田제도를 시행하지 않더라도 結負法을 고쳐서라도 頃畝法을 쓰는 것이 좋다고 역설하였다.[62]

예컨대 그것은 곧 무릇 稅와 役을 정함에 土地를 기준으로 하는 것보다 좋은 것은 없고 사람[人]을 기준으로 하는 것보다 나쁜 것이 없다는 것을 의미하는 것으로서 古今에 이러한 본보기를 흔히 볼 수 있다. 아주 오랜 옛날에는 토지를 기준으로 稅와 役을 내게 하였으므로 사람이 혹 사망하더라도 토지에는 항상 경작자가 있어 그를 대신하게 되므로 나라에는 戶가 漏失되는 폐가 없고 백성들에게는 無産之役이 없었다는

59) 『磻溪隨錄』 卷1, 田制 上 分田定稅節目, 12나~13가.
60) 『磻溪隨錄』 卷1, 田制 上 分田定稅節目, 11나.
61) 『磻溪隨錄』 卷1, 田制 上 分田定稅節目, 14가.
62) 『磻溪隨錄』 卷1, 田制 上 分田定稅節目, 13가~13나.

것이다.[63] 그러나 후세에는 사람을 기준으로 稅와 役을 정하기 때문에 사람이 死亡·流離하면 稅를 이웃에게 전가하는 唐나라의 租稅 폐단이 있게 되었다. 즉 租·庸·調의 法이 비록 民에게 토지를 분배하여 주었으나 丁戶를 기준으로 하였고 兩稅法이 비록 資産을 기준으로 하였으나 먼저 稅穀을 정하여 大·中·小戶로 分定하였기 때문에 모두 이러한 폐단을 면할 수 없었다.[64]

또한 公田은 量田과 戶牌法에서 취하고자 하는 점 2가지를 동시에 해결할 수 있으니 一擧兩得이라고 할 수 있다. 量田·戶牌法은 두 번 수고스러우면서도 그 利는 서로 兼하지 못하므로 하나만을 얻고 둘을 잃는 것이며 백성들 또한 모두 하고자 하지 않아 기뻐하는 자가 없을 것이라고 했다.[65] 그러니 公田을 통해 稅役을 해결하고 田丁을 일치시킬 수 있게 되니 이를 통해 貧富가 均一하게 되고 백성들은 자연 기뻐하며 따르게 될 것이라는 것이다.

지금까지 살펴보았듯이 結負法에서 연유하는 폐단을 없애기 위해서는 반드시 頃畝法을 써서 經界를 바로잡은 뒤라야 비로소 賦役을 均平하게 하고 백성의 삶을 豊饒롭게 하며 나라를 勤實하게 할 수 있는 것이다.

한편 頃畝法을 중심으로 國家經營 계획이 수립되었다면 이어 經界를 바로잡을 수 있는 세부 조치를 취해야 할 것이다. 土地分給의 大綱을 보완하기 위한 조치로서 公券을 발급하고 田籍을 작성해 주며, 분쟁이 일어나지 않도록 經界를 명확히 측량하여 收稅臺帳을 정비하는 일에 착수한다.

우선 受田者에게 公券을 발급해 주되,[66] 이미 전지를 분배한 뒤에는

---

63) 『磻溪隨錄』卷2, 田制 下, 田制雜議附, 20가~나.
64) 『磻溪隨錄』卷2, 田制 下, 田制雜議附, 20가~나.
65) 『磻溪隨錄』卷2, 田制 下, 田制雜議附, 15나~16가.
66) 『磻溪隨錄』卷1, 田制 上 分田定稅節目, 34나~35가.

뺏지 못한다.[67] 이때 受田者는 각 소속 관청에서 田籍의 字數를 갖추어 公券을 만들되,[68] 무릇 田地를 바꾸려는 자는 原券을 관청에 도로 바치도록 하며, 서로 바꾸려는 자가 동시에 관청에 출두하여 절차를 밟게 한다. 물론 같은 마을[里]에 한해서 허락한다. 受田을 불법적으로 빼앗거나 중첩하여 받거나, 이를 隱漏하는 자가 있으면 죄를 주고 시정한다. 물론 荒田을 개간하고도 보고하지 않은 자도 죄를 받는다.

田籍을 작성하여 토지 분급에 관한 제반 사항을 기재하여 수세의 근거로 삼는 일은 국가의 중대사이다. 田籍은 1字號에 16頃씩 千字文 순서로 기록하고 각 頃마다 田形, 等第, 長廣 尺數, 界標(四標)를 기록하여 각각 某人이 受田했다는 것을 명시한다.[69] 각 職役도 모두 기록하며 士大夫의 경우 관직명과 이름, 그리고 奴名을 모두 함께 명백히 기록하여 참고될 수 있도록 하였다.[70] 이 같은 田籍은 매 3년마다 다시 정리하도록 한다.[71] 新墾 및 陳災는 매년 기록하여 置簿토록 한다. 이와 아울러 軍籍 역시 3년을 기한으로 하되, 田籍을 수정한 후 軍籍을 수정하도록

---

67) 『磻溪隨錄』卷1, 田制 上 分田定稅節目, 35가.
68) 사대부로서 品階가 오름에 따라 더 받게 되어 새로 公文을 작성하는 자는 原券에 붙여 합하여 하나로 만들도록 한다(『磻溪隨錄』卷1, 田制 上 分田定稅節目, 34나~35가). 受田者가 兵役을 면제받을 만한 계층 이상의 자로서 移徙하는 자는 本邑에서 발급한 立案이 이사한 官衙에 도착한 뒤에 그 지방에서 受田한다. 서울에 살면서 지방에 전지를 받는 자는 서울의 대장에 기재하고 立案을 주고, 그 입안이 전지를 줄 관청에 접수된 후에 受田하게 하여 중첩하여 받는 폐단을 없게 한다(『磻溪隨錄』卷1, 田制 上 分田定稅節目, 20나).
69) 『磻溪隨錄』卷1, 田制 上 分田定稅節目, 35나~36가.
70) 騎兵의 것이면 騎兵 누구라 하고, 步兵의 것이면 步兵 누구라 하고, 士 이상의 것이면 學生 某戶 奴某라 하고, 大夫의 것이면 某官 某戶 奴某라 하며, 王子에 이르면 某 君房 奴某라 기록한다(『磻溪隨錄』卷1, 田制 上 分田定稅節目, 35나~36가). 이같이 士大夫라 할지라도 관직명과 이름, 그리고 戶奴名까지 정확히 밝히는 것은 公田法에 있어 稅役의 대상을 분명히 하기 위한 기초 조사로서 중요하다. 곧 토지를 중심으로 제반 부세제도를 운영함으로써 제반 폐단을 없애고자 하는 조치로서 중요하다고 하겠다.
71) 『磻溪隨錄』卷1, 田制 上 分田定稅節目, 36가.

하여 빠진 額數나 늘어난 額數는 매년 장부에 기록한다. 田籍은 3부를 작성하여 本邑, 本道, 戶曹에 보관한다. 이 같은 田籍은 公田法에 있어서는 특히 萬事가 田地에 관련되어 있으므로 중요하며, 田籍이 분명치 못하면 萬事가 기강이 없어진다고까지 하여 중시하고 있다. 때문에 3년마다 수정하되 마치 머리를 손질하는 것같이 흐트러지기 전에 정리하면 번잡한 폐단도 없어질 것이라고 하였다. 이렇게 되면 지금까지 20년 量田 규정도 제대로 운영되지 못하고 收稅하는 도구로 전락한 量案을 혁신할 수 있다고 보았다.[72]

한편 3년마다 정비되는 田籍과 별도로 매년 行用되는 排總文書는 수세 대장으로서의 역할을 하고 있었으며, 田籍과 달리 현행 관행처럼 戶奴名 만을 써서 운영해도 무방하다고 했다.[73] 물론 租稅는 지금처럼 田主가 내게 하였다.[74]

田籍과 排總文書를 통해 토지분급과 수세를 정확히 행하기 위해서는 측량을 통해 경계 표시를 명확히 할 필요가 있었다. 곧 量田의 문제를 어떻게 처리하느냐에 따라 公田法의 성패가 달려있다고 해도 과언이 아니다. 田籍의 정확한 운용을 통해 公田制의 원리가 구현될 수 있기 때문이다. 따라서 經界를 정하는 것은 가지런하고 바르게 하되 너무 급히 서둘러 일시에 마치려 해서는 안된다고 하였다.[75] 처음 打量할 때 꽂아놓은 표식을 따라 대강 구획을 하여 정리해 놓고, 그 후 매년 농한기를 이용하여 각 田夫가 차츰 둑을 쌓고 도랑을 내도록 하고 守令이나 敬差官이 순회하면서 檢飭케 한다.[76] 이 같은 일을 행하기 위해서는 각 面에 田籍 1건과 田尺을 갖추어 놓고 누구든 쉽게 찾아보고

---

72) 『磻溪隨錄』 卷2, 田制 下 田制雜議附, 36가~나.
73) 『磻溪隨錄』 卷2, 田制 下 田制雜議附, 36나.
74) 『磻溪隨錄』 卷2, 田制 下 田制雜議附, 14나.
75) 『磻溪隨錄』 卷1, 田制 上 分田定稅節目, 18나.
76) 『磻溪隨錄』 卷1, 田制 上 分田定稅節目, 18나.

살펴 자신의 經界를 알도록 한다. 이렇게 6, 7년만 지나면 자연 경계가 바로잡히지 않을 리 없고 영구히 보전될 수 있을 것이라는 것이다. 이 같은 經界는 국가의 大事로서 周禮에서도 옛 사람들이 소위 溝洫에 盡力한다고 한 말이 이에 해당함을 알 수 있다.[77] 또 韓久菴의 箕田圖說을 보면 평양에 있는 箕子田은 70畝를 1區로, 4區를 1田으로 하고, 區의 경계가 되는 길은 그 넓이가 1畝, 田의 경계가 되는 길은 그 넓이가 3畝라고 했으니 이를 보면 4區를 1段으로 만든 것은 역시 옛 聖人의 制度임을 알 수 있다고 했다.[78]

지금까지 살펴본대로 頃畝法의 채택과 頃畝法을 중심으로한 經界 확정 과정은 公田法을 완성하기 위한 필수적인 과정이었다. 아울러 公券을 발급하고 田籍을 작성하여 분쟁이 일어나지 않도록 經界를 명확히 하고 收稅의 기준을 세우는 일 역시 國家經營 상의 大事로서 이것이 제대로 이루어진다면 萬事가 갖추어질 것이라고 생각하고 있었다.

2) 頃畝法에 입각한 給災法

公田法에 있어서의 收稅와 給災는 分給된 公田에서 收稅하는 과정 일반

---

77) 『周禮』(卷15 地官 遂人 조)에 의하면, 대개 夫(필자 : 農夫 1인이 경작하는 면적으로 서 100畝, 즉 1頃) 사이에 遂가 있고, 遂 위에는 徑이 있다. 10夫가 사이에는 溝가 있고, 溝 위에는 畛이 있다. 100夫 사이에는 洫이 있고, 洫 위에는 涂가 있다. 1,000夫 사이에는 澮가 있고, 澮 위에는 道가 있다. 10000夫 사이에는 川이 있고, 川 위에는 路가 있다. 遂·溝·洫·澮는 모두 川에 물을 통하는 것이니, 遂는 넓이와 깊이가 각 2尺이다. 溝는 이것의 배이고, 洫은 溝의 배이다. 澮는 넓이는 2尋, 깊이는 2仞이다. 徑·畛·涂·道·路는 모두 수레와 사람이 서울까지 통할 수 있다. 徑에는 牛·馬가 통행할 수 있고, 畛에는 大車가 통행할 수 있다. 涂는 乘車 한 대가 통행할 수 있는데, 道는 두 대가, 路에는 세 대가 지나갈 수 있다. 옛날의 聖人의 법제가 과연 훌륭하다는 것을 알 수 있다. 지금 그와 같이 완비할 수는 없지만 封溝나 徑道를 만들어서 經界를 정하지 않을 수 없다(『磻溪隨錄』 卷1, 田制 上 分田定稅節目, 19가~19나).
78) 『磻溪隨錄』 卷1, 田制 上 分田定稅節目, 19나.

을 말한다. 국가에서 收稅를 하기 위해서는 부과 기준이 공평해야 한다. 즉 田分과 年分을 통해 각 受田의 비옥도와 풍흉에 따라 알맞게 수세할 수 있도록 하는 것이야말로 均賦均役하여 均民하는 근거가 될 수 있기 때문이다.

우선 量田을 통해 조사된 제반 사항이 田籍이 제대로 갖추어져 기록될 수 있는지가 중요하다. 그런 의미에서 田籍式을 통해 각 토지의 受田者 및 면적, 형태, 종류, 위치 등을 정확히 기록하여 수세의 기준을 마련해야 한다고 하였다.[79] 田形은 모두 方田의 長廣 100步를 기준으로 하되 부득이 자르고 보태어 方形을 만드는 과정에서 直田이 된 것은 直田·梯田·圭田 등으로 하되 그 형태에 따라 기록한다. 旱田은 田이라 기록하고, 水田은 畓이라 하되, 1頃 내 田畓이 함께 들어가 있으면 나란히 두 줄로 기록하여 田畓마다 각각의 田形 및 步畝, 等第와 동서남북 4界를 倂記한다. 이같은 과정을 거쳐 鄕[80]마다 田籍 말단에 총계 幾頃 幾畝 內 閭里, 墾田, 荒田이 각각 幾頃 幾畝인지를 분류하고 모두 합하여 1등전에서 9등전까지 墾田과 荒田을 나누어 기록한다. 그리고 墾田 가운데서 賜稅田과 免稅田이 있으면 賜稅田의 액수와 學校田, 軍資, 驛馬田을 제외한 액수를 기록한다. 이 같은 사항을 每邑 말단에 여러 鄕의 통계를 합하여 기록하되, 每道마다 諸邑의 통계를 합하여 마찬가지로 정리하며 호조 역시 諸道의 것을 합쳐 이같이 한다.[81]

---

79) 『磻溪隨錄』 卷1, 田制 上 分田定稅節目, 36나 이하 참조.

80) 鄕은 面을 의미하는 것으로서 田籍 작성의 최소 단위이다. 한편 磻溪의 郡縣制論은 鄕里制를 하부 조직으로 하고 있는데, 향리제를 五家作統 방식에 의하여 편성하여 五家를 一統으로 하고 十統을 一里로 하며 十里를 鄕으로 하였다. 이렇게 편성된 鄕의 규모는 대략 戶口數와 지형을 참작하면 600~900頃의 규모를 一鄕으로 하는 것이다. 각 통에는 統長을 두며, 里에는 里正을 삼고 保布를 면제해 주며, 鄕正은 토지분급에서부터 호구 파악에 이르기까지 행정의 전면에 동원된다. 이들 향정에게는 祿이 주어진다(金武鎭, 1985, 「磻溪 柳馨遠의 郡縣制論」 『韓國史硏究』 49, 72~74쪽).

81) 『磻溪隨錄』 卷1, 田制 上 分田定稅節目, 36나~38나.

이러한 田籍을 바탕으로 收稅 과정 일반이 행해지게 되지만 보다 정확한 收稅가 이루어지기 위해서는 田分과 年分이 제대로 운용되어야 한다. 磻溪가 생각한 田分9等과 年分3等은 世宗代의 田分6등과 年分9등과 차이가 있다. 그러한 차이는 단순한 차이라기보다 頃畝法을 채택함으로써 나타난 것이라고 할 수 있다. 그것을 자세히 검토해 보기로 하자.

磻溪는 世宗의 田分6等은 粗略함을 면치 못한다고 하여 9等으로 정해야 한다고 하였다.[82] 즉 土品의 肥瘠은 비단 禹貢에서 보일 뿐 아니라 바꿀 수 없는 법도로서 中國에서도 계속 9등 田分을 사용했다고 한다. 이 같은 비척도는 이미 토지를 나누어 均民하였으니 身役도 따라서 균등할 것이다. 따라서 田稅의 輕重은 모름지기 토지의 厚薄에 상응케 한 후에 비로소 大均할 것이니 마땅히 9등으로 나누어 서로의 차이를 5배로 하여 그 適實함을 보아야 할 것이라고 했다. 우리나라의 제도는 田品의 高下를 6등으로 나누니 6등과 1등의 所出의 多寡는 서로 4배의 차이가 있었고, 그 차이가 크지 않기 때문에 租稅가 고르지 않았다고 한다. 게다가 백성의 身役이 偏重되어 苦歇이 균일하지 않으니 비록 均民平政하려 해도 근거가 없다는 것이다.[83]

이 같은 토지의 肥瘠度는 上上田을 1등으로 하여, 上中田을 2등, 上下田을 3등, 中上田을 4등, 中中田을 5등, 中下田을 6등, 下上田을 7등, 下中田을 8등, 下下田을 9등으로 나누어 각기 所出의 多寡로서 정해야 한다고 했다. 上年의 種子 1斛으로 수확한 皮穀數를 기준으로 하되,[84] 1등전 소출은 100斛,[85] 2등전은 90斛, 3등전은 80斛, 4등전은 70斛, 5등전은

---

82) 『磻溪隨錄』 卷1, 田制 上 分田定稅節目, 38나~39가.

83) 『磻溪隨錄』 卷1, 田制 上 分田定稅節目, 39가.

84) 1斛은 10斗로서 1石을 의미한다. 그런데 지금 우리나라에서는 1斛을 15斗로 하여 平石이라 하여 官府에서도 그렇게 사용하고 있으며, 한편 20斗를 大斛, 즉 全石이라 하여 민간에서 20斗를 1石으로 사용하고 있기도 하다(『磻溪隨錄』 卷1, 田制 上 分田定稅節目, 39가).

60斛, 6등전은 50斛, 7등전은 40斛, 8등전은 30斛, 9등전은 20斛으로 하여 1등전과 9등전의 소출 차이를 비척도에 따라 5배로 크게 했다.

이러한 田分9等에 비해 이전의 田分6等 구분은 세밀한 구분이 없었기 때문에 양전관이 제멋대로 전품 구분을 하는 근거가 되곤 했다는 것이다. 즉 어떤 土地가 上地가 되고, 어떤 土地는 下地가 되는지를 알게 하기 위해서는 각 토지의 소출이 반영된 전품 구분을 통해 收稅가 이루어져야 한다는 것이다. 이 같은 田品 等第의 本意를 널리 반포하여 使臣이나 守令·監官·色吏·田夫 등 萬民이 모두 알게 하면 그로 인한 폐단은 점차 사라질 것이라는 것이다.[86] 만일 田品 等第가 처음 정한 바가 정확하지 못하다면 고칠 수 있다고 했다.[87] 왜냐하면 賦稅의 경중과 民生의 고락이 오직 等第에 있으므로 그것이 고르지 못하면 폐해가 끝없을 것이기 때문이다. 만약 정확치 못하면 백성들로 하여금 관에 고하여 반드시 一里의 사람들과 여러 田地를 비교하여 公論이 모아진 연후에 수령이 친히 답험하고 실상을 관찰사에게 보고하여 고치도록 한다. 이후 법을 행한 지 오래되어 바르게 되었을 때가 되면 반드시 式年을 기다려 고치도록 하되 경솔하지 않도록 한다.

한편 이 같은 등급의 차이를 두어 구분하면 된다고 생각했으나 시험해 보니 그것이 사리에 맞지 않음을 알게 되었다. 즉 田分 5倍法으로는 그 소출을 정확히 측정하여 공평하게 수세하기가 어렵다는 점을 알게 되었다. 1斗落에 혹은 7~8石을 내는 곳이 있는가 하면 혹은 1石(20斗) 도[88] 못 내는 곳도 있어 그 차이는 5배를 넘는다는 점과, 또한 7~8石이

---

85) 全石으로는 50石이다.
86) 『磻溪隨錄』 卷1, 田制 上 分田定稅節目, 42가~42나.
87) 『磻溪隨錄』 卷1, 田制 上 分田定稅節目, 48가.
88) 본래 『磻溪隨錄』에서는 10斗를 1斛(1石)으로 하여 서술하고 있으나, 여기에서는 민간의 관행인 20斗=1石을 그대로 써서 사람들로 하여 깨닫기 쉽게 한다고 했다.

나는 땅은 전국에 1~2곳에 지나지 않을 뿐 아니라 4~5石이 나는 곳도 매우 드물기 때문에 이 같은 기준을 그대로 적용해서는 안된다는 것이다. 게다가 단순히 토지의 비옥도 뿐 아니라 雨露가 흡족하고 人功이 지극할 때 수확이 더 늘어난다는 점을 고려해야 하지만, 반대로 年分이 下年이거나 災傷을 입는다면 더더욱 그 차이가 커질 것이라는 점을 고려해야 한다고 하여 年分法과 災傷法을 구상하게 되었다.[89]

따라서 5倍法 이상으로 구분할 필요는 없으며 田分 5倍法에 일단 年分法 3등을 고려할 때 비교적 객관적인 등급을 정할 수 있으며, 그것을 다시 계산하여 정리하면 다음과 같다.[90]

〈표 16〉 田分9等과 年分3等에 따른 所出表(1斗地 기준)

등급	1등	2등	3등	4등	5등	6등	7등	8등	9등
상년	10斛	9斛	8斛	7斛	6斛	5斛	4斛	3斛	2斛
중년	8斛	7斛2斗	6斛4斗	5斛6斗	4斛8斗	4斛	3斛2斗	2斛4斗	1斛6斗
하년	6斛	5斛4斗	4斛8斗	4斛2斗	3斛6斗	3斛	2斛4斗	1斛8斗	1斛2斗

위 표에서 말하는 상중하년은 풍흉에 따른 구분이 아니라 다만 그 경지가 上實이면 上年으로, 中實이면 中年으로, 平下면 下年으로 말한 것이며, 특히 下年이란 평년 이하의 해이며 흉년이나 災傷을 입어서 손실된 것이 아니다.[91] 만일 흉년이나 災傷年이면 收稅를 分數에 의거하여 별도로 감할 것이며 단지 年分3等은 전국 여러 고을의 土品 肥瘠度 차이를 모두 반영하기 위해 그 조목을 상세하게 하기 위함이다. 이 같은 年分法은 매년 9월초 수령이 年分의 등급을 정하고 관찰사가 다시 심의하여 정부에 啓를 올리면 의정부와 六曹, 漢城府 등이 함께 논의하여 다시 啓를 올려 稅를 받도록 하였다.[92] 만일 수령이 주관하지 않고

---

89) 『磻溪隨錄』卷1, 田制 上 分田定稅節目, 39나~41가.

89) 『磻溪隨錄』卷1, 田制 上 分田定稅節目, 39나~41가.
90) 『磻溪隨錄』卷1, 田制 上 分田定稅節目, 41가~42가.
91) 『磻溪隨錄』卷1, 田制 上 分田定稅節目, 42가.

下吏들이 마음대로 주관하게 되면 풍년인 해에도 下下로 査定하는 등 이루 말할 수 없는 폐단이 일어나는 원인이 되므로 잘 살펴야 한다고 했다. 災傷文書는 量案을 참작하여 매년 베껴 올리되 陳田과 災害, 新墾田만을 기록하도록 한다.

收稅과정은 앞에서 살펴본 田分·年分에다가 給災에 따른 分數를 계산하여 완성되게 된다. 우선 1단계로 年分은 3等으로 나누어 收稅하되 1/2 이상의 결실을 대상으로 3등급으로 나누어 극히 實하면 上年으로 하여 10分 모두가 생산된 것으로 보고, 中實하면 中年으로 하여 8分만이 생산된 것으로 하고, 平下면 下年으로 하여 6分 소출을 대상으로 하여 수세한다.[93] 다시 2단계로 災傷을 만난 경우의 分數는 災損에 따라 감하여 收稅한다. 즉 災害가 6分이면 6/10을 감하여 4/10만을 수세하고, 7分이면 3/10만을 수세하고, 8分이면 2/10만을 수세하고, 9分이면 1/10만을 수세하며, 全災면 免稅한다.[94] 이것을 정리하면 다음 표와 같다.[95]

〈표 17〉 年分法과 給災法에 따른 1/20稅(1斛=10斗)

等級		1等田	2等田	3等田	4等田	5等田	6等田	7等田	8等田	9等田
1頃所出	上年	400斛	360斛	320斛	280斛	240斛	200斛	160斛	120斛	80斛
稅米 (年分法)	上年	10斛	9斛	8斛	7斛	6斛	5斛	4斛	3斛	2斛
	中年	8斛	7斛2斗	6斛4斗	5斛6斗	4斛8斗	4斛	3斛2斗	2斛4斗	1斛6斗
	下年	6斛	5斛4斗	4斛8斗	4斛2斗	3斛6斗	3斛	2斛4斗	1斛8斗	1斛2斗
稅米 (給災法)	6分災	4斛	3斛6斗	3斛2斗	2斛8斗	2斛4斗	2斛	1斛6斗	1斛2斗	8斗
	7分災	3斛	2斛7斗	2斛4斗	2斛1斗	1斛8斗	1斛5斗	1斛2斗	9斗	6斗
	8分災	2斛	1斛8斗	1斛6斗	1斛4斗	1斛2斗	1斛	8斗	6斗	4斗
	9分災	1斛	9斗	8斗	7斗	6斗	5斗	4斗	3斗	2斗

---

92) 『磻溪隨錄』卷1, 田制 上 分田定稅節目, 49가~나.
93) 『磻溪隨錄』卷1, 田制 上 分田定稅節目, 43가.
94) 『磻溪隨錄』卷1, 田制 上 分田定稅節目, 43가.
95) 『磻溪隨錄』卷1, 田制 上 分田定稅節目, 44가~45가.

위의 표에서 제시된 1/20세는 皮穀 1斛에서 米 5斗를 만들 수 있는 토지를 대상으로 계산하는 것으로, 1등전 1頃 400斛이 생산되는 토지는 米로 환산하면 200斛이니 1/20세는 10斛이 된다. 그러나 皮穀 1斛에서 米 5斗를 내는 토지가 많지 않으니 1/20보다 무거운 1/15稅 정도로 생각하면 될 것이다. 게다가 運輸나 消耗 비용 등을 부담하는 것까지 고려한다면 대략 民間이 부담하는 조세는 1/10세가 될 것이다.96) 농민에게 너무 많이 거두는 것은 진실로 백성을 괴롭히는 가장 큰 원인이며 너무 적게 거두는 것 역시 바른 법이 아니라고 했다. 왜냐하면 經費가 부족하면 반드시 科外로 거두는 사례가 생기니 이로 인해 백성들이 거듭 침해를 받는 일이 일어나기 때문이다. 이로 보건대 1/10세가 천하의 中正한 세율이라 할 수 있으며, 이보다 많으면 桀 임금처럼 될 것이요 적으면 貊國과 같은 오랑캐가 될 것이다. 따라서 科外로 거두는 것은 일체 금하며 거두는 것에 맞추어 지출하는 量入爲出의 원칙에 따라야 한다고 했다.97)

한편 旱田에 대해 給災하지 않는 것은 타당치 않으므로 災傷이 생긴다면 水田·旱田 모두 實災에 따라 給災해야 한다. 그리고 1頃 내 2人의 受田이 있더라도 그 경중을 헤아려 동일한 등급으로 급재한다. 만일 內分하여 內災法을 쓰기 시작하면 농간이 개재하기 쉬우므로 절대 內災法을 쓰지 말고 9分災法을 사용하도록 한다. 이같이 하여 1/10稅를 거두어들이는 것이야말로 농민과 풍흉을 함께 하는 것이니 지극히 공평한 법이 될 것이라는 것이다.

新墾荒田의 경우는 첫 해만 免稅해 주고, 樹木이 자라 숲을 이룬 곳은 2년간 면세해 주며, 海澤 築堰田은 3년간 면세한다. 단 山火粟田으로 경작되는 경우는 이와 달리 매년 측량하여 경무법에 의해 수세하도록

---

96) 『磻溪隨錄』 卷1, 田制 上 分田定稅節目, 44가.
97) 『磻溪隨錄』 卷1, 田制 上 分田定稅節目, 45나~46가.

하되,[98] 火續田이 流民의 避役處가 되기 쉬우므로 법으로 금하도록 한다.

이 같은 田分法과 年分法, 그리고 給災法을 통해 收稅 대상이 확정되면 總首를 정하여 조세를 받아들이게 한다. 總首(민간에서는 矣主라 칭함)를 정하는 방법은 해마다 각 頃의 實數를 통계하여 매 10石마다 1명씩 뽑는다.[99] 이들은 租稅를 모아서 바치며 이외에도 官府에서 사용하는 柴草炭 및 氷丁 등도 모두 이와 같이 마련하도록 한다.

지금까지 살펴본 頃畝法과 그에 대한 보완조치로서의 田分法과 年分法, 給災法은 公田制를 바탕으로 한 세부적이고 구체적인 제도 개혁안이다. 公田制를 통해 井田論에서 구현될 수 있는 分數가 실현된다면 그 보완조치로서 均賦均稅할 수 있는 頃畝法 역시 필수적인 제도라고 보았다. 頃畝法을 바탕으로 농민에 대한 수취가 바로 설 때 비로소 均民할 수 있는 방법이 마련될 수 있다고 보았던 것이다.

3절 均田均民의 제안과 重民勤國論

磻溪의 改革論은 체제 전반에 걸친 위기 상황 아래에서 現實을 직시한 뒤 검토한 방대한 國家改革論이었다. 中世末期 朝鮮의 체제 모순을 타개하기 위해 제시된 방안으로서 당시기뿐 아니라 현재까지도 가장 주목되는 구상이었던 것이다.

그 중 가장 핵심을 이루는 것은 公田制였다. 磻溪는 公田制를 통해 祖宗이 표방한 '重民勤國 均賦薄斂'을 이루는 것이야말로 富國强兵하는

---

98) 『磻溪隨錄』 卷1, 田制 上 分田定稅節目, 48가~나.

99) 혹자가 말하기를 8頃마다 總首 한 명을 두는 것이 어떠한가를 물었으나, 이에 대해서는 각 頃에서 받아들이는 稅의 輕重이 다르기 때문에 奇數·零數가 가지런하지 않아 불편할 것이라고 하여 10石을 기준으로 하였는데, 이는 결부제 하의 8結 作夫를 염두에 둔 해석이다(『磻溪隨錄』 卷1, 田制 上 分田定稅節目, 50나).

지름길이라고 보았다. 이 같은 公田制는 17세기 전반 朝鮮國家가 처한 위기를 극복할 수 있는 時務論으로서 제기되었으며 당시의 체제위기를 반영한 것으로 17세기를 이해하는 출발점이 된다.

磻溪의 구상은 世宗의 貢法으로부터 출발했다고 해도 과언이 아니다. 貢法을 통해 복원된 夏殷周 시대의 이상적인 田制이며 稅法이었던 貢助徹法이 왜 붕괴될 수밖에 없었는가를 다시 한번 검토하게 되었다. 그 요인으로 우선 토지제도 전반에 걸친 개혁이 이루어지지 못했음을 주목하고 公田制를 제시하게 되었으며, 다음으로 收取制度 자체가 안고 있는 모순으로서 結負制의 문제점을 간파하고 頃畝法을 제시했던 것이다.

井田論과 公田制를 통해 확인할 수 있었던 것은 기존의 연구에서도 충분히 밝혀졌듯이 당시의 기본적인 생산관계였던 地主制를 혁파하고 公田을 통해 점차 恒産을 이룰 수 있도록 하는 데 있었다. 이 같은 公田制 위에 田制와 軍制가 정비되고 제반 役制도 따라서 田結에 배정하도록 하면 國家는 富强해지고 農民은 풍요로워질 것이라고 보았던 것이다. 世宗이 貢法을 통해 염원하던 토지제도의 정비는 鮮初 이래의 開墾田 수괄과 結數 확보만을 통해 이루어질 수 없다는 것을 磻溪는 알고 있었다. 田制뿐 아니라 役制·軍制를 통괄할 수 있는 제도로서의 公田制는 비록 실현되지 못했지만 이론적으로 검토해볼 만한 제도였던 것이다. 이후 英·正祖代에 이르러서도 주목의 대상이 된 것을 보더라도 그 구상의 성격을 알 수 있을 것이다.

磻溪의 井田論과 公田制를 통해 확인할 수 있었던 것은 世宗의 貢法이 비록 이상적인 세법의 형태로서 조선초기의 사회경제 수준에 알맞게 고안되었지만, 田制의 모순을 해결하지 못한 채 田稅 제도만으로 모든 문제를 해결하려 한 데서 粗略함을 면치 못했고, 그것을 해결하는 방법은 公田制라는 것이었다.

公田制를 바탕으로 頃畝法을 시행하고 結負法으로 인해 야기되었던 제반 모순을 일거에 해결하고자 했다. 結法(結負法)은 등급에 따라 넓이 의 廣狹이 다른 토지에서 稅를 爲主로 結負를 파악하는 異積同稅法이기에 그 복잡함이 이루 말할 수 없었고 따라서 온갖 폐단이 일어난다는 것을 알았다. 그것을 해결하는 방법은 頃畝法으로 개혁하는 길만이 있을 뿐이라는 것이다. 게다가 田分9等과 年分3等法을 통해 수세제도를 완비하고 給災法을 결합시켜 풍흉에 따른 減免제도를 완성시켰던 것이다.

반계는 井田論의 이념을 17세기 현실에 되살려 公田制를 운영할 수 있다고 보았고 그것은 결국 당시기 조선국가가 지향하던 바와 방법이 달랐지만 목표는 동일했던 데서 주목되었다. 당시기의 시대적 과제는 반계가 염원했던 經界를 바로하고 重民勤國하는 길이었던 것이다.

[본장은 「반계 유형원의 정전법과 공전제」(『역사와 현실』, 2001.12) 를 수정하여 전재하였음]

제7장 兪集一의 方田法에 나타난 균세균역 절충론

兪集一(1653~1724)의 方田法은 1700~1701년(숙종 26~27)에 걸쳐 황해도 3개읍(康翎·瓮津·殷栗)에 시험적으로 실시되었는데 기존의 量田과는 다른 방식에 의해 추진되었다는 점에서 주목된다. 기존의 양전은 6等田品과 結負法을 기본으로 하여 方田, 直田, 句股田, 梯田, 圭田 등의 5형태로 打量됨으로써 田政 운영상의 제반 폐단을 야기하게 있었다. 토지의 肥瘠에 따른 6分等은 농간의 근원이 되었을 뿐 아니라, 천태만상의 지형을 5가지 형태로 파악함으로써 結負가 감축되거나 陳起田이 기록되더라도 뒤섞여 나타나는 등의 경계문란 현상은 수령도 어찌할 수 없는 문제가 되고 있었다.

量田은 정부의 稅政 가운데 結稅와 관련하여 중요하게 취급되어 왔다. 특히 1708년(숙종 34) 황해도에 詳定法이 실시될 때까지 100여 년에 걸쳐 완성된 대동법으로 제반 貢納이 田結에 부과되어 가던 시기인 만큼 더욱 양전의 필요성이 절감되던 때였다. 양란 이후 대부분의 토지가 황폐화되고 在地 地主들의 兼幷 대상이 되어가는 상황에서, 기존의 양전 방식이 아닌 방전법이 숙종의 관심을 끌었던 것은 이 시기 양전의 필요성 때문이기도 했지만 방전법이 갖는 특이한 田結 파악 방식 때문이었던 것 같다.

方田 新法은 方田의 형태로만 토지를 파악하고 측량하는 방식이다.

때문에 舊(量)法에 비해 事半功倍하고 經界를 확정한 후에는 100년이 지나더라도 奸弊가 생기지 않는다고 하였다. 그러나 方田法에 의한 토지 측량 방식이 간편하고 아름답다고 하여 누구나 찬성한 것은 아니었다. 方田法을 강행했던 유집일 중심의 新法派와 그에 대항하여 量田法을 고수하고 이를 반대한 舊法派가 대립하고 있었다. 이들 방전법 시행에 대해 찬성했던 일군의 세력과 반대했던 세력간의 갈등을 통해 방전법 실시가 내포하고 있었던 정치경제학적 의미를 보다 분명히 할 필요가 있다.

方田法은 井田法의 遺制로 검토되어 왔기 때문에 토지측량 방식의 차이에만 머물지 않고 나아가 조선후기 체제개혁 문제와 관련하여 더더욱 우리의 관심을 불러일으킨다. 유집일이 남긴 방전법 관계자료는 발견되지 않은 상태이지만, 茶山도 주목한 바 있으며, 대한제국기 광무양전을 전후한 시기에 『丘井量法事例幷圖說』이나 兪鎭億의 「田案式」에 재구성되었던 토지구획법이기 때문에 그 대강을 복원할 수 있다.

구상한 방식 등은 다르지만 각 시대배경 위에서 구체적으로 검토되었던 방전법은 실학자들에 의해 제기되었던 井田論과 밀접한 관계 위에 논의되고 있었다. 그것은 또한 이 시기 儒者들의 箕子井田에 대한 관심과도 무관하지 않았다. 정전이나 기전에 대한 '難行論'과 '可行論'이 대립되는 가운데 제시된 방전법은 현실적인 논의로 구체화되기 시작했다. 井田을 本이라 하고 方田을 末이라 인식했던 일군의 儒者들은 당 시기의 방전법을 실천 가능한 하나의 토지개혁 방식으로 이해하고 있었던 듯하다. 이러한 연장선 위에서 방전법의 역사적 위치를 설정해보고 19세기 후반 광무양전을 전후한 시기에 제기되었던 방전론을 검토해 봄으로써 유집일의 방전법이 가지는 시대적 성격을 밝혀보기로 한다.

1절 방전법 논의의 始末

1) 방전법 논의와 시행

경국대전 체제가 17세기 이후의 생산력발전에 따른 시대의 변화에 부응하지 못하자 여러 가지 형태의 개혁안이 나타나기 시작했다. 이 시기 지식인들의 문제제기는 당시 국가를 어떠한 방향으로 再造할 것인가에 집중되어 있었다. 朋黨으로 표현되는 派黨의 정치주도권 논쟁도 정치·경제·사상적으로 확대되어 갔으며, 노론 일당의 정국 주도가 나타나기까지 여러 가지 변통책을 통한 정책 대결로 나타났다. 이러한 과정에서 나타나는 유집일의 방전법도 그러한 차원에서 논의가 진행되고 있었다. 즉 17세기 후반기의 사회경제적 기반위에서 각자의 계급적 이해를 관철시켜나가기 위한 정책이 제안되고 있었다는 점이 주목된다.

1700년 7월 유집일이 경상도 관찰사가 되었다. 8월 5일 호조판서 金構는 양전에 대한 필요성을 거론하면서, 유집일의 방전법을 사용하여 양전하는 것이 좋을 것 같다고 숙종에게 건의하였다.[1] 조정에서 방전법을 본격적으로 논의하기 시작했다. 즉,

> 봄에 筵臣들과 상의한 바, 가을을 기다려 양전을 하라는 命이 있었습니다. 금년은 바야흐로 풍년이 들어 양전도 행할 수 있으니, 혹 1도를 택하여 먼저 행하거나, 혹 몇 읍을 택하여 시험하는 것은 朝家에서 결정하기로 하겠습니다. 요즈음 경상감사 유집일이 世務에 관심을 갖다

---

1) 『肅宗實錄』肅宗 26年 8月 乙丑(39-573上). 金構는 이 시기 노소론의 대립을 조정하기 위해 노력했던 인물로 평가되고 있다. 김구의 『觀復齋遺稿』에는 소론계였던 남구만에게 화답한 詩(권1 : 甲子 11月)나 朴世采에게 올린 글(권2 雜著 : 上朴南溪世采書, 癸亥) 등이 보인다. 李建昌은 『黨議通略』에서 金構를 노론으로 분류하고 있다.

가 方田之法에 이르러 강구한 바가 있어, 쉽게 행할 수 있다고 말했습니다.
바야흐로 道臣의 일을 보건대 嶺南 역시 豪右가 많아, 田政이 더욱 문란하
여 全一洞이 누락된 곳도 역시 많다고 하니 改量으로서는 불가능합니다.
方田量法이 심히 간편하니 풍년을 기다릴 필요도 없이 행할 수 있고,
또한 … 경계가 분명하여 마치 바둑판같이 井井하여 어지럽지 않고
비록 천만년 후라도 바뀌지 않습니다.[2]

라는 말대로 방전법은 심히 간편하여 풍년을 기다릴 필요도 없이 행할
수 있다고 하여 적극적으로 나서고 있다. 그는 이어 방전법에 대한
확신을 주기 위해 과거의 方田 기록을 들어 숙종을 회유하고 있다.
즉 "宋의 方田이 이미 史記에 나타나 있는바 비록 그 상세한 내용을
얻을 수는 없어도 대강은 이 법과 가깝습니다. 또한 甲戌量案 사목을
살펴보면 網子法이 가장 좋다는 말이 있었습니다만, 이 역시 方田之類입
니다. 금년 양전이 만약 이와 같이 되려면 유집일로 하여금 이대로
시행케 함이 좋을 것 같습니다. 廟堂에 下詢하시는 것이 어떠한지요"라
고 하였다.[3] 또한 소론측 중심 인물의 하나였던 行判敦寧府事 崔錫鼎
역시 유집일의 방전법에 대해 긍정적이었다. 즉,

　　量田은 바야흐로 가장 절급한 일로 臣 역시 누누이 箚로 올렸고, 兪集一
　역시 매번 이런 말들을 신 등에게 하였습니다. 대개 방전지법은 差違之端
　이 없으니, 영남지방이 幅員이 심히 넓고 누락된 田結이 많으므로 우선
　시험삼아 행할 수 있습니다. 강원·관서 양도의 전정은 더욱 疎闊하고
　兩道 監司 역시 현명한 사람들이므로 3도를 일시에 개량해야 합니다.[4]

2) 『備邊司謄錄』 肅宗 26年 8月 8日(4-934).
3) 위의 책.
4) 『備邊司謄錄』 肅宗 26年 8月 8日(4-934, 935).

라고 하여 유집일로부터 평소에도 방전법에 대해 듣고 있어 그것을 잘 알고 있을 뿐 아니라, 이번 기회를 통하여 영남지방을 비롯하여 강원·관서지방도 改量할 필요가 있다고 역설하고 있다. 방전법 논의가 조정에서 구체화될 때까지 유집일은 아마도 최석정 등에게 이러한 논의를 계속해왔던 것으로 볼 수 있다. 때문에 최석정도 유집일의 생각을 하나의 구체적인 논의로 제기하고 또 긍정하고 있었던 것이다.

그러나 이러한 논의는 당시 노론 계열의 중심인물로서 좌의정이었던 李世白의 신중론에 부딪히게 된다. 즉 그는, "方田之法은 비록 便好하다 하더라도 (중략) 명을 받들어 행하는 사람들이 어떻게 감당하겠습니까"[5]라고 하여 최석정 쪽에서 적극적으로 제기하던 방전법에 쐐기를 박고 있었다. 그 이유는 위의 내용으로 보아 반대할 사람이 많을 것이라는 것을 생각하고 大勢를 따라 결정하는 것이 좋겠다는 견해이다. 법이 비록 아름답다 하더라도 반대가 많으면 실시할 수 없다는 소극적 입장을 보인다. 이에 대해 우의정 申琓은 유집일의 방전법을 우선 시험케 해보는 것이 좋다는 의견을 낸다. 즉, "方田之法은 유집일이 강구한 바로서 대체 말로 하기엔 어렵지 않으나, 행하는 바가 문제인고로 우선 유집일로 하여금 영남에서 試行케하여 …"[6] 방전법의 실행 방법에 대해 일단 그 실효성을 검토하자는 적극적인 견해를 제시하고 있다. 이러자 이세백도 "충청도 개량은 반도 안되었고, 황해도는 단지 4읍, 강원도는 이미 시작했으나 중단된 상태이며, 兩西에 이르러는 田政이 더욱 문란하니 어느 道이든 불가하리요"라고 하여 방전법에 대해서는 거론하지 않았지만, 양전의 필요성은 인정한다는 발언을 하였다.[7]

이러한 양전논의에 대해 숙종도, "양전 논의는 이미 오래전부터 있어

---

5) 앞의 책.
6) 앞의 책.
7) 앞의 책.

온 바이고 매번 의견이 갈렸으나, … 諸道에 비록 일시에 개량하지는 못하더라도 尤甚한 도는 단연코 금년에 시행토록 하라"는 결의를 보였다.[8] 이제는 남은 것이 양전 방법에 대한 것이었다. 방전법을 통해 개량을 하느냐, 아니면 구래의 방안으로 하느냐의 문제만 결정되면 되었다. 양전 논의가 결정되자, 방전법의 다음과 같은 점이 주장의 근거가 되면서 주목을 끌게 되었다.[9]

① 양전하는 법이 간편하다. 구래의 양전법에서처럼 句股直方 형태의 토지를 어렵게 측량하지 않아도 되며, 별도로 田段을 先定하지도 않는다. 단지 1方은 몇 結이라는 식이며, 10里이든 5里이든 곧기가 화살같아 전답 결수를 叩算計除하는 폐단도 없다.
② 檢田에 편하여 年分籍奸 때 어지러운 폐단도 없다.
③ 토지를 隱蔽할 수가 없으며 중간 漏落의 폐단도 없다.

위와 같은 주장은 量田이나 收稅 과정에서의 제반 폐단을 없애줄 뿐 아니라 隱漏結까지 파악될 수 있다는 적극적인 평가로 나타났다. 이러한 평가에 대해 노론측도 우선 영남 약간 읍에 시험해보되, 방백뿐 아니라 수령도 각오를 해야할 것이라며 방전법의 시험에 대해 양보를 하지 않을 수 없게 되었다. 숙종 역시 방전법에 대해 호감을 가지면서, 이를 주로 논하는 사람들에게 맡겨 완성토록 하라면서 유집일로 하여금 영남에서 우선 방전법을 시행토록 하였다.

그러나 유집일의 방전법은 또 하나의 시험에 부딪치게 되었다. 중앙의 반대론은 명분상으로 물리칠 수 있었지만, 재지지주들의 물적 기반이었던 토지에 대해 방전법으로 철저하게 파악해 낸다는 것이 얼마나

---

8) 앞의 책.
9) 앞의 책.

많은 문제를 야기하는가를 알게 된다. 우선 結總의 증가에 따른 이해득실 관계는 일률적으로 논하기 어렵겠지만, 적어도 군현단위 結總에 따라 田政을 운영하던 수령이나 그것을 집행하는 이서층의 경우 우선 직접적인 충격을 받았다고 할 수 있다. 그 가운데는 흔히 官隱, 吏隱이라고 하여 중앙에 보고되지 않았던 부분이 모두 파악된다는 것이 포함된다. 그리고 이와 관련하여 수령, 이서배와의 결탁된 대토지소유자들의 은루결 또한 民隱이라고 하여 陳田과 함께 커다란 문제가 되고 있었다. 이러한 은루결이나 진전은 당시 田政의 운영방식이나 향촌내 신분계급 질서를 반영해주는 것으로서 이것을 국가가 파악하고 관리하려 할 때 곧 수령이나 이서배, 재지지주층의 반대에 부딪칠 것이라는 것은 쉽게 짐작이 간다.

지방에서의 방전법 반대 논의는 이러한 이해득실 관계를 대변하기 때문에 자못 심각할 수밖에 없었다. 즉, 正言 李聖肇는 경상감사 유집일에 대해, "본래 才局이 없고 또한 별로 한 일도 없이 東邑에서는 재물을 긁어모아 자신만을 살찌우고 재산을 불린다는 비난이 일고, 西州를 맡은 후에는 백성을 몰아 물에 빠트린 죄가 자명하므로 교체시켜야 한다"[10]고 탄핵하고 있다. 영남지방 재지세력의 반대론을 모아 유집일을 공격했던 것이다.

이러한 비난에 대해, 9월 20일 소론계의 承旨 崔錫恒은 유집일이 억울하게 탄핵받은 것에 대해 힘써 변호하고 있다. 또한 여러 대신들도 모두 그렇다고 하니,[11] 숙종도 그에 대해, "당초 臺啓를 보고 내 이미 근거가 없음을 알았다. 지금 여러 말을 들어보니 더욱 확실하다"[12]고 하여 모함이 일어날 것을 미리 짐작이나 한듯이 말하면서 일축해 버렸

---

10) 『肅宗實錄』 肅宗 26年 8月 庚午(39-573下).
11) 『肅宗實錄』 肅宗 26년 9월 己酉(39-577上).
12) 위의 책.

다. 이후에도 재지지주들의 모함이 계속되었으리라는 것은 미루어 짐작할 수 있고, 그에 따라 조정에서도 유집일을 교체시키지 않을 수가 없게 되었다. 탄핵받은 자체가 문제가 되었다기 보다는 영남지방의 토호들에 의한 방전법 반대 논의가 결국 양전을 실행할 수 없게 만들었다고 보아야 할 것이다.

1701년 2월 황해도 관찰사로 자리를 옮겨가게 되면서 황해도에서 가능성을 타진하게 되었다. 그해 7월 方田에 대해 장계를 올린 것으로 보아,[13] 이후 황해도 강령, 옹진, 은율 3현에 대한 양전이 시행된 것으로 보인다. 황해도에서 예상했듯이 경상도에서처럼 불편하다는 논의가 계속 일어나게 되었다. 이런 가운데서도 숙종은 오히려 적극적이었다. 즉, "방전과 양전은 다른 제도로서 민들이 모두 새로운 것이라 하는데, 오직 出賦를 참작하는 데 있다는 것을 알려 민심을 진정시켜라"고 하여 반대의견을 누르고 있다.

반대론자인 좌의정 이세백은 "방전법은 양전하는데 漏落되는 곳이 없어 법이 진실로 아름다우나, 민들이 모두 불편하다고 하니 가을을 기다려 의논해도 늦지 않습니다"라는 반대 의견을 내고 있다. 방전법이라는 新法을 백성들이 불편하다는 것이다. 반대 이유는, 結數가 전에 비해 倍가 되어 그 고충을 견디지 못한다는 것이다. 유집일에 의해 파악된 3읍의 결수는 예년의 4~5배에 이르렀다고 하나 그 숫자는 陳處 및 川反浦落을 포함한 것으로, 加起之數 만을 계산하면 倍多하다고 표현되고 있었던 것으로 보아 누락되었던 전결이 상당수 파악된 것으로 보인다. 이러한 반대의견이 계속되는 가운데 유집일의 임기 1년이 거의 다 되었지만, "임기에 구애되지 말고 계속하게 하는 것이 좋다"[14]는 숙종의 결의는 자못 성공적으로 끝날 수 있는 것이 아닌가 할 정도였다.

---

13) 『肅宗實錄』肅宗 27年 7月 庚子(39-602下).

14) 『承政院日記』肅宗 27年 7月 8日(21-399).

이해 9월 들어 논의된 내용을 보면 海西지방의 3縣에 대한 양전이 이미 끝났음을 보여준다. 적어도 1년은 시험기간으로 하여 해서지방에 대한 양전은 끝마쳐야 한다는 명분론이 지배적이었지만, 양전이 끝난 단계에 이르러서는 隱漏結이 철저하게 파악된 데 따른 저항은 자못 심각한 지경에 이른 것 같다. 그에 대한 대책이 마련되지 않을 수 없었다. 논의의 방향은 민심을 무마하기 위해, 減結均賦하느냐 아니면 降等出賦하느냐의 두 가지가 제기되었다. 후자의 방법으로는 增結된 토지에 대한 民怨을 해소시킬 수 없다고 생각할 수밖에 없었다. 왜냐하면 방전법을 적극 지지했던 소론측에서도 4~5배에 달하는 결수 파악이 국가에 대해 결수를 확보하려는 목적만이 있지, 均賦均稅하려는 의도는 전혀 없다는 비난을 면치 못할 것을 잘 알고 있었기 때문이다. 소론측도 자못 그 결과에 움츠려들지 않을 수 없었다. 여기에서 최석정이 제기한 방법이, 減結하되 2결은 1결로 감하고, 혹 1결반은 감하여 1결로 하면 民怨이 줄어들 것이라고 한 것[15]은 그것을 잘 보여준다. 병조판서 金構, 호조판서 金昌集도 減結出賦한다는 의견에 동조하고 있으며, 병조참판 李基夏는 減結해야할 뿐 아니라 未量邑은 양전을 마땅히 중지해야 한다는 의견을 내기에 이른다. 이때가 되면 숙종도 미온적인 태도를 보이게 된다. 다시 상의하여 올리라는 정도로 후퇴하고 있다.[16]

이렇게까지 후퇴하게 된 데는 근본적인 이유가 있다고 보아야 할 것이다. 유집일의 量田 啓本이 戶曹를 거쳐 廟堂에 이송되게 되면서, 備局堂上이 모여 최종 논의에 들어가게 되었다. 최석정의 말 가운데,

강령, 옹진, 은율 등 3읍은 이미 양전을 행하였고 다른 읍은 아직 행치 못했습니다. 3읍의 新結을 舊結에 비교해보면, 陳起 모두하면 혹

15) 『肅宗實錄』 肅宗 27年 9月 甲午(39-609下).
16) 앞의 책.

4,5결이 되고,혹 3,4결이 되며 新起는 불과 1결에 지나지 않습니다. 이것이 바로 新創之法입니다.[17)]

新起田의 경우만 따지면 1결에 지나지 않기 때문에 이전에 파악한 舊結과 큰 차이가 없다는 것이다. 나머지는 陳田으로서 이전에는 정확히 파악하지 못했던 전결수라는 보고가 주목되는데, 비록 강조된 것이기는 하겠지만 이 시기 국가의 결수 파악이 어떻게 이루어지고 있었는가 그 실제 상황을 잘 보여준다. 문제는 진전으로 보고되고 또 그렇게 파악될 수밖에 없었던 이유가 무엇일까라는 데 있다. 우의정 申琓의 말은 당시의 실정을 정확히 설명하고 있다고 볼 수 있는데, 즉

小民들은 비록 편하다고 하나, 豪猾之輩는 隱卜가 탄로날까를 두려워하여 怨言을 일으키니, 황차 흉년을 만나면 이미 타량한 고을을 다시 행하기는 어렵다.[18)]

라고 하여 隱卜(隱結)이 파악될까 두려워하는 무리들이 있다는 데서 陳田의 실체가 무엇인가를 알 수 있게 된다. 힘이 있는 자들은 국가의 세부담으로부터 어떤 방법을 사용해서라도 빠져나가고 있었다는 것을 잘 보여준다. 한편 방전법의 시행이 소민들에게는 더할나위없이 좋은 일이 되는데, 豪猾한 무리들, 즉 권세를 가진 자들이나 그에 기대어 중간이익을 취하는 자들에게는 자신들의 이해기반에 관계되는 일이기 때문에 어떻게 해서든 막으려 한다는 것이다. 怨言 때문에 행하기 어려울 정도라면, 그 계층은 상당히 지위가 있는 자들로 보아야 할 것이다. 이들은 자신이 經理하는 사적토지소유 부분이 파악되는 것을 어떠한

---

17) 『承政院日記』肅宗 27年 9月 10日(21-383, 384).
18) 앞의 책.

수단을 통해서라도 피하고 있었다. 陳田·隱結이 그토록 많이 파악된 것은 그러한 측면을 반영한다. 따라서 국가가 방전법을 통해 파악한 4, 5배에 달하는 전결을 다시 減結한다고 한 것은 원점으로 돌아간다는 것을 뜻하는 것이며, 또한 그것은 합법적이든 불법적이든 소유하고 있던 토지를 국가가 인정할 수밖에 없다는 논리가 된다.

이러한 논의가 조정에서 진행될 정도라면, 이후 방전법이 성공적으로 시행되기 위해서는 상당한 위험이 따른다고 봐야 할 것이다. 이때의 유집일의 생각은 어떻게 변해가고 있었을까? 신완의 말 가운데, "監司의 뜻도 역시 그렇게 하는 것이 좋다고 한다"라는 식으로 유집일의 생각을 간접적이나마 전하고 있다. 아마도 유집일 역시 減結하지 않을 수 없는 상황 속에 그렇게 결정하고 있었던 것이 아닌가 한다. 유집일 자신의 생각에 적극적이었던 소론측 마져 감결을 주장하고 있는 상황이라면, 굳이 방전법을 통해 결수 확보를 한다는 의미가 없어지는 것이다. 이 해 12월이 되면서 방전법에 의한 양전이 계속 진행될 수 없다는 결론에 이른 것 같다. 1년을 연장해서라도 양전을 마쳐야 된다는 의견은 온데간데없어지고, 양전을 이룰 수 없다면 유집일을 황해감사로 仍任시킬 필요가 없다는 이세백의 말에 숙종도 수그러들 수밖에 없었다. "임기가 찼으면 出代하는 것이 가하다"는 숙종의 결론에 의해 방전법 시험은 막을 내리게 되었다.[19]

방전법에 의한 양전은 경상도에서도 황해도에서도 성공하지 못했다. 비록 황해도에서의 양전이 강행되었다 할지라도 減結하여 조세를 수취한다는 명분론이 지배적인 가운데 점차 후퇴하고 있는 조정의 논의는 결국 원점으로 돌아갔다고 할 수밖에 없다. 황해도만 방전법에 의해 파악된 結數를 적용시킬 수는 없었다. 한 나라 안에서 지방마다 법이

---

19) 『肅宗實錄』 肅宗 27年 12月 壬子(39-667下).

다른 방식으로 적용될 수 없다는 명분론이 결국 시험을 그치게 하였지만, 재지지주들의 토지소유에 대해 중앙정부가 완전히 굴복했다고 표현하는 것이 옳을 것이다.

이후 방전법은 국가 차원의 논의에서 일개 지방 차원의 논의로 축소되어 버렸다. 아마 처음부터 불가능한 것이었는지도 모른다. 드디어는 유집일의 재량에 맡겨버릴 수밖에 없었다. 1708년(숙종 34) 강화유수 유집일의 방전법 강행은 그와 같은 상황을 잘 보여주고 있었다. 지방 차원의 방전법 시행은 유집일에게 맡겨진 부분이었지만, 그에 대한 저항은 끊일 줄 몰랐다. 즉 그해 4월 正言 具萬里는 "江都는 保障重地인데 새로 부임한 留守 유집일이 청렴근면하지 못하다는 원성이 자자하고, 虐政이 계속되며, 새로운 海法을 강구한다고 자만하고 있을 뿐 아니라, 網田法을 새로이 만드니 民들이 그 명을 감당치 못하는 바이다. 땅을 나누어 墩臺를 쌓으니 모두 불안해하고, 病國傷民케 하는 것이 모두 이와 같은 일 때문이다. 保障重地를 이와 같은 사람에게 맡겨서는 결코 안되니 교체하여 주십시오"[20]라고 탄핵하고 있다. 그에 대해 숙종은 "탄핵하여 교체하라는 것은 정도가 지나치고 말을 꺼낸 것 또한 타당한 점이 없으니" 번거롭게 하지 말라고 하고 있다. 江華 정도에서의 방전법 시행이 조정에서 문제되지 않았고 숙종도 크게 문제삼지 않았던 것은, 비록 경상도와 황해도에서의 방전법이 실패로 돌아갔지만 그것에 대한 기대는 자못 컸다는 것을 알 수 있다. 강화지방 재지세력의 반대는 유집일이나 숙종에게 큰 문제가 되지 않았던 것 같다.

방전법을 실시함으로써 재지세력에 대해 상대적으로 강력한 통제력을 확보하려 했던 숙종의 의도 역시 예상했듯이 커다란 벽에 부딪힐 수밖에 없었다. 숙종은 유집일 등의 방전법을 중심으로 소론의 지지를

---

20) 『肅宗實錄』 肅宗 34年 4月 癸亥(40-294).

받는 가운데 일시적이나마 소농보호책을 실시하려 했지만, 臣僚層 가운데서도 재지세력을 등에 업고 방전법을 반대한 老論系의 '難行論'에 굴복하지 않을 수 없었던 것이다. 이러한 과정을 보면 방전법을 통해 국가차원의 개혁을 유도해낸다는 것은 宋나라에서도 볼 수 있듯이 처음부터 어려웠던 것인지도 모른다. 단지 그와 같은 시도가 있었다는 점에서, 숙종으로 대표되는 강력한 왕권의 존재와 개혁을 부르짖던 소론측 세력을 확인할 수 있었다.

2) 兪集一과 少論의 新法

유집일의 호는 貞軒, 자는 大叔으로 昌原人이다. 1680년(숙종 6) 정시문과 병과급제한 이후 1682년 정언, 1687년 지평을 거치면서 그의 관직생활이 시작되었다. 이 시기는 懷尼是非가 사림간의 논쟁에서 확대되어 정계에 본격화되던 시기로서, 유집일도 소론측 입장에서 간쟁을 담당하게 된다. 어느 쪽이든 논쟁에서 지면 정치에서 물러날 수밖에 없기 때문에 왕을 둘러싼 朋黨간의 대립은 정치경제적으로, 사상적으로 치열해지기 마련이었다.[21] 방전법을 통해 노골화되어 나타난 이러한 관계는 이 시기 정치세력의 향방과 관련이 깊다.

이 시기 소론을 주도했던 한태동이나, 남구만=최석정, 박세채=신완 계열은 유집일의 방전법이 新法으로서 조정에서 거론되고 시행되는 과정에 이르기까지 그에게 커다란 지원세력이 되어 주었다. 이들을

---

21) 이 시기 노론·소론 붕당 원인에 대해서는 다음의 논문이 참고된다.
黃元九, 1978, 「閔閥政治」『한국사』 13, 국사편찬위원회 ; 李銀順, 1988, 『조선후기 당쟁사 연구』, 일조각. 국왕과 정치세력 간의 동향에 대해 분석한 것으로는 다음이 참고된다. 李熙煥, 1984, 「肅宗과 己巳換局」『全北史學』 8 ; 李熙煥, 1989.7, 「甲戌換局과 肅宗」『全北史學』 11·12합집 ; 洪順敏, 1986, 「肅宗初期의 政治構造와 '換局'」『韓國史論』 15 ; 李離和, 1986, 「朝鮮朝 黨論의 展開過程과 그 系譜」『韓國史學』 8.

통해 17세기 말까지 소론측이 新法을 둘러싸고 어떤 정책을 구상하고 있었는지를 살펴보자. 소론은 본래 西人에서 분파된 소장파 중심의 파당으로서 노론에 대응하여 세력을 결집시켜가는 형태를 취했다.

유집일과 붕당의 형태는 다소 특이한 형태를 띤다. 즉 소론으로 활동하다가 후에 노론으로 전향한 경우이기 때문이다. 간접적인 계기가 된 것은 아마 1694년 갑술옥사를 계기로 나타난 남구만 계열과 박세채 계열의 분화였다고 할 수 있을 것이다. 이때 박세채 계열이 노론으로 전향하게 되었다.[22] 이러한 상황은 유집일에게도 하나의 갈림길이 되었을 수도 있었다. 그러나 유집일의 경우 노론이 된 것이 박세채와 유득일, 신완 등과 함께였는지 아닌지는 구체적인 자료가 보이지 않는다.[23] 유집일의 경우에 방전법을 중심으로 계속 소론 최석정과 논의를 하고 있었고 그의 지지를 받고 있던 점을 감안한다면 방전법이 실패로 돌아가기까지는 소론 계열에 적을 두고 있었던 것이 아닌가 한다.[24]

유집일의 방전법이 제기되고 구체적으로 논의되던 때까지를 경계로 하여 소론측의 토지·조세 개혁론을 정리해보기로 한다. 이 시기 유집일을 비롯한 소론측의 정치경제 구상을 살피기 위해서 우선 소론의 영수 是窩 韓泰東을 살펴보지 않을 수 없다. 한태동의 소론으로서의 활동과 유집일 등과의 교유에 대해서는, 그가 죽었을 때 그와 교유했던 朴世采,

---

22) 소론 가운데에서도 朴世采 계열이 1894년부터 본격화된 張希載 처벌문제를 둘러싸고 南九萬 계열과 의견 충돌이 있었는데, 장희재 처벌을 주장했던 박세채와 그를 추종하던 兪得一, 申琓, 신임 등이 노론쪽으로 기울었다고 기록하고 있다(李建昌, 『黨議通略』 肅宗朝 참고).
23) 1694년 갑술환국 때부터 1701년 방전법이 제기된 시기까지 그가 노론에 가담한 흔적은 보이지 않는다.
24) 1703년 이후의 행적을 보면 노론측 인물들과 함께 국정에 참여하고 있다. 방전법이 실패로 돌아간 이후 그에 대한 비난 기사가 쏟아진 것으로 보아 1702년 이후 그는 완전히 노론이 된 것 같다.

申琓, 吳道一, 兪瑒, 兪得一 등이 죽음을 애도하여 쓴 挽詞에 단편적이나마 잘 나타나 있다.[25] 유집일은 선배 한태동이 사헌부와 사간원에서 활동하고 있었던 시절에 같은 소론으로 역시 兩司에서 활동(1682년에서부터 1687년까지 정언, 지평 등을 역임)하고 있었기 때문에 교류가 없지 않았을 것이다. 挽詞에 나타난 바에 따르면 유집일은 그의 강직한 성품을 잘 알고 있을 뿐 아니라 그를 百僚 중 뛰어난 인물로 평가하고 있었다.[26]

韓泰東은 1680년 경신대출척 이후 남인 탄압을 반대하는 입장을 취하면서 소장파들의 중심이 되어 西人에서 갈려 나가게 된다. 당시 송시열이 주도하는 노장파들의 남인 탄압을 시작으로, 제자였던 尹拯과의 私感과 不和는 서인내에 또 다른 분파를 만들고 있었다. 이러한 노론과 소론의 분파형태는 여러 가지 원인을 통해 분석되고 있지만, 그 배경으로서 노장파와 소장파들의 정치경제 기반이 달랐다는 것이 근본적인 원인이 되지 않았는가를 살펴볼 필요가 있다. 송시열의 경우 앞에서 살펴본 것처럼, 井田難行說의 입장에서 자신의 정치경제 기반을 확보해 가고 있었다면, 한태동은 箕田의 실체를 인정하면서 정전제가 복구될 수 있다는 점을 강조하고 있었다. 丘井을 복구하고 畝數를 헤아려 토지가 없는 자에게 나눠주면 많은 사람이 기뻐할 것이니 토지를 가진 자 1, 2명 때문에 미룰 수는 없다고 역설하고 있다. 농민 중에 땅을 가진

---

25) 『是窩遺稿』 卷8, 附錄 挽詞.

26) 소장파들을 이끌었던 한태동의 강직한 성품에 대해, 당시의 사관들도 '강직하여 절개가 있고 불의를 보고 참지 못하는 것이 지조가 있다. 논의하는 바가 바르고 곧아 임금이 싫어하는데도 기꺼이 직간하고 權豪를 내쳐 훈척대신을 두려워하지 않으니 모두 그 기질을 두려워하였다. 때문에 수없이 모함을 받게 되어 通籍 20년간 조정에 선 지가 얼마되지 않았으며, 드디어는 배척을 받아 서용되지 않았다'고 기록하고 있다. 그는 1684년 執義로 복직되었는데, 파직과 복직을 여러 번 거듭하였다. 1685년 부수찬, 헌납, 부교리를 지내고, 1687년 사간이 되었다. 이 해 42세로 짧은 생을 마감했다. 『是窩遺稿』 卷8, 擬是窩公史傳.

자가 1, 2요 無田者가 千百이니 규제가 만들어지고 테두리가 갖춰지면 많은 사람은 토지를 얻게 되어, 비록 토지를 뺏기는 자들이 원망하더라도 기뻐하는 자들이 많고 원망하는 자는 적을 것이니, 많은 사람들을 생각한다면 시행치 않을 수 없다는 입장이다. 그가 우려하는 것은 권세가들의 횡포였다. 즉

> 여러 신하들의 근심하는 바는 無業之民이 비록 많다고 하더라도 모두 빈약하여 그 일에 대해 告하지 못할 것이고 몇 안되는 소수만이 어렵다고 한다. 위에서부터 豪家大姓 饒裕田産者에 이르기까지 財賂로써 능히 말을 만들고 權貴의 목소리는 족히 조정을 흔들며 貴戚厚祿한 집들 역시 두루 기름진 땅을 차지하여 군현 단위를 넘어 소유하니, 어찌 이를 긍정하고 公을 생각하며 마음에서 우러나와 이를 베어내어 窮民의 밑천을 만들어 주겠는가. 그에 대한 꼬투리만 잡아 좋은 제도를 헐뜯게 되니 진실로 부끄러움도 없고 윗 사람 역시 널리 행할 생각을 못하고 신하들처럼 사사로이 수탈에 앞장서니 先儒들이 우려한 바대로 겸병자가 되어 버린다. 어찌 윗사람으로 表則이 되며 아랫사람을 다스리겠는가.[27]

라고 하여 위(왕실)에서부터 豪家大姓 饒裕田産者에 이르기까지 불법적으로 토지를 兼幷하고 또한 그를 위해 財賂를 사용하는 경우가 대부분이다. 權貴들은 조정에서 말을 만들어 자신들의 이익만 생각하니 이들 몇몇 소수가 기름진 땅을 차지하고 농민은 땅 한뙈기 갖지 못하게 된다는 것이다. 그는 계속하여 '斧鉞之誅'를 받을 것을 감수하면서 숙종에 대한 과실과 조정에 대해서까지 법이 행해지지 않는 폐단에 대해 말하고 있다. 마지막으로 소농민을 보호하기 위한 1/10세의 실현과,

---

27) 『是窩遺稿』 卷7, 「科體」.

점진적인 토지국유화를 기반으로 하는 정전제의 실시에 대해, 알맞은 적임자를 뽑아 실행케 하기만 하면 된다고 하면서 숙종의 결단을 촉구하는 가운데 그것을 실행에 옮길 것을 강력하게 주장하였다. 이러한 한태동의 井田可行論은 소론측 견해로 전형적인 것이라고 볼 수 있다.

한편 1694년 甲戌獄事를 계기로 소론이 정계의 주도권을 차지하게 된 이후 유집일은 金時傑, 李寅炳, 柳尙載 등과 兩司에 제수되면서 본격적인 활동이 시작된다. 이때는 朴世采를 추종하던 세력(申琓, 兪得一 등)과 南九萬(및 제자 崔錫鼎) 사이에 틈이 생기면서 소론내 분화현상이 나타나던 시기로서, 이러한 분화는 유집일의 방전법 논의에 적지 않은 영향을 미쳤다. 이들 兩派 사이에 나타난 갈등은 박세채 계열을 노론으로 방향 전환하게 만들었지만, 방전법을 둘러싼 논의과정에서도 치열하게 나타나고 있었다. 茶山은 이들 사이의 대결을,

> 신이 兪集一의 方量法을 살피건대, 그 편을 든 자는 입에 담지 못할 정도로 칭찬한 申琓 무리이며, 반대한 자는 힘이 다할 때까지 모함했던 南九萬 무리이다. 진심으로 나라를 위하는 일이라도 黨論으로 이지러지고 어그러지니 이를 어찌하리오. 그러나 이 방전법은 三代의 古法으로 송, 명대로부터 지금에 이르기까지 중국의 通行之法이 되고 있다는 것을 안다면 이를 모함하는 자는 그칠 줄 알아야 한다.[28]

고 하여 방전법이 아무리 아름답고 간편한 법이라도 黨論 때문에 이지러지고 어그러진다는 것을 한탄하면서 그 폐단을 지적하고 있다. 그러나 여기에서 다산이 간과한 부분이 있다. 남구만 무리가 반대를 했다고 했지만, 그의 제자였던 최석정은 끝까지 유집일의 방전법을 지지하고

---

28) 『經世遺表』 卷9, 地官修制 田制別考 3, 魚鱗圖說, 26쪽.

유집일을 도와주고 있었기 때문이다. 아마도 박세채와 남구만의 갈등이 치열했던 것을 그와 같이 표현했던 것 같다. 이 시기 박세채 계열의 신완과, 남구만 계열의 최석정이 방전법에 대해 적극적인 입장을 보이고 있었던 것을 보면 양 측이 반드시 찬반론으로 갈리지는 않았던 것 같다. 앞에서도 살펴보았듯이 1700년에서 1701년까지 진행된 노론과 소론간의 방전법 논의는 유집일을 사이에 두고 팽팽하게 대립하고 있었고, 소론 내부에서는 방전법을 강행하고 있었다.

이러한 상황에 대해서는 남구만이 최석정의 방전법 찬성에 대해 어떤 입장을 취하고 있었는가를 살피면서 당시 소론 내부의 동향을 살펴보기로 하자. 이러한 소론 내부의 방전 논의는 향후 방전법이 성공하느냐 그렇지 못하느냐와 밀접한 관련이 있기 때문이다. 남구만은 숙종대 1701년 방전논의가 한창일 때 汝和 崔錫鼎의 書에 답하기를,

지난 번 海西量田에 대해 상당히 어려움이 많을 것이라고 하였으나 兪公은 진실로 힘써 행하면서 나의 말이 옳지 않을 것이라고 하였습니다. 大監도 당초에 榻前에서 (유집일을) 돕는 말을 하였는데, 나도 未安하게 생각하고 있습니다. 대감이 만일 沮抑하기 어려우시면 반드시 參涉할 필요는 없으며 그것의 終末을 기다려보는 것이 좋지 않을까 합니다.[29]

라고 하여 현실을 모르고 열정에 차있는 유집일의 방전법에 대해 신중한 입장을 취하고 있다. 그 법이 옳다 하더라도 당시 조정의 논의가 어떠한 방향으로 갈 것이라는 것을 환히 알고 있는 듯, 그의 견해는 다분히 현실적으로 나타나고 있다. 領相 최석정에 대해서도 상황을 살펴 처신했으면 하는 충고를 하고 있다. 남구만의 실제 생각은 어떠했을까? 얼마

29) 『藥泉集』 卷33, 書, 答崔汝和.

후 汝和에게 보낸 답신 가운데 그러한 의도가 잘 나타나 있다. 즉,

　　방전 논의가 진행될 때 그것이 제대로 잘 이루어질 수 없을 것이라는
　　것을 잘 알고 있었습니다. 만일 잘 행해져 내 짐작이 맞지 않는다면
　　조정에 진실로 다행스러운 바가 될 것이며, 만일 추측대로 행해지지
　　않으면 조정에 큰 부담이 될 것입니다. … 지금 이것을 처리하는 방안은
　　오직 道臣에게 일임시키는 것이며 그 終末의 成否라든지 일을 맡는 사람의
　　功罪를 보고자 하는 것은 廟堂에서 관여할 수 있는 바가 아닙니다. 그동안
　　서로 뒤섞여버린 것을 어찌하리오. 그동안 엇갈린 것이 혹 합당한 바가
　　있어도 이미 책임과 맡은 바 임무를 다할 길이 없는데 하물며 그것이
　　가능하겠습니까? 지금 논의하는 바 역시 그것이 이미 이루어질 수 없으리
　　라는 것을 알고 있으며, 신속히 그만두는 것이 좋다는 말이 나오고
　　있는 상황이니 일이 완전히 어그러져 이루어질 수 없게 되었습니다.[30]

라고 하면서 최석정이 구설수에 오르는 것을 막아주기 위해, 방전법
논의가 어떻게 되리라는 것은 처음부터 알고 있다는 듯이, 물러서라고
충고하고 있다. 그런데 여기에서 최석정은 왜 유집일을 계속 지원하고
있었을까? 최석정의 詩 가운데 「謁箕子墓」[31]와 「井田」[32]은 箕子墓를
참배하고 '先王의 舊制'인 箕田의 존재에 대한 감흥을 읊은 것이다. 그는
기자와 기전에 대해 구체적으로 검토하지는 않았지만, 기자와 기전의
존재를 긍정하고 있었다. 또한 부세제도 차원에서 '養民足國'할 수 있는
방안과, 그것을 '仁政必自經界'한다는 점을 보건대,[33] 유집일의 방전법

---

30) 앞의 책.
31) 『明谷集』 권5, 詩 「薦回錄」.
32) 앞의 책, 卷3, 詩 「椒餘錄」.
33) 앞의 책, 卷15, 疏箚 「陳時務十條箚」.

을 긍정적으로 검토했을 가능성이 있다. 그러나 이 시기 노·소론간의
정책대결이 문제가 되고 있던 시점에서 다른 세력의 논의를 지지해줄
리가 없다는 점을 감안한다면 유집일과 방전법을 자파의 것으로 끌어들
이려 한 것이 아닌가 보여진다. 유집일은 이 시기까지 완전히 노론으로
돌아선 것이 아니기 때문일 것이다.[34]

　　남구만 혼자만이 방전법이 실패할 것이라고 생각한 것이 아니라는
점이, 당시 현실이었다. 유집일 자신은 그것이 논의되는 과정에서부터
끝날 때까지 적잖은 실망감을 느꼈을 것이다. 남구만이 유집일에게
어려울 것이라고 충고했을 때도 자신은 방전법에 몰두해 있었다. 방전
법이야말로 (비록 權貴, 在地 土豪들의 반대가 나올 것이라는 것을 너무
가볍게 생각했다는 점만을 빼놓고는) 당시 사회경제 문제를 해결할
수 있는 유일한 방안이라고 생각했기 때문이다.

　　朴世采 계열에 속한 申琓도 앞에서 살펴보았듯이 유집일의 방전법에
대해 처음에는 별로 관심을 둔 것 같지 않다.[35] 그러나 논의가 진행되고
丘井量法에 대한 啓本 圖帳이 戶曹에 도착하고 그것을 살펴보니 더할나위
없이 아름다운 '防奸之妙法'이며 '均役之美制'라고 하여 적극적인 태도를
보인다.[36] 그러나 그의 태도는 처음에 그러했듯이 반대론이 나올 것이
라는 것을 뻔히 알고 그에 대한 절충안을 제기하고 있었다. 그것은
'豪猾沮撓之類'가 宋나라의 방전법이 시행될 때보다 倍가 넘을 것이라고
하면서, 오늘날에는 더욱 실시하기가 어렵다는 '難行'론의 입장을 보였

---

34) 1702년 방전법이 실패로 돌아가고 자신의 의견을 존중했던 최석정마저 물러서는
　　상황이 되면서, 유집일은 최석정 등 소론측으로부터 멀어지지 않을 수 없었고
　　이후 노론으로 전향한 것으로 보인다. 1703년 이후 노론계와의 양역변통 논의
　　등과 관련한 소론측의 유집일에 대한 공격은 이러한 상황을 잘 보여주고 있다.
　　『肅宗實錄』卷38下, 肅宗 29年 癸未 9月 戊午조, 11월 丁卯조.

35)『絅菴集』卷4, 疏箚「八條萬言封事」.
　　八曰定經界…臣不但素所昧昧於此事 亦非身親而目睹之 故嘗自疑訝於心中矣 ….

36) 위의 글.

다.37) 따라서 量田은 海西方田之法을 따르고, 災實等第는 戶典 年分收稅條의 규정을 따라야 된다는 절충안을 제기하고 있다.38)

지금까지 살펴본 유집일과 소론의 방전에 대한 태도는 그것을 강행하면서도 뒤에서는 그것이 실패로 돌아갈 것이라는 전제로 추진시키고 있었다. 다분히 노론과의 대립을 생각하고 있었던 처사였다. 그러나 이런 가운데서도 유집일의 방전법에 대한 적극성은 한태동의 '井田制' 실시가 가능하다는 논의보다 오히려 더욱 구체화되어 나타났다고 볼 수 있다. 이후 최석정으로 이어지는 소론측의 방전법 주장은, 소론 내부에서도 의견이 갈리는 가운데 신중론(남구만의 경우가 대표적이다)에 부딪쳐 지원을 받지 못하면서 그 막을 내리게 되었다.

이 시기 소론측의 토지·조세문제에 대한 논의는 적어도 노론측 송시열에 반대되는 反宋子的 입장에서 출발하고 있다고 할 수 있다. 단 反宋子 입장이 바로 反朱子라는 입장이라고 할 수 없다는 점에서 소론계의 특징이 있다. 그것은 서인에서 분파된 노론, 소론 양측이 모두 주자를 추종하고 있었기 때문이다.39) 따라서 소론계의 토지론 가운데, 한태동은 주자에 대한 언급이 없고 철저하게 정전제가 실행 가능한 것이라는 논리를 따른 것에 비해, 유집일의 경우 정전제가 실행 가능하다는 인식위에 朱子의 논리를 절충한 형태로 방전법을 생각하고 있었던 듯하다.

---

37) 위의 글.
38) 위의 글.
39) 한 예로 懷尼是非 문제를 둘러싸고 유집일이 올린 啓에는, 윤휴를 斯文亂賊으로 몰지만 주자는 大賢으로 보고 있다는 점이 그러한 예이다.(『肅宗實錄』 肅宗 13年 3月 己亥條, 39-97下).

2절 方田法의 역사적 성격

1) 兪集一의 方田法

황해도 3개읍에 실시되었던 유집일의 방전법에 대해서는 단편적인 실록 기사뿐이지만, 茶山에 의해 재구성되기도 했고, 이후 많은 관심을 끌었기 때문에 그 대강의 모습을 복원해낼 수 있다.

그가 생각한 방전은, "돈대를 설치하고 표지를 세워 거리를 360步[40]로 표준을 삼으니, 즉 사방 1里가 1井이 되는 聖法으로서 墩의 높이와 넓이는 2척으로 삼았던"[41] 형태였다. 본래의 정전제하에서는 井字形 토지구획을 위해 논두렁, 밭두렁을 만들게 되어 있었는데 방전법에서는 墩臺로 대치하였다. 정전제 방식의 토지 구획을 하는 데는 몇년 정도로 되지 않기 때문에 정전이 이루어질 때가 되면 농민의 뼈가 썩을 정도라는 우려를, 그는 돈대를 만들어 해결하였던 것이다. 돈대는 돌과 흙을 이용하여 높이와 넓이를 대략 2尺으로 만들면, 民家를 훼손할 리도 없는 작은 둑이 될 것이라고 하여 그 간편함을 다시 강조했다. 이와 같은 개략적인 설명을 통해 다음과 같은 방전도를 복원해낼 수 있다.

---

40) 옛 정전법에서는 사방 300步를 1井900畝로 환산하지만, 유집일의 경우 사방 360步를 방전의 기본 단위로 삼고 있다. 300보와 360보 면적의 차이는 없다. 즉 1步=6尺의 기준이 漢나라에 들어와서는 1步=5尺으로 바뀌며(박흥수, 「한국고대의 양전법과 양전척에 관한 연구」 참고), 우리나라의 경우 세종 19년 양전법에서도 1步=周尺5尺이 기준이 채택되었다. 유집일은 1步=5尺을 기준으로 방전법을 구상했다고 볼 수 있다.
   1步=6尺인 경우 : 100畝(1頃)=사방 100步=사방 6x100척=36,0000尺 평방
   1步=5尺인 경우 : 100畝(1頃)=사방 120步=사방 5x120척=36,0000尺 평방
41) 『牧民心書』 戶典六條 田政, 48쪽.
   … 設墩立表之處 相距以三百六十步爲準 卽方一里爲井之聖法 墩之高廣 例爲二尺 ….

〈표 18〉 유집일의 방전도

墩臺(長廣2尺) *4墩

사방 1里1井

每邊 360步

위의 사방 1里 방전을 살펴보면 우선 公田과 私田으로 구획되지 않았으며, 1/10세이든 1/9세이든 三代의 이상적 조세수취 방식을 적용하지 않았다는 것이 주목된다. 그러나 다산은 방전법을 긍정적으로 보았다. 즉 그는, "정전법은 지금 비록 행해질 수 없고 불가능하다고 하는 것은 그 법이 그런 것이 아니고 맡아서 행할 사람이 없다는 뜻이니 행해지지 않는다고 하는 것은 그것을 이름이 아니겠는가"[42]라고 하여 정전법 실시가 가능하다고 보고 있었다. 왜냐하면, "흙을 쌓아 봉우리를 만들고 나무를 심어 표식을 삼아 네 귀의 方을 표시하니 이름하여 方田이라 하며, 三代의 井은 반드시 모든 방전을 합하여 이룬다는 점을 통해 세간에서 부르는 방전은 삼대의 방전이 아니나 정전의 遺意는 그 안에 남아있다"고 한 것은 그것을 뜻한다.[43]

방전법을 통해 일단 전국 방방곡곡을 구획지어 놓는다면, 국가에서 토지를 파악하기란 손쉽기 이를 데 없는 것이다. 國家의 大地主 견제는 용이할 것이며 중간횡렴을 방지할 수 있을 것이니, 이론상으로도 절대적인 왕권을 행사할 수 있을 듯한 방안이었다. 양란으로 파괴된 봉건국

---

42) 『經世遺表』 권9, 地官修制 田制別考 1, 「方田始末」, 10쪽.
  … 井田之法 今雖不行不可曰 其法本非也 苟非其人 道不虛行 非謂是乎 …..

43) 앞의 책, 卷9, 地官修制 田制別考 1, 「方田始末」, 10쪽.
  井田者諸田之模範 至盡天下 而爲之井也 則三代之制 必皆方田合諸方 以成一井 …
  立土爲峰植木爲標 以識方隅 而名之曰方田 此後世之所謂方田 非三代之方田 然其遺意
  則在是也 ….

가를 탄탄하게 만들고 싶었던 숙종의 입장에서도 실험해볼 만한 것이었을 것이다. 유집일의 구상이 토지재분배까지였는지 알 길이 없지만, 다산이 본 대로 방전법을 통해 정전법 실시가 가능하다고 본 것은 획기적인 토지구획 방식 때문이었다. 각 토지의 田主가 打量하고 네 귀에 돈대를 쌓는 식으로 전국의 토지를 구획짓는 것은 손쉬운 작업이었다. 열흘이면 돈대에 의한 전국의 토지구획이 끝나는 것이다.[44)]

더 나아가 다산은 유집일의 방전법을 丘井量法이라는 차원에서 보완하여 설명하고 있다. 돈대를 쌓은 후 그 丘井에 따라 道路의 里數를 관측하면 한 고을중의 동서남북 원근 및 산천과 들의 형세가 선명하여 친히 돌아보지 않고서도 명료하게 살펴볼 수 있을 것이라고 하였다.[45)] 이때의 丘井은 周나라의 丘井量法이라는 제도에서 나온 것으로서, "4井으로 읍을 삼고, 4읍으로 丘를 삼아 兵車의 賦를 丘井에서 내는 것으로 … 유집일은 그러한 구정법을 보고 方田圖를 만들어 내었을 것이다"[46)]고 하여 방전법의 연원을 밝히고 있다. 아마 유집일도 丘賦法이나 司馬法이 그랬던 것처럼 丘井法을 통해, 田制를 통한 兵車 차원의 富國强兵策을 구상했을 것이라고 보고 다산은 그것을 복원하고 있었던 것이다.

방전법에서의 조세수취 방식은 어떻게 나타나고 있었을까? 유일하게 남아있는 자료는 『구정량법사례병도설』의 「分等定稅」 기록이다. 저자는 1700년(숙종 26)에 시행된 海西量田의 수취방식이 壬辰(1652년,

---

44) 『經世遺表』 卷9, 地官修制 田制別考 3,「魚鱗圖說」, 26쪽.
   … 及見其上送地部 丘井量法啓本圖帳 則節目詳密 分負極均 設墩定方 各自打量 畢役於旬朔之間 比前量法 事半功倍 ….
45) 앞의 책, 卷9, 地官修制 田制別考 3,「魚鱗圖說」, 26쪽.
   … 因其丘井推步 道里一邑之中 東西南北之遠近 山川田野之形勢 有若列眉指掌 一展圖帳則不待親自經歷 而固已瞭然於目中 是信此法之簡便 可行於八路矣 ….
46) 앞의 책, 卷9, 地官修制 田制別考 3,「魚鱗圖說」, 26쪽.
   … 其謂之丘井量法者 周制四井爲邑 四邑爲丘 而兵車之賦 出於丘井 春秋傳謂之丘賦刑法志謂之司馬法 兪集一推丘井之法 以作方田之圖 故謂之丘井量法也 ….

효종 3) 경기양전의 예를 따르고 있다고 했다.[47] 즉 포천의 4등전 1/10, 5등전 2/10, 6등전 7/10의 비율, 또는 장단의 경우처럼 3등전 1/10, 4등전 2/10, 5등전 4/10, 6등전 3/10의 비율로 분등정세 한다는 것이다. 여기에서 海西量田이 반드시 유집일의 방전법이라는 것을 말하지는 않았지만, 1700년 해서지방에 유집일의 양전 외에는 기록이 없을 뿐 아니라 그가 구정량법을 복원하는 과정에서 인용한 것인 만큼, 유집일의 방전법이 틀림없다. 따라서 방전법의 수취 방식은 6등 전품을 인정하는 가운데 각 분등의 비율을 군현단위로 고정시키는 방법을 취하고 있다. 이 상태에서는 매변 360步 方田을 단위로 하되 그에 대한 收稅는 전품에 따라 달라질 수밖에 없다. 이와 같이 방전법에서의 조세수취는 方田을 기본단위로 하여 토지의 비척을 적용하여 세액을 결정하고 있었다.

한편 양전척은 甲戌量田尺을 사용한 듯하다. 다산의 경우는 방전법에 사용한 양전척은 알 길이 없다고 하였지만,[48] 어떤 尺을 사용했는지가 중요한 것은 아니라고 하고 있다. 즉 舊尺[世宗朝 遵守尺] 또는 新尺[仁祖朝 甲戌尺]에 대한 논쟁을 다시 벌일 필요가 없다고 하면서, 수확량을 기준[1 畝 넓이를 4升之落 : 1畝는 100步, 1步는 6尺]으로 步數와 尺數를 결정하면 甲戌尺을 사용하더라도 무방하다고 보았다.[49]

---

47) 『丘井量法事例幷圖說』 第4節 分等定稅.
   肅宗朝 庚辰 海西量田事例 依壬辰京畿量田例 抱川四等은 十分之一 五等은 十分之二
   六等은 十分之七 長湍은 加一分 三等은 十分之一 四等은 十分之二 五等은 十分之四
   六等은 十分之三爲分率.

48) 『經世遺表』 卷9, 地官修制 田制別考 3, 「魚鱗圖說」, 29쪽.
   方量之法 外打經緯 雖若新改內査結負 悉依舊案 長尺短尺非所爭也 或曰兪集一方量之法
   本用何尺 今不可知.

49) 앞의 책, 卷9, 地官修制 田制別考 3, 「魚鱗圖說」, 29쪽.
   … 古法曰六尺爲步 步百爲畝 畝者稻子四升之落也 一畝之長 適爲十步 一步之長 適爲六尺
   則於是乎古法也 然下種稠密 俗各不同 今宜知會 三南道臣 詢于老農 先執方田 四升之落
   審其廣輪 尺量以來 於是通執三個 損益取中 以其長六十分之一爲法 尺以考于周尺 以其長

이러한 방전법의 조세수취는 결부법에서 연유하는 제반 폐단을 염두에 두고 강구한 것이라고 볼 수 있다. 결부법 자체가 전답의 肥瘠(田品)에 따라 稅額을 결정하는 방식이므로 중간의 자의적인 농간을 수반한다. 그러나 방전법은 일단 전답의 面積을 정해놓고 세액을 조정하므로 전국의 토지를 정확히 파악할 수 있다. 따라서 토지를 隱漏할 수 없고 부세불균도 방지할 수 있다는 것이다. 田品6等의 불합리한 점을 이러한 방전 경무법을 통해 해결하는 동시에 토지지배 방식을 국가에서 관리할 수 있다는 점이 중요하다.

유집일의 토지개혁 구상이 어떠한 형태였는가 하는 점은 현재로서는 밝힐 수 있는 방법이 없다. 다산이나 그 이후의 자료를 통해 복원할 수 있는 유집일의 방전법은 구래의 5形(方田, 直田, 句田, 梯田, 圭田)이 아니라 사방 1里를 1井으로 하는 方田形 토지구획 방식이다. 즉 방전법에 의한 양전은 당시 토지제도의 모순을 해결하는 방법으로서, 이상적인 정전제가 아닌 그 유제로서의 방전법을 통해 국가의 재정을 확보하고 왕권을 강화시키는데 우선적인 목표를 두고 있었다고 볼 수 있다. 다산의 경우는 유집일의 구상을 정확히 읽을 수 없었기 때문에, 단지 양전법의 일환으로 방전법을 검토하는 가운데, 정전법을 실시할 수 있는 가능성을 타진하고 있었다. 다산도 풀지 못한 것은 장횡거의 정전론을 유집일이 어떤 방법으로 받아들이고 있었는가라는 점이다. 남아있는 자료로는 단지 토지분배가 아닌 조세수취 문제만 보이기 때문이다.

그러면 지금까지 살펴본 유집일의 방전법은 이 시기 사회경제 문제를 어떤 입장에서 해결하려고 했을까. 이 시기는 양란 이후 사회경제 모순이 극대화되어 나타났고 그에 대한 탄력있는 개혁정책이 요구되었

十分之一爲步 尺以考于田尺 則庶有所合 可以依據如無所合 姑用甲戌之尺 許有零分 亦無所不可矣.

다.[50] 특히 17세기 말 숙종은 이러한 현실적 문제를 여러 가지 방향으로 해결하려고 하고 있었다. 일군의 유학자들도 당시의 토지겸병이나 부세불균의 문제를 해결하고자 여러 가지 개혁론을 제시했다. 그러한 흐름은 당시의 현실적 모순을 해결하려는 방향에서 제시되었는데, 그러한 견해의 이론적 근거는 夏殷周 三代의 이상적인 제도로 검토되었던 '井田'을 어떻게 이해하는가에서 출발하고 있었다.

정전제에 대한 연구는, 맹자가 전하고 있는 정전에 관한 내용(『孟子』 文公章句 上)을 기본자료로 하여,[51] 역사적으로 시행되었던 것인가 그렇지 않은가의 논의에서부터, 그것을 어떠한 방식으로 이해하느냐에 따라 다양한 현실적 논의로 나타났다. 정전제 형태를 하나의 이상적 제도로 보고 그것을 祖述하는 경우 대부분 토지분배 방식과 조세수취 방식 두 가지를 어떻게 현실에 적용시킬 수 있느냐에 초점이 맞춰져 있었다.[52]

맹자의 정전에 대한 서술은 아래와 같은 井田圖로 요약될 수 있다.[53] 정전제 하에서의 토지분배는 '井' 모양의 토지구획 방식을 통해 이뤄졌다. 또하나 주목해야 할 것이 정전제 아래에서의 조세수취 방식이다.

---

50) 金容燮, 1985, 「朱子의 土地論과 朝鮮後期 儒者」『延世論叢』 21 참조.

51) 井田制 관계 자료는 『孟子』(滕文公 上) 이외에도 『詩經』, 『周禮』(大司徒, 小司徒, 遂人 및 考工記), 『漢書』 食貨志, 『漢詩外傳』, 『春秋公羊傳解考』 등에 언급된 것이 주요한 근거가 되고 있다. 그에 대해서는 李成珪, 1985.6, 「井田制研究의 諸問題」 『東洋史研究』 21. 동양사연구토론회 발표요지가 참고되며, 加藤繁, 1952, 「支那古田制の研究」『支那經濟史考證 上』 등이 특히 정전제에 관한 사료를 많이 검토하였다.

52) 井田과 관련된 글로써 다음의 글이 참고된다.
朴宗根, 1964, 「茶山丁若鏞の土地改革思想の考察」『朝鮮學報』 28 ; 金容燮, 1975, 「18·9世紀의 農業實情과 새로운 農業改革論」『韓國近代農業史研究』; 愼鏞廈, 1983, 「茶山丁若鏞의 井田制 土地改革思想」『金哲埈博士華甲紀念史學論叢』; 朴贊勝, 1986.6, 「丁若鏞의 井田制論 考察」『歷史學報』 110 ; 李榮薰, 1991, 「丁若鏞의 井田制論의 構造와 歷史的意義」 제4회 동양학국제학술회의 ; 趙誠乙, 1991.12, 「丁若鏞의 政治經濟改革思想 研究」, 연세대학교 박사학위논문.

53) 曾我部靜雄, 1953, 『均田法とその税役制度』 第1章 第1節 井田法とその崩壞 참조.

지방에는 1井 900畝[54])를 9등분하여 하나의 100畝를 公田으로 하고 나머지 800畝를 私田으로 8家에 분배하였다. 8家가 公田 100무를 경작하고 그 수확물을 바침으로써 국가에 1/9稅를 조세로 납부하는 형태이다.

〈표 19〉 公田이 설치된 井田　　　　　〈표 20〉 公田이 없는 井田

公田이 설치된 井田　　　　　　　　　公田이 없는 井田

사방1里1井
매변300步

私田800畝　　　　　　　私田900畝

公田　　公田100畝

國中의 경우에는 각 사전을 경작한 후 토지생산물의 1/10稅를 납부하였다.[55]) 이상과 같은 형태는 공전이 설치된 경우의 정전과 공전이 설치되지 않은 정전의 경우로 나누어 이해할 수 있으며, 1/10세의 경우는 공전이 해체된 경우에도 이상적인 수취량으로 기능하게 되었다.

정전의 원형을 복원시키려는 시도는 두 가지 방향으로 나타났다. 하나는 토지분배 방식을 통해 정전제 이념을 복원하려는 움직임이고, 또 하나는 1/9稅, 1/10稅를 이상적인 조세수취 방식으로 보고 그것을 통해 정전제의 이념을 복원하려는 입장이다. 중국에서는 송대에 들어 그러한 논의가 활발하게 전개되었다.[56]) 井田制 類說로서 均田法이라든

---

54) 井田制 하에서의 1井900畝는 1里(300步사방)의 넓이와 같다. 여기에서 100畝 단위의 토지가 기준이 되어 1家에 분배되고 있다. 100畝는 100步사방인 토지면적으로 1頃에 해당한다. 즉 1井=1里(300步사방)=9頃=900畝가 井田의 토지구획 방식이라고 볼 수 있다.(朴興秀, 1974.12,「한국고대의 양전법과 양전척에 관한 연구」『한불연구』참고).

55) 『孟子』滕文公章句 上, 請野九一而助 國中什一使自賦 卿以下必有圭田 圭田五十畝 餘夫二十五畝 死徙無出鄕 鄕田同井 出入相友 守望相助 疾病相扶持 卽百姓親目 方里而井 井九百畝 其中爲公田 八家皆私百畝 同養公田 公事畢 然後敢治私事 所以別野人也.

56) 金容燮, 앞의 글.

가 限田法은 정전제의 이념을 실현시키려는 방법으로 강구되었다. 이러한 방식은 모든 토지를 井井方方으로 구획한다는 것이 쉽지 않으며, 私有地를 公田으로 수용하는 것은 더욱 어렵다는 현실론 위에 均田·均産을 목표로 한 변통책으로 제기된 것이다. 이 시기에 나온 개혁방안 중에서는 방법만 잘 마련하면 정전제를 시행할 수 있다고 생각하는 견해도 나왔다. 宋代의 張載(橫渠)가 그 대표적 인물이다. 橫渠는 '奪富人之田'하는 것이 어렵다고 근심하는 것을 비판하면서, '處之有術'이라고 하여 방법만 잘 찾아내면 수년 내에 실행할 수 있다고 하였다.[57] 이에 대해 주자는, 만일 장재와 같이 생각하여 이를 시행하려 한다면 기회를 잡아야 하며, 그것은 '經大亂之後' 사람이 없고 천하의 토지가 모두 官에 돌아간 뒤에야 가능하다고 보았다.[58] 주자의 경우는 토지재분배가 현실적으로 불가능하기 때문에 토지소유를 인정하는 가운데 소유하는 토지만큼 정확히 조세를 거둠으로써 賦稅不均 현상을 막을 수 있으며 국가재정도 확보될 수 있다는 방안이었다.[59]

유집일의 방전법이 나타난 배경을 살펴보기 위해 17세기 제반 토지개혁론을 정리할 필요가 있다. 그것은 宋代의 토지개혁론이 당시의 사회모순을 해결하려는 차원에서 검토되었던 것처럼 兩亂 이후의 사회문제를 해결하는 방법의 일환으로 제기되고 있었다. 15, 16세기가 조선 건국

---

57) 『朱子語類』 卷98, 張子書 31쪽.
　　問橫渠謂 世之病難行者 以극奪富人之田爲辭 然處之有術 期以數年不刑一人 而可復不審 井議之行於今 果如何 ….

58) 앞의 책, 卷98, 張子書 31쪽.
　　… 若欲行之 須有機會 經大亂之後 天下無人 田盡歸官 方可給與民如唐 … 唐分世業 是從魏晉積亂之極 至元魏及北齊後周 乘此機方 做得筍悅 漢紀一段正說 此意甚好 若平世 則誠爲難行.

59) 王安石의 方田均税法이나 李椿年의 經界法이 그 대표적인 형태였다. 荒木敏一, 1941.11, 「宋代の方田均税法」 『東洋史研究』 6-5 ; 曾我部靜雄, 1949, 『宋代政經史の硏究』 第11章 南宋의 土地經界法 ; 周藤吉之, 1965, 「北宋における方田均税法の施行過程」 『中國土地制度史』, 東京大學.

이래 체제기반을 닦던 시기였다면 17세기는 또 다른 방향에서 봉건사회를 재조해야 하는 시기였다. 그 방법 중의 하나로 나타난 것이 정전제에 대한 검토였다. 즉 朱子가 정전을 '井田制不可論'의 방향에서 접근하고 있었다면, 그것을 조선에서는 어떻게 받아들이고 있었을까? 그것은 대체로 주자를 그대로 수용하여 문제를 해결하려 했던 朱子的 입장宋時烈의 노론 입장, 또는 宋子的 입장과, 정전제를 통해 토지문제를 해결하려는 反朱子的 입장, 두 가지로 크게 나눌 수 있겠다. 한편, 송시열에 대항하여 분파된 西人내의 소론은 反宋子的 입장을 취하는 가운데 활동하고 있었다는 점이 주목된다. 이러한 세 방향 가운데 본고에서는 송시열에 대항하여 나타난 소론측 입장을 주로 검토해보기로 한다. 이들은 기전에 대한 연구와 그것을 어떻게 발전시키고 있었을까.

이러한 정전론은 조선후기의 箕子井田, 즉 '箕田'에 대한 관심을 통해 구체화되었다.[60] 기자의 정전이 학문적으로 검토되기 시작한 것은 宣祖 때의 久菴 韓百謙(1552~1615)에 의해서였다. 1608년(선조 41) 參議 시절 평안감사로 재직하던 그의 동생 韓俊謙을 찾았을 때, 평양성 밖의 정전을 자세히 관찰하고 측량하여 「箕田圖說」을 내놓았다. 그는 殷人 箕子의 정전을,

> 含毬門과 正陽門 사이에 있는 것이 가장 구획이 정연한데 그 제도는
> 실은 田字形이었다.[61]

라고 하여 周의 井字形 정전과는 다른 田字形으로 보고 있었다. 一田내에 4區가 있어, 다시 田은 종횡으로 각각 4개씩 병렬하여 도합 四四 十六田이고 전체로는 八八 六四區가 1甸을 이루었다. 즉 이 1甸은 橫으로 보아도

---

60) 朴時亨, 1948, 「井田論始末」『李朝社會經濟史』 ; 金容燮, 앞의 글.
61) 『久菴遺稿』上 「箕田遺制說」. 其中含毬正陽兩門之間 區劃最爲分明 其爲制皆田字形.

4田8區, 縱으로 보아도 4田8區로 되어있다.[62] 그것을 구암은 다음과
같이 보았다.

〈표 21〉 韓百謙의 箕田圖

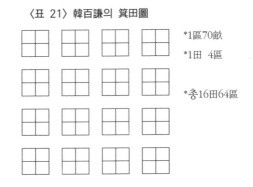

*1區70畝
*1田　4區

*총16田64區

위에서 나타난 1區의 면적은 모두 70畝로, 맹자가 말한 '殷人七十畝說'
과 똑같으며 성인의 分田制産하려는 뜻이 확연히 드러난다고 하여 이를
크게 평가하였다. 여기에서의 조세수취는 물론 1/10稅로 보고 있다.[63]
이와 같은 田字形 정전에 대한 복원은 柳根(1549~1627)이나[64] 許筬
(1548~1612)[65] 등의 관심과 더불어 일층 세인의 관심을 끌기에 이르렀
다. 그것은 임란 이후 나타난 토지제도와 수취제도 문란을 개혁하는
방안으로 주목되고 있었다. 70畝를 기본으로 한 토지분배와 각 토지에
서 1/10세를 수취하였다는 것을, 평양의 기전을 실증해냄으로써 확신하
게 되었던 것이다. 그의 기전론은 결과적으로 '전쟁'을 거친 뒤이기에
황폐화되고 문란해진 토지제도를 개혁할 수 있는 방법으로 강구된
것이었다고 볼 수 있다. 非常時라면 정전제를 통해 토지개혁을 할 수도

---

62) 앞의 책, 田有四區 區有九畝大路之內 橫而見之有四田八區 縱而見之亦有四田八區, 八八
六十四正正方方 大略 界區以一畝之路 界田以三畝之路 三旁九畝大路.
63) 『久菴遺稿』上「箕田圖說跋」. 孟子曰 殷人七十而助 周人百畝而徹 其實皆什一也.
64) 앞의 책,「箕田圖說跋」; 柳根, 『西坰集』卷6,「箕田圖說跋」.
65) 앞의 책,「箕田圖說後語」.

있다는 것은 주자도 인정한 것이었다.

宋時烈(1607~1689) 역시 기자정전 유적이 평양에 있음을 인정하고 있다.[66] 그러나 송시열을 중심으로 한 노론 일파는 그것을 현실에 적용하는 것은 불가능하다고 생각했다. 그는 朱子가 일찍이 말했던, 兵亂을 거친 후 人物이 줄어든 다음에야 가능하기 때문에 정전제 실시가 어렵다는 '井田難行說'을 17세기 조선에 그대로 적용시켰다. 현실적으로 人物이 번성하여 '地少人多'하기 때문에 정전제를 시행하기 어렵다는 것이다.[67] 불가능한 정전제적 토지분배 방식과 1/10稅를 수취하는 방식이 아니라, 기존의 지주제를 그대로 인정하는 위에서 불법적인 토지지배 부분만을 파악해냄으로써 均賦均稅를 통해 문제를 해결하려는 방법이었다.[68]

朱子의 이론에 문제를 제기하던 세력이 反朱子의 입장에서 개혁론을 제기하였었다면, 宋子(宋時烈)에 대립되는 정치세력으로서의 소론은 反宋子的 개혁론을 제기하고 있었다. 그 중 井田制를 본격적으로 제기한 소론의 영수 韓泰東(1646~1687)을 주목할 수 있다. 그 역시 箕子가 조선을 다스리던 때의 殷田(箕田)의 실체를 인정할뿐 아니라 그것이 평양에서만 행해지고 전국에 널리 퍼지지 못했던 것을 비판하고 있다.[69] 그는 "三代의 井田法이 실행될 수 없다고 하는데 과연 그러한가"라는 반문을 던지면서[70] 정전론의 시행 가능성에 대해 자세히 살피고 있었

---

66) 『宋子大全』 附錄 권17, 語錄.
　　箕子劃爲井地 基址尙存平壤 則何可以山多而不可行乎 地雖崎嶇 而計其畝數 分授八家
　　使之同力合作 則井田之法 恐無不可行之地也 但後世人物益繁 地少人多 恐難行井田之制
　　故朱子嘗以爲必經兵亂 人物勘少 然後可行井田耳.

67) 앞의 책, 附錄 권17, 語錄.

68) 김용섭, 앞의 글.

69) 『是窩遺稿』 卷7, 「科體」.
　　雖然張載嘗言經界 隨山隨野 皆不害於劃之 而周禮亦有兩山涂川之語 則古之人 又安能盡
　　得無山之平壤 無澤之野 而悉行界劃哉 亦施之有法耳 果曰不可則箕子盖嘗行之於平壤矣
　　今其遺蹟猶可辨認 則安知其時不盡施於一國 而抵以年代變遷 典籍淪沒 有不可攷者耳.

다. 비록 크게 경계를 바로잡을 수는 없지만 丘井을 복구하고 옛 제도를 살펴 畝數를 헤아려 나눠주면 많은 사람이 기뻐할 것이니 토지를 가진 자 1~2명 때문에 미룰 수는 없다고 역설하고 있다.[71] 이 법을 행하면 기뻐하는 자가 많을 것이라는 張載의 말을 인용하는 가운데, 방법으로써 우선 王(숙종)을 비롯한 諸 宮家가 차지한 땅부터 戶部에 귀속시키고 전국의 자그만 토지라도 모두 公田을 만들어 나가면 점차 빈부가 다스려질 것이고 옛법(정전제)이 복구될 수 있다고 보았다. 이러한 과정을 통해 1/10稅를 모방하여 中正한 세를 부과하면 어찌 어렵다고만 할 수 있겠는가[72] 하여 지금 당장 革弊救時할 수 있는 정전법을 실행할 것을 촉구하였다.

이러한 시기에 유집일은 지금까지 살펴본 흐름 가운데 소론에 속하지만, 또 그것과는 다른 형태로 정전제를 이해하였던 것 같다. 그가 구상한 방전론은 정확히 알 길이 없지만,[73] 황해도에 실시한 것을 보건대 정전제적 토지구획 방식에 대해 적지않은 연구를 한 것을 알 수 있다. 다산이 『목민심서』를 통해 정리한 바에 의하면 유집일이 올린 量田狀啓

---

70) 앞의 책, 卷7, 「科體」.
   三代井田之制 尙矣後之論井田者 或云可行 或云不可行 何者爲是 而其所論著者 可詳言歟.
71) 앞의 책, 卷7, 「科體」.
   雖然今之民 有田者一二 而無田者千百 而規制已設 限枰若立 則多者雖減 無者自有減者之怨 其視有者之樂 則有間矣 怨者之至寡 若較樂者之至多 則相遠也 國家亦安能懼拂一二人之情 而坐視千百人之困 而不救乎 此張載所謂敎法之行 悅之者衆 ….
72) 앞의 책, 卷7, 「科體」.
   夫然則方域之內 寸土尺地 擧爲公田矣 量其生齒之繁 耗幅員之豊 約經度紐算 分丁授田 嚴爲條約 明示防限 國無無田之民 田無不耕之夫 業定産存 無相冒窬 則貧富可獲其均矣 分其沃瘠 第其上下 就倣什一之規 酌成中正之稅 重不病私 輕不虧國 則賦斂自底于法矣 … 漸行修治 遂復經界古法 又何不可哉.
73) 兪集一의 文集이나 方田論에 대해 정리한 글이 발견되기 전까지는 그의 사상적 배경이나 지향하는 바를 정확히 파악하기는 어렵다. 그의 후손 유흥모(春谷公 2男派)씨에 의하면 직계로 내려오는 昌原兪氏 집안에는 자료가 보관되어 있지 않다.

에 그 條例가 남아 있었다고 했다.[74] 그에 따르면, 유집일은 원래 방전법
을 구상할 때 전래되던 사목을 참고하기는 했지만, 사목 중의 「網田」
규정이 문제가 많다고 생각하여 삭제해버리고 새로 편집했다고 했다.[75]
따라서 '網田이라 하여, 집을 헐면서까지 表木을 만들어 세우고 얼마
안되는 밭은 모두 조각나서 結負도 나뉘고 賦役도 多岐하게 만들었다[76]
는 비판은 말도 안된다고 하면서 張載와 朱熹를 인용하고 있다.

우리나라에서 방전법에 대한 관심이 이 시기까지 보이지 않았다는
점을 미루어 보건대, 아마도 유집일이 참고한 사목은 중국 송대에
논의되었던 것 중 장횡거의 정전법이나, 주자의 경계법,[77] 북송대의
방전법[78]이 아닌가 생각된다. 그것은 그가 1708년(숙종 34)에 방전법
때문에 탄핵을 받았을 때, 방전법에 대해,

　　이른바 方田法은 신이 창안한 바도 아니며, 역시 신기한 법도 아닙니
　　다. 이것은 실로 송나라 학자 張載와 朱熹의 유제인데 우리나라의 양전법
　　에다 方圍 한 가지를 첨가하여 농부로 하여금 스스로 새끼로 얽어
　　打量하게 하고 監官과 色吏의 농간이 끼어들지 못하게 한 것에 불과할

---

74) 『牧民心書』 卷4, 戶典六條 田政 48쪽(『與猶堂全書』 제5집, 경인문화사). '… 兪集一貞
　　軒其量田狀啓條例 具存幷詳田制考 今姑略之 …'. 위의 기록을 보면 茶山이 方田法에
　　관한 조례를 모두 읽었다는 것을 알 수 있는데, 『經世遺表』 田制 부분에 방전에
　　관한 구체적인 조례는 생략되어 확인할 길이 없다.

75) 앞의 책, 卷4, 戶典六條 田政 48쪽.
　　田制考云 肅宗戊子 兪集一以量田事 遭彈上疏自明曰 臣之奉命量田 只是三邑 而大臣以爲
　　一道之民罵不絶如在火水 網고量法 載在流來事目中 臣於其時知其難便拔去 於新事目中
　　故三邑亦無以此行用之事.

76) 앞의 책, 卷4, 戶典六條 田政 48쪽.
　　… 網田至以徹家立表 數畝之田 片片分裂 結卜亦分 賦役多岐 爲辭豈不駭怪乎.

77) 『朱子大全』 권19, 條奏經界狀.

78) 周藤吉之, 1965, 「北宋における方田均稅法の施行過程-特に王安石·蔡京の新法としての」
　　『中國土地制度史研究』, 東京大出版部. 方田均稅法은 동서남북 각각 1千步를 1方田으
　　로 하고 토지의 비옥도에 따라 조세를 5等으로 나눈 제도이다.

뿐입니다.[79)]

라고 하여 장재의 정전법과 주희의 경계법을 연구하여 생각해낸 것이라고 하고 있다. 앞에서 살펴보았듯이 장재와 주희가 현실에 적용하기 위한 방편으로서의 정전법을 서로 달리 검토하였다는 것을 전제로한다면, 유집일의 방전법은 정전제 실시가 가능하다는 장재의 견해를바탕으로 주희의 魚鱗圖를 결합시켜 구상한 것이라고 볼 수 있다.[80)] 방전법을 시행하려던 목적이 정전제를 시행하는 데 있었고, 단계적인방법론으로서 우선 주희의 어린도를 통해 經界를 정하려 했던 것일까? 아니면 정전제를 시행할 방법이 있다는 횡거의 생각을 형식적으로받아들여 주희의 어린도를 통해 적용시키려 한 것일까? 이것은 커다란차이를 가진다. 전자의 경우라면 방전법은 토지재분배를 지향하는준비단계로서의 경계책을 의미할 것이고, 후자의 경우라면 정전제가현실적으로 어려우므로 정전 방식을 빌려 양전을 하는 데 그치는 것이라고 볼 수 있다. 이러한 논의는 결국 그가 품었던 생각을 알아내지못하는 한 밝히기 어렵다. 단지 그것이 당시 현실에 시험적으로나마적용되었다는 점에 의미를 두면서 분석될 수밖에 없다.

유집일의 방전법이 횡거가 생각하는 정전제 실시까지였는지는 알길이 없다. 장재를 거론했다는 점에서 주자가 생각했던 것과는 또 다른형태가 준비되어 있었을 것 같은데 자료가 없다. 단지 그것을 확인하는것으로 그칠 수밖에 없다.

---

79) 『牧民心書』 卷4, 戶典六條 田政 48쪽.
　　… 所謂方田非臣所創 亦非新奇之法 此實宋儒張載朱熹遺制 而不過吾東量法 加方圍一著 使田夫各自繩量 毋容監色弄奸而已 ….

80) 주자가 漳州에서 시험적으로 행한 후 泉州, 汀州에 시행하려한 經界狀에는 양전후 圖籍이 그려졌는데, 이는 周의 井地圖法을 응용했다는 魚鱗圖였다. 『朱子大全』 권19, 「條奏經界狀」 38쪽 참고.

2) 방전론의 추이

유집일이 방전법을 제기한 지 약 100여년 후 다산이 재검토하게
되었다. 그가 거론했던 방전법은 정전제의 시행을 전제로 하는 것으로
서, 토지재구획을 위한 토지파악, 즉 전 토지의 정확한 파악의 필요에
의해 제기된 것으로 볼 수 있다. 그런 가운데 송대의 방전법이 3번
시행하여 3번 실패한 것을 지적하면서도, 그 법이 아름답지 못해서
그런 것이 아니라고 하며,[81] 방전법 자체를 중시하고 있다. 왜냐하면
정전법의 1井은 方을 기본으로 하는 것이기 때문이다. 이와 같은 방전법
에 대한 관심은 茶山뿐 아니라 楓石 徐有榘에 의해서도 주장되고 있었
다.[82]

정전법을 가능하게 할 수 있는 방전법에 대한 연구는, 19세기 말
토지문제가 심각하게 논의되면서 또다시 관심을 끌고 있었다. 海鶴
李沂의 토지론은 실학파의 그것을 계승한 것으로 주목되는데,[83] 후일
광무년간의 양전사업에 부분적으로 반영된 바 그의 양전론 역시 유집일
의 網尺制(방전법)를 주목하여 정확한 토지측량을 통한 제반 폐단을
없애고자 하였다. 그와 더불어 방전법에 대해 구체적으로 언급하고
있던 몇 가지 자료를 통해 유집일의 방전법 이후 방전에 관한 논의가
어떤 형식으로 전개되고 있는지 간단히 살펴보기로 하자. 그것은 또한
충분히 검토되지 못한 유집일의 방전법을 보완하고 나아가 조선후기
方田論의 역사적 위치를 주목하기 위한 방편이기도 하다.

편찬자와 편찬연대가 불분명한 『丘井量法事例幷圖說』과 俞鎭億의 「田

---

81) 『經世遺表』 卷9, 地官修制 田制別考一 「方田始末」, 10쪽.
　　臣謹案宋代方田之法 三擧而三罷之 似若其法本非美制而然也 然法之興廢 係乎其人.
82) 金容燮, 1984.10, 「茶山과 楓石의 量田論」 『韓國近代農業史硏究』上.
83) 金容燮, 1984.10, 「光武年間의 量田·地契事業」 『韓國近代農業史硏究』下.

案式」(1897)이 그것이다.

(1)『丘井量法事例幷圖說』

『丘井量法事例幷圖說』은「量田說」과「量田事例」로 나뉘어 편술되고 있다.[84]「양전사례」는 職員, 物料, 設方分墩, 分等定稅, 罰則, 魚鱗圖法, 雜則, 賞罰 등 8부분으로 나뉘어 방전법으로 양전하는 데 따른 제반 사항을 정리하고 있다.「양전설」에는 구정량법을 복원하게 된 동기와 그 목적이 들어있어 편찬자의 생각을 잘 읽을 수 있게 해준다. 편찬자는, 다산도 극찬하였듯이, '天下第一良法'임에 틀림없으나 사례가 빠진 곳이 많다고 하여, 다시 다산의 책을 통해 잘못된 것을 바로잡고 구정량법을 완성시키게 되었다고 했다.[85] 그의 학문경향은, 단편적이긴 하지만「양전설」을 제기하는 가운데 貞軒 유집일의 방전법과 다산 정약용의『經世遺表』를 인용하고 있는 것을 보건대, 정헌과 다산의 방전법으로부터 영향을 받았음을 알 수 있다.

편찬자는, 王政에 있어 '經界'보다 앞서는 것이 없는데 나라에 제대로 갖추어진 '量田圖' 하나 없음을 한탄한 나머지 구정량법의 事例와 圖說을 정리하여 펴내게 되었다고 그 동기를 밝히고 있다.[86] 또한 그는 양전을

---

84) 연세대학교 소장본으로, 곳곳에 먹물로 지우고 고쳐쓴 흔적이 많이 보이는 것으로 보아 초본으로 보인다. 누가 언제 누구에게 올리는 글인지도 밝혀져 있지 않다. 한편『一哂錄』을 근거로 황해도 3개읍에서 방전법이 시행되었음을 인용한 부분은 편찬자가 兪鎭億의 부친 兪致範일지도 모른다는 짐작을 하게 해준다.『一哂錄』은 兪致範의 저술이다. 따라서『구정량법사례병도설』의 저자가『일신록』을 저자명 없이 인용했다는 것은, 그 저자가 유치범 자신이거나 또는 그와 가까운 친족,친구일 가능성이 크다.『일신록』이 발굴된다면 이런 부분이 확인될 수 있을 것이다(『丘井量法事例幷圖說』「量田說」참조).

85)『丘井量法事例幷圖說』「量田說」.
而惟其事例 或詳或略 未易剖晰 於是乃取丁氏書參酌 檃括始據 其外打經緯 內査結負 劃爲圖畵之妙 然後以成條例套.

통해 당시의 현실적 과제를 어떻게 해결해나갈 수 있느냐를 생각하고 있었다. 이 시기는 아마도, 열강의 각축장이 된 조선의 현실을 개탄하고 이를 수습할 방책이 마련되어야 한다는 내용으로 보아,[87] 광무년간을 전후한 시기가 아닌가 한다.[88] 이때는 광무양전을 계획하던 시기였으며 서구 열강에 맞설 부국강병책이 마련되어야 했던 시기였다. (구정량법에 따라서) 양전을 마친 후에는 제반 제도를 정비하여 체제를 정비해야 한다고 역설하고 있다.[89]

그는 뜻이 맞는 동지들과 다산이 복원한 (유집일의) 방전법을 재검토하고 다시 고쳐 성밖에서 은밀히 시험해보고 그 법의 간편하고 아름다움에 스스로 놀라고 있었다.[90] 그가 시험을 통해 마련한 구정량법 사례는 다음과 같이 사방 300척으로 1井을 만들고 1井은 각 9頃으로 구성된 것이었다. 그리고 1경은 25구, 1구는 400방척으로 이루어진다.[91]

---

86) 앞의 책, 「量田說」.
87) 앞의 책, 「量田說」.
　　且錢權穀權爲王者大柄 而今歸外人之手 不圖所以變通收拾之方 甚非爲國經遠之計.
88) 「私券式」의 서식에 '光武'라는 연호를 보아 광무년간의 편술이 틀림없다(「量田事例」 제5절 魚鱗圖法).
89) 앞의 책, 「量田說」.
　　將畢量後 減省顯邑 定租庸調三法 改立半錢半米法 設社倉常平法(稅米不必 上納 而留本邑 各面常平糶糴之本)不可不 豫講者也 此若難行則 依法規類 編立銀行於各邑 而付結戶錢于 銀行 貿物湊集京師 而三江置米商會社 若常平之例 亦足爲民國之良制矣.
90) 앞의 책, 「量田說」.
　　於是乃取丁氏書參酌 黶括始據 其外打經緯 內査結負 劃爲圖畵之妙 然後以成條例一套 與同志之士 修潤校正 又使與試驗于城外 則不用算法乘除 而雖甚愚之野夫 各自打量 瞭然 無漏 較諸舊日量法 非但事半功倍 而築墩粒表 一正經界之後 雖復百年不改量 無所容其奸 弊矣.
91) 앞의 책, 「量田事例」 第2節 物料.
　　用一等量田尺 卽世宗朝所製 而準周尺四尺七寸七分五厘 或稱遵守舊尺者也.

〈표 22〉「丘井量法事例幷圖說」

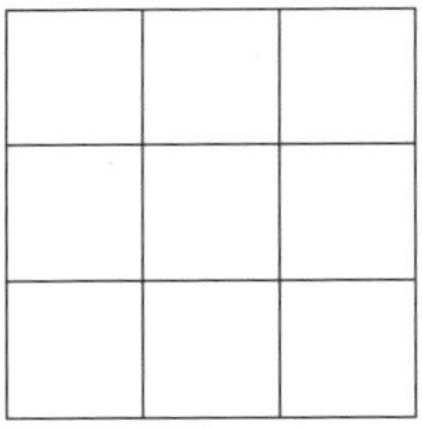

1井(매변 300尺)小墩(土高半尺)

大墩(土品 準 一尺, 長廣 二尺)

1井=(300척x300척)實積90000方尺=9頃

1頃=(100척x100척)實積10000方尺=25區

1區=(20척x 20척)實積 400方尺

이때 設墩하는 방식은 부근의 田主나 혹은 佃(속칭 作人)이 표시기둥[表木]을 준비하고,[92] 파견된 위원과 각 관아의 지휘로 돌이나 흙을 사용하여 墩을 쌓고[93] 고을마다 순식간에 일이 끝난다고 했다. 이러한 과정을 거쳐 田案式이 마련되면 농간이 일어날 수 없으며, 이후 田主·佃客에게 量繩을 지급하여 스스로 척량토록 하면 관에서 관리할 필요도 없다는 것이다.[94]

또한 조세수취는 田品을 6等으로 나누고 그 소출(생산량)에 따라 隨等定稅한다. 즉 답1두락 400方尺에서 100~86말을 얻는 곳을 1등답으로 하여 稅4負를 받고, 2등답(85말~71말 생산토지) 이하 6束씩 체감하여 6등답(25말 이하 생산토지)는 稅1負를 징수한다. 전1두락은 600方尺 기준으로 답과 같이 1등 4부에서 6등 1부까지 체감하여 세를 부과한다.[95]

이러한 구정량법을 통해 그는 均賦均稅를 달성하고 '足用'할 수 있는

92) 앞의 책, 「量田事例」 第3節 設方分墩.
一. 起量前幾日 自本郡訓令各面各洞 諭以某日將打量 自官門始偏行東西南北面矣 使附近田主 或諸佃(俗稱作人) 表木等物而等待.

93) 앞의 책, 「量田事例」.
一. 各派委員與本官 須自官門爲始 直分東西南北 四方視子午 四隅築大墩 或築以石 或築以土 而高準一尺 長廣二尺墩 四面之底 皆作小壟 尺許如十字狀 用表分界之處 以盡邑境爲限 先定當中方隅四面 分累鱗次.

94) 앞의 책, 「量田事例」.

95) 앞의 책, 「量田事例」 第4節 分等定稅.

단계에 이를 수 있다고 보았다. 즉 "양전은 大事요 均賦는 大政이요 足用은 大業이라"96)고 하여 양전이 잘되어야 모든 것이 잘 될 수 있다고 보고 있다. 이때 특징적인 것이 보완책으로 토지매매에 대해 부기하고 있다는 점이다. 즉 私劵式을 마련하여 전토매매시 사는 사람은 관에 신고하여 증빙서류를 받아 후일 준거로 삼게 한다고 하여 토지매매를 국가가 직접 관리하도록 하고 있다.97) 단 토지제도 문란의 근본적인 원인이 되는 토지집적 현상에 대해 직접적인 제한은 가하지 않고 있다. 또한 토지소유의 상한을 제한한다든지 하는 규정도 보이지 않는다. 국가에서 토지소유자를 정확히 파악함으로써 간접적이나마 국가가 토지관리를 엄격히 하고 향후 제반 대책을 강구해야 한다는 해결방식이다.

(2) 兪鎭億의 「方田條例」(1897, 광무 1)

유진억의 「方田條例」는 1897년 12월에 중추부에 올린 글로서 『田案式』98)에 다른 '建議' 또는 '獻議' 형식의 글과 함께 실려 있다. 「방전조례」는 皇極, 設墩, 步數, 尺制, 表木, 量法, 分等定稅, 年分, 圖案(魚鱗圖, 田案), 農戶, 山澤, 易簡贊 등 12개 부분으로 이루어져 있다.

유진억은 "금일 民國의 정세를 보면 진실로 토지의 그림자마저 빼앗기고 얻어보지 못할까 두려우니 하물며 土貢에 있어서랴. 이를 근심하고 또한 땅값이라도 찾을까 하는 것이 眞私이다"라고 하여, 광무년간을 전후로 농촌사회가 급격히 붕괴되어가는 와중에서 조금이나마 가지고 생계를 유지하던 초라한 양반이 하루아침에 모든 것이 날라갈 지경에

---

96) 앞의 책, 「量田說」.
97) 앞의 책, 「量田事例」 제5절 魚鱗圖說, 제7절 賞罰.
98) 『田案式』, 국사편찬위원회.

이르러 방전법을 제기하게 되었다고 술회하고 있다.[99] 유진억은 이 시기 광범위하게 행해지던 토지겸병과 그로 인한 농민몰락 현상에 대해, 그리고 국가가 수취해야할 조세가 지주의 손으로 들어가는 것을 한탄한 나머지, '一私字' 즉 개개 지주를 제거하고 方田制를 통해 얼마간 의 땅이라도 경작할 수 있으면 하는 '眞私'를 털어놓게 된 것이다.[100] 즉 그는 국가의 소농보호책의 하나로 소농민적 토지소유를 지향하는 선에서 방전법을 제기하고 실행에 옮길 것을 주장하고 있었다.

그는 방전법의 뿌리를 張橫渠로부터 찾고 있다. 하늘의 아름다운 이치(乾坤의 易簡)를 三代의 聖人이 조술했고, 그것을 장횡거가, 그리고 선친이 서술한 것에 지나지 않는다고 하여 그 계통을 밝히고 있다. 즉,

"내가 서술하는 내용이 자신이 창안한 것이 아니라 선친[101]의 구상이 며, 그 구상은 선친의 말이 아니라 橫渠선생의 개혁론이며, 또 그의 논의는 독창적인 것이 아니라 聖人이 만든 것이며, 그 또한 성인이 만든 것이 아니라 乾坤의 易簡(쉽게 알고 따를 수 있는 천하의 바른 이치)이라 하고 있다."[102]

---

99) 「方田條例」 12. 易簡贊.
幸以父母之恩德四十年 拱手無爲而坐食 農民之土貢一朝苟無此貢 必將餓死 而第觀今日民 國之政勢 則竊恐幷與土之影 而不可得見 況於其貢乎 故爲足之憂 又從以覓土價 其眞私矣 其眞私矣.

100) 앞의 글.
… 八域量政之告 竣計不過旬月間事 此皆非所患也 但患朝廷之不能去一私字而已 余尤甚 者也 … 伏願朝野君子去一私者 保我皇極 保我黎民.

101) 兪鎭億(본관은 杞溪)의 선친은 『一哂錄』을 남긴 兪致範이다.

102) 앞의 글.
此非愚之說 卽我先親之言也 亦非我先親之言 卽橫渠先生之論也 又非橫渠先生之論 卽聖 人之制作也 實非聖人之制作 乃是乾坤之易簡也夫.

라고 하여, '방법만 잘 마련하면' 정전제를 시행할 수 있다는 張橫渠의 견해에 동조하고 있다. 장횡거의 정전제 실행 가능성에 대한 인식태도는 유진억에게 하나의 가능성을 타진하는 계기를 주었을 것이다. 그렇다면 방전법을 통해 나타난 사회개혁론은 과연 장횡거가 생각했던 방법과 내용을 가진, 즉 토지 재분배와 1/10세를 통한 정전제 시행이라고 할 수 있었을까, 아니면 또 하나의 井田類說로써 井井方方으로 토지를 구획하고 均賦稅를 지향하는 방법만을 받아들인 형태로 보아야 할까? 즉 앞에서 서술한『구정량법사례병도설』의 저술자는 橫渠-朱子-貞軒(兪集一)-茶山[103])의 계통으로 보아 주자의 魚鱗圖를 함께 평가하고 있지만, 유진억은 三代의 聖人(周公)-橫渠-兪致範의 계통에 朱子를 위치시키고 있지 않다는데 차이가 보인다.

한편 그의 방전법은 先親 유치범의 것을 여러 가지로 보완하는 한편 井田制를 時宜에 맞게 현실에 적용시킬 수 있다고 보았다.[104]) 그런데 그가 서술하는 내용 중, '유집일의 경우 結負法을 파하고 頃畝法을 지어 方田法을 만들었다'고 한 부분이나,[105]) 방전법을 복원하는 데 있어 다산이 남긴 자료를 인용하지 않는 것을 보면, 이 시기까지 유집일의 방전법에 대한 자료가 남아 있었던 것이 아닌가 한다. 그의 방전법은 일체 周나라의 제도에 따라 300步 4墩 9宮을 세워 900畝로 1井을 만들고 있다. 이러한 제도는 경무법을 기본으로 하여 다음과 같은 方田形으로 나타났다.

---

103) 『丘井量法事例幷圖說』量田說.
　　　橫渠創之於前 朱子述之於後 洪武旣行於中國 兪氏方量之法 又試於東方 上考三代之文 若合符契 … 於是乃取丁氏書參酌.

104) 「方田條例」2. 設墩.
　　　盖周公井田之法 昭在方冊 讀書人皆能知之 皆能言之 合苦擧此井制 講而明之 變而通之 隨時制宜之爲也 井者制之經 故設墩而代之 公私者時之變 故適宜而行之.

105) 앞의 글.
　　　此我先親所以準古酌 今罷結負作頃畝 定以方田方制者也.

〈표 23〉 兪鎭億의 方田圖

1方300步
900畝(4墩)
1井 900步
전체 16墩

즉 매 300보마다 1方圍를 만들고 4둑을 세우면 1井 종횡으로 모두 900步가 되며, 1井은 16墩, 10,000井에는 16만개가 된다. 매 1인 1일 2둑을 쌓으면 80,000명의 1일 役이 되며, 이것이 300里 지방이다. 이를 계산하면 3,000里 땅의 둑을 쌓는데 드는 役이 2일에 지나지 않는다고 하여,106) 그 간편함을 강조하고 있다. 아울러 '지금 외국은 비록 幾萬里라도 산을 뚫고 바다를 건너 철로를 놓지만, 우리나라는 1일의 役도 꺼려 그 땅을 측량하여 田制를 바로하지 못하니 어찌 부끄럽게 여기지 않을 수 있으리오. 井田이라는 것은 성인이 만든 극치로서, … 公田을 얻지 못하면 다시는 좋은 방법이 없으리라'107) 하여 실행에 옮길 것을 극구 주장하고 있다.

한편 尺制는 趙汝의 網尺을 채택하고 있는데, 그것이 측량하는 데 편리했기 때문일 것이다. 그는 廣州 사람으로 일찍이 1884년 「三政圖說」108)을 올렸다. 조문의 網尺圖는 다음과 같이 大網圖와 小網圖로 구성되어 측량하는 데 편리하게 되어있으며,109) 改量三款捷法110)이라 하였다.

---

106) 앞의 글.
   三倍古制 而每三百步 設一墩則 一井之墩 合爲十六萬 而萬井之墩爲十六萬 每一人一日築二墩 則八萬人一日之役 而此三百里地方也 特以計之三千里之墩役 都不過一兩日.
107) 앞의 글.
   今外國則雖幾萬里鑿山橋海 而架設鐵路 如我國則憚一日之役 不能量其地 而正田制 豈非不可使聞之大羞恥也哉 盖井田者聖人製作之極致也 如人之有身捨五倫不得公田 雖不能復古 而量田均稅之道 捨此制更無好法.
108) 「三政圖說」(연세대학교 소장본).

〈표 24〉量尺大網圖(1井10尺方面, 1網1萬尺方面)

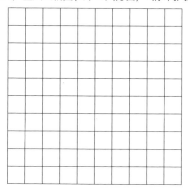

〈표 25〉量尺小網圖(1井1尺方面, 1網100尺方面)

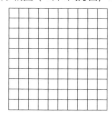

즉 유진억이 「尺制」에서 설정한 '10步 1尺'[111]이라는 기준을, 「步數」에서 설정한 매변 900步로 이루어진 1井에 적용시키면 한 변이 90척인

---

109) 유집일의 방전법은 結網法과 다르다. 즉 새끼로 만든 그물을 사용한 것이 아니라 흙으로 墩臺를 쌓아 토지를 측량하였다. 숙종 戊子년(1708)에 유집일이 양전의 일로 탄핵을 받아서 상소하여 스스로를 변명하여 말하기를, "… 새끼그물로 양전하는 법은 전래의 사목중에 실려 있는데, 신이 그때에 편히 하지 못함을 알고 새 사목중에서는 제거시켰기 때문에 3고을에도 이것으로써 양전한 일이 없었습니다. 그런데 하나의 새끼그물을 짜서 原野를 두루 측량하였다고 말을 만들어 억지로 이름하여 網田이라 하고, 심지어 집을 헐어 표지를 세우며 數畝의 토지를 여러 쪼가리로 나누어 結卜가 역시 나뉘어지며 부역이 번다해졌다고 말을 만드니 어찌 해괴하지 않습니까."(『牧民心書』卷4. 戶典六條 田政 48쪽)한 것을 보면 그것을 잘 알 수 있다.

110) 尺量, 田等, 解結 3條를 1등 양전척(周尺5尺 : 布帛尺 1尺9寸7分)을 사용하면 結網에 의해 쉽게 측량할 수 있다고 하여 三款捷法이라 하였다(趙汶의 「三政圖說」 참조).

111) 「田案式」4. 尺制.

井이 되기 때문에, 1網 90尺方面이 된다. 따라서 조문의 量尺小網圖(1網 100尺方面)와는 오차가 생긴다. 이것은, 유진억은 1井을 매변 900步(90 尺) 900畝로 기준을 삼았고, 조문은 1尺 또는 10尺 단위의 정방형 토지를 1井으로 보고 결망도를 작성한 것이기 때문에 생기는 차이로 보인다. 유진억은 조문의 결망도 형식을 빌어 전국토를 측량하려 했던 것에 지나지 않았기 때문이다.

유진억은 조세수취에 있어 2/10를 받아 1은 왕세로, 1은 전주에게 돌아가게 한다는 '半公半私之法'을 생각하고 있었다.[112] 나머지는 농민의 몫으로 남겨둔다는 것이다. 옛부터 왕이 된 자는 1/10세를 받았는데 지금의 富者는 5/10를 받아먹으니 농민도 가난해지고 국가재정도 빈곤해질 수밖에 없다고 하여,[113] 그것을 제기하여 지주제를 자연스럽게 없애간다는 방책이었다. 이 시기에도 여전히 토지겸병은 농촌사회를 양극화시켜가고 있었다. 때문에 병작법을 혁파하지 않으면 요순이 다시 살아난다 하더라도 다스려질 수 없다고 하면서 그 방법을 제기하고 있다. 즉 사적소유를 국가소유로 환원시키는 것은 땅을 억지로 뺏는 것과 다른 것으로서, 인구의 多少와 田土를 서로 비교하여 分田收田할 방법이 없다는 것 때문에 井田 실시가 어렵다는 것은 재고할 필요가 있다는 것이다. 지금의 상황에서는 마땅히 반공반사지법을 통해 이 문제를 해결할 수 있다고 보았다.[114] 그리하여 농사를 짓는 자에게는 토지를 갖게 하고, 부자에게는 財物을 갖게 하여 각기 본업에 종사하게

---

112) 위의 글, 7. 分等定稅.
　　而罷結負諦改之法　行方田頃畝之制　稅收什二而一爲王稅　一給田主.

113) 앞의 글, 7. 分等定稅.
　　嗚呼自古王者什稅其一　而今富者十收其五　故農民則觸處皆桀　國家則無端爲貊　田制如斯而安得不窮　國安得不貧也哉.

114) 앞의 글, 7. 分等定稅.
　　盖井田法必不可行者　反私爲公異抑奪　人口多少不與田土相敵則　分田收田　實無其策　今之事勢　惟當行半公半私之法　而使農者有土　富者有財　各歸其業　然後可矣.

한 연후에야 다스려질 수 있다고 역설하고 있다.

그 방법으로 우선 결부법을 없애고 '方田頃畝法'을 실시하여 2/10세를 바치도록 하는 것 외에, 이러한 제도가 제대로 실시되기 위해서는 토지값을 등급에 따라 정해놓아야 한다고 했다. 토지대장에서 누락된 토지는 '無稅則無土價'라는 규정을 만들어 매매할 수 없게 만들고 이를 어긴 경우 신고한 자에게 그 토지를 지급하도록 하면, 새로 개간한 토지가 누락될까 다투어 양안에 올릴 것이니 관에서 일일이 조사할 필요가 없다는 것이다.[115] 이때 토지가는 20등으로 정하여 최하가 1등, 최상이 20등이 되게 한다. 土價와 稅秩은, 1두락에서 최저 5斗를 생산하는 땅값을 10兩(2圓)으로 하여 왕세 5승, 전주 5승을 바치게 하고, 계속 5두씩 더하여 최고 100斗를 생산하는 땅값을 200兩(40圓)으로 하여 왕세 10두, 전주 10두를 바치게 하는 '定價收稅' 방식으로 한다.[116] 구래의 田分·年分法은 이미 지나간 옛 제도로서 의미가 없으며 토지를 제한하는 형식을 통해 국가가 토지를 관리하는 방식만이 시세에 알맞다고 보고 있었다.

그리하여 옛부터 '反私爲公'하는 것이 억지로 개인의 토지를 빼앗는 것과 다르기 때문에 제기한 것이 半公半私之法이라면, 山澤에 대해서는 "山澤一切屬公 分條收稅"[117] 하여 모두 屬公해야 한다는 입장을 취하고 있다. 이러한 입장은 정전제가 복원되기를 간절히 바라는 유진억의 구상을 단편적이나마 보여주고 있으며, 방전경무법을 통해 지주제를 타파해 나감으로써 소농적토지소유를 지향하고 있다고 볼 수 있다.

---

115) 앞의 글, 7. 分等定稅.
　　又其要先須 原定土價明示詔令後 量政仍爲擧行則 作人田主兩造相對分等定稅 自當公平 而漏案之田(無稅則無土價) 不得賣買(許人告而給告者) 故掌平地起墾者 則將恐見漏 而爭 先付案矣.
116) 앞의 글, 7. 分等定稅.
117) 앞의 글, 11. 山澤.

지금까지 살펴본 방전론은 유집일의 그것과 200여 년간의 시간차가 나기 때문에 각각의 현실에 맞는 방전론이 구상되고 있다는 점이 주목된다. 그러나 방전법을 통해 궁극적으로 지향하고자 했던 바는, 구래의 양전법에서 연유하는 제반 폐단을 방전 경무법으로 해결하려 했다는 점과 전국 토지를 정확히 파악함으로써 국가가 토지관리에 적극적으로 개입할 수 있다는 점에 초점을 맞추었다. 결부제는 田品의 변동에 따라 토지 면적이 달라지므로 면적을 정확히 환산해낼 수 없었고, 그에서 연유하는 양전 시 주관적인 판단에 의한 分等定稅 방식은 국가가 관여할 수 없는 지경에 이르게 되었다. 따라서 그것을 개혁해야만 田政紊亂을 막을 수 있다고 보았다. 또한 19세기 말이라는 상황하에서는, 토지매매에 국가가 직접 관여함으로써 철저하게 토지를 관리하거나 나아가 세금을 내지 않는 토지는 매매를 제한하는 방식까지 구상되고 있었다.

3절 方田頃畝法의 과제와 측량술

嶺南·海西지방에서의 方田法 시험이 실패로 돌아갔지만, 유집일의 방전법에 대한 열정은 식지 않았고 江華留守로서 또 다시 그것을 시행하였다. 이 시기 방전에 의한 양전의 필요성은 인식하고 있었으나, 在地지주의 반대를 누르기는 어려웠다. 결국 유집일이라는 牧民官(監司) 차원에서의 문제로 환원되었고, 더 이상 국가 차원에서의 논의로는 확대되지 않았다. 이후 19세기 말에도 다시 거론되었지만 실현되지는 못했다.

누구나 유집일의 방전법을 쉽고 간편하여 그 법이 아름답다고 극구 칭찬하고 있었다. 정전법을 시행할 때 가장 어렵다고 한 구획정리, 즉 논두렁, 밭두렁을 새로 만드는 것이 아니라 '둑(墩)'을 쌓아 표식을 만들어 토지 파악을 쉽게 하는 것이다. 돈대를 설치하고, 360步 간격으로 표지를 세워 기준을 삼는 방식으로 하여 사방 1里를 1井으로 삼는다. 이런 방식이면 몇 일만에 전 토지를 측량할 수 있을 것이라고 누구나 생각하였고 드디어 시행되기에 이르렀다. 한편 방전법에 의해 파악된 전결수는 그것을 주도한 사람이나 당한 사람 모두를 놀라게 했다. 황해도의 경우 과거의 4배 내지 5배가 된다고 한 부분은 결국 국가가 增結에만 관심이 있고 均稅에는 전혀 관심이 없다고 반대를 불러일으킬 명분을 제공하고 말았다. 물론 그 안에는 陳處 및 川反浦落을 포함했기 때문에 결수가 늘어났고 新起田은 약 1.5배 정도 增結된 것에 지나지 않는다고 그 수를 줄여 보고하였다. 이전보다 훨씬 많이 파악된 결수를 통해, 과거의 양전이 어떠한 형태로 진행되었고 또 조세 수취가 어떻게 이루어졌는지 검토되어야만 봉건사회의 구조적인 성격이 분석될 수 있을 것이다. 숙종의 입장에서는 전국의 토지를 철저히 파악하고 그것을 통해 왕권을 강화하려는 의도를 가졌지만, 그러한 소농보호책은 현실화되기 어려웠다고 볼 수 있다.

17세기 말이라는 현실은 방전법을 용납하지 않았던 것 같다. 전국의 토지를 몰수하여 국가에서 方田의 방식으로 재분배하는 것도 아니고, 단지 그런 방식으로 측량하는 것만이었는데, 조정 대신들의 논의는 처음부터 그것이 실패로 돌아갈 것이라고 보고 있었다. 그것이 실패로 돌아가는 이유는 방법이 어려워서가 아니라, 측량 후의 결과를 두려워할 대토지소유자들의 반대가 예상되었기 때문이라고 보아야 할 것이다. 그것을 무조건 찬성하는 경우가 있었다면, 찬성은 하지만 실패로 돌아갈 것이라고 미리 짐작하고 신중론을 펴는 경우도 있었고, 처음부터 반대하는 경우가 있었다.

이 시기는 숙종이 노론·소론 양측을 견제하는 가운데 어느 쪽도 주도권을 갖지 못한 때이기에, 방전법을 강행하는 쪽보다는 대세론을 따르고 (言論을 조작하는 일부 權貴의 입장에서의) 민심을 존중해야 한다는 현실론을 택하고 있었다. 숙종은 나름대로 왕권을 강화해나가는 과정에서, 방전법이야말로 국가재정을 확보하고 '소농보호'라는 차원에서 재지세력에 대해 상대적으로 우월한 입장에 서기 위해서도 그것에 적극적이었다. 유집일의 임기가 다 되었지만 연임시켜서라도 반드시 시행시키려 하고 있었다. 그러나 그것이 반대론에 부딪쳐 실패로 돌아가면서, 조정 차원의 문제가 아니라 그것을 담당한 監司 유집일에게 전적인 책임을 돌렸고, 유집일을 교체시킴으로써 막을 내렸다.

방전법 시행의 전 과정을 중심으로 다음과 같은 문제를 검토할 수 있었다.

첫 번째, 숙종은 어떤 의도에서 방전법을 실시하려고 했을까? 儒者들은 일반적으로 '率土之濱 莫非王土'라고 생각하고 있었지만, 지주들의 私的土地所有에 대해서는 국가에서 파악하고 관리해 낼 방법이 없었다. 때문에 토지개혁론자들은 토지의 國有化 내지 公有化를 생각하기 마련이었다. 이러한 급진적인 방법이 실시되기 어려운 현실위에, 對地主階級에 대한 왕권의 상대적 우월성을 확보할 방법이 마련된다는 것은 실로 어려운 일이다. 방전법은 그것을 가능하게 만들어줄 수도 있었다. 따라서 숙종은 대단히 적극적이었다. 노·소 간의 대결을 조정하는 가운데 소농경제체제를 구상하고 있었던 것이다. 그렇지만 재지에 기반을 둔 臣僚層, 특히 방전법을 반대하던 노론측의 반대를 누를만큼 강력한 왕권을 갖지 못했고, 또한 그것을 강행할 만큼 측근 세력(소론)을 이용하지도 못했다. '厭黨人'하여 붕당을 견제해왔던 숙종이었지만, 臣權을 압도할 수 있을 정도의 효과적인 방법을 찾지 못했다고 할 수 있다. 향후 국가의 조세수취 방식은 구래의 전통적인 방식을 취할 수밖에 없었다.

두 번째는 노론·소론간의 대결과 그 귀결에 대한 문제이다. 정치세력간의 갈등은 다양한 방식으로 나타나고 있었던 것이 당시의 현실이었다. 사상적으로, 정치경제적으로 당론이 갈리는 상황에서, 방전법이라는 문제제기는 지배계급 자신들의 존립기반을 위협할 수 있는 것이었다. 방전법이라는 新法이 소론에 의해 제기되었을 때, 노론측에서는 舊法을 고수하는 가운데 숙종을 상대로 우선 新法이 불편하다는 것을 인식시켜야 했고, 言論 조작을 통해 民心이 이반되고 있다는 것을 기정사실로 받아들이게 만들었다.

대다수의 소농민들이 극구 찬성한다고 해도 조정에 들어가는 상소는 불편하다는 일부 대지주들의 반대론뿐이었다. 한태동의 개혁론은 지주제 혁파를 주장하는 방향에서 논의가 되었지만, 유집일의 경우는 지주제를 인정하되 불법적인 토지소유(隱漏結, 陳田 등) 형태를 국가가 파악해내야 한다는 입장이다. 소농민을 위한 개혁론이지만 지주제를 인정한다는 차원에서 中小地主를 기반으로 한 개혁론이라고 볼 수 있다. 大地主를 견제하는 가운데 국가의 조세수입을 확대하고 소농보호의 방향을 취하고 있었다. 방전법을 통해 유집일이 궁극적으로 구상했던 바는 알 길이 없지만, 당시 시행되었던 방전법은 토지 재분배가 아니라 방전법에 의한 토지측량으로 은결·진전을 모두 파악해내고 중간횡렴을 배제함으로써 국가가 전 토지를 관리한다는 방향이었다.

세 번째는 방전법의 역사적 성격에 대한 문제이다. 朱子를 추종했던 노론계에서는, 주자의 '井田難行說'을 기반으로 현실적으로 地主佃戶制를 인정하는 가운데, 賦稅制度를 개혁해가고 있었다. 주자를 현실에 그대로 적용시킨 일군의 세력들이 노론이었다면, 한편에는 그러한 방법으로는 당시 토지문제를 해결할 수 없다고 생각한 지식인들이 井田과 箕田 연구를 통해 현실 타개책을 구상하고 있었다. 그중 소론의 영수였던 韓泰東의 경우는 기전을 인정하면서 정전제 실시가 가능하다고 믿고 이것을 시행할 것을 강력하게 숙종에게 건의하고 있었다. 한태동은 지주제 혁파를 기정사실로 받아들이는 논의에 비해, 兪集一의 方田法은 일단 지주제를 현실로 인정하는 가운데 국가의 입장에서 전국의 토지를 철저하게 파악하고 관리해야 한다는 입장을 취했다. 그러한 가운데, 토호들의 隱結을 색출하고 나아가 陳田의 정확한 실체를 파악해내는 방법은 곧 小農保護策의 한 방안이 되고 있었다.

유집일의 방전법은 조정의 논의를 거쳐 숙종의 결단을 이끌어냈다는 점에서 의미를 갖는다. 그것은 국가가 방전법을 통해 토지 면적을 정확히 파악할 수 있다는 점과, 향후 그것을 관리할 수 있다는 점이 숙종의 관심을 끌었다고 볼 수 있다. 지주의 토지를 빼앗는 것이 아닌 점진적인 방법을 통해 부세제도를 개혁하는 것이었지만, 對 지주 견제의 방법으로는 실현 가능한 방법인 것처럼 보였다. 이런 방법은 정전의 일종으로서의 한전론이나 균전론보다 완화된 현실타협적 방법으로서 지배계급 내부에서 직접 논의가 이루어졌다는 점에서 중요하다. 향후 방전법 관계 자료가 발굴된다면 밝혀지지 못한 부분에 대해 좀더 많은 손질이 가해져야 할 것 같다.

[본장은 「肅宗朝 方田法 시행의 역사적 성격」(『國史館論叢』 38집, 1992) 을 수정하여 전재하였음]

[보론] 대한제국기 방전법 논의와 그 성격[1]

　　대한제국 정부는 '率舊章而參新規'라는 구본신참 정책을 통해 전통적인 이념 속에 서구의 과학기술을 적극 수용하여 그 위기를 돌파하고자 하였다. 이 같은 논의가 추진되는 과정에서 제시된 방전법 논의는 조선의 전통적인 양전론의 폐단을 일거에 제거할 수 있는 방안으로 검토되었고, 나아가 부세제도 전반을 개혁할 수 있는 획기적인 방안으로 추진되었다. 광무양전 시행에서 방전법이 채택되지는 않지만, 그 이념이나 방법론 등에 있어 상호 관련성을 보여주고 있었다. 방전법과 관련하여 양지아문과 지계아문의 설치 운용은 대한제국의 토지정책의 근대화를 추진하는 논의가 힘을 받게 되었다는 점을 검토할 필요가 있다.

　　대한제국의 양전지계 사업(1898~1904)은 근대적 토지소유권의 법인이라는 점에서 그 역사적 의미를 부여받고 있다.[2] 가장 중요한 특징은 토지소유자에게 관계를 발급하였다는 점에 있었다.[3] 즉 구래의 양전사

---

1)　본장은 방전법에 대한 숙종대 유집일의 논의를 보완하기 위해 보론으로 추가하였음(「대한제국기 방전법 논의와 그 성격」,『역사와 실학』71, 2020.4 참조).

2)　왕현종, 1991,「서평 광무양전사업의 다양한 성격과 좁은 시각」,『역사와 현실』5 ; 근대사분과 토지대장연구반, 1992,「'내재적 발전론'을 가장한 또 하나의 식민주의 역사인식」,『역사와 현실』7 ; 이윤갑, 1995,「대한제국의 양전 지계발급 사업을 둘러싼 제2단계 광무개혁 논쟁」,『역사와 현실』16.

업에서는 양안 작성을 통해 전국 토지에 대한 조사가 마무리되고, 개인 소유권자들에게 있어서는 매매 등의 권리를 행사하기 위해서는 관아로부터 별도로 立案을 발급받았고, 매매문기 작성 때에도 양안의 토지정보를 기록하여 근거로 삼았다. 광무년간의 지계발급은 당시 토지소유자를 법인하는 것을 목표로 했다는 점에서 근대적 토지소유권을 지향했다고 할 수 있다. 토지개혁 없는 토지조사였지만, 대한제국의 지향은 이 같은 양전지계사업을 통해 근대적 토지소유권을 지향하고 있었다.[4] 물론 이 같은 과정이 근대적 토지소유권의 완결성을 보여주지 못했다는 점에서 실패했다는 연구나 일제하 토지조사사업을 근거로 근대적 토지소유권의 성격을 말하고자 하는 입장도 있지만,[5] 그 기원을 대한제국기 광무양전사업에서 찾고 있다는 점은 역사학계의 일반적 통설이다.

광무양전사업 진행 단계의 방전법 논의를 잘 보여주는 사료는 獻議書를 여러 편 묶은 국사편찬위원회 「田案式 獻議」(이하 「전안식」) 자료이다.[6] 이 시기 헌의서는 고종의 하명에 답하는 형식으로 올린 지식인 관료층들의 글로써 광무 3년부터 4년에 걸친 광무양전사업에 대한 다양한 의견에 관한 묶음 자료로 전해지는 것이다. 「田案式」은 유진억의 글로서 1897년에 올렸다는 점도 있지만, 양전사업에 대한 체계적인

---

3) 김용섭, 1984, 「광무년간의 양전지계사업」『한국근대농업사연구』상, 증보판, 일조각 ; 최원규, 1995, 「대한제국기 量田과 官契發給事業」『대한제국의 토지조사사업』, 민음사 ; 왕현종, 2004, 「대한제국기 지계아문의 강원도 양전사업과 官契 발급」『동방학지』123 ; 최원규, 2018, 「한말 일제초기 官契와 地契의 성격 검토」『역사와 세계』54.

4) 김용섭, 1988, 「근대화과정에서의 농업개혁의 두 방향」『한국자본주의성격논쟁』, 대왕사.

5) 宮嶋博史, 1991, 『朝鮮土地調査事業史の硏究』, 東京大學 東洋文化硏究所 ; 李榮薰, 1998, 「光武量田의 歷史的 性格-忠淸南道 燕岐郡 光武量田에 관한 事例分析」『近代朝鮮의 經濟構造』(안병직 외), 비봉출판사.

6) 국사편찬위원회, 「田案式 獻議」(ko중B13G-89)

건의안으로 평가된 것같다. 다른 헌의서의 제일 앞 쪽에 배치되었다. 「전안식」중간에는 양근 지방에 거주하는 유진억이 주자의 뜻을 발전시켜 어린도를 만들었는데 서양의 측량법보다 정밀하며 채납할 것을 주장한다.[7] 미국 버클리대학에 소장된 유진억의 「方田圖說 追附」(이하 「방전도설」)은 헌의서에 없는 방전도면까지 포함한 자료로서 방전법의 전모를 보여준다.[8]

유진억의 방전도설은 이전의 여러 계통의 자료의 종합판적인 성격을 보여준다. 이전의 방전법 논의 가운데 조문의 「삼정도설」, 해학 李沂의 「田制妄言」이나 저자 미상의 『구정량법사례병도설』등도 주목할 만한 방전론이다. 이들은 조선시기의 양전 결부제 폐단을 주목했고, 이를 대신하는 방안으로서 방전 경무법을 수용함으로써 방전법 토지측량을 단행해야 한다는 공통점을 지녔다. 뿐만 아니라 국가에서 모든 토지를 일목요연하게 관리할 수 있다는 점을 가장 크게 내세우고 있다는 점에서 광무양전사업에 미친 영향을 검토할 필요가 있다.

이 같은 방전법 논의의 유래는 조선 숙종년간 황해감사 유집일에 의해 시도되었던 방량법으로부터 출발하고 있으며,[9] 19세기 다산 정약용의 『목민심서』, 특히 『경세유표』에서 자세하게 확인된다. 다산 정약용의 경우는 양전 결부제의 폐단을 개혁하는 방안으로서 방전법과 어린도설을 추진했으며, 나아가 정전제 시행의 준비과정으로 인식하고 있었다.[10] 이러한 방전법 논의는 간편하고 또 시행하기도 편이했지만 반대에 부딪쳐 시행되지 못한 역사를 갖고 있다. 다산 정약용도 이 같은 반대를 물리치고 방전법 시행과 어린도설을 통해 전 토지를 파악하

---

7) 국사편찬위원회, 위의 책, 41쪽.
8) 『Pangjŏn tosŏl. 方田圖說』(East Asian Rare Call No. : ASAMI 18.70. Asami Collection), University of California, Berkeley.
9) 최윤오, 김동일, 앞의 논문.
10) 김용섭·최윤오, 1992, 「肅宗朝 方田法 시행의 역사적 성격」『국사관논총』79.

는 길이야말로 양전 결부제의 폐단을 일거에 개혁할 수 있는 대안이라고 생각하고 있었다. 방전법을 통해 추구할 수 있는 토지개혁의 방법론에 대한 단서를 제시한 사례라고 할 수 있다.

방전법 시행과 목표는 논자에 따라 다르지만 첫 번째는 방전 측량법을 통해 전국의 토지를 과학적으로 측량해 내는데 대해서는 모두 일치한다. 또한 두 번째 방안으로서 토지 소유자에게 私券, 田案 등을 발급함으로써 해당 토지에 대한 국가의 토지관리를 극대화시키는 방안에 대해서도 모두 동의하고 있다. 다만 세 번째 관점, 즉 방전법 측량 이후 토지 재분배나 정전제 시행 등의 근본적인 토지제도 개혁을 추진했던 정약용의 경우와 같은 목표를 갖고 있는가와는 다르다. 특히 지주의 대토지소유를 제한하는 동시에 소농민의 토지를 보호하는 목적을 시행하는 방안은 모두 다르다. 대토지소유를 제한하거나 국가에서 구입하는 방안을 통해 근본적인 토지개혁을 추진하는 방안에서부터, 단순히 방전 측량을 통해 제반 양전제의 모순을 해결하는 방안에 이르기까지 각자의 생각이 다르기 때문이다.

대한제국기 토지문제는 체제위기의 심화와 계층간의 대립 속에 더욱 심화되었고 그 대안이 강구될 필요가 있었다. 그러나 대한제국기 광무양전사업은 다양한 방전측량법에 관한 논의가 추진되었음에도 불구하고 채택되지 못했다. 그것은 18세기 유집일의 방전법, 즉 방량법이 실패로 돌아간 것과 마찬가지로 대토지소유자 등 기득권자들의 반대에 직면했을 가능성이 높으며, 오히려 전통적인 양전 결부제를 통해 토지와 부세모순을 해결하려 했다는 것을 알 수 있다. 광무양전사업의 추진 배경에는 토지개혁 없는 양전사업이었다는 점에서 농민의 저항을 불러일으킬 가능성이 충분했다. 실제 지계발급에 대한 定山(충남 청양의 옛 지명) 지역 농민의 저항은 양전사업의 추진과정과 결과에 대한 항쟁이라고 할 수 있으며 광무양전사업의 추진 전체에 대한 농민의

이해관계가 달려있다는 의미이기도 하다.[11]

광무양전사업의 진행과정은 대한제국의 근대적 토지소유권 법인절차의 중요한 근거가 되고 있었지만 방전법에 대한 대한제국의 인식은 어떤 수준에 머물고 있었는지 확인할 필요가 있다. 그것은 곧 방전법과 광무양전사업과의 상호 영향과 계승성에 대한 검토 작업이라고 할 수 있을 것이다.

1절 전안식의 어린도설과 지적도

1) 유진억 「方田圖說」과 어린도설

대한제국기 광무양전사업이 준비되던 시기의 방전법 논의와 그 추진 방안에 대해서는 특히 유진억의 「전안식」이 주목된다. 유진억의 논의는 물론 유집일, 정약용 등의 방전법으로부터 한 단계 더 진전시킨 것이지만, 자세한 도설과 조례를 갖추고 있어 정책입안자들에게도 자세한 길잡이가 되고 있었던 것 같다.

유집일의 방전법은 1701년 황해도 3개읍에서 시험된 후 약 100여 년 만에 다산이 다시 주목하게 되었다. 이후 방전법에 대한 재검토는 여러 지식인에 의해 시도되지만 현재 남아있는 자료중 가장 체계적인 자료는 유진억의 방전법 자료이다.

유진억의 방전법은 「방전도설」(버클리대학)과 「전안식」(국사편찬위원회)에 비교적 상세하게 남아 있다. 유진억의 「전안식」은 국사편찬위원회 자료로 남아 있어 일찍부터 주목되었지만,[12] 「도설」의 형태가

---

11) 조동걸, 1981, 「地契事業에 대한 定山의 農民抗擾」『사학연구』 33.

12) 최윤오, 1992, 앞의 글.

첨부되어 남아 있는 것은 버클리대학 도서관의 「방전도설」(이하 버클리
본)이 발견된 자료 중 가장 자세하다. 이를 통해 방전제에 대한 관심이
적지 않았음을 알 수 있다.

버클리본 첫 면에는 〈그림 1〉과 같은 방전도가 그려져 있다.

〈그림 1〉 방전도설 一井全圖

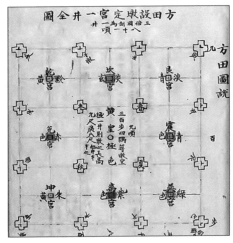

그의 방전도설은 황극을 중심으로 9宮으로 구성된 1井圖를 통해 그
원리를 설명하고 있다. 「河圖洛書」의 9궁은 가운데 황극을 둘러싼 8괘의
방위로 이루어져 있으며, 이 같은 원리를 통해 방전측량의 원리와
방위를 결합시켜 이해하고 있다. 위의 1정은 총 81頃으로 이루어져
있으며 1경은 약40두락 정도의 토지를 의미한다고 적고 있다.

여기에서 주목되는 방전도의 설돈 방식은 9궁의 가운데 宮表 표시를
하고 그 주위 사방에 돈대를 설치하여 정방형 토지를 표시하는 방법이
다. 십자 형태의 둑 16개는 이 지역 토지를 정방형으로 그려내기 위해
설치하는 것이다.

〈그림 2〉 방전도 – 聯數圖

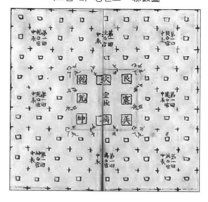

　〈그림 2〉는 여러 개의 방전도를 이어 그린 연수도이다. 〈그림 2〉에서
볼 수 있듯이 모든 토지는 9궁의 원리처럼 정방형 토지파악 방식을
통해 그려진다. 이 같은 파악방식은 해당 토지의 방위나 위치를 더불어
그려내는 방법을 보여준 것이다. 즉 〈그림 1〉과 같은 9궁 1정도 파악
방식은 방전법을 9구획으로 설정한다는 뜻이 아니라 그러한 원리를
통해 모든 토지를 파악하고 방위를 만들어낸다는 뜻이다.

〈그림 3〉 방전도 범례 – 繪圖凡例

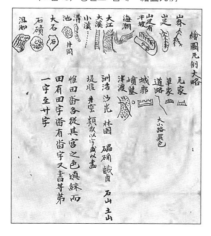

〈그림 3〉은 방전도 범례이다. 산의 다양한 지형부터 바다와 강, 하천, 연못과 큰 바위 등에 이르기까지 모두 파악하여 그려내고 있다. 또한 기와집이나 초가로부터 도로, 성곽, 분묘, 나루터 등 마을의 풍경 모두를 그려 넣는 방식을 소개하고 있다.

전답은 9궁에 해당하는 색깔[13]을 그려 넣고 전답 표시를 하라고 하고 있다. 다음 그림은 어린도 1井을 예시한 것이다.

〈그림 4〉 魚鱗圖 一井總括

〈그림 4〉는 어린도의 구획을 나누어 그리는 방식을 축소하여 보여준 것이다. 위의 어린도에 보면 전답을 나누어 표시하였고, 산능선에서부터 도로, 하천, 모래언덕, 해안가 등까지 자세하게 그려 넣고 있다. 전답의 위치에 따라 색깔을 나누어 칠하고 구분하고 있다.

---

13) 河圖洛書의 9궁에 해당하는 색깔은 一白, 二黑, 三碧, 四綠, 五黃, 六白, 七赤, 八白, 九紫이다.

유진억의 버클리본 「방전도설」은 이 같은 어린도 작성을 통해 모든 토지에 대한 국가의 철저한 관리 가능성을 보여주고 있었다. 버클리본 「방전도설」 뒤쪽의 「전안식」은 국사편찬위원회의 「전안식」과 거의 일치한다.

2) 「전안식」과 방전조례

버클리본 「방전도설」 뒤에는 방전법에 관한 조례가 실려있다. 국사편 찬위원회 「전안식」에는 버클리본의 어린도설이 없고 방전조례부터 실려 있다. 이하의 내용은 거의 같고 전자가 정서체 형태라면 후자는 필기체의 형태로 옮겨쓰고 고쳐쓴 흔적이 많다. 이하 국사편찬위원회의 「전안식」을 기준으로 그의 방전조례를 검토하기로 한다. 국사편찬위 원회의 「전안식」에는 유진억의 방전법 자료 외에도 헌의 내용이 첨부되 어 있고, 또한 광주유생의 양지아문과 양전사업에 관한 헌의서 내용(광 무 3)도 붙어 있기 때문에 광무양전사업에 대한 배경을 더 자세하게 읽을 수 있다.

「전안식」 자료 뒤쪽에는 방전법과 관련하여 대한제국 고종에 대해 헌의하는 내용을 기록하고 있다. 자신의 어린도에 대한 관심과 그 중요성에 대해 힘주어 말하고 있다. 즉, 어린도를 작성한 것에 대한 강조 내용이다. 어린도는 楊根(경기도 양평의 옛지명)에 거주하는 유진 억 자신이 주자의 뜻을 이어 만든 것이라 언급하되 이 같은 방전법은 서양의 측량법보다 정밀하다고 주장한다. 조정에서 서양인을 채용하여 측량을 맡긴 데 대해서도, 1년 정도에 걸친 작업치고 거의 효과가 없지 않은가 하면서 어린도를 채용할 것을 주장하고 있다.[14]

---

14) 국사편찬위원회, 「田案式 獻議」, 41쪽.

「전안식」 뒤쪽에 실려 있는 헌의서에도 방전법의 간편함과 편이성에 대해 강조하면서 하필이면 서양인을 고용하여 수만 금의 비용을 낭비하는지 알 길이 없다고 하소연하고 있다. 방전법을 이용한다면 국가 재정을 조금도 사용하지 않고 1년 내 전국 토지를 모두 측량할 수 있다고 주장한다.[15]

국사편찬위원회의 「전안식」에는 어린도의 내용이 없다. 이는 앞에서 살펴본 버클리본의 「방전도설」로 보인다.

유진억의 「전안식」에 실려있는 方田條例는 1897년 12월에 중추부에 올린 글이다. 「전안식」은 고종의 명에 응하여 '建議' 또는 '獻議' 형식의 글과 함께 올린 것으로 보인다. 방전조례는 총 12개 조항(皇極, 設墩, 步數, 尺制, 表木, 量法, 分等定稅, 年分, 圖案(魚鱗圖, 田案), 農戶, 山澤, 易簡贊)으로 이루어져 있다.

유진억은 "금일 民國의 정세를 보면 진실로 토지의 그림자마저 빼앗기고 얻어보지 못할까 두려우니 하물며 土貢에 있어서랴. 이를 근심하고 또한 땅값이라도 찾을까 하는 것이 眞私이다"라고 하여, 광무년간을 전후로 농촌사회가 급격히 붕괴되어가는 와중에서 조금이나마 가지고 생계를 유지하던 초라한 양반이 하루아침에 모든 것이 날라갈 지경에 이르러 방전법을 제기하게 되었다고 술회하고 있다.[16]

유진억은 이 시기 광범위하게 행해지던 토지겸병과 그로 인한 농민몰락 현상에 대해, 그리고 국가가 수취해야할 조세가 자주의 손으로 들어가는 것을 한탄한 나머지, '一私字' 즉 개개 지주를 제거하고 方田制를 통해 얼마간의 땅이라도 경작할 수 있으면 하는 '眞私'를 털어놓게

---

15) 廣州儒生 崔永鳳·沈馣澤·韓高鉉, 「獻議十五條」 「田案式 獻議」, 국사편찬위원회.
16) 「方田條例」 12, 易簡贊.
　　幸以父母之恩德四十年 拱手無爲而坐食 農民之土貢一朝苟無此貢 必將餓死 而第觀今日民國之政勢 則竊恐幷與土之影 而不可得見 況於其貢乎 故爲足之憂 又從以覓土價 其眞私矣 其眞私矣.

된 것이다.[17] 즉 그는 국가의 소농보호책의 하나로 소농민적 토지소유를 지향하는 선에서 방전법을 제기하고 실행에 옮길 것을 주장하고 있었다.

그는 방전법의 뿌리를 張橫渠로부터 찾고 있다. 하늘의 아름다운 이치(乾坤의 易簡)를 三代의 聖人이 조술했고, 그것을 장횡거가, 그리고 선친이 서술한 것에 지나지 않는다고 하여 그 계통을 밝히고 있다. 즉, 내가 서술하는 내용이 자신이 창안한 것이 아니라 선친[18]의 구상이며, 그 구상은 선친의 말이 아니라 橫渠선생의 개혁론이며, 또 그의 논의는 독창적인 것이 아니라 聖人이 만든 것이며, 그 또한 성인이 만든 것이 아니라 乾坤의 易簡(쉽게 알고 따를 수 있는 천하의 바른 이치)이라 하고 있다.[19] 이어 '방법만 잘 마련하면' 정전제를 시행할 수 있다는 張橫渠의 견해에 동조하고 있다. 장횡거의 정전제 실행 가능성에 대한 인식태도는 유진억에게 하나의 가능성을 타진하는 계기를 주었을 것이다.

그렇다면 방전법을 통해 나타난 사회개혁론은 과연 장횡거가 생각했던 방법과 내용을 가진, 즉 토지재분배와 1/10세를 통한 정전제 시행이라고 할 수 있었을까, 아니면 또 하나의 井田類說로서 井井方方으로 토지를 구획하고 均賦稅를 지향하는 방법만을 받아들인 형태로 보아야 할까? 즉 앞에서 서술한 『구정량법사례병도설』의 저술자는 橫渠-朱子-貞軒(兪集一)-茶山[20]의 계통으로 보아 주자의 魚鱗圖를 함께 평가하

---

17) 위의 글, 八域量政之告 竣計不過旬月間事 此皆非所患也 但患朝廷之不能去一私字而已 余尤甚者也 … 伏願朝野君子去一私者 保我皇極 保我黎民.

18) 兪鎭億(본관은 杞溪)의 선친은 『一哂錄』을 남긴 兪致範(기계 유씨)일 가능성이 높지만 명확치 않다.

19) 앞의 글, 此非愚之說 卽我先親之言也 亦非我先親之言 卽橫渠先生之論也 又非橫渠先生之論 卽聖人之制作 實非聖人之制作 乃是乾坤之易簡也夫..

20) 『丘井量法事例幷圖說』「量田說」. 橫渠創之於前 朱子述之於後 洪武旣行於中國 兪氏方量之法 又試於東方 上考三代之文 若合符契…於是乃取丁氏參酌.

고 있지만, 유진억은 三代의 聖人(周公)-橫渠-兪致範의 계통에 朱子를
위치시키고 있지 않다는데 차이가 보인다.

한편 그의 방전법은 先親 유치범의 것을 여러 가지로 보완하는 한편
井田制를 時宜에 맞게 현실에 적용시킬 수 있다고 보았다.[21] 그런데
그가 서술하는 내용 중, '유집일의 경우 結負法을 파하고 頃畝法을 지어
方田法을 만들었다'고 한 부분이나,[22] 방전법을 복원하는 데 있어 다산이
남긴 자료를 인용하지 않는 것을 보면, 이 시기까지 유집일의 방전법에
대한 자료가 남아 있었던 것이 아닌가 한다. 그의 방전법은 일체 周나라
의 제도에 따라 300步 4墩 9宮을 세워 900畝로 1井을 만들고 있다.
이러한 제도는 경무법을 기본으로 하여 方田形으로 나타났다.

유진억의 방전도를 보면, 매 300보마다 1方圍를 만들고 4둑을 세우면
1井 종횡으로 모두 900步가 되며, 1井은 16墩, 10,000井에는 16만墩을
만드는 것으로 계산하고 있다. 매 1인 1일 2둑을 쌓으면 80,000명의
1일 役이 되며, 이것이 300里 지방이다. 이를 계산하면 3,000里 땅의
둑을 쌓는데 드는 役이 2일에 지나지 않는다고 하여,[23] 그 간편함을
강조하고 있다. 아울러 '지금 외국은 비록 幾萬里라도 산을 뚫고 바다를
건너 철로를 놓지만, 우리나라는 1일의 役도 꺼려 그 땅을 측량하여
田制를 바로하지 못하니 어찌 부끄럽게 여기지 않을 수 있으리오. 井田이
라는 것은 성인이 만든 극치로서, … 公田을 얻지 못하면 다시는 좋은
방법이 없으리라[24] 하여 실행에 옮길 것을 극구 주장하고 있다.

---

21) 「方田條例」2, 設墩. 盖周公井田之法 昭在方冊 讀書人皆能知之 皆能言之 盍苦擧此井制
　　講而明之 變而通之 隨時制宜之爲也 井者制之經 故設墩而代之 公私者時之變 故適宜而行
　　之.
22) 위의 글, 此我先親所以準古酌 今罷結負作頃畝 定以方田方制者也.
23) 위의 글, 三倍古制 而每三百步 設一墩則 一井之墩 合爲十六萬 而萬井之墩爲十六萬
　　每一人一日築二墩 則八萬人一日之役 而此三百里地方也 特以計之三千里之墩役 都不過一
　　兩日.
24) 위의 글, 今外國則雖幾萬里鑿山橋海 而架設鐵路 如我國則憚一日之役 不能量其地而正田

한편 尺制는 趙汶의 網尺을 채택하고 있는데, 그것이 측량하는 데 편리했기 때문일 것이다. 그는 廣州 사람으로 일찍이 1884년에 「三政圖說」[25]을 올렸다.

조문의 網尺圖는 大網圖와 小網圖로 구성되어 측량하는 데 편리하게 되어있다. 大綱圖와 小輛圖를 이용하기 위해서는 각 道邑面村의 量案이 완성된 후 魚鱗圖를 작성해야 한다. 耕作佃夫나 稅納矣戶가 바뀌더라도 보관하고 있는 어린도와 官帶紙, 里帶紙를 겹쳐놓고 비교한다면 奸弊를 모두 막을 수 있다고 한다(「三政圖說」 참고).

改量三款捷法尺量, 田等, 解結 3條를 1등 양전척(周尺5尺 : 布帛尺 1尺9寸7分)을 사용하면 結網에 의해 쉽게 측량할 수 있다고 할 수 있다고 하여 三款捷法이라 하였다(趙汶의 「三政圖說」 참조).

즉 유진억이 '尺制'에서 설정한 '10步 1尺' 「田案式」 4, 尺制라는 기준을, '步數'에서 설정한 매변 900步로 이루어진 1井에 적용시키면 한 변이 90척인 井이 되기 때문에, 1網 90尺方面이 된다. 따라서 조문의 量尺小網圖(1網 100尺方面)와는 오차가 생긴다. 이것은, 유진억은 1井을 매변 900步(90尺) 900畝로 기준을 삼았고, 조문은 1尺 또는 10尺 단위의 정방형 토지를 1井으로 보고 결망도를 작성한 것이기 때문에 생기는 차이로 보인다. 유진억은 조문의 결망도 형식을 빌어 전국토를 측량하려 했던 것에 지나지 않았기 때문이다.

유진억은 조세수취에 있어 2/10를 받아 1은 왕세로, 1은 전주에게 돌아가게 한다는 '半公半私之法'을 생각하고 있었다.[26] 나머지는 농민의 몫으로 남겨 둔다는 것이다. 옛부터 왕이 된 자는 1/10세를 받았는데

制 豈非不可使聞之大羞恥也哉 盖井田者聖人製作之極致也 如人之有身捨五倫不得公田 雖不能復古 而量田均稅之道 捨此制更無好法.

25) 「三政圖說」(연세대학교 소장본).

26) 위의 글, 7. 分等定稅. 而罷結負諦諸改之法 行方田頃畝之制 稅收什二而一爲王稅 一給田主.

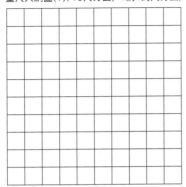

〈그림 5〉 조문의 삼정도설

量尺大網圖(1井10尺方面, 1網1萬尺方面)　　　量尺小網圖(1井1尺方面, 1網100尺方面)

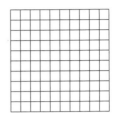

지금의 富者는 5/10를 받아먹으니 농민도 가난해지고 국가재정도 빈곤해질 수밖에 없다고 하며,[27] 그것을 제거하여 지주제를 자연스럽게 없애간다는 방책이었다. 이 시기에도 여전히 토지겸병은 농촌사회를 양극화시켜가고 있었다. 때문에 병작법을 혁파하지 않으면 모순이 다시 살아난다 하더라도 다스려질 수 없다고 하면서 그 방법을 제기하고 있다. 즉 사적소유를 국가소유로 환원시키는 것은 땅을 억지로 뺏는 것과 다른 것으로서, 인구의 多少와 田土를 서로 비교하여 分田收田할 방법이 없다는 것 때문에 井田 실시가 어렵다는 것은 재고할 필요가 있다는 것이다. 지금의 상황에서는 마땅히 반공반사지법을 통해 이 문제를 해결할 수 있다고 보았다.[28] 그리하여 농사를 짓는 자에게는 토지를 갖게 하고, 부자에게는 財物을 갖게 하여 각기 본업에 종사하게 한 연후에야 다스려질 수 있다고 역설하고 있다.

　그 방법으로 우선 결부법을 없애고 '方田頃畝法'을 실시하여 2/10세를

---

27) 위의 글, 7. 分等定稅. 嗚呼自古王者什稅其一 而今富者十收其五 故農民則觸處皆桀 國家則無端爲貊 田制如斯 而安得不窮 國安得不貧也哉.

28) 위의 글, 分等定稅. 盖井田法必不可行者 反私爲公異抑奪 人口多少不與田土相敵則 分田 收田實無其策 今之事勢 惟當行半公半私之法 而使農者有土 富者有財 各歸其業然後可矣.

바치도록 하는 것 외에, 이러한 제도가 제대로 실시되기 위해서는 토지값을 등급에 따라 정해 놓아야 한다고 했다. 토지대장에서 누락된 토지는 '無稅則無土價'라는 규정을 만들어 매매할 수 없게 만들고 이를 어긴 경우 신고한 자에게 그 토지를 지급하도록 하면, 새로 개간한 토지가 누락될까 다투어 양안에 올릴 것이니 관에서 일일이 조사할 필요가 없다는 것이다.[29]

이때 토지가는 20등으로 정하여 최하가 1등, 최상이 20등이 되게 한다. 土價와 稅秩은, 1두락에서 최저 5斗를 생산하는 땅값을 10兩(2圓)으로 하여 왕세 5승, 전주 5승을 바치게 하고, 계속 5두씩 더하여 최고 100斗를 생산하는 땅값을 200兩(40圓)으로 하여 왕세 10두, 전주 10두를 바치게 하는 '定價收稅' 방식으로 한다(위의 글, 7. 分等定稅). 구래의 田分·年分法은 이미 지나간 옛 제도로서 의미가 없으며 토지를 제한하는 형식을 통해 국가가 토지를 관리하는 방식만이 시세에 알맞다고 보고 있었다.

그리하여 옛부터 '反私爲公'하는 것이 억지로 개인의 토지를 빼앗는 것과 다르기 때문에 제기한 것이 半公半私之法이라면, 山澤에 대해서는 "山澤一切屬公 分條收稅"[30]하여 모두 屬公해야 한다는 입장을 취하고 있다. 이러한 입장은 정전제가 복원되기를 간절히 바라는 유진억의 구상을 단편적이나마 보여주고 있으며, 방전경무법을 통해 지주제를 타파해 나감으로써 소농적 토지소유를 지향하고 있다고 볼 수 있다.

지금까지 살펴본 방전론은 유집일의 그것과 200여 년간의 시간차가 나기 때문에 각각의 현실에 맞는 방전론이 구상되고 있다는 점이 주목된

---

29) 위의 글, 7. 分等定稅. 又其要先須 原定土價明示詔令後 量政仍爲擧行則 作人田主兩造相
對分等定稅 自當公平 而漏案之田(無稅則無土價) 不得賣買(許人告而給告者)故掌平地起
墾者 則將恐見漏 而爭先付案矣.
30) 위의 글, 11, 山澤.

다. 그러나 방전법을 통해 궁극적으로 지향하고자 했던 바는, 구래의 양전법에서 연유하는 제반 폐단을 방전경무법으로 해결하려 했다는 점과 전국 토지를 정확히 파악함으로써 국가가 토지관리에 적극적으로 개입할 수 있다는 점에 초점을 맞추었다. 결부제는 전품의 변동에 따라 토지 면적이 달라지므로 면적을 정확히 환산해낼 수 없었고, 양전시 주관적인 판단에 의한 분등정세 방식은 국가가 관여할 수 없는 지경에 이르게 되었다. 따라서 그것을 개혁해야만 전정문란을 막을 수 있다고 보았다. 또한 19세기 말이라는 상황하에서는 토지매매에 국가가 직접 관여함으로써 철저하게 토지를 관리하거나 나아가 세금을 내지 않는 토지는 매매를 제한하는 방식까지 구상하고 있었다.

2절 구정량법의 사권식과 지계발급

1) 어린도법과 구정량법

편찬자와 편찬연대가 불분명한 『丘井量法事例幷圖說』(이하 구정량법)[31]은 兪鎭億의 「田案式」(1897)과 함께 가장 주목되는 방전법 사례이다. 특히 「양전설」에서는 구정량법을 복원하게 된 동기와 그 목적을 정리하고 있어 다산을 계승한 편찬자의 생각을 잘 읽을 수 있게 해준다. 편찬자는 방전법에 대해 다산과 마찬가지로 극찬하고 있다. 그러나 '天下第一良法'임에는 틀림없으나, 시행을 위해서는 몇 가지 빠진 곳이 있다고 하여, 다산의 『경세유표』를 통해 잘못된 것을 바로잡고 구정량법을 완성시키게 되었다고 했다.[32]

---

31) 연세대학교 국학자료실 소장.
32) 『丘井量法事例幷圖說』「量田說」. 而惟其事例 或詳或略 未易剖晰 於是乃取丁氏書參酌

그의 학문경향은, 단편적이긴 하지만 「양전설」을 제기하는 유집일의 방전법과 다산 정약용의 『경세유표』를 인용하고 있는 것을 보건대, 정헌과 다산의 방전법으로부터 영향을 받았음을 알 수 있다.

구정량법의 서술 내용 가운데 가장 주목되는 것은 유집일과 정약용 2인이다.[33)

특히 유집일의 방전법을 복원하고 1801년 황해도 3개읍에서 시험된 방전조례의 내용을 확인할 수 있는 자료를 확보하는 것이 최우선 과제였다고 할 수 있었다. 구정량법에서는 『一哂錄』을 구체적으로 검토한 것처럼 언급하고 있다.[34)『일신록』에 의하면 유집일의 방전법과 방전조례에 관해 자세히 기록하고 있다. 황해도 3개읍에서 방전법이 시행되었음을 인용한 부분은 兪致範의 『일신록』을 검토해 보았다는 뜻이기도 하다. 이 같은『일신록』이 최근 확인되어 구체적으로 분석되면서 유집일의 방전법에 관한 실체를 확인할 수 있었다.[35)

유치범의 문집에 기록된 유집일의 방전법을 보면 당시 망척법이라고 불리며 시험하자 즉시 반대에 부딪쳐 마무리 되지 못한 채 끝났지만 나름대로의 성과는 있었던 것 같다. 즉, 황해도 세 읍에서 방전법을 시도한 결과 원장부는 3배, 면세결은 2.3배, 진황전은 8.6배, 시기결은 1.7배 증가하였고 허결은 없어졌다는 것이다.[36)

구정량법에서 주목한 두 번째 방전법 원리는 정약용의『경세유표』를 통해서였다. 구정량법 서술 가운데 유씨와 정씨를 지목하되 특히 정약용의 방전법을 많이 참조한 것 같다.[37) 그는 다산이 언급했던 방전법

括始據 其外打經緯 內查結負 劃爲圖畵之妙 然後以成條例套.

33) 『丘井量法事例幷圖說』「量田說」.
34) 『丘井量法事例幷圖說』「量田說」.
35) 김동일, 2019, 「1701년 황해도 방전법의 양전 과정」『조선시대사학보』90.
36) 김동일, 2019, 앞의 글 참조.
37) 『丘井量法事例幷圖說』「量田說」.

이념을 나름대로 체계화시키되 다산이 강조한 핵심을 대부분 실현하고자 하였다. 즉 어린도법과 사권식, 그리고 방전법에 대한 관리감독 관청으로 經田司를 설치하여 전담하도록 한 것까지 유사하다.[38] 사권식은 특히 대한제국기 관계 발급과 관련하여 대단히 중요하며 또한 다산 정약용도 강조한 것이기 때문이다. 따라서 구정량법은 오히려 정약용의 방전법을 계승했다고 할 수 있다.

다산 정약용이 거론했던 방전법은 『목민심서』의 양전제 모순을 해결하기 위한 최종 대안으로 제시되었던 것은 물론이다.[39] 또한 여기에서 그치지 않고 『경세유표』 어린도법 시행을 위한 전제로서 방전법을 주목하고 나아가 정전제 시행의 단서로 삼았다.[40] 정전제의 시행을 전제로 하는 것으로서, 토지 재구획을 위한 토지파악, 즉 전 토지의 정확한 파악의 필요에 의해 방전법을 주목한 것이다.

다산은 『목민심서』에서 거론했던 방전법과 어린도설을 『경세유표』 전제후록에서 상세하게 정리해 내었다. 그 핵심은 19세기 토지모순을 해결하기 위해 어린도설 제작을 추진하는 것이었다.[41] 전국의 시기전뿐 아니라 은루결, 진전까지 빠짐없이 측량해 냄으로써 토지문란을 해결할 수 있다고 보았다. 이에 명나라의 어린도법 시행을 거론하면서 그것을 통해 명나라가 부국강병의 기틀을 마련할 수 있었다는 것을 언급한 것이다.

다산은 방전법 시행을 어린도 제작을 통해 완성하려 하였다. 방전법은 兪集一에 의해 이미 1701년(숙종 27) 황해도 지역에서 시험된 제도였다. 그것은 대토지소유자 등 기득권자들의 반대로 실패했다. 중국에서

---

38) 『丘井量法事例井圖說』 「量田事例」.
39) 최윤오, 2020, 「『목민심서』에서 『경세유표』로의 전환 ─ 양전제와 방전법을 중심으로」 『학림』 45.
40) 최윤오, 2020, 「다산 정약용의 토지개혁론과 현실인식」 『동방학지』 190.
41) 최윤오, 2015, 「다산 정약용의 어린도설과 정전제」 『한국민족문화』 56.

도 초기에 3번 시행하여 3번 모두 실패로 돌아간 역사가 있기 때문에 왜 그것이 반대에 직면했는가를 잘 알고 있었다. 그 법이 아름답지 못해서 그런 것이 아니라고 생각하고 있었으며[42] 방전법에 대한 이해기반이 다르기 때문에 나타난 것으로 이해하고 그 중요성을 다시 한 번 강조했다.

방전법은 정전법처럼 토지구획을 하지 않아도 되었기 때문에 누구나 쉽게 시행할 수 있다고 보았다. 방전법은 일정 단위 면적마다 돈대를 쌓아 방형으로 구획하고 측량해 내는 방식이고, 그것을 도면과 도설로 정리하여 어린도법을 만들면 되기 때문이다. 즉 정전법의 1井은 方을 기본으로 하는 것이기 때문에 방전법의 형식으로 토지측량을 완성시킨 후 정전제의 원리처럼 1/9 혹은 1/10세의 수취를 행하면 되는 것이다. 물론 장기적으로는 농민의 몰락을 막을 수 있도록 토지분배와 균산을 이룰 수 있는 정전제와 여전제를 시행하는 것이다. 이와 같은 방전법에 대한 관심은 茶山뿐 아니라 楓石 徐有榘에 의해서도 주장되고 있었다.[43]

구정량법의 저자는 정약용의 방전법을 동지들과 성 밖에서 시험까지 하였던 것 같다.[44] 정씨 서적을 참작하여 방전법 시행이 과연 가능한지를 살핀 것이다. 결과 조선 구래의 양전법에 비해 간단하며 그처럼 편리한 천하양법은 없다고 강조하고 있다.[45]

구정량법의 저자가 주목한 것은 당시의 토지모순과 경계 붕괴였다. 전제가 무너지고 농민이 몰락해간 근본 원인을 양전제에서 찾고 방전법을 대안으로 생각했던 것이다. 그는 이 같은 어린도는 주자의 어린도에서 기원한 것이며, 더 거슬러 올라가 周나라 井地圖法에서 연유한 것이라

---

42) 『經世遺表』권9, 地官修制 田制別考1 方田始末, 10쪽. 臣謹案宋代方田之法 三擧而三罷之 似若其法本非美制而然也 然法之興廢係乎其人.

43) 金容燮, 1984, 「茶山과 楓石의 量田論」『韓國近代農業史研究』上.

44) 『丘井量法事例井圖說』「量田說」.

45) 『丘井量法事例井圖說』「量田說」.

는 것을 알았다.[46] 나아가 일본의 수전 백전 제도를 전한 姜沆의 『看羊錄』을 인용하면서 우리도 방전측량법을 단행할 것을 주장했다. 뿐만 아니라 외양 각국의 토지측량법 역시 이 같은 방법을 사용치 않는 나라가 없다고 강조하고 있다.[47]

구정량법에서 주목한 것은 다산의 목민심서 차원의 해결방안이었다. 물론 다산이 추구한 것은 『경세유표』 단계의 정전제, 여전론이었지만 방전 어린도설이 우선 시행되어야 했다. 구정량법 역시 이 같은 점에서 다산의 어린도설을 주목했다고 할 수 있다.

구정량법에서와 같은 19세기말 토지문제에 대한 해결 방안으로 유사한 주장을 한 경우로써 海鶴 李沂의 토지론을 주목할 수 있다. 실학파의 양전론을 계승한 방안으로 주목되었으며,[48] 후일 광무년간 양전사업에 부분적으로 반영되었다. 해학 이기의 양전론 역시 유집일의 방전법을 주목하여 정확한 토지측량과 국가의 체계적인 관리를 통해 제반 폐단을 없애고자 하였던 것이다.

지금까지 살펴보았듯이 구정량법의 현실인식과 그에 대한 치밀한 대응은 『丘井量法事例幷圖說』 「量田說」에 잘 나타나 있지만, 그의 구체적인 방전법 시행에 관해서는 「양전사례」를 통해 확인할 수 있다. 그것은 정약용의 사권식을 계승하고 그것을 체계화하고 있었다는 점에서 광무 양전사업의 관계 발급과 무관하지 않다는 점을 확인할 수 있다.

2) 양전사례와 사권식

『丘井量法事例幷圖說』은 「量田說」과 「量田事例」로 나누어 편술하고 있

---

46) 『丘井量法事例幷圖說』 「量田說」.
47) 『丘井量法事例幷圖說』 「量田說」.
48) 金容燮, 1984, 「光武年間의 量田·地契事業」 『韓國近代農業史研究』下.

다. 연세대학교 소장본으로, 곳곳에 먹물로 지우고 고쳐쓴 흔적이 많이 보이는 것으로 보아 초본인 것 같다. 누가 언제 누구에게 올리는 글인지도 밝혀져 있지 않다.[49]

구정량법의「量田事例」에서 가장 주목되는 부분이 어린도법과 사권식에 관한 부분이다.

「양전사례」는 職員, 物料, 設方分墩, 分等定稅, 罰則, 魚鱗圖法, 雜則, 賞罰 등 8부분으로 나뉘어 방전법 시행에 따른 제반 사항을 정리하고 있기 때문에[50] 다산의 어린도법을 좀 더 시기에 맞게 체계화시키고 있었다는 것을 확인할 수 있다.

그 중 그가 가장 주목한 부분이 어린도, 즉 양전도였다. 왕정에 있어 '經界' 보다 앞서는 것이 없는데 나라에 제대로 갖추어진 '양전도' 하나 없음을 한탄한 나머지 구정량법의 사례와 圖說을 정리하여 펴내게 되었다고 그 동기를 밝히고 있다.[51] 또한 그는 양전을 통해 당시의 현실적 과제를 어떻게 해결해나갈 수 있느냐를 생각하고 있었다. 이 시기는 아마도, 열강의 각축장이 된 조선의 현실을 개탄하고 이를 수습할 방책이 마련되어야 한다는 내용으로 보아,[52] 광무년간의 양전사업을 전후한 시기가 아닌가 한다.「私券式」의 서식에 '光武'라는 연호를 보아 광무년간의 양전지계사업에 즈음한 편술이 틀림없다.[53] 광무양전을 추진했던 목적 역시 서구 열강에 맞설 부국강병책이 마련되어야 했던 것을 잘 이해하고 있었던 것이다. 구정량법에 따라서 양전을

---

49) 편찬자가 유진억의 부친 兪致範일지도 모른다는 추정을 하였었지만(최윤오, 1992, 앞의 글), 오히려 다산 정약용의 어린도설과 관련이 깊다는 점에서 다산 계통의 방전론자로 봐야 할 것이다.

50)『丘井量法事例幷圖說』「量田事例」.

51)『丘井量法事例幷圖說』「量田說」.

52)『丘井量法事例幷圖說』「量田說」. 且錢權穀權爲王者大柄 而今歸外人之手 不圖所以變通收拾之方 甚非爲國經遠之計.

53)『丘井量法事例幷圖說』「量田事例」, 제5절 魚鱗圖法.

마친 후에는 제반 제도를 정비하여 체제를 정비해야 한다고 역설하고 있다.[54]

그는 뜻이 맞는 동지들과 다산이 복원한 유집일의 방전법을 재검토하고 다시 고쳐 성밖에서 은밀히 시험해보고 그 법의 간편하고 아름다움에 스스로 놀라고 있었다.[55] 그가 시험을 통해 마련한 구정량법 사례는 다음과 같이 사방 300척으로 1井을 만들고 1井은 각 9頃으로 구성된 것이었다.

〈그림 6〉 구정량법사례병도설

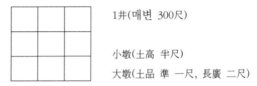

1井(매변 300尺)

小墩(土高 半尺)
大墩(土品 準 一尺, 長廣 二尺)

즉 1井=(300척×300척) 實積 90000方尺=9頃, 1頃=(100척×100척) 實積 10000方尺=25區, 그리고 1區=(20척×20척) 實積 400方尺[56]으로 환산하면 된다고 하였다. 이때 設墩하는 방식은 부근의 田主나 혹은 佃(속칭 作人)이 표시기둥 表木을 준비하고,[57] 파견된 위원과 각 관아의 지휘로 돌이

---

54) 『丘井量法事例井圖說』「量田說」. 將畢量後 減省顯邑 定租庸調三法 改立半錢半米法 設社倉常平法(稅米不必上納 而留本邑各面常平糶糴之本) 不可不豫講者也 此若難行則 依法規類 編立銀行於各邑 而付結戶錢於銀行 貿物湊集京師 而三江置米商會社 若常平之例 亦足爲民國之良制矣.

55) 『丘井量法事例井圖說』「量田說」. 於是乃取丁氏書參酌 櫽括始擴 其外打經緯 內査結負 劃爲圖畵之妙 然後以成條例套 與同志之士 修潤校正 又使與試驗于城外 則不用算法乘除 而雖甚愚之野夫 各自打量 瞭然無漏 載諸舊日量法 非但事半功倍 而築墩立表 一正經界之後 雖復百年不改量 無所容其奸弊矣.

56) 『丘井量法事例井圖說』「量田事例」第2節 物料. 用一等量田尺 卽世宗朝所製 而準周尺四尺七寸七分五厘 或稱遵守舊尺者也.

57) 『丘井量法事例井圖說』「量田事例」第3節 設方分墩. 一. 起量前幾日 自本郡訓令各面各洞 諭以某日將打量 自官門始偏行東西南北面矣 使附近田主 或諸佃(俗稱作人) 表木等物而等待.

나 흙을 사용하여 墩을 쌓으면58) 고을마다 순식간에 일이 끝난다고 했다. 이러한 과정을 거쳐 「전안식」이 마련되면 농간이 일어날 수 없으며, 이후 전주·전객에게 측량도구인 量繩을 지급하여 스스로 측량토록 하면 관에서 관리할 필요도 없다는 것이다.59)

또한 조세수취는 田品을 6等으로 나누고 그 소출(생산량)에 따라 隨等定稅한다. 즉 답 1두락 400方尺에서 100~86말을 얻는 곳을 1등답으로 하여 稅4負를 받고, 2등답(85말~71말 생산토지) 이하 6束씩 체감하여 6등답(25말 이하 생산토지)는 稅1負를 징수한다. 전1두락은 600方尺 기준으로 답과 같이 1등 4부에서 6등 1부까지 체감하여 세를 부과한다.60)

이러한 구정량법을 통해 그는 均賦均稅를 달성하고 '足用'할 수 있는 단계에 이를 수 있다고 보았다. 즉, "양전은 大事요 均賦는 大政이요 足用은 大業이라"61)고 하여 양전이 잘 되어야 모든 것이 잘 될 수 있다고 보고 있다.

이때 특징적인 것이 보완책으로 토지매매에 대해 부기하고 있다는 점이다. 즉 「私券式」을 마련하여 전토매매시 사는 사람은 관에 신고하여 증빙서류를 받아 후일 준거로 삼게 한다고 하여 토지매매를 국가가 직접 관리하도록 하고 있다.62) 단 토지제도 문란의 근본적인 원인이 되는 토지 집적 현상에 대해 직접적인 제한은 가하지 않고 있다. 또한 토지소유의 상한을 제한한다든지 하는 규정도 보이지 않는다. 국가에서 토지소유자를 정확히 파악함으로써 간접적이나마 국가가 토지관리

---

58) 『丘井量法事例幷圖說』「量田事例」. 一. 各派委員與本官 須自官門爲始 直分東西南北 四方視子午 四隅築大墩 或築以石 或築以土 而高準一尺 長廣二尺墩 四面之底 皆作小壟 尺許如十字狀 用表分界之處 以盡邑境爲限 先定當中方隅四面 分累麟次.

59) 『丘井量法事例幷圖說』「量田事例」.

60) 『丘井量法事例幷圖說』「量田事例」 제4절 分等定稅.

61) 『丘井量法事例幷圖說』「量田說」.

62) 『丘井量法事例幷圖說』「量田事例」 제5절 魚鱗圖說, 제7절 賞罰.

를 엄격히 하고 향후 제반대책을 강구해야 한다는 해결방식이다.

3절 대한제국기 방전법과 광무양전사업

대한제국기 방전법은 이전에도 그러했듯이 채택되지 못했다. 그 법이 간편하고 또한 체계적이어서 외국의 측량술을 들여와 재정을 낭비하지 않아도 된다고 했음에도 불구하고 방전법은 시행되지 못했다. 본고에서 살펴본 방전법 논의를 통해 광무양전사업으로 계승된 것이 없지 않았다는 점을 확인할 수 있었다. 그것은 국가의 직접적인 토지관리 체계의 마련과 그것을 실현하기 위한 관청의 설치, 그리고 나아가 농민의 토지소유를 증빙할 수 있는 관계-지계의 발급으로 나타났다고 할 수 있다.

대한제국의 시대적 과제로 등장한 것은 토지에 대한 외국인의 침탈을 막고, 나아가 농민의 토지를 보호하는 것이었다. 이를 해결하기 위해서는 최우선적인 과제가 토지조사를 통해 소유권을 법제화하는 것이었다. 이 같은 최대의 과제에 직면하여 대한제국이 택한 것은 구래의 양전결부제 방안이었다. 방전법에 의한 측량법 대신 서양측량법이 채택되었고, 방전 경무법 대신 구래의 전통적인 양전 결부제가 시행되었다.

광무양전사업의 역사적 성격과 방전법을 관련시켜 이해하기 위해서는 방전법에 대한 체계적인 이해가 필요하다. 유집일과 정약용의 방전법이 가장 체계적이다. 그리고 그것을 체계화시킨 것이 유진억의 「전안식」과 저자미상의 『구정량법사례병도설』이다.

양자의 방전법 서술에서 체계화된 부분과 광무양전사업으로 계승된 것을 살펴보면 다음과 같다.

첫 번째는 토지에 대한 철저한 국가관리이다. 방전법은 망척법이라고 불렸듯이 모든 토지를 파악할 수 있었다. 유진억의 어린도설 〈그림 4〉는 전답뿐 아니라 산줄기나 바다, 하천까지 파악하여 그려 넣고 있다. 이 같은 방전법의 이념은 광무양전사업에 계승되지 못한 채 전답을 중심으로 파악하는 것으로 그쳤지만, 국가의 토지관리의 중요성과 관련하여 많은 시사점을 줄 수 있었을 것 같다.

두 번째는 그것을 시행하기 위해 전담부서를 설치하는 것이다. 방전법 관리를 위해 경전사를 설치해야 한다고 했던 정약용의 주장이나, 구정량법에서의 관청 설치가 그것이다. 광무양전사업에서는 양지아문과 지계아문을 설치하여 중앙 차원에서 체계적으로 대응하고 있었다. 이 같은 점은 지속적인 토지관리의 중요성을 잘 보여주었다는 점에서 주목될 필요가 있다.

세 번째는 방전법을 통해 사권식을 발급하고 나아가 토지소유권을 관리해야 한다는 점이다. 이는 농민의 소유권을 보호할 수 있는 근거가 될 수 있었다. 광무양전사업에서 가장 중요한 성과 중의 하나로 검토되고 있는 관계발급이 그것이다. 그것은 국가 차원에서 발급하고 지속적으로 관리되어야할 소유권 증서였다.

방전법의 지향과 달리 계승되지 못한 것은 양전결부제의 시행이었다. 구래의 양전제를 그대로 시행하였고, 나아가 결부제의 모순을 반복할 수밖에 없었다. 결부수와 척수, 자호지번, 전형, 전분법, 사표 등의 표기방식은 구래의 양안과 크게 달라진 것이 없었다. 다만 시주와 시작을 동시에 조사함으로써 소유권과 경작권을 국가가 파악하고 그것을 관리하고 있다는 점이다. 이 같은 점은 근대적인 토지제도의 수립과정에 있어 반드시 거쳐야할 경작권의 범주였기 때문에 그 역사적 의의는 적지 않다고 할 수 있다.

대한제국기 방전 측량법에 관한 논의를 검토하는 가운데, 방전법의 역사와 그 성격을 파악할 수 있었다. 대한제국기 광무양전사업은 구래의 방안, 즉 양전 결부제를 채택했고, 서양식 측량법을 도입했다. 방전 경무법을 통해 토지문제에 대한 근본적인 해결방안을 제시했지만 정부의 입장에서는 결부제를 기반으로한 토지조사를 선택했다. 구래의 전통적인 결부양전제에 입각한 토지파악 방식이다.

방전법은 측량법으로서는 대단히 간편한 방안이었고, 나아가 광무양전사업 추진에 있어 대단히 획기적인 방안으로 제시되고 있었지만 채택되지 못했다. 방전법의 특징으로 제시한 농민들의 참여와 돈대 설치 방안은 비용을 절감할 수 있는 방안이었지만, 정부 입장에서는 처음부터 방전법 자체를 시행할 의도가 없었다.

방전법과 어린도설의 시행에 대해서는 역사적으로 그것을 개혁할 주체가 나타나야 가능할 것이라는 다산의 생각이 광무양전사업에서도 맞아 떨어졌다고 할 수 있다. 방전 측량법이나 토지분배와 같은 사안들은 후대의 시대변동 가운데 실현될 수 있는 것이었다.

제8장 다산 정약용의 균산론과 토지 공개념

　다산 정약용(1762~1836)의 강진 유배는 조선의 현실을 돌아보게 하고 미래로 나아갈 길을 제시하는 배경이 되었다. 이상은 없고 보수적인 현실 권력만 존재하는 19세기 세도권력의 독주에『경세유표』는 일말의 희망을 던져주고 있었다. 1817년『經世遺表』邦禮草本 引에서『반계수록』이 훗날 영조에 의해 간행되었듯이 자신의『경세유표』가 다시 펼쳐질 날이 있으리라 조용히 바라고 있다. 거듭 초본이라는 것을 강조하면서 간절히 읽혀지기를 바라는 한편 훗날 다시 수정되어 이용되기를 바라는 데서도 잘 드러난다. 자신의 경세학을 끌어다 고쳐 쓰기를 원했던 것이다.『경세유표』에는 따라서 고쳐 쓸 내용이 포함되어 있으며 가까운 미래에 걸맞는 예법을 준비할 수도 있었다. 그래서 초본이라 했던 것이며 나아가 현실과 이상을 토대로 한 중층적 역사인식이 담겨져 있음을 알게 된다.

　다산은 고전에서 출발하여, 가깝게는 주자에 이르는 경세학을 토대로 조선 실학을 종합해 내고 있었다. 당시 현실은 주자도통주의에 입각해서 체제를 보수할 길을 다투기에 바쁜 나머지, 양명학, 실학, 서학과 일체의 민학은 체제위기를 가속화시키는 사문난적으로 몰았다. 18세기 세계질서는 혁명을 준비하고 있었지만, 19세기 조선은 현실 정치에 급급하여 주자적 질서를 고수한 나머지 농민혁명에 직면하게 된다.

이 같은 조선현실을 타개하고자 다산은 18세기 조선 학문을 종합하는 가운데 19세기에 닥쳐올 새로운 미래를 준비하고 있었다. 그러한 일체의 학문방법론을 다산학이라 한다면 그것은 현실개혁을 통해 농민혁명으로 연결하는 가교 역할을 담당했던 점은 없을까 추론해 보기도 한다.

다산의 『경세유표』에 나타난 시대인식은 중층적이다. 과거를 돌아보고 현실을 직시하되 미래로 나아갈 길을 동시에 중층적으로 제시하고 있었다는 점에서 그렇다. 「방례초본 인」에서 그것을 말하기를, 불가불 후대에 수정되고 윤색되지 않을 수 없으며, 시대에 맞게 수정되어야 한다는 것을 언급해 놓고 있다는 점은 다산의 간절한 바램을 잘 보여준다. 그런 의미에서 「방례초본 인」에서는 1817년 『경세유표』의 역사인식을 모두 드러내고 있다고 할 수 있다. 초본은 그러한 의미에서 초본이라고 한 것이며 이후 자신에 의해서든, 타인에 의해서든 수정될 것을 염두에 둔 것이다.[1]

1817년의 『경세유표』를 '방례초본'이라 불렀던 것도 그런 의미였고, 이후 수정되고 윤색되지만 그 틀이 바뀐 것은 아니라고 볼 수 있다. 1818년 『목민심서』의 기본틀은 『경세유표』의 고적지법에서 이미 그 대강이 제시되었으며 몇 조목이 추가되었을 뿐이고, 1819년 『흠흠심서』 역시 『경세유표』를 완성하는 방법론으로써 제시되었다는 점에서, 『경세유표』는 다산학의 출발점이며 귀결점이라고 할 수 있다.

『경세유표』를 초본이라고 한 데는 또 다른 의미가 있다. 수십 년 시험해 본 후에 다시 금석지전을 만들 수 있다면 후세의 큰 희망이 되지 않겠는가 하는 점이다.[2] 수십 년이라는 시간은 『경세유표』의 기본정신을 받아들이고 그것을 자신의 것으로 체화시킬 수 있는 시간이

---

1) 『經世遺表』 邦禮草本 引.
2) 『經世遺表』 邦禮草本 引, '或行之數十年 以驗其便否焉 於是作爲金石之典 以垂後世 斯不亦至願大樂哉'.

된다. 따라서 우선은 王者의 立法을 통해 수정하면서 시험해 보는 것을 제시한다. 그것을 草本의 또 다른 의미로 사용하고 있다. 초본이라는 것을 마지막에 다시 강조하면서 그것이 어찌 초본이 아니겠는가 했던 것이다.

다산의 『경세유표』는 이 같은 의미에서 현실 모순을 타개하려는 개혁자들에게 기본 교범처럼 읽혀지고 있다. 오늘날에도 『경세유표』와 『목민심서』, 『흠흠신서』 그리고 그것을 저술한 다산을 함께 호출하는 이유이다.

본고에서는 다산의 역사인식을 드러내 줄 수 있는 양전법과 방전법, 그리고 정전법(여전법)을 통해 그의 인식틀을 3단계로 분석해 보고자 한다. 양전법은 『경세유표』 田制考6 邦田議와 그것을 토대로 한 『목민심서』의 양전 서술에 잘 드러나 있으며, 방전법은 『경세유표』 田制別考1~3의 방전법과 어린도설, 그리고 정전법은 田制1의 井田論, 田制9~12의 井田議,3) 여전론은 『與猶堂全書』의 田論에 자신의 생각을 비밀코드로 남겨 놓았다.

1799년 38세 때의 여전론은 1817년 『경세유표』 정전론, 정전의, 그리고 전제 별고에 언급된 방전법과 개혁의 층위가 다르지만 상호 긴밀하게 연결되어 있다고 할 수 있다. 이 같은 발상은 주자의 井田難行說로부터4) 분기한 것으로서 井田可行說의 입장에서 개혁을 추진했던 반계 유형원, 성호 이익, 다산 정약용 등의 개혁론으로 진화한 것을 통해 확인할 수 있다. 또한 방전법과 어린도를 분석한 다산은 주자 경계법의 중요성을 읽어냈지만 주자도통주의자들은 그러한 경계법 마저 수용해 내지

---

3) 조성을, 2017, 「『經世遺表』 연구의 제문제」 『다산학』 31 ; 안병직, 2017, 『경세유표에 관한 연구』, 경인문화사.
4) 김용섭, 1985, 「주자의 토지론과 조선후기 유자」 『연세논총』 21(2006, 『조선후기 농업사연구2(신정증보판)』, 지식산업사 재수록).

못했다는 차이도 발견된다. 다산은 경계법 역시 정전제의 유제였으며 명나라 어린도설의 기원이 되고 있다는 점을 정확히 짚어낸 후 그것이 왜 조선에 수용되지 못했을까를 고민했다.

한편 주자 경계법은 두 계통으로 나뉘어 조선에 들어왔다는 것을 다산도 주목하고 있었던 듯하다. 한 계통은 주자도통주의를 이념으로 양전 균세론을 수용한 송시열 중심의 정전난행론이며,5) 또 다른 계통은 양전결부제의 폐단을 개혁하고 방전법을 수용하려 시도했던 소론계 유집일(최석정, 신완 등)의 개혁론이다. 나아가 주자 경계법은 다산에 의해 또 다른 발상으로 수용되었다. 유집일의 방전법을 획기적인 방안 이라고 극찬하면서 동시에 그것이『周禮』정전제의 단서가 된다고 했다.

방전법의 원리를 이용하여 井字形, 혹은 田字形 정전제가 아니라고 하더라도 정전제를 시행할 수 있는 출발점이 된다는 것을 알았다. 방전 측량법에 의해 전국 토지를 일거에 파악한 다음 정전제를 시행할 기초를 놓았던 것이다. 한편 여전법은 정전제의 완성 과정에서 추진할 수 있는 또 다른 변형이되, 지주제를 혁파하고 모든 토지를 공전(왕전)화 시키는 과정에서 추구했던 개혁론이라고 할 수 있다. 아울러 여전론에 서는 農者得田의 핵심 원리를 구체화시키고 있다는 점에서 주목된다.6)

다산이 '자찬묘지명'에서 "經世遺表 48卷 未卒業"이라 언급한 이유와 그 배경에 대해서는 잘 알려져 있지만, 그 중층적 의미를 주목할 필요가 있다.『경세유표』「방례초본 인」에 나타난 초본이라는 의미는 단순히 그것이 미완성이라는 의미가 아니라, 또 다른 의미를 갖게 한다는 점을 의미할 수 있기 때문이다.

다산의『경세유표』는 중층적이고 다층적인 인식을 보여준다. 양전제

---

5) 최윤오, 2001,「조선후기의 양전균세론」『조선시대사학보』19.
6) 윤석호, 2018,「다산 정약용의 국가개혁론과 농자득전」, 연세대학교 박사학위논 문.

로부터 방전법, 정전법, 여전법에 이르는 단계 역시 충분히 설명되고 있지 않다. 이 같은 다산의 발상은 『경세유표』 해독에 어려움을 갖게 한다. 독자가 보려는 방식에 따라 다산의 정전제는 몇 가지 형태로 재해석되면서 논쟁을 불러일으키는 요인이 된다. 균세론 차원의 부세개혁론으로 보이거나, 항산과 균산 차원의 토지분배론으로 해석할 수 있는 근거를 찾는 것도 그러한 사례이다. 정전제와 여전제를 어떻게 이해하는가와 관련이 있는 연구방법론이다. 더 나아가 그것은 정전제를 통해 현실개혁으로 회귀했다거나 또는 여전제가 다산 최후의 목표가 아닌가 하는 해석 방식과도 연결되어 있다.

『경세유표』와 『목민심서』, 『흠흠신서』 집필 200년을 기념하여 『다산학사전』(다산학술재단, 2019)을 통해 그의 방대한 학문체계(문집 260권, 경집 232권, 경세서 138권을 합치면 총 630권)가 분야별로 재정리되기에 이르렀지만, 다산학 연구는 바야흐로 개별적, 분과별 연구를 넘어 나아가 종합될 준비가 지금에야 만들어진 것이라고 볼 수 있다. 다산학은 시대변화에 따라 현실을 분석하고 나아가 미래를 선택할 수 있도록 집필된 『여유당전서』와 1표2서가 있기 때문이다. 바야흐로 집필 200년을 기점으로 다산학에 관한 새로운 연구방법론을 제시하고 그것을 다시 종합해 나가야 하지 않겠는가 하는 이유이다.

1절 『목민심서』의 양전 균세론

다산의 『경세유표』에서 검토한 전제개혁안은 결부제에 대한 비판에서 시작하는 동시에 나아가 양전제에 대한 대안을 찾는 방식으로 서술되고 있다. 방전, 어린도설과 정전제를 기획함으로써 현실을 비판적으로 극복하고 미래의 대안을 찾는 방법론이다. 양전법을 정리하는 배경이나 목표 역시 그의 정전제, 여전제 구상을 완결시키는 방안이라는 것을 암시하고 있다. 그와 같은 방법으로 1818년 펼쳐진『목민심서』는 가까운 미래의 토대가 될 수 있을 것이다. 1817년『경세유표』考積之法(권4 天官修制)에『목민심서』의 대강을 미리 제시한 것을 참고한다면 그것이 의도한 것이 무엇인지를 다시 한번 생각하게 만든다.

〈그림 7〉 충청북도충주군양안(1902)

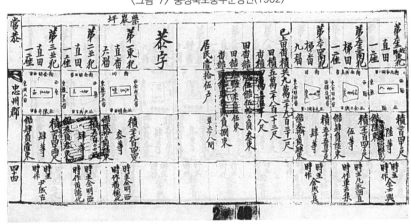

『경세유표』의 양전제 서술은 결부법의 모순과 그것에 대한 대안을 제시하는 내용을 담고 있다. 유형원의『田制錄』을 인용하면서 田制는 결부법보다 나쁜 것이 없다는 내용을 다시 반복하면서 17세기 이후 전제문란은 해결되지 못하고 있다는 것을 지적하고 있다. 동시에『반계수록』에서 제시한 결부제의 폐단과 조선국가의 나아갈 길을 제시하고 있다.[7] 전제문란의 원인이 결부제를 바탕으로 한 양전제에서 연유했고 앞으로도 그러한 모순이 농민을 몰락시켜 간다는 것이다.[8] 조선시기

---

7) 『磻溪隨錄』卷1, 田制上 分田定稅節目, '又按制田莫善於頃法 莫不善於結法 縱不行公田 亦莫如改結負用頃畝'.

8) 『經世遺表』卷9, 地官修制 田制別考1 結負考辨.

양전의 역사를 태종 원년(1401)부터 시작하여 인조 12년(1634) 삼남지방의 갑술양전, 숙종 27년(1701) 황해도 3읍에서 시행한 유집일 방전법, 숙종 46년(1720) 삼남지방 경자양전, 이후 영조년간의 부분양전까지 일일이 기록하고 있다. 방전법과 어린도설을 주장하면서 자신의 논지를 전개하는 바탕으로 삼고 있는 것이다.[9]

『목민심서』에서는 양전제를 유지하기 위해 운영상의 개혁이 왜 필요한지를 말하고 있다. 양전법을 통해 아래로는 백성에게 해가 되지 않고 위로는 국가에 손해를 끼치지 않도록 공평하게 하는 방법을 찾아야 한다는 것이다.[10] 여기에서 말하는 양전법은 '균세'라는 방법론과 '균'이라는 원리를 통해 조선정부가 추구했던 전정책의 핵심 논리였다. 즉 정부 입장의 양전제는 균세를 통해 토지지배의 공공성을 맡고 있었다는 것을 말하고 있는 것이다. 나아가 이 같은 정부의 공공정책은 세종 공법 이후 전정책의 운영론이었으며 구조적으로는 더 이상 개선의 여지가 없다는 점에서 말기까지 폐단의 근원이 되게 된다. 단지 운영상의 모순만 해결하면 된다는 임시변통적 균세론이었다.

다산이 제시한 아래와 같은 『목민심서』의 내용은 문란의 사회적 현상을 해결하는 임시처방적 방안이라고 할 수 있었다. 『경세유표』에서 혁파해야 할 결부양전제에 대해 『목민심서』에서는 그와는 반대로 처방책을 말하고 있다. 이 같은 모순은 다산이 의도한 것이다. 그것은 다산의 단계적 발상 전환을 보여주는 제1의 비밀코드이다.

첫 번째 방법은 적임자를 얻은 후에야 가히 의논할 수 있다는 점을 말하고 있다.[11] 과거 균전사로서 양전의 폐단을 바로잡고 농민의 억울함을 풀어준 사례도 많았다는 점을 들어 그 중요성을 다시 지적했다.

---

9) 『經世遺表』卷9, 地官修制 田制別考2 魚鱗圖說.
10) 『牧民心書』卷2, 戶典六條 田政, '量田之法 下不害民 上不損國 唯其均也'.
11) 『牧民心書』卷2, 戶典六條 田政, '唯先得人 乃可議也'.

두 번째 방법은 전국 토지의 등급을 명확히 하는 것이다. 나아가 전국 토지의 비옥도와 수세방식을 누구나 알 수 있도록 정리함으로써 양전과 개량의 뜻을 명확히 하는 것이다. 『준수책』을 중요한 근거로 삼고 있다. 즉 전국 8도의 비옥도를 상대화시키고 각 도의 토지생산성과 그에 대한 수세 원칙을 만천하에 공공연하게 드러내는 것이다. 즉 하삼도는 수전에 비옥한 땅이 많고 척박한 곳이 적으며, 경기도와 황해도는 수전이 기름지고 척박한 곳이 반반이며, 강원도·함경도 및 평안도는 수전에 척박한 땅이 많다는 대원칙을 분명히 하고자 하였다. 이에 전분6등이라는 원칙을 다시 도별로 적용시켜 수취의 근거로 삼는 것이다. 이 같은 원칙은 『國朝寶鑑』에서 이미 언급한 방안 그대로라고 하면서 전분6등의 원칙을 중심으로 전국 8도의 상황을 상대적으로 평가해 내면 된다고 하였다. 각 도별 토지생산성을 근거로 상대화시키는 것이다. 이 같은 과정을 거쳐 각각의 토지생산성이 명확히 파악된다면 결부제의 폐단을 극복하는 방안이 마련될 수 있다고 보았다. 이는 다산이 결부제를 비판하고 경무법을 강조하는 단서가 된다. 각각의 토지에 대한 명확한 파악이 이루어진다면 그것에 대한 자의적인 수취를 막을 수 있다는 것이다. 이 같은 발상은 다산의 어린도설 구상의 근거가 되게 된다.

세 번째 방안으로 다산이 생각하고 있는 것은 전분6등의 구분을 명확히 한다면 연분9등을 일일이 적용할 필요가 없다고 한다. 전분6등을 중심으로 수취하되 연분9등을 적용시킴으로써 나타나는 문란상을 해결하는 방법을 제시한 것이다. 급기야는 연분9등은 전정 문란을 야기하는 명분이 되므로 파기해도 된다고 한다.[12]

年分의 잘못된 관행이 田分의 구분을 무너뜨리는 원인이 되었다는

---

[12] 연분9등제는 급재법으로 대체되고 나아가 세종 공법 단계의 수취제를 보완하는 방안으로 진행된다. 이 같은 점이 각 도별 급재법으로 등장하는 배경이 된다.

점을 年分大槩狀을 예로 들어 지적하고 있다. 다산이 세종의 전분6등과 연분9등을 모두 부정하는 것은 아니다. 당시에 등급을 나눈 것은 대략 이치에 맞았으며 이치에 맞지 않았다고 하더라도 그렇게 어긋난 것은 아니라고 한 데서도 잘 드러난다. 단지 후일에 그것을 개량하는 자가 경솔하게 등급을 올렸다 내렸다 하여 토지장부를 혼란시킨다는 것이다.

네 번째 방안은 立旨와 紅券, 田牌 제도를 활용하는 데 초점을 두고 있다. 국가의 입장에서 농민의 토지를 관리하고 보호하기 위한 보완대책이다. 입지를 통해 농민의 경작을 장려하도록 하는 방법이다. 전분6등 구분과 그것을 유지하는 방안으로써 陳田 면세를 통해 경작을 장려하는 것이다. 진전이란 촌락이 쇠락하거나 흉년이 들면서 나타나기도 하기 때문에 함부로 등급을 낮추는 방식이 아니라 면세하는 방법을 통해 경작하도록 유도해야 한다는 것이다. 주자처럼 5년 면세법까지 마련하는 방안을 제시하고 있다.[13]

또한 홍권이라는 문권을 발급하여 경작을 장려하는 방법도 제시하고 있다. 다산이 사례로 든 것은 면세하더라도 경작하지 않는 토지를 홍권 발급을 통해 농민에게 돌려준다는 것이다. 즉 진전으로 기록된 토지를 경작하는 방안으로 홍권을 발급하여 3년 간 수세하지 않는다면 경작하는 농민이 새로 나타날 것이라고 보았다. 예컨대 10년 이상 진전으로 기록된 것 중에 만약 경작할 만한 전답을 등급을 낮추어 續田의 6등전으로 삼거나 혹은 그 속전의 결부수를 감해주고 나아가 첫 해는 반으로 세액을 감해주며 結米 2두 역시 3년간 징수하지 않도록 하는 등의 혜택을 주도록 하는 것이 英祖 신미년(1751)의 하교였다. 이 같은 혜택에도 불구하고 경작하기를 원하는 자가 없으면, 홍권을 발급하여 3년 안에는 세안에 등록하지 말도록 하라는 것이다.[14]

---

13) 『牧民心書』 卷2, 戶典六條 田政, '京畿陳田 本係六等 無可復降者 論報上司 乞依朱子法五年免稅 立旨勸民可也'.

나아가 전패는 토지 분쟁을 막고 소유권을 명확히 하기 위해 발급하라고 한다. 『續大典』 규정의 5결 字號와 四至 또는 四標, 그리고 소유주(主名) 이름을 현록하며, 진전뿐 아니라 無主도 파악하여 현록하도록 하였다.[15] 전패 형식도 만들어 제시하고 있다.[16] 전패를 만드는 것은 해당 토지의 소유권의 근거를 명확히 하고 나아가 조세수취의 근거를 밝히기 위함이다. 나아가 소유권 분쟁을 막는 근거로 삼는다는 것이다. 이 같은 다산의 생각은 『經世遺表』 田制考에 이미 자세하게 기록하고 있는 내용으로써 『목민심서』의 농촌현실과 그에 대한 단기적인 대책을 제시한다는 점에서 주목할 필요가 있다.

지금까지 살펴본 대로 다산의 양전법은 『경세유표』에서 폐법으로 부정했지만, 그것을 운영상의 방법론 모색을 통해 대책을 제시하여 다시 살리려고 한다. 그러나 양전법을 최종적으로 정리하면서 다산이 언급한 총론적인 부분은, '魚鱗圖로써 方田을 만드는 것보다 좋은 것이 없다'는 것이다.[17] 물론 어린도나 방전의 방법은 모름지기 조정의 명령이 있어야 시행할 수 있다는 점을 전제한 위에 거론한 것이다. 이 같은 지적은 양전법의 의미를 명확히 하고 그것을 드러낼 수 있는 제도를 만들어야 한다는 다산의 생각을 잘 보여준다. 개별 토지마다 그 비옥도와 모양을 명확히 기록하고 그것을 기준으로 국가가 과세한다면 매번 반복되는 개량의 폐단을 해결할 수 있다는 것이다.

『목민심서』에서 다산이 말하고자 했던 것은 농촌현실이 처한 위기를 개량하기 위한 첫 번째 대안책이었다. 그것은 조종성헌으로 믿고 있는

---

14) 『牧民心書』 卷2, 戶典六條 田政, '此英宗辛未之下教也 以此布告 猶無願者 即授紅券 許三年之前 勿錄于稅案'.

15) 『牧民心書』 卷2, 戶典六條 田政, '凡田四標及主名懸錄 陳田亦皆懸主 無主處以無主懸錄'.

16) 『牧民心書』 卷2, 戶典六條 田政.

17) 『牧民心書』 卷2, 戶典六條 田政, '總之 量田之法 莫善於魚鱗爲圖 以作方田 須有朝令 乃可行也'.

결부양전제를 어떻게 유지하고 개량해야 하는가를 보여주고 있다. 그러나 이와 같은 대안책을 제시했음에도 불구하고, 결부양전제로는 당시 농촌사회의 위기를 해결할 수 없다고 생각하고 있다. 균세책으로 믿고 있는 양전 균세론을 말하면서도 '천하에 몹쓸 법으로 禹와 稷 같은 성인이라도 능히 잘 다스리지 못할 것'으로 말하고 있는 데서도 잘 드러난다.[18] 다산이 생각하는 균세는 결부양전제를 통해서는 달성될 수 없다는 것을 간접화법으로 말하고 있다. 『목민심서』에서는 대안책을 제시하기는 했지만 농민의 항산을 위한 균세는 결부양전제를 통해서는 이루어질 수 없다고 보는 것이다. 양전법은 현실을 지탱하는 수세제도였지만 그것은 미래를 위해 희생되어야 했다.

『목민심서』는 수령의 목민관으로서의 현실인식을 촉발하는 단서가 되고 있다고 해석할 수 있다. 『경세유표』의 고적지법을 서술했던 배경에는 『목민심서』의 현실을 통해 그것을 비판적으로 극복하고 대안을 찾아야 한다는 것을 말한다고 할 수 있다. 이 같은 『목민심서』의 현실인식 태도는 다산의 역사인식을 오해하게 만든다. 예컨대 『목민심서』 예전 변등조에서 서술한 엄격한 신분질서를 강조하는 내용도 그러한 사례이다. 다산은 현실을 냉정하게 인식하되 토지와 신분제 모순이 어디에서 연유하는가를 『목민심서』에서 정리하고 있었다.

다산이 『목민심서』에서 정리했던 양전제의 개혁안은 17세기 이후 주희(주자)가 남송의 농촌문제를 해결하기 위해 시행했던 경계법의 방향과 일치한다. 그것을 방전법의 역사에 대해 정리하는 가운데 무심코 주자의 경계법의 역사적 의미를 강조한다. 그것은 정전제의 유제로서 후대 어린도설에 영향을 줄 수 있었던 것으로 다시 주목하고 있다. 다산의 이 같은 지적은 물론 양전결부제의 폐단과 그것을 해결하는

---

18) 『經世遺表』 卷9, 地官修制 田制別考3 魚鱗圖說.

방안으로서 경계법이나 방전법에서 제시한 어린도설 제작을 강조하는 것을 의미하지만, 다른 한편으로는 당시 주자학을 존숭하며 그것을 도통으로 삼았던 지배층들이 어찌 방전법을 반대하고 오로지 결부제만을 조종성헌으로 받들고 있는가 하는 꾸짖음이기도 하다.

다산의 이 같은 『목민심서』 서술은 제2코드 방전법과 어린도설로 연결된다.

2절 『경세유표』의 방전법과 어린도설

다산은 양전균세법의 폐단을 일거에 개혁할 수 있는 방전법에 대해 『경세유표』에서 자세히 검토하고 있다. 특히 어린도설의 기원과 역사에 대해 상세하게 검토하는 가운데 그것이 정전제의 유제로 시행되고 있었다는 것을 지적했다. 핵심은 圖本으로서의 어린도를 어떻게 그려내는가에 있었으며 더불어 방전법을 시행하는 것이 관건이라고 했다. 다산의 어린도에 대한 관심은 당시 조선현실을 지탱하고 있던 주자도통주의 보수론과 다른 또 다른 진보적인 개혁론을 보여준다. 즉 어린도를 통해 주자의 현실개혁을 보여주는 한편 조선 유학자들의 주자 수용방식을 비판하는 근거로 삼고 있다.

조선의 현실과 관련하여 주자 도통주의는 지대한 영향을 미치고 있었고, 주자의 경계법 이해방식은 당시 현실과 그 모순을 이해하는 관건이 될 수 있다. 주자(朱熹)는 남송 光宗(1190~1194) 초년 漳州 知事에 임명되면서 그 이전부터 시행되다 중단된 李椿年의 경계법을 다시 행하고자 하였다. 주희가 부임했던 복건의 漳州·泉州·汀州 지역은 경계법에 대한 반대 때문에 시행되지 못하고 중단된 곳 중의 하나였다. 주희 경계법의 핵심은 砧基簿와 魚鱗圖 작성에 있었다. 그리고 그것을 바탕으로 균세론을 펼치는 것이다. 주희는 남송의 현실을 경계법을 통해 개혁하려 했으며 무수한 반대에 부딪쳐 실패하기는 했지만, 이를 통해 현실 사회의 모순을 개혁하려 했던 개혁자로서의 측면을 잘 보여준다.

한편 주희는 「井田類說」을 통해 井田難行論을 말하였다는 점에서[19] 다산의 정전제 인식태도와 차이가 있었다. 주희는 정전제란 地廣民稀하여야 가능하기 때문에 민이 많을 때는 행하기 어렵다고 못박았다. 소수(대토지소유자)를 없애고 다수(소토지소유자)를 세우려 하지만 토지 대부분을 소유한 호강층들을 규제하려 한다면 오히려 반발이 생기고 분란이 생겨 행하기 어렵다는 것이다.[20] 반대로 민인이 희소할 때 정전제를 시도하되 인구에 따라 占田을 나누고 매매를 금지시키며 兼幷을 막으면 성공치 않겠느냐고 하였다.[21] 이 같은 정전제는 '經大亂之後'에만 실행 가능하기 때문이라는 것을 전제로 한다고 하였다. 평시에는 정말로 실행키 어렵다고 했다.[22] 주희의 이 같은 '井田 난행론'은 經界法으로 귀결되고 있었다.

조선에서는 주자를 받아들이면서 (정전난행론을 추종하면서도) 경계법 조차 제대로 검토하고 받아들이지 않았다. 즉 어린도를 작성한 적이 없으며 경계법이 아니라 조선의 양안 형식을 고수하는 가운데 균세라는 형식만 수용한 것으로 보인다. 우암 송시열(1607~1689)을 포함하여 그들이 추종했던 주자의 정전제 이해 방식과 경세론은 이후 전제 운영에 있어 지배이념과 같이 작동하게 되었다.[23]

우암의 주희 수용방식은 法後王 차원, 즉 밖으로는 주희를 법통으로

---

19) 김용섭, 1985, 앞의 글 ; 최윤오, 2001.12, 앞의 글.

20) 『朱子大全』 권68, 雜著 井田類說, '… 井田之制 宜民衆之時 地廣民稀 勿爲可也 然欲廢之 於寡 立之於衆 土地旣富列在豪彊 卒而規之 幷起怨心 則生紛亂 制度難行 …'.

21) 『朱子大全』 권68, 雜著 井田類說.

22) 『朱子語類』 권98, 張子書, 31~32쪽.

23) 김용섭, 1985, 앞의 글.

삼고 있었고 안으로는 세종을 성왕으로 세우는 것이었다. 우암은 주희가 고민했던 현실 개혁 방식으로서의 어린도법을 받아들인 것이 아니라 당시기 조선의 양전법을 조종성헌으로 고수하였다. 그것은 세종 공법 단계에서 손질되고 마무리된 결부양전제 그대로였다. 이 같은 양전법은 균세라는 운영원리와 방법론으로 자리하게 되었고 그것이 조선후기 전제의 기본원칙이 되게 되었던 것이다.[24]

우암의 양전 균세론은 침기부 작성처럼 모든 토지를 빠짐없이 파악한 토지대장 작성방식도 아니고, 어린도와 같은 양전도를 작성하여 은결을 철저히 색출해내는 것도 아니었다. 기존의 양전제를 고수하는 가운데 그 운영의 문제점만을 개선하는 것이었다. 세종의 공법은 조종성헌이기에 아무리 폐단이 많고 농민이 몰락하는 배경이 되더라도 공법 자체에는 문제가 없고 그 운영상의 폐단만 고치면 된다는 것이다. 우암의 부세제도 개혁론은 주희의 양전 균세론의 정신을 수용한 것이었지만 그것을 실천하는 방법은 전혀 달랐다고 할 수 있다.

따라서 양전제의 핵심은 得人 한가지로 모든 것을 해결할 수 있다고 보았다. 이때의 득인은 제도나 법제를 고치는 방식이 아니라 왕도정치를 제대로 행한다면 모든 문제가 해결될 수 있다는 것이다. 우암의 변통론은 恒産을 보장하고 恒心하는 차원의 개혁이 아니라 禮儀廉恥·勤儉節制를 포함한 綱常倫理, 도덕규범을 관철시키는 것을 통해 이루어질 수 있다고 보았던 것이다.

다산은 『경세유표』 전제후록에서 방전법과 어린도설을 정리해 내었다. 그리고 19세기 토지모순을 해결하는 방안으로서 어린도설 제작을 주장했다.[25] 전국의 토지를 빠짐없이 측량해 낼 수 있을 뿐 아니라 또한 토지문란을 해결할 수 있는 가장 획기적인 방안이었기 때문이다.

---

24) 최윤오, 2001.12, 앞의 글 참조.
25) 최윤오, 2015, 앞의 글 참조.

명나라의 강력한 건국의 토대가 만들어질 수 있었던 것도 토지대장과 어린도를 바탕으로 균세와 부유한 국가재정을 실현할 수 있었기 때문이라는 것을 잘 알고 있었다.

<그림 8> 어린도설 1畦圖

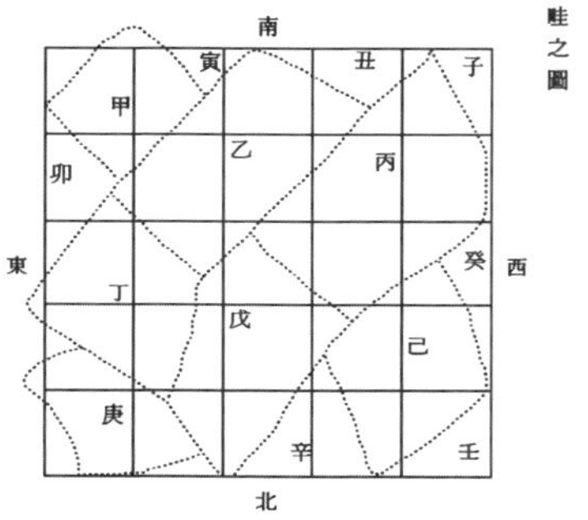

다산은 어린도를 그려내기 위해서는 방전법이 필수적이라는 것을 확인했다. 방전법은 1701년(숙종 27)에 이미 兪集一에 의해 황해도 지역에서 시험된 적이 있었다. 그러나 그것은 반대에 부딪쳐 실패로 돌아갔다. 중국에서도 초기에 3번 시행하여 3번 모두 실패로 돌아간 역사가 있기 때문에 왜 그것이 반대에 부딪치는가를 잘 아는 계기가 되었다. 유집일의 방전법을 복원하는 과정에서 그처럼 간편하고 또 시행하기도 쉬운 측량법이 왜 실패로 돌아갔는가를 확인하는 가운데 복원하는 방법도 아울러 제시하게 되었다.

방전법은 정전법처럼 토지구획을 하지 않아도 되었기 때문에 누구나 쉽게 시행할 수 있다고 보았다. 방전법은 일정 단위 면적마다 돈대를 쌓아 방형으로 구획하고 측량해 내는 방식이고, 그것을 도면과 도설로 정리하여 어린도법을 만들면 되기 때문이다. 그의 스승 성호 이익도 언급했듯이 어린도는 각 구역별로 전답을 그려내어 기록한 것이 마치 손바닥에 지도를 놓고 보는 듯하다고 하였다. 다산도 그것을 군현,

면, 리 구역 당 總圖 1장씩, 그 이하 구역은 1畦(25畝, 10두락) 단위로 分圖를[26] 만들면 된다고 하여 세세하게 정리해 내고 있었다.[27]

돈대를 설치하는 간편한 방법도 제시했다. 돈대를 설치한 후 방위를 정하고 네 모서리에 기둥을 세우고 표지하는 방식이었다. 그 후 여러 佃夫를 불러 각자의 배미를 타량하면 한 달에 일을 마칠 수 있다. 이처럼 방전법은 명료하여 시간을 허비하지 않는 제도라고 설득하고 있다.[28] 방전법을 통해 바둑판 형태로 일정단위 토지를 그려낸다면 토지관리도 기존의 양전법보다 훨씬 간편해질 것이라고 확신했다. 이때 그려진 농지의 형태가 물고기 비늘과 같다고 해서 魚鱗圖라고 했던 것이며 나아가 토지를 국가가 파악하여 모든 농간을 막을 수 있다는 점을 강조하고 있다. 온갖 개간지뿐 아니라 황무지까지 파악하여 기록하고 시기전 가운데 진전 혹은 은결을 파악하여 모든 것을 어린도를 통해 관리하게 된다.

어린도설을 만드는 것은 왕토(왕전)을 정확히 파악한다는 것을 의미한다. 동시에 토지대장에 농민의 경작형태를 모두 파악하여 전적을 만들고 그것을 보호하는 방안으로써 私券式을 작성한다. 개별 田主에게 발급하는 私券式은 어린도설을 바탕으로 제작하면 되었다. 전주와 매수자 쌍방간의 매매를 증빙하는 자료의 근거로 삼는 것이다. 관아에서 모든 토지기록에 대해 보증을 서며 동시에 농민의 소유를 보호하는 역할도 겸하는 것이다. 농민을 위한 왕토정책으로서 토지공유를 극대화시키는 방법이다.

한편 다산은 해당토지의 자호지번을 기록하되 田主와 佃客의 이름을 기록하지 않도록 하였다. 이는 모든 토지가 王田이며 향후 모두 왕토를

---

26) 『經世遺表』 卷9, 地官修制 田制別考3 魚鱗圖說.
27) 『經世遺表』 卷9, 地官修制 田制別考2 魚鱗圖說.
28) 『經世遺表』 卷9, 地官修制 田制別考2 魚鱗圖說.

만들 것이기 때문에 기록하지 않는다고 하고 있다.[29] 전주와 전객은 시시때때로 변하기 때문에 王籍(田籍, 양안)에 기록하지 않는다는 것이다. 소유주명이 아니라 해당토지의 자호지번만을 기록하면 되며, 이를 통해 왕토에 대한 토지관리 의지를 다시 한번 강조하고 있다. 어린도설을 채택하는 것은 곧 왕전을 전제로 한다고 선언하는 것이다. 이 같은 왕전의 개념은 왕토사상의 연장선에서 이해될 내용으로서 나아가 왕토사상을 기반으로 향후 정전제를 시행하고자 한다는 것을 의미한다.[30] 19세기 현실은 私田이 발달하여 자유롭게 토지매매가 이루어지고 있었지만 왕토사상을 통해 토지의 공개념을 확립하고자 하는 것임을 알 수 있다.

다산의 어린도설은 정전제 시행과 깊은 관계가 있다. 정전제를 시행하는 다산의 독창적인 방법이라는 것을 알 수 있다. 다만 방전법과 어린도설을 완료했다고 하더라도 그것이 바로 정전제 단계로 이행할 수는 없다. 다산의 정전제 설계는 여기에서 다시 한번 고민을 안게 된다. 방전법과 어린도설을 통해 정전법으로 안착시키는 방법을 찾아야 하기 때문이다. 방전법과 어린도설은 다산 정전제에 있어 제2의 비밀코드라고 할 수 있다.

우선 다산은 방전법과 어린도설을 정전제를 실현하는 방법으로 생각하며, 방전법 원리가 정전제에서 나왔다는 점을 확인할 필요가 있다. 즉 어린도의 기원을 명나라 때 어린도책에 두지 않고『주례』정전제까지 올라간다고 보는 것이 그것을 잘 보여준다. 『주례』에 언급된 地圖는 어린도를 의미하며 정전제 시행 때 만들어진 것이라는 것이다.[31] 또한

---

29) 『經世遺表』卷9, 地官修制 田制別考2 魚鱗圖說, 私券式, '或曰 名曰田籍 無田主佃客之名何也 曰此王田 非私田 安得有田主佃客之名'.

30) 왕토사상은 정전제 시행의 근거가 된다. 정전제가 무너진 후 왕토사상은 그 유제로 남아 있을 뿐이기에 그것을 다시 돌리는 것이다. 왕토를 회복한다는 것은 공개념을 실현하는 출발점이 되며 19세기 현실에 걸맞는 것이어야 했다.

다산은 어린도설이 정전제 시행을 위한 필수적인 측량법이라고 생각하고 있었다. 이 같은 점에서 다산의 방전법과 어린도설은 정전제의 원리를 추구하는 방법에서 출발하고 있다는 것을 알 수 있다.

두 번째로는 다산이 생각한 정전제는 반드시 토지구획을 통해 시행된다는 원칙으로부터 자유로웠다는 것이 확인된다. 정전제를 시행하는 데 있어 주례의 정전제처럼 井字形 구획을 하는 것도 아니고, 반계 유형원의 公田制처럼 田字形 구획을[32] 기준으로 하는 것도 아니라는 것을 알 수 있다. 정전제의 최소 기본단위인 방전을 중심으로 토지파악을 하고 그것을 일정 구획 단위로 묶어 관리하면 되기 때문이다.

세 번째로는 어린도설이 정전제 토지관리 방식의 기본도가 된다는 점이다. 어린도는 전국 토지를 면리 단위 도설로 그려내는 방안이기 때문에 정전제와 여전제를 실현할 수 있는 출발점이 될 수 있는 것이다. 『경세유표』가 집필되던 시기에도 결부제를 바탕으로 한 양전제 측량법이 수백년 간의 전제문란도 해결하지 못했고 나아가 농민의 몰락도 막지 못했다. 이에 어린도설의 제작은 모든 토지문제를 해결하는 단서가 되면서 나아가 정전제 기획을 실천할 수 있는 근거가 될 수 있다고 생각했던 것이다.

네 번째로는 정전제를 시행하기 위해 토지를 왕전으로 만드는 방법이 모색되어야 했다. 일거에 人田을 박탈하는 방법이 아니라 자연스럽게 공전으로 만드는 방법이 필요했다. 국가의 재정으로 매입하거나, 관직 또는 병역 혜택을 주어 토지를 바치도록 하는 방안이 우선 제시되었다. 병작관행을 억제하기 위해서는 지대를 감하하는 방법도 제시하고 있다. 이 같은 단계를 거치기 위해 사사로이 契券의 형태를 만들어 활용하도록

---

31) 『經世遺表』 卷6, 地官修制 田制5, '臣謹案 地官土訓掌地圖 以詔地事 王巡守則夾王車 … 地圖者 魚鱗圖之類也'.

32) 최윤오, 2001.12, 「磻溪 柳馨遠의 井田論과 公田制」 『역사와 현실』 42.

하고 있다.[33] 즉 민간에서의 토지매매 관행은 사권(홍계)을 발급하여 자유롭게 이루어지도록 하는 것이다.

　지금까지 살펴본 방전법과 어린도설 시행은 당연히 반대에 부딪힐 것이지만, 이를 시행할 때 비로소 정전제로의 이행이 가능할 것이다. 정전제 원리를 방전의 원리에서 찾고 그것을 확장시켜 점진적이고 단계적으로 정전제를 시행한다는 것이 다산의 복안이었다. 방전법과 어린도설은 따라서 정전제와 여전제 시행을 위한 다산의 제2의 비밀코드라고 할 수 있다.

3절 『경세유표』의 정전제와 여전론

1) 정전제 기획과 農者得田

〈그림 9〉 韓百謙의 箕田圖(『久庵遺稿』 수록)

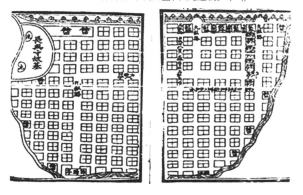

　다산은 정전론과 정전의를 통해 조선적 정전제를 구상하였다. 반계

33) 『經世遺表』 卷9, 地官修制 田制別考2 魚鱗圖說, 私券式, ‘田主佃客 時月以變 錄之王籍 將焉用之 唯所謂田主 私作券契 以相憑驗而已’.

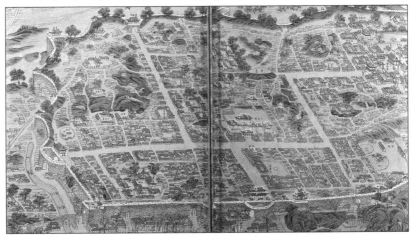

유형원을 통해 공전제로 복원된 평양 기자정전은 다산의 정전제 구상에
도 커다란 영감을 주었던 것에 틀림없었다. 기자정전의 시행여부는
확인할 길이 없었지만 가지런한 토지구획은 다산을 촉발시키고도 남음
이 있었다. 그림과 같이 평양의 정전은 井字形도 아니고 田字形 구획으로
가지런히 정리된 평양의 기자전으로써 조선 정전제로의 변형이 가능하
다는 것을 보여주었을 뿐 아니라 정전제 시행이 결코 불가능하지는
않다고 생각하게 되었다. 기전도에서도 전자형 구획이 잘 나타나 있으
며, 기성도 8폭병풍에서도 그 흔적을 읽을 수 있다.

조선후기 유자들은 주자를 수용하고 그것을 정치이데올로기로 삼았
다. 그들이 인용한 것은 주자의 정전난행설이다.

주희는 「井田類說」에서 말하기를, 정전제란 地廣民稀하여야 가능하므
로 民이 많을 때는 행하기 어렵다고 못박았다. 그리하여 소수(대토지소
유자)를 없애고 다수(소토지소유자)를 세우려 하지만, 토지의 대부분이
豪彊에게 들어가 있어 갑자기 이를 규제하려 한다면 怨心이 함께 일어나
분란이 생길 것이니 제도를 행하기 어렵다고 했다.[34] 그렇지만 만일

민인이 희소할 때 정전제를 시도했다면 가능성이 있었을 것이며, 이때 마땅히 인구수로 占田을 나누고 매매를 금지시키며 빈약들을 돕고 겸병을 막으면 성공치 않겠느냐고 하였다.[35]

이 같은 정전제는 '經大亂之後'에만 실행 가능하기 때문에 天下에 사람이 적고 모든 田이 국가에 귀속되면 바야흐로 민에게 나누어줄 수 있다는 것이다. 평시에는 정말로 실행키 어렵다고 했다.[36] 주희의 이 같은 '정전난행론'은 경계법으로 귀결되고 있었다.

다산은 경계법, 혹은 방전법을 통해 정전제를 실현하는 방법을 찾았다. 이는 주자의 경계법을 다산 방전법으로 재설계하고 나아가 정전제를 기획하는 방안이기도 하다. 그러나 다산의 정전제는 단계적으로 완성될 수 있을 것으로 보았다. 정전 균세론을 통해 전제불균의 현실을 개혁하는 동시에 나아가 모든 사전을 왕전으로 환원시키는 방안을 생각하는 것이다. 기존의 사전 중심 개혁이 모두 실패로 돌아갔기 때문에 19세기 조선에서 또다시 정전제의 이념을 소환하게 된 것이다.

다산의 정전제 이해방식은 중층적이다. 우선 그는 정전제를 시행하는 것이 극히 어려웠던 점을 '太阿之柄이 모두 私田主인 豪霸'에게 돌아갔기 때문이라고 하면서, 그것을 단행하더라도 실패할 수밖에 없는 배경이 되었다고 보았다. 다산이 생각한 방안은 '英雄特起之君'이 각성하여 임진왜란 같은 큰 전쟁을 겪어 모든 국토가 虛曠한 때에 정전제를 시행하면 가능할지 모른다고 생각했다.[37] 우선 주인이 없는 無主田을 모두 문서화하여 정전으로 구획하고, 有主田의 경우는 관에 토지를 바치도록 하여 그 공로를 관직으로 보상하게 하는 것이다. 또한 사전을

---

34) 『朱子大全』 권68, 雜著 井田類說, '… 井田之制 宜於民衆之時 地廣民稀 勿爲可也 然欲廢之 於寡 立之於衆 土地旣富列在豪彊 卒而規之 幷起怨心 則生紛亂 制度難行 …'.

35) 『朱子大全』 권68, 雜著 井田類說.

36) 『朱子語類』 권98, 張子書, 31~32쪽.

37) 『經世遺表』 권6, 地官修制 田制 4.

軍田으로 삼거나 土田으로 만들어 군역이나 직역을 대신하도록 하는 방안을 통해 해결하는 방안도 제시하고 있다.[38] 이후의 문제는 오랫동안 논의를 거친 후 거의 100년 정도에 이르면 조금씩 해결되고 자리를 잡게 되면서 그 효과가 나타날 것이라는 것이다.[39]

다산이 생각하는 왕전은 사적소유가 극단화된 18, 19세기 현실을 개혁하는 방안으로 제시된 것이며, 17세기와 같은 커다란 전쟁을 거친 후에나 가능한 방안이며 오랜 기간 동안 계획을 세워 실행해야 하는 점진적인 방안으로 제시되었다. 다산이 생각한 것은 왕토사상이 해체된 지 오래되었기 때문에 그것을 공적으로 복원하는 방안을 찾아야 한다는 것이다. 사전을 공전으로 만드는 과정이라고 할 수 있다. 토지를 공개념으로 재인식 하는 가운데 모두 각성하여 전제개혁을 단행하여야 한다는 뜻이다.

왕토사상은 "하늘 아래 왕의 땅이 아닌 데가 없고 온 세상에 왕의 신하가 아닌 자가 없다(溥天之下 莫非王土 率土之濱 莫非王臣)"는『詩經』小雅편에서부터 유래한 것이지만, 조선에 들어서도 이 같은 왕토와 왕민에 관한 관념은 필요할 때마다 선언되는 형해화된 이념에 지나지 않았다.[40] 다산에게는 왕토야말로 토지의 공개념을 회복하는 수단으로 생각하고 있었다.

다산은 아래와 같이 정전 구획도를 그려본 후 주례 이후의 정전제를 어떻게 조선에 시행할 수 있을까를 생각했다.[41]

---

38)『經世遺表』권6, 地官修制 田制 4.
39)『經世遺表』권6, 地官修制 田制 4, '其餘諸議 曠日持久 須至百年 去益申明 然後或有一二裒益'.
40)『仁祖實錄』권37, 仁祖 16년 8월 庚子 ; 35책, 32쪽.
41)『經世遺表』권5, 地官修制 田制 2 井田之法.

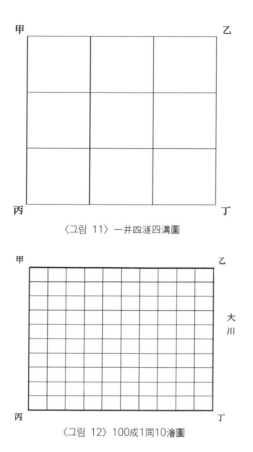

甲　　　　　　乙

丙　　　　　　丁

〈그림 11〉一井四遂四溝圖

甲　　　　　　乙

　　　　　　　　大
　　　　　　　　川

丙　　　　　　丁

〈그림 12〉100成1同10澮圖

　　다산의 정전제는 맹자의 인정에서 출발하되 그 원리와 방법론을
찾기만 한다면 시행하는 것이 어렵지 않다고 보았다. 즉 정전이란
均(의 원칙)을 세우고 度(의 방안)를 내어서 여러 전지를 셈(率)하던
것이며, 요순 때 평평한 땅에 정전을 만들고, 산릉천택이나 모난 땅들은
별도의 방법으로 해결한 것과 같은 것이었다. 그것은 方田을 이용하여
어린도로 그려내고 다시 그것을 바탕으로 정전제를 운용하는 방식이었
다. 정전의 공사 경계와 수취는 1/9의 기준이 되었지만 다산이 복원하려
한 것은 구래의 정전제가 아니었다. 모든 토지를 정전의 형상으로

만드는 것은 조선의 산천에서는 불가능하다고 했다.

다산이 제시한 정전제는 1/9법에 있으며, 사회적 분업을 전제로 하는 균세, 균직 차원의 기획안으로 제시되었다. 즉 천하의 전지를 모두 공전으로 만들 수 없는 단계에서는 우선 천하의 전지를 계산하여 1/9에 해당하는 공전을 운용하여야 한다고 하였다. 단계적으로 공전을 만들어 공개념의 뜻을 펴는 것이라고 할 수 있다.

다산의 정전에 대한 이해방식은 앞에서 보았던 방전법 단계에서 1단계 정전제로 나아가는 단서를 찾았고, 이어 2단계의 정전제를 기획하고 있었다. 즉 농업을 직으로 하지 않는 경우는 모두 제외하고 모든 농지를 '農者得田' 방식으로 농민에게만 분급하는 방안을 기획하게 되는 것이다. 농민 외에는 모두 균직에 기반을 두고 득식하게 하는 방식이다. 농자득전과 균직에 기반을 정전제 개혁안이라고 할 수 있다. 1단계 정전제에서 제시한 이념을 2단계로 전환하는 방법론이기도 하다. 정전제와 여전제는 다산을 이해하기 위한 제3의 비밀코드라고 할 수 있다.

정전을 전제개혁의 필수로 생각하면서, 田家의 黃鐘尺이 없으면 풍악소리를 조율할 수 없듯이, 정전을 만들지 않으면 田制를 완성할 수 없다는 것이다.[42] 다산은 조법 공전제에서 정전제 시행의 원리를 찾았다. 공전 1구획과 그것을 둘러싼 사전 8구획의 모형을 통해, 佃夫의 사전 8로서 공전 1을 바치니 이를 公으로 삼는 방식이다. 각 농부의 사전 100무는 모두 공전 크기와 같도록 분전하여 공전보다 크거나 적지 않도록 하였다.[43]

그러나 다산은 정전제의 원형을 훼손하지 않으면서 19세기 정전제를 구현하는 방안을 찾고 있었다. 均職과 均農을 통해 1/9세를 실현하는 방안이다. 後魏 때의 균전법을 비판하면서 선왕의 정전제를 살핀 것도

---

42) 『經世遺表』 권7, 地官修制 田制 9, 井田議 1.
43) 『經世遺表』 권5, 地官修制 田制 1, 井田論 2.

그것을 잘 보여준다. 즉 천하의 전지를 모두 빼앗아 농부에게 갈라주는 방법은 옛 법이니 천하의 전지를 계산하여 우선 1/9세를 실현하는 것도 옛 법의 반을 따르는 길이라고 하였다.[44] 나아가 天下之民 모두에게 전지를 얻도록(均皆得田) 하려는 것이 아니라 천하지민 모두 고르게 직을 받도록(均皆受職) 하려는 것을 지적하고 있다. 직을 농사로 받은 자(職農者)는 전지를 다스리고, 工者治器, 商者治貨, 牧者, 虞者, 嬪者 등에게는 각 직역에 따라 得食하도록 하는 것이다.[45]

정전제의 職農者를 위해서는 왕전을 기본 이념으로 하여 공전을 확보해야 가능했다. 즉 왕전 가운데 각 井地마다 공전을 확보하는 방안이기도 하다. 공전을 마련하는 데 드는 막대한 비용은 국가의 留庫錢을 동원하거나 광산채굴을 통해 얻은 이윤을 활용한다. 나아가 중앙의 고관대작·4군문대장·4도유수·8도감사·병사·수사·군현수령 등 관원들의 봉록을 2/10만 지급하고 나머지는 회수하여 공전 구입에 충당한다. 또한 전국의 '전지를 많이 가진 土民' 곧 지주층이 솔선하여 기증하는 '願納田'을 접수하여 공전을 확보하는 방법도 제시하고 있다.[46]

2) 여전제와 均産

정전제와 여전제는 다산 토지론을 이해하는 데 있어 커다란 논점이 되고 있다. 양자의 토지구획 방식이나 농업생산 방식이 다르기 때문이다.

다산은 정전제를 구체화시키기 전 38세 사환기 때 여전론을 기획하였다. 마지막까지 가필(필사본 전론)하는 가운데 다듬었던 것을 보면

---

44) 『經世遺表』 권6, 地官修制 田制 5.
45) 『經世遺表』 권6, 地官修制 田制 5.
46) 김태영, 2012, 「다산의 정전제론」 『다산 정약용 연구』, 사람의 무늬, 166쪽.

다산의 평생을 지배했던 발상이라는 것을 알 수 있다.[47] 다산은 정전제 시행을 위해서는 수십 년 수정, 보완이 필요하다고 보고 있다. 정전제를 누가 어떻게 추진하는가에 여전제 또한 시행여부가 달려있다는 의미이 기도 하다. 그가 언급한 여전론은 정전론과는 방법론이 같지 않지만 그 추구하는 '大義'는 같은 데서 나왔다는 의미로 주를 붙여 남겼다는 것이 밝혀진다. 그리고『書經』洪範의 '皇敍時五福 用敷錫厥庶民' 부분을 인용하면서 백성을 위한 큰 뜻이 '대의'에 있음을 언급하고 있다.

「田論」 3에서 언급한 여전법은 다산의 독창적인 발상으로 주목되어 왔다. 그 핵심은 農者得田하는 방법으로서 농민에게 집중하되, 농사를 짓지 않는 사람들은 전지를 얻지 못하도록 하는 방안을 그 출발로 하였다. 또한 25가를 閭 단위로 묶되 閭長을 두어 공동경작하고 공동분 배하는 방안을 시행하도록 하고 있다. 개인의 토지를 공유화시켜 집단 경영 방식으로 전환시키는 방식이다. 집단 생산물은 농민의 노동일수 에 따라 분배하니 노동을 많이 한 자는 당연히 소득을 많이 차지하도록 한다. 이러한 여전제 생산방식은 농민들의 항산을 풍부하게 만들어주 며 나아가 풍속과 효제를 바로 세울 수 있다고 보았다. 制産의 요체라는 것이다.[48]

여기에서 다산은 농자득전이라는 원칙을 강조하고 있다. 농민이 아닌 사 계층이나 공상층 등에게는 농지를 지급하지 말도록 하는 것이 다. 천거제나 과거제를 활용하여 벼슬하지 않는 士層을 농업에 전념케 하는 방법도 제안하고 있다.[49] 또한 사류층들에게는 농민을 돕는 방법 을 통해 그 대가를 1일 당 10일치로 환산하여 분배하도록 한다. 이는

---

47) 조성을, 2007.06,「『經世遺表』의 문헌학적 검토」『다산학』 10호 ; 조성을, 2016.12, 「해배 이후(1818~1836)의 다산-활동과 저작」『다산학』 29 ; 조성을, 2017.12, 앞의 글 ; 안병직, 2017, 앞의 책, 경인문화사.

48)『與猶堂全書』文集 권11, 詩文集, 論, 田論 3.

49)『與猶堂全書』文集 권9, 詩文集, 策問, 應旨論農政疏(戊午在谷山), 48가~50나.

9직으로 천하만민을 나누어 전문화시키고 나아가 분업화를 통해 사회 생산력을 높이도록 하는 방안을 관철시키기 위한 것이다. 19세기에 걸맞는 생산력 증대방안이라고 할 수 있다.

이 같은 농업 외 9직에 이르는 모든 분야에 대한 분업화와 전문화는 사회생산성을 극대화시킬 수 있을 것이라고 보았다. 농민을 잘 살게 만드는 制産 방법을 통해 恒産을 확대시킬 수 있도록 한다면 독립자영농 민들의 民富가 달성될 수 있다는 것을 확신하고 있다. 특히 여장의 역할을 중시하는 가운데 이들을 양민층에서 선발하여 여전의 농업경영 을 맡기도록 한다면 농민의 지위를 높일 수 있을 뿐 아니라 향촌사회의 실질적인 지도자로서의 역할까지 맡길 수 있다고 보았다. 여장의 중요 성은 마을공동체의 성패와 밀접한 관련이 있다. 즉 통치자는 백성을 위해 존재한다고 밝힌「原牧」의 내용을 보건대,[50] 여장을 통해 그 지역 의 모든 책임을 묻고 또 여전을 다스리도록 하는 것이다.[51]

여전제는 이 같은 정전론 단계로의 완성과정에서 동시에 혹은 최종적 으로 시행될 만한 제도라고 볼 수 있을 것이다. 여전론은 그의 젊은 시절 구상이 아니라 그의 토지개혁론의 시작이면서 마지막 목표라고도 할 수 있을 것이다.

지금까지 살펴보았듯이 정전제와 여전론을 통해 다산이 추구한 토지 개혁론은 현실에서 출발하되 그 대안을 제시하고 나아가 가까운 미래에 대한 이상을 제시하고 있다. 그것을 추진하는 주체에 대해서도 다산은 英雄特起之君이나 聖人을 고대하기도 하지만, '백성은 귀중하고 사직이 다음이고 군주는 경미하다(民爲貴 社稷次之 君爲輕)'라고 한 맹자를 주목 하기도 한다.[52] 다산은 전론에서 1/10세를 말하는 가운데 私家와 지주의

---

50) 『與猶堂全書』 文集 권10, 詩文集, 原, 原牧.
51) 『與猶堂全書』 文集 권11, 詩文集, 論, 鄕吏論2.
52) 『孟子』 盡心章句下 ; 『孟子要義』 卷二, 盡心, 民爲貴社稷次之章.

겸병을 없앤다면 '國與民', 즉 국,민 모두 부유해진다는 것을 말하고 있다. 국과 민은 천하의 기본축이라는 발상이다. 여전제에서 추구했던 대의는 여전의 균산을 배경으로 한 國與民의 공동목표라는 것을 알 수 있다. 『孟子要義』에 재해석된 맹자의 仁政은 이 같은 社稷[53) 국가론에 기반을 두고 있다고 할 수 있다. 군민 모두 대의를 추구할 수 있는 국가질서를 만드는 것이다.[54) 여전제에 담긴 뜻은 성인 군주보다 國與民을 우선하고 있었던 것을 주목할 필요가 있다.[55)

다산의 군주관은 〈湯論〉과 〈原牧〉에서도 잘 드러난다. 군주가 백성을 위하여 존재하는가, 백성이 군주를 위하여 존재하는가 라는 질문이 그것이다. 통치자는 백성을 위하여 존재하며 백성의 필요에 의해 통치자가 선출되는 방식을 말하는 것이다.[56) '暴君放伐을 통해 桀을 쫓고 紂를 친 것은 君主를 시해한 것이 아니라 일개 村夫를 응징한 것'이라는[57) 맹자의 언급은 다산의 군주론에도 크게 영향을 주고 있다. 다산의

---

53) 사직은 토지와 곡식에 대한 제향을 통해 국가의 안녕과 풍요를 기원했다. 종묘와 더불어 국가 그 자체를 의미하기도 한다. 따라서 '사직국가'는 조선왕조를 넘어 조선국가를 상징하는 의미로도 사용할 수 있을 것이다.

54) 다산의 국가개혁은 『경세유표』에 잘 나타나 있지만, 그의 최종 목표가 어디에 있는지 구체적으로 표현하지 않고 있다. 사직국가론이라는 용어 역시 그의 생각을 대변하는 용례로 사용할 뿐이다. 정전제 혹은 여전제를 기반으로 건설된 국가일 것이며, 공전제를 완성할 때까지 사유제를 과도적으로 인정한다는 점에서, 그러한 국가는 토지공개념을 적극 수용한 형태라 할 수 있다.

55) 다산의 국가관에 대해서는 아래 연구가 참고된다. 김태영, 2000, 「다산 經世論에서의 王權論」『茶山學』창간호. 다산학술문화재단 ; 오영교, 2007. 「『經世遺表』와 새로운 국가구상」『세도정권기 조선사회와 대전회통』, 혜안 ; 강석화, 2013, 「다산의 중앙정부조직안과 관료제의 공적 운영」『다산과 현대』6호 ; 김용흠, 2014, 「다산 실학의 성격과 국가 구상-21세기 유학의 변용 가능성 탐색」『한국학논집』 56.

56) 林熒澤, 1990, 「茶山의 '民'主體 政治思想의 이론적·현실적 근저 : 「蕩論」「原牧」의 이해를 위하여」『碧史李佑成敎授定年退職紀念論叢 民族史의 展開와 그 文化』하 ; 姜萬吉 외, 1990, 『茶山의 政治經濟思想』, 창작과 비평사 ; 안외순, 2001, 「茶山 丁若鏞의 정치권력론의 성격」『東方學』 7, 韓瑞大 附設 東洋古典硏究所.

57) 『孟子』梁惠王 章句上.

군주론은 한 걸음 더 나아가 왕정의 실현에 있다기보다, 정전제나 여전제를 통해 균산이 실현되는 국가를 염두에 두고 있는 것은 아닐까 한다.

4절 다산의 토지개혁론과 토지공개념

다산의 토지에 대한 개혁론은 냉정한 현실인식 위에서 출발한다. 동시에 그러한 비판의식은 현실에 머물지 않고 대안으로 제시된다. 양전제 대신에 방전법과 어린도설 방법을 도입하여 그 폐단을 일거에 제거하는 것이다. 나아가 다산은 방전법과 어린도설을 기반으로 정전제를 기획하고 있다. 다산의 정전제는 방전법을 통해 실현가능한 범주로 재인식되고 있었다. 이 같은 다산의 정전제는 점진적으로 정착되면서 나아가 농민 외의 모든 직역에 均職을 실현할 수 있는 기틀을 마련하는 데 목표를 둔다.

다산학은 과거 『주례』 정전제의 원리를 복원하는 방법을 가장 현실적인 방법을 찾아서 제시하되 가까운 미래에 실현가능한 방법을 동시에 설계하고 있다. 현실의 양전제를 개혁할 수 있는 방안을 고민했고, 그 단서를 방전법과 어린도설에서 찾았던 것이다. 방전법의 측량 원리를 통해 모든 토지를 국가가 파악한 후 정전제를 시행할 수 있는 근거를 열었다. 나아가 1/9세를 실현하여 정전제 옛법의 반을 실현하는 길을 보여주었다. 38세 때의 여전제는 그의 말년에까지 폐기되지 않은 채 실현될 것을 기다리면서 다듬어지고 있었다.

다산의 중층적인 토지 기획론은 현실의 모순을 바탕으로 대안을 찾는 동시에 가까운 미래에 이상을 실현하는 방법을 제시한다. 양전제에 대한 현실인식을 『목민심서』에서 제시했다면 그것에 대한 개혁과 대안을 『경세유표』에서 언급하는 방법이다. 유집일의 방전법이 실패했지만 그것을 기반으로 어린도법을 단행할 것을 말한다. 정전난행설을 비판하는 가운데 정전가행설의 근거를 제시함으로써 점진적이며 단계적으로 현실을 뛰어넘을 것을 권하는 방식이다. 다산의 개혁론은 현실과 이상을 제시해 주고 나아가 선택을 하게 하는 중층적 기획론을 보여준다.

다산이 기획한 토지공개념은 양전제 단계에서 방전법, 어린도설 단계를 거쳐 정전제 기획을 통해 만개한다. 양전법은 형식적 균세론을 통해 조종성헌으로서의 양전 균세론을 고수하고 있었지만 다산은 그러한 균세론을 과감히 혁파할 것을 제안한다. 방전법과 어린도설은 양전제의 모순을 일거에 혁신하는 동시에 왕토왕전을 회복함으로써 전제문란을 해결하는 방안을 찾고 있다. 방전측량과 어린도법에 의한 토지파악은 은결뿐 아니라 진황전에 이르기까지 모든 토지를 국가가 파악하고 나아가 그 수익을 민에게 돌리는 방법을 제시하고 있다. 이 같은 방전법 단계의 공개념은 중간수탈을 방지하는 동시에 그 수익을 공으로 환원시키는 방안이다.

정전법과 여전제 단계에서 제시된 다산의 토지기획론은 均職과 均産을 중심으로 한 공개념이라고 할 수 있다. 1/9, 1/10세 수취를 통해 정전제의 이념을 실현하는 동시에 여전론 단계에서는 농자득전과 공동노동, 공동분배를 통한 민부 창출로 나아간다.

다산의 토지 공개념은 19세기까지의 사적소유권을 인정하는 가운데 토지 공개념을 창출하는 방안을 제시했고 나아가 그것을 단계적이고 점진적으로 왕토왕전으로 전환시키는 발상을 보여주고 있다.[58) 王田(왕토)이념을 전제로 私田을 공개념으로 전환시키는 동시에 점차 公田

---

58) 최윤오, 2019.6, 「다산 정약용의 여전제와 토지공개념」 『동방학지』 187.

확보를 통해 정전제와 여전제의 이상을 달성하는 방식이다. 이 같은 다산의 단계적 인식론의 형태야말로 다산 정전제론에 깃들여있는 중층적 역사인식이며 다산만의 실천방법론이라고 할 수 있다.

다산에게 마지막으로 가장 궁금한 질문이 하나 남는다. 다산은 자신의 토지기획안을 실천하는 데 있어 종종 국왕의 위로부터의 입법이 중요하다고 말하고 있다. 그와 달리 아래로부터 제기되어 나타나는 새로운 질서에 대해 예측하며 그것에 대해서도 대비를 하고 있었는가 하는 의문이다. 즉 미래의 혁명적 지식인이나 농민들에게 『경세유표』는 하나의 비결이나 운동방략의 근거가 되고 있었는데 그것은 과연 다산이 예측한 것이었는가 하는 점이다.[59]

다산의 『경세유표』는 현실에 기반을 둔 역사인식은 물론 이상을 실천하기 위한 방안까지 다양한 층위로 제시되고 있었다. 어떤 것을 실천하는가는 그것을 실천하려는 자에게 선택하게 하는 것이다. 그런 의미에서 『경세유표』에는 여러 가지 비밀코드가 심어져 있으며 독자로 하여금 찾아가게 만들고 있다. 얻으려 하는 자로 하여금 그만큼 얻게 만들고 있다는 점에서 다산의 저작은 21세기에도 유효하다고 본다.

[본장은 「다산 정약용의 토지개혁론과 현실인식」(『동방학지』 190, 2020.3)을 수정하여 전재하였음]

---

59) 이와 관련해서 1894년 농민전쟁이나 1946, 1949년 남북한의 농지개혁과 토지개혁, 그리고 이후의 토지 공개념 발상과 관련된 부분에 대한 연관성이 검토될 필요가 있을 것이다.

맺음말

    본서에서는 '조선후기 양전사업과 토지개혁론'을 통해 중세적 소유의 양극화와 그에 대한 토지개혁론의 추이를 살펴보았다. 즉 양전론과 방전론, 정전론 계열의 3단계 토지지배 방식을 검토함으로써 각각의 논의가 균세론, 균세균역 절충론, 균산론을 지향하고 있었다는 점을 확인할 수 있었다. 이와 같은 3단계 토지개혁론은 다산 정약용에 의해 체계화되는 가운데 균산론으로 집약되고 있었다. 균세론의 모순을 해결하기 위해서는 균세균역의 방법론을 통해 균산론을 지향하는 단계적이고 점진적인 방법론을 통해 추구되어야 한다는 것이다.

    아울러 토지개혁론의 3단계 개혁론을 통해 조선의 유자들이 추구했던 국가적 지향과 그 차이점을 확인할 수 있다. 즉 각각의 개혁론을 통해 새로운 국가를 건설해 보고자 했다는 점을 주목하는 것도 본서의 목표이기도 하다.

    조선 정부의 양전사업과 균세책은 중세국가의 토지지배 방식과 농정책의 성격을 잘 보여주는 핵심적인 정책이다. 특히 1720년 경자양전사업과 경자양안은 중세국가의 농민통제와 토지지배 방식을 잘 보여준다. 조선의 양전사업은 비록 균세론을 표방하였지만 토지모순과 삼정문란을 심화시키는 결정적인 요인이 되었다. 이에 대한 대책을 양전론을 통한 균세론에서 찾을 것인지 아니면 토지개혁을 통해 근본적인 대책을 세울 것인지에 대한 논의로 크게 나뉜다. 이를 추적하는 것은 중세국가의 위기와 그에 대한 새로운 국가건설론을 살펴보는 계기가 될 수 있을 것이다.

조선국가의 양전사업은 '농자천하지대본'이라는 명분하에 기본적인 농정책으로 시행되고 있었다. 또한 양전사업을 통해 파악된 토지는 균세론이라는 명분에서 출발하고 있었으며, 균부균세를 통해 국가재정을 확보하는 동시에 농민의 항산을 보장하고자 하였다. 그러나 조선후기에 이르면서 토지불균과 삼정문란이라는 체제위기에 직면하게 되면서 근본적인 대책을 강구하지 않을 수 없게 되었다. 가장 먼저 주목된 것이 사적소유의 발달로 인한 토지불균과 삼정문란의 심화현상이었다. 이러한 가운데 제시된 토지개혁론은 정부층의 양전 균세론의 모순을 해결하는 방안과 개혁적 지식인들의 방전법 혹은 정전법 계열의 개혁으로 나타나고 있었다.

정부측은 세종대 공법을 조종성헌으로 준수하는 가운데 양전 및 전제 개혁을 단행하는 대책을 세우게 된다. 영정법과 대동, 양전사업으로 이어지는 일련의 개혁조치가 그러한 정부측 대책이라고 할 수 있다. 이에 대해 개혁적 지식인들은 수취제 개혁 차원이 아니라 토지불균으로 야기된 恒産 문제를 거론하기에 이른다.

조선정부의 수취제 개혁은 인정과 덕치 차원의 개선책이었다. 공법이라는 제도는 더할 나위 없는 균세책이었지만 탐관오리의 횡포 때문에 수취제의 문란이 나타난다는 원칙론에서 출발했고 모든 개선책은 이같은 균세론 차원의 현상유지론으로 제시되고 있었다. 보다 근본적인 대책은 균세 차원을 넘어 균산 차원에서 거론되어야 했지만, 정부지배층의 입장은 '無乃何'라는 변통 불가론의 입장을 취할 뿐이었다. 근본대책을 마련하기 어렵기 때문에 나온 '어찌하겠는가?'라는 태도는 균세를 완성코자 하던 정부측 의지였지만, 한편으로는 그 이상의 근본적 대책은 나올 수 없다는 것을 보여준다.

　개혁적 지식인들은 정부측의 조세 개혁 차원이 아니라 소유 차원의 개혁을 주장하기에 이르렀다. 양전사업으로는 농민의 몰락을 막을 길이 없으며 양극화를 가속화시킬 따름이라는 것이다. 반계 유형원 이후 다산 정약용에 이르는 제반 개혁론은 이 같은 소유 개혁에서 시작하여 '항산'의 문제를 해결하는 방안을 제시하기에 이른다.

　제1부에서는 공법의 제정원리와 조선의 양전 균세론이 정착되는 과정을 밝히고자 하였다. 또한 이 같은 균세론은 사적소유의 전개와 발전을 촉진시키고 있었으며 수조권의 소멸과 소유권의 발달과정을 통해 소유권의 집적과 편중이 확장되는 계기가 되었다. 특히 신분제와 권력을 배경으로 토지편중이 가속화되었다는 점에서 양전 균세론 정책은 사적소유의 양극화를 가져오고 있었다.

　공법은 조선국가의 전통적인 결부제의 핵심 논리로서, 세종의 공법 제정을 통해 什一稅에 기초한 수세법의 토대가 되었다. 공법은 하은주 시기의 貢法·助法·徹法 가운데 가장 이른 시기의 1/10세와 전제 운영 원리를 하나라 공법으로 이해하고, 그것을 조선국가의 전제개혁 원리로 재해석한 것이다. 특히 세종 공법은 전분 6등과 연분 9등을 통해 가장 공정하고 정밀한 수세법을 제정하고자 하는 가운데 조선의 결부제로 재탄생하게 되었다. 그리고 그것은 조선후기에 이르기까지 田政의 핵심 원리로서 작동하게 되었고 균부균세의 명분에 기초한 田制 운영의 정책적 토대가 되었다.

　특히 세종의 공법과 맹자가 거론한 하은주 시대의 공법·조법·철법과의 유사점과 차이점을 검토함으로서 동양의 이상적인 전제개혁론이 조선에 토착하는 과정을 균세론에 초점을 맞추어 제정하였다는 것을 확인하였다. 그리고 그 가운데 세종이 선택한 공법의 원리를 추적하면서 조선적 공법의 원리와 성격을 밝혀내었다. 이 같은 과정을 통해 세종을 중심으로 한 일련의 개혁 추진세력이 이상적으로 검토했던 古制가 공법으로 나타났고 그러한 공법의 원리가 균부균세를 실현하려는 민본정책으로 나타났다는 점을 추적하였다.

이 같은 공법 제정 과정은 균세를 실현한다는 명분론을 제시하게 되지만, 농민에게 항산 및 균산을 제공하지 못했다. 명분론적 균세론은 소유의 불균을 초래하게 되었고, 부익부 빈익빈 현상을 가속화시키는 가운데 체제위기를 심화시키는 근원이 되었다. 이는 결국 조선후기의 전정 문란의 원인이 됨으로써 조종성헌에 대한 개혁안이 대두되는 배경이 되었다.

한편 균세론과 관련하여 주목될 필요가 있는 점이 주자의 경계법이다. 조선의 유자들이 주자도통론을 계승하는 가운데 주자의 정치사상을 수용했지만, 한편으로는 주자의 경계법 조차 받아들이지 않았다는 점이 주목될 필요가 있다. 즉 주자의 경계법은 송, 명 이래의 어린도책 시행을 통해 토지에 대한 철저한 파악을 전제로 균부균세를 실현하려 했던 중국 정부의 혁신적인 양전 수취법이라고 할 수 있다. 그렇지만 조선에서는 방전법 원리로서의 경계법 조차 수용하려 하지 않았으며, 어린도법이나 어린도책을 작성하려 하지도 않았다.

조선후기의 양전 결부제 정책은 주자의 사상을 수용하는 과정에서도 주자 경계법을 받아들이지 않고 세종의 양전 결부제를 고수했다. 조선의 양전 균세론은 이 같은 양전 결부제를 통해 조종성헌으로 받들어지는 가운데 什一稅 수세정책의 핵심으로 자리잡게 되었다.

주자의 경계법은 방전법의 원리로 기반을 두고 명나라 어린도책의 시행배경이 되기도 하였지만 조선에서는 그것을 수용하지 않았던 것이다. 방전법이란 모눈종이에 일정 면적의 토지를 낱낱이 그려내는 방안으로서 쉽고 간편하기 짝이 없으며, 이 같은 과정을 통해 작성된 어린도책이란 모눈종이에 물고기 비늘모양처럼 그려 넣은 토지문서를 가리킨다. 토지측량에 관한 개혁방안을 통해 국가의 토지파악을 완성하는 동시에 은결이나 여결, 또는 진전 등의 발생을 일목요연하게 파악하는 요체이다. 남송의 주희(주자) 경계법을 통해 제시된 어린도법이 명나라 어린도책을 통해 시행되었듯이, 그것을 조선적 방전법으로 수용하지 않고 결부제를 통해 농정책을 완성하고자 했던 조선 균세론의 특징을 확인할 수 있었다.

특히 주자 성리학을 도통으로 여겨 조선의 정치이념으로 주자학을 수용했던 유학자들에게 있어서 왜 주자 경계법이 수용되지 못했던가 하는 점은 큰 의문이다. 균세론을 기본 정책으로 채택한다고 하였을 때 주자의 경계법을 채택하지 않고 양전법에 그친다는 것은 균세론의 형식적인 부분만 수용하고 어린도책을 통해 토지뿐 아니라 토지와 결합된 인구를 파악하지 않았다는 점에서 더욱 그러하다.

조선의 균세론은 이 같은 배경 때문에 양안에 파악된 사적 소유를 기반으로 시행되게 되면서, 토지소유의 편중과 농민의 몰락을 막을 수 없는 명분론상의 균세론으로만 작동하게 되었다. 양전사업에서 나타난 가장 커다란 문제로서 은결, 진결 등의 명목으로 장부에서 누락시켜 수세결을 축소시키는 행위 외에도 향리층과 재지세력 간의 결탁을 통해 전결세 부담에서 빠져 나가는 것을 막을 방법이 없었고 오히려 그것을 관행으로 용인하는 추세가 되었던 것이다. 이로 인해 소농민들은 군현 면리에 부가된 총액제 세금을 전담하지 않을 수 없었고 삼정문란의 폐단을 공동납의 형태로 부담해야 하는 상황이 되었다.

나아가 조선후기의 '起耕者爲主'의 개간정책을 배경으로 사적소유가 확대되기 시작하였으며 점차 토지불균 문제는 농민의 양극화를 심화시 켰다. 이와 같이 양전 균세론에 기반을 둔 농정책을 시행하는 경우 토지불균과 농민몰락을 막을 길이 없었기에 토지개혁을 추진했던 개혁 자들의 경우 정전제 원리를 추구하는 방안으로써 사전 혁파와 공전제 원리를 결합시키게 되었다. 이 같은 농민의 항산과 국가재정 확보를 위해 사적 소유에 대한 통제와 공전 확보를 우선적으로 검토하게 되었고, 나아가 이 같은 토지개혁론을 시행하지 않는다면 사유제의 발달과 토지불균 문제는 해결하기 어렵다고 보았다.

즉 정부의 양전 균세론을 통해서는 유교의 기본적인 항산을 해결할 수 없으며, 정전과 균전의 원리를 결합시킬 때 비로소 농민의 항산을 해결할 수 있다고 보게 되었던 것이다. 이 같은 토지개혁론의 원형은 주자의 경계법을 어떻게 수용하고 있었는가 하는 점에서 출발했기 때문에 조선시기 토지개혁론의 추이를 검토할 때 양전 균세론이 미친 영향을 검토하는 것은 매우 중요하다. 즉 양전 균세론은 결과적으로 토지개혁론을 통해 그 역사적 성격이 드러날 수밖에 없다는 점을 확인할 수 있었다.

제2부에서는 조선후기 양전론을 통해 토지소유권의 발달과정을 주목하고자 하였다. 조선 정부는 주자의 경계법이 아니라 양전 균세론을 택했다. 이에 따라 양전 균세론의 명분 하에서 1720년 경자양전사업이 추진되었고 나아가 그를 통해 양안이 작성되었다. 조선후기의 양전론은 토지소유권의 발달을 촉진시켰고 정부층의 균세 목적과는 별개로 토지불균과 삼정문란의 양상을 심화시켰다.

양안은 조선의 토지와 농민의 결합방식을 파악하여 수세의 기초자료로 기능했지만, 양안 작성과정에서 나타나는 은결 및 진전 등의 모순을 해결하지 못한 채 전정 운영의 모순을 악화시키는 배경이 되었다. 나아가 토지불균을 바로잡지 못한 채 총액제에 기초한 수취 방식으로 작동하게 되면서 양전 균세론의 명분은 근본적인 대책을 제시하지 못한 채 농민의 항산은 커녕 균세론의 명분을 보장할 수 없게 되었다.

17·18세기 조선은 兩亂 이후 피폐해진 경제적 토대를 일으키기 위해

전국 차원의 전결 파악과 그것을 중심으로 한 통일적인 수세방식을 마련해 나갔다. 곧 17세기 전시기에 걸쳐 진행된 대동법의 시행과 함께, 세종 貢法에서 정해진 20두 정액세가 永定法에 의해 4두로 고정되게 된 것이 갑술양전(1634) 이후의 일이다. 또한 17세기 말까지 답험경차관에 의해 유지되던 給災 방식이 比摠法으로 대치되는 가운데 전세제도 전반에 걸쳐 커다란 전환을 가져온다. 1720년의 경자양전사업은 이 같은 변화를 능동적으로 수용하기 위한 토지조사사업이었으며 이를 바탕으로 균세론적 토지 지배방식을 정착시키게 되었다.

17·18세기 양전법이야말로 토지와 결합된 농민에 대한 정부의 파악방식인 동시에 균세정책의 핵심 원리로 작동하였다. 양안 상의 起主는 '起耕者爲主'의 원칙을 근거로 해당 토지의 전답주로 파악되는 동시에 납세자로 기록되게 된다. 이 같은 과정은 농민의 소유권을 근거로 납세권을 결합시키는 과정이기도 하다. 양안의 성격을 이해하기 위해서는 이 같은 소유권과 수세-수조권 차원의 두 측면을 결합시켜 이해할 필요가 있다. 국가의 입장에서는 양안을 조세 수취의 기본대장으로 삼기 위해 田主(起主, 時主)를 파악하고 그들에게 제반 부세를 부과하게 된다. 이때 그들 전주를 납세의 주체로 인식하되, 해당 토지에 대한 기경(개간)의 권리를 인정하여 소유권자로 기록하는 과정을 보여준다. 양안의 전주, 답주를 납세자로 기록하는 과정을 통해 그들을 소유권자로 동시에 등록하는 방식이다.

이와 같이 양안은 소유자와 납세자를 동시에 일치시켜 농민과 토지를 파악하고자 했다. 그러나 이 같은 소유자와 납세자 파악방식은 이상적인 양안의 목표에 지나지 않았다. 제반 토지불균과 빈부격차는 이같은 양전사업과 양안작성을 통해 반복되면서 심화되고 있었다. 토지대장의 역사를 보더라도 실명을 기재한 것은 현대에 이르러서 비로소 가능할 정도였다는 것을 안다면 당시의 양안 문제는 아주 심각한 수세불균 및 토지불균 문제를 야기시킬 수 있었을 것이다. 양안은 토지소유권자를 납세자와 일치시켜 수취하고자 했던 자료였기 때문에 해당 토지에 대한 소유권뿐 아니라 경작권, 이용권 등에 이르기까지 명확한 근거가 될 수 있었지만, 양안만으로는 완전한 문서로 작동하기 어려웠다.

양안은 소유권 대장으로서의 역할뿐 아니라 동시에 토지의 위치를 확인할 수 있도록 田形과 四標를 기재하고 있고, 나아가 토지의 비옥도인 전품 6등과 생산력을 가늠할 수 있는 結負를 기재하여 해당 토지의 가치를 판단할 수 있다.

이러한 양안의 종합적이며 복합적 기능은 오늘날 ① 土地臺帳(또는 建築物臺帳)과 ② 地籍圖(林野圖), ③ 結數連名簿, ④ 公示地價, ⑤ 土地(建物)登記簿로 세분화되었다. 田主(時主)는 토지대장에서 다시 재확인되게 되고, 田畓圖形(方·句·圭·梯·圓形 등)은 地籍圖로 정밀화되며, 田品6等에서 표현된 비옥도는 公示地價를 통해 가치평가의 기준이 된다. 한편 토지매매나 상속·저당 등의 요인이 발생하게 되면 그것을 매번 확인할 수 있는 문기가 필요한데 양안에서는 이것을 수용할 공간이 없다. 이것은 개별 차원의 문기(賣買·相續·典當·贈與 文記)를 통해 확인하는 방식을 택하고 있었다.

양안은 소유권의 근거자료로 이용되었지만 후대의 기록문서처럼 완전한 기록이 되기 위해서는 보완자료가 필요했다. 수취자료로서 만들어진 행심책, 깃기가 납세자를 파악하기 위한 지방의 공문서였다면, 소유권의 근거를 증명하기 위해서는 양안을 근거로 개별적으로 입안 과정을 거쳐야 했다. 이 같은 점에서 양안은 후대의 토지대장, 지적도, 결수연명부, 공시지가 및 등기부등본의 양식으로 분화되기 이전의 복합적 토지문서였기에 그 기능과 역할이 완전히 분화되지 못한 공문서였다. 양안의 한계는 근대국가의 토지조사 기록이 완비됨에 따라 점차 극복되게 된다.

양안 작성은 20년 원칙을 중심으로 전국적 양전을 시행한다는 법규정이 존재하지만, 제대로 시행되지 못했다. 이때의 양전사업과 양안 작성이 행해지지 못했다고 해서 양안의 한계와 양전사업의 문제점을 지적하지만, 조선 정부에서는 그것을 별도의 문서, 즉 행심책과 깃기 등의 수세대장을 작성하여 보완하고 있었던 것이다. 이 같은 과정에서 해당 납세자는 토지와 다시 긴밀하게 결합되게 된다.

  양안이야말로 조선국가의 토지지배의 상징이기도 하지만, 매번 변하는 소유권자를 반영할 수 있는 방법을 마련할 수 없었다. 또한 양안은 국가의 수취를 목적으로 한 자료였다는 점에서 농민의 항산을 보호해줄 수 없다는 근본적인 한계 또한 내재한다.

  즉, 양전사업은 양안을 통한 토지지배와 결부제를 기반으로 한 수세 원리를 정책적으로 제시하고 그것을 통해 국가재정을 확보하는 과정이라고 할 수 있지만, 그 의도와는 반대로 정부의 균세론적 수취 원리가 농민의 몰락과정을 촉진시켜 갔다고 할 수 있다. 양전 균세론의 정책적 실현은 결과적으로 농민을 토지에서 축출하는 한편 양반지배층의 대토지소유를 가속화시키는 배경이 되었다고 할 수 있다.

  결국 양전사업은 농민의 토지소유권을 보호하지 못한 채 명분론적 균세론 차원에서만 시행되었다는 점에서 토지불균의 모순을 더욱 심화시키는 원인을 제공했다. 이러한 양전론과 양전사업의 모순을 직시한 개혁적 지식인들은 그것을 개혁할 수 있는 방안을 제시하게 된다.

  특히 17세기 양란 이후 토지불균이 극심해지는 가운데 국가재조 차원에서 토지개혁을 행해야 한다는 논의가 나왔는데 반계 유형원의 공전법이 그것이다. 반계의 토지개혁론은 사적소유가 극대화되면서 토지소유의 양극화가 심화되자 이 같은 사전을 공전으로 환원시켜 농촌사회를 안정시키고 농민에게 항산을 제공하는 동시에 국가재정을 충실하게 하자는 것이다. 이들에 의해 제시된 토지조사와 토지개혁론의 전통은 기존의 양전법에 대한 문제제기를 통해 새로운 사회개혁안을 제시하고자 했던 점에서 가정 먼저 주목될 필요가 있다.

또한 이 같은 논의가 나오게 된 것은 양전사업의 결과 사적소유가 더욱 발달하게 되면서 토지소유의 양극화가 극심해졌다는 점을 보여준다. 정부층의 균세론은 중세의 토지소유권 발달을 막을 수 없었고, 신분제를 배경으로 더욱 확대될 수밖에 없었다.

제3부에서는 양전법의 모순을 해결할 수 있는 토지개혁론의 계보를 살펴보았다. 17세기 반계유형원의 공전제와 18세기 유집일의 방전법, 그리고 19세기 초 다산 정약용의 정전제와 여전론의 흐름을 개괄하고, 그것을 통해 조선국가의 양전 균세론의 모순을 어떻게 해결하고자 했는지를 살펴보고자 하였다.

조선 정부의 양전법에서 제시했던 명분론적 균세론에 머무는 것이 아니라 농민에게 항산 및 균산을 제공할 수 있는 방안을 찾는 것이다. 양전법은 당시의 토지사유와 빈부불균 문제를 해결할 수 없었다. 따라서 개혁적 지식인들에게 있어서는 양전법으로 해결할 수 없었던 토지불균의 문제를 해결하는 방안을 찾는 것이 최우선 과제였다.

시기적으로는 17세기 양란 이후의 국가위기를 해결하고자 반계 유형원의 『반계수록』이 가장 선구적이며 동시에 조선국가 차원의 체계적인 토지개혁론으로 주목된다. 반계는 조선국가를 재조하기 위해 공전법을 필두로 하여 국가 전반의 개혁 방안을 제시했다. 반계의 공전법은 사전 혁파를 통해 공전제 국가를 지향하는 개혁론이라고 할 수 있었다. 공전법은 농민의 항산을 보장하고 국가재정을 충실하게 만드는 重民勤國 방법론이라고 할 수 있었다. 반계의 공전론은 이 같은 사적소유의 개혁에서 출발한다.

반계 유형원의 토지개혁론은 실학자들의 토지개혁론 가운데 가장 웅대한 국가개혁론이었다. 『반계수록』은 18세기 중엽 영조에 의해 주목되는 가운데 국가 차원에서 재간행되기에 이르렀다. 그러나 이 시기 반계에 대한 주목은 당시기 정부에서 실현 가능한 제도로서 『반계수록』을 참조하는 데 그쳤지, 반계의 공전론 등 토지개혁론을 추진하기 위해서 간행한 것은 아니었다. 반계의 구상은 17세기 양란으로 황폐화된 조선국토를 개혁하기 위한 방안이었고, 그것은 전란 이후였기 때문에 가능하지 않겠는가 하던 점에서 주목된 기획안이었기 때문이었다. 이른바 정전가행론의 차원에서 제기된 조선식 정전제 시행방안이라고 할 수 있었다.

이는 기존의 연구에서도 주목되었듯이 평양 기전론을 통해 확인된 전자형 정전제를 조선 고유의 정전제로 보고 그것을 17세기에 맞게 적용하고자 했던 것이다. 이 같은 공전제는 전쟁으로 폐허가 된 국가 개혁론의 근거로 주목되었다. 17세기 조선국가의 재조를 위한 토지개혁론이라고 할 수 있다.

반계의 개혁론은 17세기 양란 이후의 국가재조의 방향을 重民勤國에 설정하고 국가 전반의 개혁을 공전론을 통해 달성하고자 했다는 점에서 주목된다. 또한 성호 이익을 거쳐 다산 정약용에 이르러서는 반계의 개혁안이 전란 후의 조선 토지제도를 일거에 개혁해야 한다는 점에서 특징이 있다면, 18·19세기 상황에서는 점진적이고 단계적인 개혁안이어야 한다는 점을 주목했다는 점에서 개혁론의 차이가 있다. 반계의 개혁론이 전쟁 후 전 국토가 파괴된 상황하에서 비로소 가능하다고 생각한 공전제 개혁론이라면, 다산의 개혁론은 단계적이며 점진적으로 개혁해야만 해결될 수 있는 방안으로서 정전제와 여전론 차원의 개혁론이었다.

18세기 유집일의 방전법은 획기적인 양전 측량법이면서 동시에 균세, 균역을 해결할 수 있는 절충론이라고 할 수 있다. 여기에서의 절충론이란 균세론과 균산론을 연결시키는 방법론이면서 동시에 균산론을 해결하는 필수적인 방법론이라는 의미를 지닌다.

다산은 유집일의 방전법을 주목하였고, 그 전통이 정전법에서 출발했다는 점에서 자신의 개혁론의 출발점을 방전법에서 찾았다. 더 나아가 다산은 방전법을 정전법 시행을 위한 전제로 생각했다. 또한 양전법의 모순을 해결하기 위해 방전법을 제시하는 동시에 정전법 시행을 위한 방안으로 방전법을 주목했다는 점이 특징적이다. 방전법이야말로 정전법을 시행하기 위해 반드시 거쳐야할 양전법 개혁의 첫 단계였던 것이다. 이렇듯 다산의 토지개혁론은 본고에서 살펴본 양전법, 방전법, 정전법의 3단계 개혁론의 완성태를 그대로 보여준다. 즉, 유집일의 방전법을 계승하는 동시에 다산의 토지개혁론을 완성시키는 필수 단계로 주목된다. 다만 유집일의 방전법은 양전측량술로서의 방전법에 머물렀지만, 그것을 잘 아는 다산의 경우 방전법을 완성해야 비로소 정전법과 여전법을 시행할 수 있다고 보았던 것이다.

유집일의 방전법은 획기적인 측량법으로써 시험되었고 후대 정약용에 의해 다시 주목된 측량법이기도 하다. 이 같은 방전법은 황해도 3개읍 차원에서 시험적으로 시행되었으며 결과는 2~3배에 이르는 황무지를 찾아내기에 이르렀다. 그러나 그러한 방전 측량법은 논밭의 귀퉁이에 돌과 흙무더기로 돈대를 쌓아 표시하는 방식으로 모든 토지를 그려내는 방식이었다. 한 고을의 토지 전체를 빠짐없이 정방형의 모눈 종이에 그려 넣을 수 있었다. 그러나 이 같은 토지수괄 방법에 대해 대토지소유자들을 비롯하여 아전, 이속배들은 망전법이라 하여 모든 토지를 그물망으로 쓸어 담듯 빠짐없이 토지를 파악한다고 비판하면서 반대하였던 것이다. 이른바 진전이나 은결 등의 토지를 모두 파악해 내었기 때문이었다.

다산은 후대에 유집일의 방전법이야말로 조선정부의 양전 결부제

모순을 일거에 해결할 수 있는 획기적인 방안으로 생각했다. 양전 결부제는 6등전분법과 9등연분법을 통해 전답의 비척이나 풍흉에 따라 수세를 하는 방식으로 부세수취를 기준으로 토지면적을 결수로 파악하였다. 이 같은 양전 결부제는 국가의 전세수취를 기준으로 운용되었기 때문에 모리배들의 농간이 끊임없었다. 다산은 이 같은 양전 결부제의 폐단을 혁거하는 방안으로 방전 경무법을 주장하였다. 일정 면적을 기준으로 부세를 수취하는 방식으로서 결부 양전제의 수취방식과 정반대의 방법이었다. 국가의 철저한 토지관리를 통해 부세수취를 안정시킬 뿐 아니라 농민의 몰락을 막을 수 있는 방안으로 생각했다.

다산의 방전법 연구는 방전 측량법을 단행하는 데 일차적인 목표가 있었지만, 거기에서 머문 것이 아니라 한 단계 더 나아가 농민의 항산, 즉 균산을 실현하려 했다. 다산의 정전제와 여전제 구상이 그것이다. 다만 그것을 조선의 현실에 맞게 정전제 토지구획을 행하는 것이 아니라 방전 형태의 기본적 파악 방식을 통해 정전제 이념을 실현시키는 것이다. 방전법을 이용해 모든 토지를 어린도설로 그려낸 후 정전제 혹은 여전제를 시행하는 방법이다. 다산은 이 같은 정전제, 여전제 시행을 급진적인 방법으로 추진해서는 안된다고 하였다. 단계적이며 점진적인 방법을 통해 그 원리를 실현시킬 수 있는 개혁자가 나타날 때 비로소 가능한 방법으로 생각했던 것이다.

19세기 『목민심서』와 『경세유표』를 통해 사회 전반의 개혁을 제시했던 다산 정약용의 토지개혁론은 기존의 실학을 종합했다는 점에서 주목되며, 특히 균산론이라는 차원에서 기존의 토지개혁론을 보완하고 있다는 점에서 보다 완결된 개혁론으로 주목된다. 즉 방전법을 통해 기존의 양전법의 모순을 해결하는 방안으로써 점진적이며 단계적으로 개혁절차를 진행함으로써 궁극적으로는 균산을 제공하는 방안을 마련하는 것이다.

다산의 정전제와 여전제 개혁론은 농자득전의 원리에서 출발하되 9직에 기초한 분업적 직역에 기초한 획기적인 소유-경영 개혁론이다. 그 궁극적인 목표는 양반지배층의 균세론을 넘어 방전법의 균세-균역 절충론을 계기로 하여 농민의 균산을 달성하는 것이다.

본책에서는 조선시기의 양전사업과 토지개혁론을 세 계통으로 나누어 살펴보았다. 시기적으로는 세종 공법에서부터 자리잡게 된 양전 균세론을 가장 먼저 검토하였다. 정부층의 양전 균세론은 17세기 양란을 거치면서 농촌위기를 심화시키는 요인이 되었고 이에 여러 가지 국가재조론이 나타나기 시작했다. 양전론의 대안으로써 먼저 주목될 수 있는 것이 반계 유형원의 공전제였다. 다산의 경우 반계의 공전제와 다른 정전제－여전제를 구상하였다는 점에서 반계를 계승하였지만, 차이가 있다면 과도적 방안으로써 방전법을 주목하였다는 점이다. 그리고 소유권 차원을 넘어 경영권 차원의 개혁론을 확인하였다는 점에서 일단계 진전된 개혁론을 제시하게 되었다. 방전법을 거쳐야만 정전제나 여전제를 단계적으로 시행할 수 있다는 방법론을 제시한 것이다.

따라서 토지개혁론의 흐름은 양전법, 방전법, 그리고 정전제 계열의 토지개혁론으로 체계화시켜 검토될 필요가 있다. 이와 같이 세 계통의 토지개혁론은 현실인식뿐 아니라 역사인식 수준에 있어서도 대단히 커다란 차이를 보여주었다. 양전사업에 의해 조선 말까지 추구되었던 정부층의 양전 균세론은 농자천하지대본의 기본 농정책이었지만 토지 불균과 삼정문란을 심화시키는 동시에 체제위기를 심화시킬 뿐 해결방법을 찾지 못했다는 점을 보더라도 대단히 체제 보수적인 정책이었으며, 양전 균세론의 형식적 명분론을 앞세운 농민통제책이었다고 할 수 있다.

그에 비해 양전제의 모순을 해결하는 방안으로서는 방전법을 시행하는 방법을 통해서만이 농정책에 대한 개혁이 가능하다고 생각한 것이 실학적 개혁론의 핵심이다. 다산은 특히 양전법과 방전법, 정전법을 『목민심서』와 『경세유표』를 통해 단계적이고 점진적인 방법론을 제시하기에 이르렀다. 그리고 그것을 실현시킬 수 있는 방안으로써 정전제 혹은 여전제를 시행 가능한 방법으로 제시했던 것이다. 방전법이 그 핵심이며 그것을 일거에 사유지를 박탈하는 것이 아니라 수백 년에 걸쳐 완성시켜야 하는 단계적이며 점진적인 농정책이었다.

본책에서 검토한 3단계 토지개혁론의 핵심은 토지불균의 문제를 해결하기 위한 대안이다. 특히 토지의 공개념을 주목하고 공전제나 정전제, 또는 여전제를 통해 토지개혁을 추구했던 실학적 개혁론자들의 국가건설은 토지불균을 해소하는 동시에 농민의 항산을 해결해 줄 수 있는 수준에서 검토되고 있었다. 그것은 균세론을 넘어 균산론에 이르는 방안이었다.

이 같은 점에서 중세의 소유권 발달과 토지개혁론에 관한 문제의식은 현재에도 고민해야할 과제라고 할 수 있다. 중세의 사적소유의 발달과 근대적 토지소유권으로의 이행과정, 그리고 가까운 미래의 소유권을 전망할 수 있는 통시기적 분석틀을 찾는 방법론이기 때문이다. 비록 개혁적 지식인들의 토지개혁론이 당대의 사회문제를 직접적으로 해결하지 못했지만 그러한 개혁적 전통이야말로 현실 문제를 더 깊이 고민하고 대안을 찾을 수 있는 방안을 제시해 줄 수 있다는 점에서 그 역사적 의의를 찾을 수 있을 것이다.

1. 문헌자료

『朝鮮王朝實錄』,『備邊司謄錄』,『承政院日記』
『經國大典』,『續大典』,『大明律直解』,『大典會通』
『大典續錄』,『受敎輯錄』,『典錄通考』,『新補受敎輯錄』,
『邅守冊(內題:田制詳定所 邅守條畫)』,『量田事目』
『庚子量案』,『光武量案』,『行審冊』,『衿記』
『田案式』,『丘井量法事例幷圖說』
『居官大要』,『四政考』,『度支志』
『久菴遺稿』,『磻溪隨錄』,『經世遺表』,『牧民心書』
『周禮』,『書經』,『孟子』,『孟子要義』,『孟子集註』
『孟子集註』,『朱子大全』,『宋書拾遺』,『宋子大全』

2. 단행본

姜萬吉 외, 1990,『茶山의 政治經濟思想』, 창작과 비평사.
강진철, 1980(개정 1991),『개정 고려토지제도사연구』, 일조각.
김건태, 2018.9,『대한제국의 양전』, 경인문화사.
金相昊, 1969,『李朝前期의 水田農業研究 : 조방적 농업에서 집약적 농업으로의
　　　전환』, 문교부.
金玉根, 1980,『朝鮮後期 經濟史研究』, 瑞文堂.
金玉根, 1984,『朝鮮王朝 財政史研究』, 一潮閣.
金容燮, 1984,『韓國近代農業史研究』上, 일조각.
金容燮, 1984,『韓國近代農業史研究』下, 일조각.

金容燮, 1995, 『증보판 朝鮮後期農業史研究 Ⅰ』, 지식산업사.

金容燮, 2000, 『증보판 한국중세농업사 연구』, 지식산업사.

金容燮, 2007, 『신정증보판 朝鮮後期農業史研究 Ⅱ』, 지식산업사.

金容燮, 2009, 『신정증보판 朝鮮後期 農學史 研究』, 지식산업사.

朴秉濠, 1960, 『韓國法制史特殊研究-李朝時代의 不動産賣買及擔保法-』(韓國研究
叢書4), 한국연구도서관.

朴秉濠, 1972, 『전통적 법체계와 법의식』, 서울대학교출판부.

朴時亨, 1960·1961, 『조선토지제도사』, 科學院 出版社.

白南雲, 1937, 『朝鮮封建社會經濟史 上-高麗의 部』, 改造社.

安秉直, 2017, 『경세유표에 관한 연구』, 경인문화사.

李景植, 1986, 『朝鮮前期 土地制度史研究-土地分給制와 農民支配』, 一潮閣.

李景植, 2012, 『韓國 中世 土地制度史 : 朝鮮前期(증보판)』, 서울대학교 출판문화원.

李榮薰, 1988, 『朝鮮後期社會經濟史』, 한길사.

李銀順, 1988, 『조선후기 당쟁사 연구』, 일조각.

李淸源, 1936, 『조선사회사독본』, 東京 : 白揚社.

李春寧, 1964, 『李朝農業技術史』, 東京 : 未來社.

趙岡·陳鍾毅, 尹貞粉 譯, 1981, 『中國土地制度史』, 大光文化社.

한국역사연구회, 1995, 『대한제국의 토지조사사업』, 민음사.

韓永愚, 1983, 『朝鮮前期社會經濟史研究』, 韓國文化叢書22.

加藤繁, 1916, 「支那古田制의 研究」『支那經濟史考證』(1952 재수록).

加藤雅信, 김상수 역, 2005, 『「소유권」의 탄생』, 법우사(1979, 『「所有權」의 形成』,
岩波書店).

宮嶋博史, 1990, 『朝鮮土地調査事業史의 研究』東京大學 東洋文化研究所, 高麗書林.

旗田巍, 1972, 『조선중세사회사의 연구』, 東京 : 法政大學出版局.

和田一郎, 1920(1967), 『朝鮮土地地稅制度調査報告書』, 東京 : 宗高書房.

3. 논문

강석화, 2013, 「다산의 중앙정부조직안과 관료제의 공적 운영」『다산과 현대』
6호.

강제훈, 2002, 「세종 12년 정액(定額) 공법(貢法)의 제안과 찬반론」『경기사학』6.

高奭林, 1978, 「南宋 土地經界法上에 보이는 砧基簿에 대하여」『大邱史學』15·16
합집.

高奭林, 1979, 「李椿年의 經界法에 대하여」『慶北史學』1.

權寧旭, 1967,「朝鮮에 있어서의 封建的 土地所有에 대한 약간의 理論的 問題」 『歷史學硏究』 321.

金駿錫, 1981,「朝鮮前期의 社會思想-『小學』의 社會的 機能 分析을 중심으로-」 『東方學志』 29.

金泰永, 1981,「科田法上의 踏驗損實과 收租」『經濟史學』 5(1983, 『朝鮮前期土地制度史硏究』 재수록).

金泰永, 1982,「朝鮮前期 貢法의 성립과 그 전개」『東洋學』 12(1983, 『朝鮮前期土地制度史硏究』 재수록).

金泰永, 1983,「朝鮮前期 小農民經營의 추이」『朝鮮前期土地制度史硏究』.

金甲周, 1980,「朝鮮後期의 養戶」(上·下)『歷史學報』 85·86.

김건태, 1995,「토지소유관계와 지주제」『한국역사입문 ②중세편』, 풀빛.

김건태, 1999,「갑술·경자양전의 성격-칠곡 석전 광주이씨가 전답안을 중심으로」 『역사와 현실』 31.

김무진, 1985,「磻溪 柳馨遠의 郡縣制論」『韓國史硏究』 49.

김무진, 1988,「조선전기 정치권력구조에 관한 연구동향과 국사교과서의 서술」 『역사교육』 43.

김석형, 1957,「조선중세의 봉건적 토지소유관계」『조선봉건시대 농민의 계급구성』.

김소라, 2021.2,「양안의 재해석을 통해 본 조선후기 전세 정책의 특징」, 서울대학교 국사학과 박사논문.

金容燮, 1983.12,「前近代의 土地制度」『韓國學入門』, 학술원.

金容燮, 1984,「朝鮮初期 勸農政策」『東方學志』 42.

金容燮, 1968.「광무년간의 양전지계사업」『한국근대농업사연구』Ⅱ(1984, 증보판, 일조각).

金容燮, 1988,「근대화과정에서의 농업개혁의 두 방향」『한국자본주의성격논쟁』, 대왕사.

金容燮, 1963·1964,「續 量案의 硏究」『史學硏究』 16·17(1995, 『朝鮮後期農業史硏究 Ⅰ』 재수록).

金容燮, 1960,「量案의 硏究」『史學硏究』 7·8(1995, 『朝鮮後期農業史硏究 Ⅰ』 재수록).

金容燮, 1965,「司宮庄土에서의 時作農民의 經濟와 그 成長-載寧餘勿坪庄土를 中心으로」『亞細亞硏究』 19(1995, 『증보판 朝鮮後期農業史硏究 Ⅰ』 재수록).

金容燮, 1968,「光武年間의 量田 地契事業」『亞細亞硏究』 31(1984, 『韓國近代農業史硏究』下 재수록).

金容燮, 1972,「18·9世紀의 農業實情과 새로운 農業改革論」『大東文化硏究』

9(2004, 『韓國近代農業史研究』 I 재수록).

金容燮, 1975, 「茶山과 楓石의 量田論」 『韓國史研究』 11(2004, 『韓國近代農業史研究』 I 재수록).

金容燮, 1978, 「韓末에 있어서의 中畓主와 驛屯土地主制」 『東方學志』 20(2004, 『韓國近代農業史研究』 II 재수록).

金容燮, 1981, 「토지제도의 사적추이」 『한국중세농업사 연구』(1998補, 2000 증보), 지식산업사.

金容燮, 1983, 「전근대 토지제도」 『한국학입문』, 학술원.

金容燮, 1984, 「한말 고종기의 토지개혁론」 『동방학지』 41(2004, 『韓國近代農業史研究』 II 재수록).

金容燮, 1985, 「朱子의 土地論과 朝鮮後期 儒者-지주제와 소농경제의 문제」 『연세논총』 21(2007, 『신정증보판 조선후기농업사연구』 2, 지식산업사 재수록).

金容燮, 1989, 「朝鮮後期 土地改革論의 推移」 『東方學志』 62(2007, 『신정증보판 조선후기농업사연구』 II 재수록).

金容燮, 1993, 「朝鮮後期 身分構成의 變動과 農地所有」 『東方學志』 82(1995, 『朝鮮後期 農業史研究』 I 재수록).

金容燮, 1998, 「結負制의 展開過程」(2000, 『韓國中世農業史研究』, 지식산업사 수록).

김용흠, 2014, 「다산 실학의 성격과 국가 구상-21세기 유학의 변용 가능성 탐색」 『한국학논집』 56.

金駿錫, 1992, 「柳馨遠의 變法論과 實理論」 『東方學志』 75.

金駿錫, 1993, 「柳馨遠의 政治·國防體制 改革論」 『東方學志』 77·78·79합집.

金駿錫, 1996, 「柳馨遠의 公田制 理念과 流通經濟 育成論」 『人文科學(延世大)』 74집.

金泰永, 1983. 『朝鮮前期 土地制度史 研究』, 지식산업사.

金泰永, 1989, 「朝鮮前期의 均田·限田論」 『國史館論叢』 5.

金泰永, 2000, 「다산 經世論에서의 王權論」 『茶山學』 창간호, 다산학술문화재단.

金泰永, 2012, 「다산의 정전제론」 『다산 정약용 연구』, 사람의 무늬.

都珍淳, 1985, 「19세기 宮庄土에서의 中畓主와 抗租」 『韓國史論』 13.

李景植, 1973 「17世紀의 農地開墾과 地主制의 展開」 『韓國史研究』 9.

李離和, 1986, 「朝鮮朝 黨論의 展開過程과 그 系譜」 『韓國史學』 8.

李榮薰, 1998. 「光武量田의 歷史的 性格-忠淸南道 燕岐郡 光武量田에 관한 事例分析」 『近代朝鮮의 經濟構造』, 비봉출판사.

林熒澤, 1990, 「茶山의 '民'主體 政治思想의 이론적·현실적 근저 : 「蕩論」「原牧」의 이해를 위하여」 『碧史李佑成敎授定年退職紀念論叢 民族史의 展開와 그

文化』하.

朴廣成, 1970,「宮房田의 研究」『인천교대논문집』 5.

朴秉濠, 1972,「소유의 주체의식과 존중의식」『전통적 법체계와 법의식』, 서울대
학교 출판부.

朴時亨, 1941,「李朝田税制度의 成立過程」『震檀學報』 14.

朴種守, 1993,「16·17세기 田税의 定額化 과정」『韓國史論』 30.

朴準成, 1984,「17·18세기 宮房田의 확대와 所有形態의 변화」『韓國史論』 11,
서울대 국사학과.

朴贊勝, 1986.6,「丁若鏞의 井田制論 考察」『歷史學報』 110.

裵英淳, 1979,「韓末驛屯土調査에 있어서의 所有權 紛爭」『韓國史研究』 25.

宋柱永, 1963,「磻溪 柳馨遠의 經濟思想」『西江大學論文集』 1.

愼鏞廈, 1967,「李朝末期의「賭地權」과 日帝下의「永小作」의 關係-小作農賭地權으
로의 成長과 沒落에 대하여」『經濟論集』 Ⅵ의 1.

愼鏞廈, 1983,「茶山丁若鏞의 井田制 土地改革思想」『金哲埈博士華甲紀念史學論
叢』.

안외순, 2001,「茶山 丁若鏞의 정치권력론의 성격」『東方學』 7, 韓瑞大 東洋古典研
究所.

廉定燮, 1995,「15~16세기 水田農法의 전개」『韓國史論』 31.

오영교, 2007,「經世遺表와 새로운 국가구상」『세도정권기 조선사회와 대전회통』,
혜안.

吳仁澤, 1992,「肅宗代 量田의 推移와 庚子量案의 성격」『釜大史學』 23.

吳仁澤, 1996,「朝鮮後期의 量案과 土地文書」『釜大史學』 20.

吳仁澤, 1996,「17·18세기 量田事業 研究」, 釜山大學校 史學科 박사학위논문.

王德毅, 1974,「李椿年與南宋土地經界」『宋史研究集』 7, 臺北 : 國立編譯館.

왕현종, 1991.06,「서평 광무양전사업의 다양한 성격과 좁은 시각」『역사와 현실』
5.

왕현종, 2004,「대한제국기 지계아문의 강원도 양전사업과 官契 발급」『동방학지』
123.

兪垣濬, 1996,「南宋 經界法에 대하여(1)-李椿年과 朱熹의 經界案을 중심으로」
『慶熙史學』 20.

兪垣濬, 1997,「南宋 經界法에 대하여(2)」『慶熙史學』 21.

윤석호, 2018,「다산 정약용의 국가개혁론과 농자득전」, 연세대학교 박사학위논문.

李景植, 1973,「17世紀의 農地開墾과 地主制의 展開」『韓國史研究』 9.

李景植, 1976,「16世紀 地主層의 動向」『歷史教育』 19.

李景植, 1988.10,「朝鮮前期의 土地改革論議」『韓國史研究』61·62합집(『朝鮮前期

土地制度史研究Ⅱ』 재수록).

李景植, 1991, 「朝鮮初期의 農地開墾과 大農經營」『韓國史研究』 75.

李景植, 1994, 「朝鮮前期 土地의 私的 所有問題」『東方學志』 85(1998, 『朝鮮前期土地制度史研究Ⅱ-農業經營과 地主制』, 지식산업사 재수록」).

이성무, 1990, 「양반과 토지소유」『조선초기 양반연구』, 일조각.

이세영, 1987, 「조선후기 토지소유형태와 농업경영 연구현황」『韓國中世社會 解體期의 諸問題(下)-朝鮮後期史 연구의 현황과 과제 : 경제·사회편』, 한울.

李淑京, 1987, 「朝鮮 世宗朝 貢法制定에 대한 贊反論의 검토」『高麗末·朝鮮初 土地制度史의 諸問題』.

이영학, 1987, 「조선시기 농업생산력 연구현황」『韓國中世史會 解體期의 諸問題』, 한울.

이영학, 1995, 「대한제국기 토지조사사업의 의의」『대한제국의 토지조사사업』 (한국역사연구회 근대사분과 토지대장연구반), 민음사.

이영호, 1987, 「조선시기 토지소유관계 연구현황」『한국중세사회 해체기의 제문제』, 한울.

李榮薰, 1988, 「量案의 성격에 관한 재검토」『朝鮮後期社會經濟史』, 한길사.

李榮薰, 1989, 「光武量田의 歷史的 性格-忠淸南道 燕岐郡 光武量案에 관한 事例分析」『近代朝鮮의 經濟構造』, 比峰出版社.

李榮薰, 1990, 「光武量田에 있어서 〈時主〉파악의 실상-忠淸南道 燕岐郡 光武量案의 사례분석」『대한제국기의 토지제도』, 민음사.

李榮薰, 1996, 「『田制詳定所遵守條畫』의 制定年度」『古文書研究』 9·10.

이우성, 1965, 「고려의 영업전」『역사학보』 28.

이우성, 1965, 「新羅時代의 王土思想과 公田-大崇福寺碑와 鳳巖寺 智證碑의 一考」『曉城趙明基博士華甲紀念 佛教史學論叢』(1991, 『韓國中世社會研究』, 一潮閣 재수록).

이우성, 1988, 「초기실학과 성리학과의 관계-磻溪 柳馨遠의 경우」『동방학지』 58.

이윤갑, 1995. 「대한제국의 양전 지계발급사업을 둘러싼 제2단계 광무개혁 논쟁」『역사와 현실』 16.

李載龒, 1983, 「朝鮮初期 田稅制度 研究」『韓國史學』 4.

李載龒, 1988, 「16세기의 量田과 陳田收稅」『孫寶基博士停年紀念韓國史學論叢』.

李政炯, 1996, 「17·18세기 궁방의 민전 침탈」『釜大史學』 20.

이철성, 1993, 「18세기 田稅 比摠制의 實施와 그 성격」『韓國史研究』 81.

李泰鎭, 1978, 「畦田考」『震檀學報』 10.

李泰鎭, 1993, 「15·6세기 韓國 사회경제의 새로운 동향 : 低地 개간과 인구증가」

『震檀學報』76.

李熙煥, 1984, 「肅宗과 己巳換局」『全北史學』8.

李熙煥, 1989.7, 「甲戌換局과 肅宗」『全北史學』11·12합집.

鄭求福, 1970, 「磻溪 柳馨遠의 社會改革思想」『歷史學報』45.

鄭善男, 1990, 「18·19세기 田結稅의 收取制度와 그 運營」『韓國史論』22.

鄭昌烈, 1966, 「柳馨遠의 田制論」『청맥』3-8.

정호훈, 2005, 「17세기 체제 개혁론의 전개와『周禮』」『한국 중세의 정치사상과 周禮』, 혜안.

조동걸, 1981, 「地契事業에 대한 定山의 農民抗擾」『사학연구』33.

趙東元, 1985, 「朱熹의 社會改革論」『歷史와 인간의 對應 : 高柄翊先生華甲紀念論 叢 中國史編』, 한울.

조성을, 1991.12. 「丁若鏞의 政治經濟 改革思想 硏究」, 연세대학교 박사학위논문.

조성을, 2007.06, 「『經世遺表』의 문헌학적 검토」『다산학』10호.

조성을, 2016.12, 「해배 이후(1818~1836)의 다산·활동과 저작」『다산학』29.

조성을, 2017.12, 「『經世遺表』연구의 제문제」『다산학』31.

趙仁成, 1987, 「朝鮮初 陳田의 發生」『高麗末·朝鮮初 土地制度史의 諸問題』.

千寬宇, 1952, 「磻溪 柳馨遠 硏究」上, 『歷史學報』2.

千寬宇, 1965, 「韓國土地制度史」下『韓國文化史大系』Ⅱ.

千寬宇, 1979, 「科田法의 붕괴-田稅制를 중심으로」『近世朝鮮史研究』, 一潮閣.

최원규, 1994, 「韓末 日帝初期 土地調査와 土地法 研究」, 연세대학교 박사학위논문.

최원규, 1995, 「대한제국기 量田과 官契發給事業」『대한제국의 토지조사사업』, 민음사.

최원규, 2018, 「한말 일제초기 官契와 地契의 성격 검토」『역사와 세계』54.

최윤오, 1992, 「肅宗朝 方田法 시행의 역사적 성격」『國史館論叢』38.

최윤오, 1999, 「世宗朝 貢法의 原理와 그 性格」『韓國史研究』106.

최윤오, 2000.6, 「朝鮮後期 量案과 行審冊」『역사와 현실』36.

최윤오, 2001.12, 「磻溪 柳馨遠의 井田論과 公田制」『역사와 현실』42.

최윤오, 2001.12, 「조선후기의 양전균세론」『조선시대사학보』19.

최윤오, 2013.3, 「반계 유형원의 봉건·군현론과 공전제」『동방학지』161.

최윤오, 2013.4, 「반계 유형원의 공전제국가론」『반계 유형원 연구』, 실시학사.

최윤오, 2013.4, 「반계 유형원의 실학과『반계수록』독법」『지역과 역사』32.

최윤오, 2015, 「다산 정약용의 어린도설과 정전제」『한국민족문화』56.

최윤오, 2019.6, 「다산 정약용의 여전제와 토지공개념」『동방학지』187.

최윤오, 2020.3, 「『목민심서』에서『경세유표』로의 전환-양전제와 방전법을 중심 으로」『학림』45.

최윤오, 2020.3, 「다산 정약용의 토지개혁론과 현실인식」 『동방학지』 190.
한국역사연구회 토지대장연구반, 1992, 「'내재적 발전론'을 가장한 또 하나의
　　식민주의 역사인식」 『역사와 현실』 7.

宮嶋博史, 1980, 「朝鮮農業史上에서의 15世紀」 『朝鮮史叢』 3.
宮島博史, 1984, 「朝鮮史研究と所有論」 『人文學報』 167, 東京道立大學.
宮嶋博史, 1988, 「量案から「土地臺帳」へ」 『朝鮮民族運動史研究』 5.
旗田巍, 1964, 「朝鮮土地制度史の研究文獻」 『朝鮮研究』 38(1972, 『朝鮮中世史會史
　　の研究』, 法政大學出版局 재수록).
旗田巍, 1967, 「李朝初期の公田」 『朝鮮史研究會論文集』 3.
朴宗根, 1964, 「茶山丁若鏞の土地改革思想の考察」 『朝鮮學報』 28.
深谷敏鐵, 1939, 「鮮初の土地制度一班-いわゆる科田法を中心として」 『史學雜誌』
　　50-5·6, 東京大史學會.
深谷敏鐵, 1940, 「科田法から職田法へ」 『史學雜誌』 51-9·10.
深谷敏鐵, 1941, 「朝鮮の土地貫行 '並作半收'試論」 『社會經濟史學』 11-9.
深谷敏鐵, 1944, 「朝鮮における近世的土地所有の成立過程-高麗朝の私田から李朝
　　の民田」 『史學雜誌』 55-2·3.
有井智德, 1958, 「高麗初期 公田制-特に均田を中心として」 『朝鮮學報』 13.
有井智德, 1971, 「土地所有關係-公田論批判」 『旗田巍 編, 朝鮮史入門』, 太平出版社.
周藤吉之, 1940, 「高麗朝より李朝初期に至る田制の改革-特に私田の變革過程とそ
　　の封建制との關聯に就いて」 『東亞學』 3.
周藤吉之, 1962, 「南宋郷都の税制と土地所有：特に經界法との關聯に於いて」 『宋代
　　經濟史研究』, 東京大學出版會.
周藤吉之, 1965, 「北宋における方田均税法の施行過程-特に王安石·蔡京の新法として
　　の」 『中國土地制度史研究』, 東京大出版部.
荒木敏一, 1941.11, 「宋代の方田均税法」 『東洋史研究』 6-5.

찾아보기

최 윤 오 崔潤晤

연세대학교 문과대학 사학과와 동대학원 사학과(문학석사·박사)를 졸업하였고, 연세대학교 사학과 교수로 활동하다가 정년퇴직하였다. 현재 연세대학교 국학연구원 부설 강진다산실학연구원 연구위원장으로 근무 중이다.

주요 논저로는 『조선후기 토지소유권의 발달과 지주제』(2006), 「18, 19세기 농업고용노동의 전개와 발달」(1992), 「조선후기 양안과 행심책」(2000), 「다산 정약용의 토지공개념과 여전제」(2020) 외 다수가 있고, 공저로는 『대한제국의 토지조사사업』(1995), 『한국노동운동사』(2004) 등이 있다. 이외 『한국토지용어사전』(2016)을 기획 편찬하였다.

한국 근대의 토지와 농민 총서 1

조선후기 양전사업과 토지개혁론

최 윤 오 지음

초판 1쇄 발행 2023년 12월 15일

펴낸이 오일주
펴낸곳 도서출판 혜안

등록번호 제22-471호
등록일자 1993년 7월 30일

주 소 ⓟ04052 서울시 마포구 와우산로35길3 (서교동) 102호
전 화 3141-3711~2
팩 스 3141-3710
이메일 hyeanpub@hanmail.net

ISBN 978-89-8494-647-7 93910

값 32,000 원